내면성의 형식들

내면성의 형식들

이종영 지음

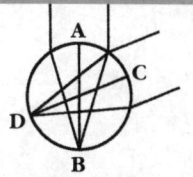

이행총서 **04**

새물결

이행총서 04
내면성의 형식들

총서 기획 이종영 | 지은이 이종영
펴낸이 홍미옥 | 펴낸곳 새물결출판사
첫번째 펴낸날 2002년 11월 5일 | 등록 서울 제15-52호(1989.11.9)
주소 서울특별시 마포구 연남동 481-18 1층 우편번호 121-240
전화 (편집부) 3141-8696 (영업부) 3141-8697 | 팩스 3141-1778
E-mail sm3141@kornet.net
ISBN 89-88336-88-x
ISBN 89-88336-84-4(세트)

ⓒ 이종영, 2002

이 책의 한국어판 저작권은 저작권자와의 독점계약으로 새물결출판사에 있습니다. 신저작권법에 의해 한국 내에서 보호를 받는 저작물이므로 무단전재와 복제를 금합니다.

'이행총서'를 시작하며

 '이행총서'의 목적은 여태까지 '썩어지지 않기를 계속한 것들'에 대해 새롭게 '쓰기를 시작하는' 것이다. '썩어지지 않기를 계속한 것들'이 썩어지지 않은 것은 '무지에의 열정'으로 인한 것으로, '이행총서'는 따라서 '무지에의 열정'과의 투쟁이라는 형식을 지닌다. '무지에의 열정'이 스스로를 경험주의라는 형태로 표상하는 한에서, '이행총서'는 결연한 반(反)경험주의적 자세를 취하지만, 그러나 현실의 구체적 모순들과 유리되어 형이상학이나 형식주의로 전락하는 반경험주의에는 반대한다.

 '이행총서'는 '무지에의 열정'에 예속되어 '썩어지지 않기를 계속한 것들'을 인식대상들로 설정하고, 그 인식대상들의 내적 구조와 외적 규정성들에 대해 인식을 생산한다. 이처럼 생산된 인식은 과학적인 인식으로, 사물의 운동이 그러한 인식에 부합하는 한에서 결코 시간 속에서 폐기될 수 없는 것이면서도, 다른 한편으로 시간 속에서 보다 더 높은 정합성을 위해 부단한 자기지양운동을 해나가는 것이다.

'이행총서'에서 설정하는 인식대상들은 주로 이행을 가로막는 힘들에 관계한다. 이행을 가로막는 힘들은 달리 말해 이행의 조건을 이루는 규정성들이다. 이행의 조건을 이루는 규정성들은 사회구성체의 개별적 층위들을 구성하여, 사회구성체를 자신들의 접합으로 표상시킨다. 이때 중요한 것은 접합의 고리들을 그 접합이 이루어지는 정확한 장소에서 찾아내는 것이고, 또 층위들간의 '위계'의 설정을 서두르지 않는다는 것이다. 우리의 인식은 '위계'의 설정을 손쉽게 허용할 정도로 발전되어 있지 못하다.

'이행총서'의 문제의식은 맑스의 이론이 충분히 근본적이지 못하고, 충분히 혁명적이지 못하며, 충분히 과학적이지 못하다는 것에서 비롯된다. '이행총서'는 따라서 맑스의 이론보다 더욱 근본적이고 더욱 혁명적이고 더욱 과학적인 이론을 목적으로 한다. 그러나, 그리하여, '이행총서'에서는 손쉬운 약속이나 가벼운 희망을 제시하지는 않을 것이다. 그러한 것들은 오히려 문제의 회피이자 진리에의 인내심의 결여일 뿐이기 때문이다.

'이행총서'는 인식대상의 내적 구조로 침잠하고 인식대상의 운동을 면밀히 추적하면서 우리 자신의 주관성의 한계를 벗어나고자 한다. '이행총서'는 보다 더 높은 객관성 앞에서는 결단코 고개를 숙이고자 하는데, 그렇지만 이때 객관성이란 이른바 실증주의적 객관성이 아니라 오로지 현실의 구체적 모순들에 대한 이론적 노동을 통해서만 접근 가능한 것이다.

차례

이행총서를 시작하며	**5**
머리말	**9**
제1장 부르주아적 내면성의 형식	**29**
제2장 볼셰비키적 내면성의 형식	**153**
제3장 파시스트적 내면성의 형식	**223**
보론: 들뢰즈와 가따리의 파시즘과 반(反)파시즘	**273**
제4장 꼬뮌주의적 내면성은 가능한가	**331**
1. 레닌에서 맑스로: 두 가지 사회주의와 꼬뮌주의	**333**
2. 두 가지 혁명과 내면적 꼬뮌주의	**372**
후기	**405**

<일러두기>

1. 강조는 고딕으로 처리하였다.
2. 인용된 문헌의 저자의 이름이 실제 발음과 다른 경우, 각주에서는 정확하게 서지 사항을 알려주기 위해 출판된 대로 표기하고, 본문에서는 실제 발음에 따라 표기하였다.
 예) 엠마뉴엘 떼레이(각주), 엠마뉘엘 떼레(본문)

머리말

> 외인론(外因論)은 부유한 사회들에서 유통되는
> 허약해진 또는 차라리 빈곤해진 맑스주의이다.
> 조르쥬 깡길렘, 「과학사의 대상」

　조르쥬 깡길렘은 과학사 연구에서 외인론을 배척하고 내인론(內因論)을 지지한다.[1] 이러한 그의 입장이 과학사 이외의 다른 모든 영역들에도 적용될 수 있는 것은 아니다. 게다가 어떤 경우에는 외인과 내인의 구분 자체가 매우 작위적일 수도 있다. 깡길렘의 입장은 무엇보다도 문제사로서의 과학적 개념사를 그 내재적 운동으로부터 파악하기 위한 것이다. 내가 이 책에서 탐구하고자 하는 인간의 내면성에 있어서 외인은 언제나 내인과 결합하여 존재한다. 하지만 외인은 내인과 결합하여, 외인으로 환원될 수 없는 고유한 내적 구조를 만들어낸다. 이 고유한 내적 구조는 그 고유성으로 인해 독자적

---

1) Georges Canguilhem, "L'objet de l'histoire des sciences", *Etudes d'histoire et de philosophie des sciences*, Vrin, 1989, 9~23쪽.

인식대상의 지위를 점한다.[2]

나는 이 책에서 부르주아적 내면성, 볼셰비키적 내면성, 파시스트적 내면성을 다룬다. 이 내면성들은 집합적 내면성들이다. 즉, 한 사회 내에서 특정한 사회적 위치나 상황을 점하는 자들이 공통적으로 갖는 내면성들이다. 특정한 사회적 위치나 상황을 그러한 내면성의 형성에 있어서 외인이라고 한다면, 내인으로는 일단 1910년대의 프로이트가 말한 양대 본능[3]으로서의 자기보존본능과 성적 본능을 설정해볼 수 있겠다. 특정한 사회적 위치 또는 상황 속에서 자기자신을 보존하고 나르시시즘을 만족시키고 타자의 사랑을 획득하기 위한 논리적 대응을 통해 특수한 내면성이 형성된다는 것이다. 이러한 특수한 내면성이 집합적으로 공유되는 것은, 특정한 사회적 위치나 상황 속에서의 논리적 대응이 공통되기 때문이다.

그러한 논리적 대응이 두뇌의 구조로부터 비롯된다는 것은 자명

---

[2] 한 사회의 객체적 짜임새를 인식하는 것과 그 담지자들의 내면을 인식하는 것은 하나로 합쳐져야 한다. 그래야만 우리는 사회가 어떻게 움직이는지에 대해 비로소 설명다운 설명을 제시할 수 있다. 물론 학문적 발전의 현재적 단계 속에서 이 둘은 분리되어 있다. 하지만 한 사회의 객체적 짜임새가 그것을 지탱하고 있는 담지자들의 내면과 분리되어 파악되고 있는 상태에서, 사회의 작동방식을 '안다'고 하는 것은 언제나 '안다고 착각하는 것'이다. 만약 우리가 우리 자신의 존재를 지키기 위해 하나의 사회적 질서로부터 벗어나는 것이 필요하다면, 그 사회적 질서의 담지자들의 내면을, 그 동물적 보잘것없음과 유사(類似)병리성을, 그 판타즘의 공허함을 엄밀하게 인식해야 한다. 그러한 엄밀한 인식과 더불어 우리는 그 내면과 거리를 취할 수 있을 것이고, 더이상 그러한 내면을 갖고자 하지 않을 것이며, 그리하여 그러한 내면에 의해 지탱되던 사회적 질서로부터 단호히 벗어날 수 있을 것이다.
[3] 라캉은 반(反)생물학주의적 입장으로 인해 '본능'이란 용어를 반대했다. 하지만 나는 반생물학주의적 입장을 받아들이지 않을 뿐더러, '충동'이란 표현이 한국어에서 갖는 부적절한 함의, 즉 항상적이기보다는 오히려 분출적 또는 폭발적인 함의를 피하기 위해 '본능'이란 용어를 사용한다.

하다. 인간의 두뇌는 특정한 상황 속에서 특정한 방식으로 반응하도록 짜여져 있다. 특정한 상황에 대한 인간들의 논리적 대응은 두뇌의 매개에 의해 공통된 방식으로 나타난다. 레비-스트로스는 신화나 친족체계 등에 대한 자신의 구조주의적 분석이 이미 몸속에 기입된 모델을 표현해주는 것에 불과하다고 한다.[4] 인간의 사고형식이나 관계형식은 그러할 수밖에 없도록 이미 생물학적으로 규정되어 있다는 것이다. 즉 DNA의 구조와 두뇌의 구조 자체가 인간을 특정한 방식으로밖에 사고할 수 없도록 규정하고 있다는 것이다. 바로 이러한 의미에서 레비-스트로스는 그의 구조주의적 분석이 유물론적이라고 한다.

집합적 내면성은 생물학적으로 규정된 논리적 대응방식이 모든 인간에게서 동일하기 때문에 존재할 수 있다. 물론 집합적 내면성은 개인적 내면성과 다르다. 개인적 내면성은 집합적 내면성보다 훨씬 복합적이다. 집합적 내면성은 개인적 내면성의 한 층위일 뿐이다. 따라서 한 개인에게서 집합적 내면성은 개인적 내면성 내의 다른 반대경향들로 인해 겉으로 명백히 드러나지 않을 수도 있다. 또 개인은 자신의 내면성의 한 층위인 집합적 내면성에 대립하는 반대경향적 힘들로 인해 심리적으로 분열적인 고통을 겪을 수 있다. 하지만 그러한 경우들에서도 집합적 내면성은 개인들 내부에 엄연히 존재한다. 특정한 위치 또는 상황에 대한 특정한 논리적 대응의 생물학적 필연성이 존재하기 때문이다. 집합적 내면성은 인간동물이 특정한 사회적 위치를 점할 때 인간 종(種)에 고유한 동물적 특성으로 인해 필연적으로 가질 수밖에 없는 내면성이다.[5]

---

4) Cl. Lévi-Strauss, *L'homme nu*, Plon, 1971, 619쪽.

나는 이 책에서 다루려는 세 가지 형태의 집합적 내면성, 즉 부르주아적 내면성, 볼셰비키적 내면성, 파시스트적 내면성을 지배양식의 주체들의 내면성으로 간주한다. 그러한 내면성의 담지자들은 '일정하게 양식화된 지배'를 실천하고 있기 때문이다. 그러한 '양식화된 지배현상'이 국가에 의해 지탱되든 아니든 상관없이 말이다. 볼셰비키적 내면성과 파시스트적 내면성이 담지하고 실현하는 지배양식은 자신들의 국가를 소유하기 이전부터 존재한다. 게다가 나는 이 두 가지 내면성의 보다 순수한 전형적 형태를 국가를 갖기 이전의 운동적 상태 또는 저항적 상태에서 포착할 것이다.

지배양식의 주체들의 내면성은 정체성과 차별성을 핵심적 축의 하나로 갖는다. 즉 사람들을 분류하고 판단하며 그 판단에 부합하게 정동(情動, affect)을 부과하는 가치평가적 분류체계가 세계와 존재의 의미에 대한 해석과 결합하여 내면적 짜임새를 이룬다. 하지만 각각의 지배양식들이 서로 구별되는 구조를 지니듯이, 각각의 지배양식들의 주체가 형성되는 방식도 서로 상이하다. 따라서 각각의 내면성들에 대한 접근방식도 상이할 수밖에 없다. 예컨대 생산양식의 자율적 운동에 의해 규정받고 있는 부르주아적 지배양식의 경우 그 지배의 주체의 내면성은 우선 화폐를 통해 접근될 것인 반면, 이데올로기와 운동 속에서 우선적으로 존재했던 볼셰비키적 내면성과 파시스트적 내면성은 이데올로기나 운동의 심리적 수용과정으로부터 접근될 것이다.

---

5) 우리의 인식의 발전단계는 '내면성 일반' 또는 '내면성 자체'에 대해 말할 수 있는 상태에 와 있지 못하다. 이 책에서 내가 가닿고자 하는 것은 결코 '내면성 그 자체'가 아니라 '지배의 주체'의 집합적 내면성의 역사적 형식들일 뿐임을 강조해둔다.

집합적 내면성이 개인적 내면성과 상이한 것이듯이, 지배의 주체는 개인과 동일시될 수 없다. 개인은 지배의 주체 이상의 존재, 훨씬 더 복합적인 존재이다. 지배의 주체는 개인 내부의 한 규정성이다. 지배의 주체는 하나의 지배양식을 실천하는 주체형식의 담지자일 뿐이다.

  하지만 집합적 내면성으로서의 지배의 주체의 내면성 그 자체는 다시 다양한 규정성들이 접합된 효과이다. 다양한 규정성들이 특수하게 접합된 효과로서 지배의 주체의 내면성은 특정한 구조를 갖게 된다. 여기서 중요한 사실은, 개인이 아닌 지배의 주체에 있어서도 내면성은 다양한 규정성들로 환원될 수 있는 것이 아니라, 다양한 규정성들이 특수하게 접합된 한 '효과'라는 것이다. 만약 지배의 주체가, 또는 같은 말이지만 지배의 주체의 내면성이[6] 다양한 규정성들로 완전히 환원되고 그리하여 더이상 어떠한 고유성도 갖지 못한다면, 우리는 더이상 '주체'에 대해 말할 필요가 없다. 왜냐하면 그러한 경우 존재하는 것은 오직 '객체적'인 규정성들뿐일 것이므로 말이다. 또는 우리는 그러한 '객체적' 규정성들을 만들어낸 최종적 원인으로서의 신적 주체에 대해 말할 수 있을 따름이다. 그러나 다양한 규정성들 자체와 그 다양한 규정성들이 특수하게 접합되어 만들어낸 효과는 다른 것이다. 그리고 그러한 효과로서의 지배의 주체

---

[6] 지배의 주체와 개인은 동일시될 수 없는 반면, 지배의 주체와 지배의 주체의 내면성은 같은 것이다. 특정한 지배양식을 담지하고 실천하는 지배의 주체의 '주체성'은 바로 그 '내면성'에서 찾아지기 때문이다. 이때 내면성은 결코 개인의 고유하고 복합적인 내면성이 아니라 개인 내에서 관철되고 있는 집합적 내면성, 즉 지배의 주체라는, 개인 내의 한 규정성의 내적 구조이다. 지배의 주체와 지배의 주체의 내면성이 같다는 것은, '주체'로서의 지배의 주체의 성격을 확립해주는 주체적 동력이 바로 그 내면성에서 찾아진다는 것을 의미한다.

는 주체로서의 주체성을 갖게 되는 것이다.

물론 특정한 역사적 지배양식에 있어서 지배의 주체의 내면성은 인간 종(種)에 고유한 생물학적 특성이 특정한 사회적 위치나 상황에 대해 논리적으로 대응한 결과이다. 그러나 그러한 동물적 필연성이 지배의 주체의 주체적 성격을 박탈하는 것은 아니다. 왜냐하면 그러한 동물적 필연성에도 불구하고 지배의 주체는 다양한 내적·외적 규정성들이 특수하게 접합되어 만들어낸 '효과'로서 고유한 동력을 갖기 때문이다. 이때 동력이란 다름 아닌 지배의 주체의 내면성이다. 다양한 규정성들의 접합효과와 동물적 필연성은 대립하는 것이 아니다. 다양한 규정성들이 특수하게 접합될 때 그러한 효과가 만들어지는 것이 바로 동물적 필연성이다.

다양한 규정성들이 특수하게 접합된 효과로서의 지배의 주체는, 다소 부적절한 분류를 사용해본다면, '형성하는, 능산적(能産的) 주체'라기보다는, '형성된, 소산적(所産的) 주체' 쪽에 가깝다고 말할 수 있겠다. 그러나 지배의 주체는 그 주체적 동력의 고유성으로 인해 여전히 '주체'라고 불릴 수 있다.

기 라르드로는 『진실성 – 부정적 철학 시론』에서 주체의 다섯 형태를 다음과 같이 제시한다.[7]

1) 형성되지 않은, 형성하는 주체 — 라캉적 의미의 큰 타자 또는 신
2) 형성된, 형성하는 주체 — 상징적 질서로서의 언어
3) 형성하지 않는, 형성된 주체 — 라캉적 의미의 상상적 자아

---

[7] Guy Lardreau, *La véracité - essai d'une philosophie négative*, Verdier, 1993, 34~86쪽.

4) 형성하지도 않고 형성되지도 않은 주체 — 라캉적 의미의 실재 (le Réel)
5) 탈형성적이고 탈형성된 주체 — 몽상(chimère)

하지만 라르드로의 이러한 분류는 사물을 사물의 이름대로 부르지 않는, 철학적 소외의 한 전형을 드러낸다. 라르드로는 진정하게 주체적인 것에 한정하여 주체의 개념을 사용하고 있는 것이 아니라, 다른 이름과 다른 본질을 갖는 것들에 대해 주체의 개념을 남발하고 있다. 이는 이론적으로 물상화되어 자립화된 주체 개념에 오히려 라르드로가 종속되었음을 뜻한다.

위의 다섯 가지 중에 진정하게 주체적인 것은 무엇일까? 라르드로의 의도는 마지막 두 가지 것의 대립구도로 주체성의 대립구도를 제시하려는 것이다. 그렇다면 앞의 세 가지 것을 '주체'라 부를 필요는 전혀 없었을 것이다. 물론 세번째 주체 그 자체가 아니라, 세번째 주체로서의 상상적 자아를 형성시키는 진정한 동력인 나르시시즘의 주체와 자기보존본능은 주체성 내부의 한 강력한 규정성을 구성하는 것이지만, 라르드로의 목록에서는 빠져 있다. 또 그와 마찬가지로 라캉적 의미의 실재로서의, 다시 말해 상징적 질서로부터 축출된 것으로서의 네번째 주체도 단지 주체 내부의 한 규정성일 뿐이다.

라캉에 따를 때 욕망은 방어로서의 성격을 갖는다. 라캉은 「프로이트의 '충동'과 정신분석가의 욕망에 대하여」라는 논문에서 "역설적으로, 쾌락원리라고 이름 붙여진 원리가 욕망에 대해 한계를 부여한다"고 하고,[8] 「프로이트적 무의식에서 주체의 전복과 욕망의 변증

---

[8] J. Lacan, *Ecrits*, Seuil, 1966, 851쪽.

법」에서는 "향유에 그 한계를 부과하는 것은 쾌락"이라고 한다.9) 즉 욕망은 금지된 향유로부터 도망하는 것이다. 금지된 향유는 쾌락원리에 위배되기 때문이다. 따라서 욕망은 쾌락원리에 입각한, 금지된 향유에 대한 방어이다. 라캉에 의하면 욕망은 판타즘 — 자신이 출현하여 욕망을 달성하는 시나리오, 또는 $ ◇ a — 에 의해 지탱되는 것인데,10) 판타즘이 일정하게 전(前)의식에 의해 매개되어 있다는 사실은 방어로서의 욕망의 성격을 뚜렷이 드러내준다. 이 사실은 무엇을 뜻하는가? 그것은 욕망이 다양한 규정성들의 접합된 효과일 뿐이라는 것이다. 그리고 라캉적 의미의 실재(le Réel)는 욕망에 개입하는 다양한 규정성들 중의 하나일 뿐이다. 물론 욕망 그 자체도 또다시 주체성 내의 한 규정성일 뿐이지만 말이다. 왜냐하면 주체는 욕망으로 환원되지 않기 때문이다.

'형성된, 소산적 주체'로서의 지배의 주체의 내면성은 동물적으로 필연적인 것이다. 부르주아적 내면성, 볼셰비키적 내면성, 파시스트적 내면성의 계기적 발전은 동물적 필연성의 계기적 전개사(展開史)로서, 내면성의 동물사(史)를 구성한다. 동물적 생존의 수단으로서의 이성 — 스피노자적인, 전혀 비(非)칸트적인 — 이 자기 고유의 필연적 운동법칙에 따라 주어진 상황에 대응을 한다고 할 때, 그러한 대응의 역사로서의 집합적 내면성의 역사는 일종의 동물사이다.

물론 한 개인의 내면성은 지배의 주체의 내면성으로 환원될 수 없다. 따라서 지배의 주체는 동물적인 것이라 하더라도, 지배의 주체를 넘어서는 인간적 주체성이 완전히 동물적이라고는 할 수 없다. 나는

---

9) 같은 책, 821쪽.
10) J. Lacan, *Le séminaire*, XI, Seuil, Points 문고판, 1990, 207쪽.

이 책이 그 뒤를 잇는 선행의 연구『성적 지배와 그 양식들』에서 다음과 같은 그림을 제시한 바 있다.

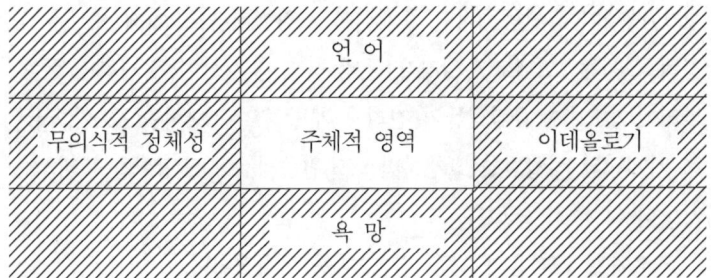

이 그림을 통해 내가 제시하고자 했던 것은 동물적인 자연법칙으로 환원되지 않는 '진정으로' 주체적인 영역이다. 이때 '진정으로'라는 부사를 사용하는 것은 행위의 원인을 순전히 자기 내부에 갖는 주체성을 지칭하기 위한 것이다. 위 그림에 따를 때, '탈동물적'이라 할 수 있을 주체는 언어와 욕망 사이, 무의식적 정체성과 이데올로기 사이의 작은 틈새에서 겨우 존재한다. 언어와 욕망, 이데올로기와 무의식적 정체성이 모두 동물적이라는 것은 명확하다.[11] 다만 그것들 사이로, 어쩌면 그것들에 균열을 내는 실재(le Réel)와의 만남을 계기로 하여, 또는 어쩌면 또다른 계기를 통해, 자연법칙적 구속성으로부터 자유로운 진정하게 주체적인 힘이 생겨날 수 있다는 것이다.

나는 이 글의 제4장에서 꼬뮌주의적 내면성을 다룰 것인데, 어쩌면 꼬뮌주의적 내면성의 발생에 위의 그림에서와 같은 주체적 영역이 개입할 수도 있을 것이다. 따라서 내면성의 계기적 발전을 동물

---

11) 『성적 지배와 그 양식들』(새물결, 2001)을 참조할 것.

사적 관점에서 서술하려는 것이 이 책의 목적은 아닌 셈이다. 다만 꼬뮌주의의 확립과 더불어 성립할 상징적 질서에 의해 호출될 개인들은 여전히 동물적 형식으로서의 주체형식을 지니겠지만 말이다. 그 발생계기에 탈동물적인 주체성이 개입했더라도, 이제 새로운 상징적 질서는 그(새로운 상징적 질서)에 대한 상상적 정체화를 통해, 그리고 몇 가지 규정성들의 진리를 개방적으로 제시함으로써, 지극히 기계적인 성찰만을 요청하면서 꼬뮌주의적 주체형식을 부과하는 것이다.

프로이트의 다음과 같은 말은 매우 시사적이다.

> 내 생각엔 우리가 전쟁에 반대하는 주된 이유는 반대하지 않을 수가 없기 때문입니다. 우리가 평화주의자인 것은 기질적인 이유로 평화주의자가 될 수밖에 없기 때문입니다.[12]

평화주의는 기질이라는 것이다. 전쟁에 반대하는 것은 어떤 반성적인 이성적 성찰로 인해서가 아니라, 주어진 기질 때문에 어쩔 수 없이 그렇게 할 수밖에 없다는 것이다. 아마도 꼬뮌주의적 내면성은 하나의 기질처럼 개인의 심리 속에 정착하게 될 것이다. 사실상 꼬뮌주의적 내면성 이외에도 모든 지배의 주체들의 내면성은 일종의 기질처럼 개인의 내면 속에서 하나의 규정성으로 자리잡는다. 이 사실이 말해주는 것은 모든 내면성의 구조가 무의식에서와 마찬가지로 '표상 + 정동'으로 이루어졌다는 것이다. 즉 특정한 표상에 대해서는 특정한 정서적 태도를 보이도록 내면성이 짜여져 있다는 것이

---

12) 지그문트 프로이트, 「왜 전쟁인가」, 『문명 속의 불만』, 열린책들, 1997, 364쪽.

다. 레비-스트로스는 명칭의 체계와 태도의 체계를 친족관계의 두 체계로 제시한다. 그는 이 두 체계 사이의 직접적 상응성은 부정하고 있지만, 어쨌거나 친족적 분류체계 내에서 하나의 명칭에 의해 지칭되는 자들에 대해서는 특정한 정서적 태도가 취해진다.[13] 지배의 주체의 구조에 있어서도 타자들의 분류체계와 그에 따라 분류된 타자들에 대한 특정한 태도들이 존재한다. 이때 태도의 체계를 규정하는 것은 하나의 역사적 지배양식에 고유한 이데올로기, 폭력의 사회적 분배형태, 정감적 정향 등일 것이다.

프로이트는 평화주의적 기질을 문명화 과정의 귀결로 간주한다. 그는 "전쟁은 문명과정이 우리에게 부과한 심리적 태도와 가장 격렬하게 대립"한다고 말한다.[14] 그리고 그는 앞으로의 문명화 과정이 평화주의적 태도를 확산시키리라고 예기한다. 그렇지만 과연 그럴까? 프로이트가 평화주의적 기질을 가졌다면, 그것은 그가 사회적으로 안정된 위치를 확보한 '부르주아'여서가 아닐까? 이른바 '문명과정'이 성립한 이후에 발생한 그 수많은 전쟁들은 단지 '문명과정'의 지체 또는 미성숙으로 인한 것일까? 오히려 자본주의 사회구성체는 공장에서, 회사에서, 학교에서 무수한 사람들에게 전례 없는 엄청난 양의 상처들을 안겨주면서, 폭력과 전쟁을 부추기고 있는 것이 아닐까? 문명화된 부르주아적 질서는 도리어 평화주의자를 일정한 숫자 이내로 제한하는 것이 아닐까? 평화주의자가 어떤 '문명과정'에 의해 늘어나리라는 것은 근거 없는 낙관처럼 보인다. 자본주의가 일정

---

[13] 클로드 레비-스트로스, 「언어학과 인류학에 있어서의 구조분석」, 『구조인류학』, 종로서적, 1983, 37~38쪽.
[14] 프로이트, 앞의 글, 365쪽.

수의 피착취계급을 유지해야 하는 한에서 말이다.

볼셰비키적 내면성과 파시스트적 내면성은 부르주아적 내면성에 대한 부정(否定)의 두 형태이다. 앞으로 살펴보겠지만, 볼셰비키적 내면성은 부르주아적 내면성에 대한 남근적 부정성에 의해 특징지어진다. 파시스트적 내면성은 부르주아적 내면성에 대한 민중적인 탈(脫)자아적 부정성으로서, 특히 부르주아적 질서가 부과한 엄청난 양의 상처들에 대한 직접적 반작용으로 생겨난 것이다. 반면 꼬뮌주의적 내면성은 볼셰비키적 내면성과 파시스트적 내면성의 한계들에 대한 부정, 보편적 개인성의 논리에 입각한 부정이어야 할 것이다.

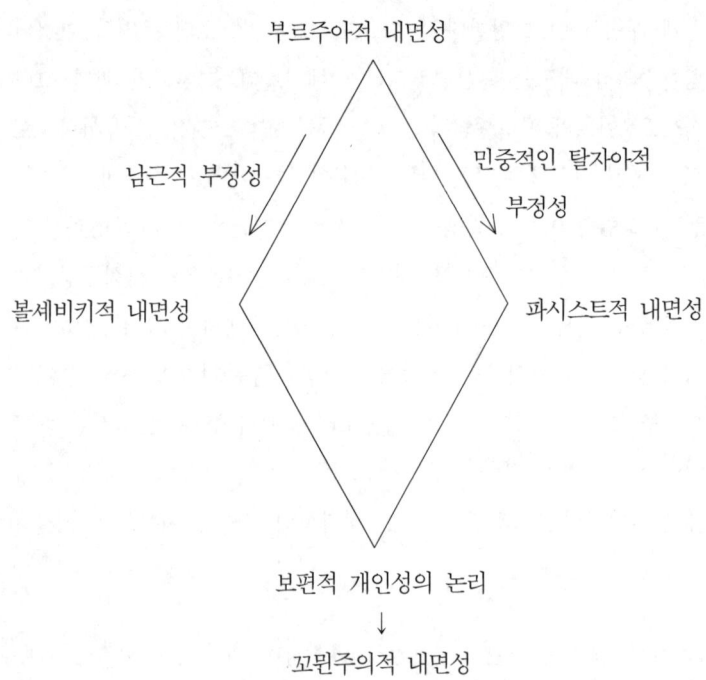

과학적이기를 희망하는 이 연구는 대상의 논리에 충실하고자 한다. 하지만 내면성과 같은 눈에 보이지 않는 대상에 대해 어떻게 과학적으로 접근할 수 있을까? 그러나 이러한 질문은 잘못된 것이다. 왜냐하면 어떠한 과학도 경험주의적이지 않기 때문이다. 심지어 '경험과학'이라고 일컬어지는 과학들도 결코 경험주의적이지 않다. 이는 칼 포퍼에게서처럼 흄이나 칸트에 대한 철학적 입장설정을 통해서가 아니라, 오로지 과학적 노동의 구체적 과정에 대한 면밀한 천착을 통해 성립한 프랑스의 새로운 인식론적 전통에서 명확히 밝혀놓은 것이다.

가스똥 바슐라르는 1934년에 초판이 출간된 『새로운 과학정신』에서 과학적 노동이 "합리적인 것에서부터 실재에 가닿는 것이며, 그 반대가 결코 아님"을 명확히 한다. 예컨대 물리학자의 임무는 유기적 본체(noumène)를 발견하기 위해 현상들을 정화하는 것이고, 이러한 과정은 '구성을 통한 추론'에 의해 이루어진다는 것이다. 그래서 그는 다음과 같이 말한다. "모든 새로운 진리는 자명성에 대립해서 탄생하고, 모든 새로운 경험은 직접적 경험에 대립해서 탄생한다." 결국 바슐라르에게서 과학이란 "정신에 내재한 합리적인 힘을 통해 세계를 도출"시키는 것이다.[15]

알렉상드르 꼬이레는 갈릴레이의 경우를 통해 바슐라르의 입장을 명쾌히 예시해준다. 즉 갈릴레이는 경험주의적인 아리스토텔레스 물리학에 대립하여 반(反)경험적 입장을 취함으로써 현대 물리학을 성립시켰다는 것이다. 꼬이레는 다음과 같이 말한다. "갈릴레이의 운동 개념은 — 또한 공간 개념도 마찬가지이다 — 우리에게 너무 자

---

15) Gaston Bachelard, *Le nouvel esprit scientifique*, Quadrige/PUF, 1987, 8~17쪽.

연스러운 것이어서 우리는 관성의 법칙이 경험과 관찰에서 비롯되었다고 믿는다. 그러나 너무도 명백한 것은, 그 누구도 관성의 법칙을 관찰할 수 없다는 것이다. 왜냐하면 그러한 운동은 완전히 그리고 절대적으로 불가능하기 때문이다."16) 관성의 법칙은 경험적 현실에서는 결코 관찰될 수 없다. 영원히 똑같은 속도로 운동하는 물체나 영원히 한 곳에 머무르는 물체는 경험적 현실 속에서는 존재하지 않기 때문이다. 갈릴레이는 순수하게 사고의 힘을 통해 새로운 개념을 만들어낸 것이다.

따라서 『자본론』에서의 맑스의 발언, 즉 "과학적 분석은 현실적 운동과 정반대의 길을 밟는다"17)는, 또는 "과학은 우리의 감각에 와 닿는 표면적 운동을 실재하는 내적 운동으로 데려오는 것을 그 목표로 한다"18)는 발언은 결코 독단적인 것이 아니다. 과학적 노동의 현실에 대한 면밀한 분석을 통해서가 아니라 철학적 입장 선택 속에서 관념적으로 과학철학을 했던 포퍼가 맑스를 정죄했던 것과는 반대로, 바슐라르, 깡길렘, 꼬이레, 까바이야스로 대변되는 프랑스의 새로운 인식론적 전통은 단호하게 맑스의 편이다.

지배의 주체의 내면성이라는 우리의 인식대상에서 문제가 되는 것은, 내면성이 눈에 보이지 않는다는 사실이 아니라, 다양한 규정성들의 접합된 '효과'라는 사실이다. 예컨대 내가 이 책의 후속편으로 준비하고 있는 『악으로서의 권력』과 같은 연구는 단 하나의 규정성에만 관계하는 것이므로 매우 명쾌한 과학적 성격을 지닐 수 있을

---

16) Alexandre Koyré, *Etudes d'histoire de la pensée scientifique*, Gallimard, coll. Tel, 199쪽.
17) K.Marx, *Le Capital*, I, 쁠레이야드 판 1권 609쪽.
18) *Le Capital*, III, 쁠레이야드 판 2권 1082쪽.

것이다. 반면 지금의 이 연구에서는 하나의 메커니즘으로 귀착될 수 없는 '접합효과'에 가닿아야 한다.

그래서 나의 접근방법은 내면의 여러 흔적들을 통해 그 필연적 논리를 구성하는 것일 수밖에 없다. 벤야민이 말한 바 "별들로 이루어진 성좌(星座)"를 재구성하듯이 말이다.[19] 즉 여러 가지 외인들과 내인들이 만났을 때 생산되는 논리적 효과를 그 흔적들을 통해 재구성한다는 것이다. 이러한 접근방법은 바로 바슐라르가 말한 "형이상학적으로 귀납적인" 방법이다.[20] 즉 내면성의 흔적들로부터 내면성의 내적 논리를 재구성하는 노동은 일종의 형이상학적인 사고의 힘을 필요로 한다는 것이다.

내면성의 내적 논리는 경험 속에 주어져 있는 것이 아니다. 그것은 오히려 '발견'되어져야 하는 것이다.『독일 비극의 원천』의「인식비판적 서문」에서 벤야민이 사물의 가장 내밀한 구조는 '발견의 대상'이라고 했듯이 말이다.[21] 하지만 바슐라르적인 형이상학적 사고의 힘에 의거하는 '발견'이 순수 관념적 과정을 통해 이루어질 수 없음은 두말할 것도 없다. 흥미롭게도 벤야민은「인식비판적 서문」에서 "현상들의 잡다성에 고집스럽게 집착하고 지적인 엄격성을 무시하는 것은 비판적이지 못한 귀납법의 핵심적 원리들이다"라고 하면서 직접적인 귀납법을 비판하고,[22] 이어서 "참다운 관조(觀照, contemplation)에서는 연역적 접근에 대한 거부가 현상들에 대한 더욱 심층적이고 더욱 열정적인 호소를 동반한다"고 하면서 독단적인 연

---

19) Walter Benjamin, *Origine du drame baroque allemande*, Flammarion, 1985, 31쪽.
20) Gaston Bachelard, 앞의 책, 10쪽.
21) Walter Benjamin, 앞의 책, 44쪽.
22) 같은 책, 37쪽.

역법을 비판한다.23) 벤야민의 입장은 바슐라르가 말한 '형이상학적 귀납법' 또는 '구체적 합리주의'24)와 놀랍도록 긴밀하게 일치하는 것이다.

결국 벤야민은 '관조'를 하나의 방법으로 제시한다. 이 관조는 결코 순수 관념적인 과정 속에서 전개되는 것이 아니다. 이 관조는 부단히 사물로 되돌아오는 관조이다. "사고는 지침이 없이 새롭게 출발하고 힘들여 사물 자체로 되돌아온다. 이처럼 끊임없이 호흡을 되풀이하는 방식이야말로 관조의 가장 고유한 존재형식이다."25) 사물에의 부단한 회귀가 우리에게 필요한 것은 인간의 나르시스적 존재 자체가 진리와 대립하기 때문이다. 이러한 회귀는 언제까지 되풀이되어야 할까? 그것은 사물에의 회귀가 나르시스적 존재에 내재한 편집증에 구멍을 뚫고 사물이 그처럼 존재하는 필연성을 포착할 때까지이다.

몇 가지 규정성들의 논리를 내면성의 형식들에 기계적으로 적용하려는 태도는 대상에 대한 폭력에 지나지 않는다. 중요한 것은 다양한 규정성들이 접합된 '효과'로서의 대상의 논리를 존중하면서, 그 능선들과 결절점(結節點)들을 통해 필연적인 구조를 찾아내는 것이다. 즉 인간 종의 동물적 특성이 특정한 사회적 조건을 만났을 때 필연적으로 그렇게 될 수밖에 없는 그러한 구조를 그 필연성 속에서 찾아내야 한다는 것이다.

물론 맑스가 『자본론』 제2판 후기에서 말했듯이 연구방법과 서술

---

23) 같은 책, 43쪽.
24) Gaston Bachelard, *Le rationalisme appliqué*, Quadrige/PUF, 1986, 4쪽.
25) Walter Benjamin, 앞의 책, 24~25쪽.

방법, 연구순서와 서술순서는 다르다. 그래서 대상의 논리에 따라 연구가 진행되었다고 하더라도, 서술순서는 외적 규정성으로부터 시작할 수 있다. 특히 개념적 정지(整地)의 노동이 많이 요청될 제1장의 경우는 논의가 외적 규정성들을 따라 진행되는 것처럼 보일 수도 있다. 그러나 그것은 단지 내면성의 논리의 능선들에 따르는 서술순서에 의한 것일 뿐이다. 그러한 서술순서도 대상의 논리에 의해 규정되는 것임은 물론이다.

* * *

[추기(追記)] 나는 앞에서 레비-스트로스의 유물론적 입장을 언급했지만, 그렇다고 하여 그의 구조주의적 방법이 지배의 주체의 내면성에 대한 연구에 동원될 수 있는 것은 결코 아니다. 구조주의적 연구의 대상들은 지배의 주체의 내면성보다 훨씬 추상적인 인식론적 층위에 위치한다. 지배의 주체의 내면성은 친족구조나 신화체계보다 훨씬 구체적이고 복합적이라는 것이다.

레비-스트로스는 「언어학과 인류학에 있어서의 구조분석」에서 외삼촌과의 관계를 독립적으로 분리시켜 다룬 래드크리프-브라운을 비판한다. 외삼촌과의 관계는 나와 외삼촌이라는 두 가지 항의 관계처럼 분리시켜 독립적으로 다루어질 수 없고, 한 남자, 그의 자매, 매부, 조카라는 사항(四項)관계의 한 가지 구성요소로 다루어져야 한다는 것이다. 이때 사항관계는 '친족관계의 근본적 필수조건'으로서의 '친족관계의 원자'를 구성하는 것이다. 즉 남매관계, 부부관계, 부자관계, 삼촌-조카관계가 그것이다. 레비-스트로스는 이 네 가지 항들 사이의 결합방식이 달라짐에 따라 사회가 상이한 형태를 갖게 된다고 하면서, 트로브리안드 제도(諸島), 통가 제도(諸島), 쿠토우프 호반의 원주민들, 시우아이 족, 도부 섬 등의 예를 제시하고 있다.26)

이러한 식의 연구방법은 융의 『심리적 유형들』과 라이히의 『성격 분석』에서도 발견된다.27) 융은 『심리적 유형들』에서 내향성과 외향성이라는 대립항에 사고, 감성, 감각, 직관의 네 가지 '근본적 기능'을 결합시켜 외향적 사고형, 외향적 감성형, 외향적 감각형, 외향적 직관형, 내향적 사고형, 내향적 감성형, 내향적 감각형, 내향적 직관형이라는 여덟 가지 심리적 유형을 만들어낸다.28) 『성격 분석』에서 라이히는 외부 세계에 대한 방어와 오이디푸스 콤플렉스의 해소 형태의 결합으로부터 여러 가지 성격 유형들을 도출해낸다. 라이히는 『성격 분석』의 초판 서문에서 성격구조란 "특정한 시기의 사회학적 과정이 결정화(結晶化)된 것"이라고 말하지만,29) 그의 연구는 결코 역사적이거나 사회학적인 것이 아니다.

레비-스트로스의 연구와 마찬가지로 융과 라이히의 구조주의적

---

26) 레비-스트로스, 「언어학과 인류학에 있어서의 구조분석」, 40쪽 이하 참조.
27) 반면 구조주의를 정신분석학에 잘못 '적용'하는 경우도 있다. 예컨대 철학자 알랭 쥐랑빌(Alain Juranville)의 경우가 그렇다. 그는 『라캉과 철학』(Quadrige/PUF, 1996, 237~299쪽)에서 사랑의 대상, 주체, 큰 타자라는 세 가지 자리에 어머니, 상징적 아버지, 실재의 아버지라는 세 가지 인물형이 어떻게 분배되느냐에 따라 이른바 '실존의 드라마'가 정해진다고 한다. 이때 '실존의 드라마'란 정신병, 신경증, 도착, 승화의 네 가지 형태를 말하는 것이다. 하지만 레비-스트로스의 강력한 영향력하에서 행해진 쥐랑빌의 이러한 시도는 지극히 도식적이다. 레비-스트로스가 자신의 대상의 논리에 충실했던 반면, 쥐랑빌은 오히려 래드클리프-브라운처럼 너무 작은 요소들만을 고립시켜서 '실존구조'의 단위설정이 편협하게 되고 그 전체성이 파악될 수 없었다는 것이다. 그래서 쥐랑빌의 설명은 결국은 모호성으로 가득차게 된다. 쥐랑빌의 이러한 시도가 정신분석학에 대해 폭력을 구성한다는 것은 두말할 것도 없다.
28) C.G. Jung, *Types psychologiques*, Librairie de l'université Georg & Cie, S.A., 1968.
29) Wilhelm Reich, *L'analyse caractérielle*, Payot, 1973, 18쪽.

연구는 이 책에서의 나의 연구와는 상이한 인식론적 층위에 위치한다. 물론 그들의 연구방법은 그들이 위치한 인식론적 층위에서 나름의 필연성과 유효성을 갖는 것이다.30) 반면, 내가 다루려고 하는 지배의 주체의 내면성들은 구조주의적 연구의 대상들처럼 몇 가지 요소들의 조합으로 설명될 수 있는 것이 아니다. 게다가 그 각각은 형성과정이 상이하기 때문에 결코 동일한 방식으로 일관되게 접근될 수 없고, 각자에 고유한 개별적 방식으로만 접근될 수 있을 뿐이다.

---

30) 문학비평 또는 철학적 비판과 구분되는 엄밀한 의미의 과학적 비판은 인식대상의 설정방식, 인식대상의 내적 구조를 드러내기 위한 논리적 전개방식, 개념설정과 개념들 사이의 결합방식 등으로 향해진다. 따라서 구조주의에 대한 비판은 대상의 내적 논리와의 적합성이란 관점에서만 행해질 수 있다. 또한, 예컨대 문학에 적용된 구조주의적 방법에 대한 비판은 결코 구조주의 자체에 대한 비판일 수 없고, 그 잘못된 '적용'에 대한 비판일 뿐이다. 나 자신은 최근 과학적 비판과는 거리가 먼 환상적인 '전능자적(全能者的) 판단'의 대상이 된 적이 있다. 이진경 씨는 『철학의 외부』(그린비, 2002) 42쪽에서 말하길, 1994년에 출간된 『지배양식과 주체형식』에서 내가 라캉을 헤겔식으로 읽었고 이는 나의 박사학위논문 지도교수였던 삐에르-필립 레(Pierre-Philippe Rey)의 "영향을 받은 것 같다"고 한다. 라캉을 헤겔식으로 읽은 것 같다고 판단하는 것은 자유이겠지만, 그처럼 아무런 논거의 제시도 없이 단 한마디로 행해지는 전능자적 판단이 학문적 성격을 갖지 않음은 물론이다. (그 책에서의 나의 주된 기여는 오히려 헤겔을 라캉적으로 읽으면서 『정신현상학』의 기본 범주들을 명료화한 것이다.) 또 생산양식 접합이론을 통해 널리 알려진 삐에르-필립 레 선생은 라캉의 이론은 물론 정신분석학에 대해서도 완전한 문외한임을 명백히 밝혀두어야 하겠다. '비판'이 그 최소한의 조건을 충족시키지 못하는 한에서, 그것은 '비판자'의 특정한 심리적 상태를 드러내줄 뿐이다.

1장
부루주아적 내면성의 형식

부르주아적 내면성의 형식

> 진실은 성가신 한 마리 파리 같아서
> 끊임없이 대고모의 콧잔등에 내려앉지만
> 손등 하나면 그것을 쫓아버리기에 충분하다.
> 르네 지라르, 『낭만적 거짓과 소설적 진실』

부르주아적 내면성은 부르주아라는 사회적 위치로부터 도출되는 내면성이다. 다시 말해 부르주아적 내면성은 부르주아라는 사회적 위치에 있는 자들이 그 위치의 속성으로 인해 필연적으로 가질 수밖에 없는 내면성으로, 부르주아 '일반'의 내면성이다.[1] 반면 개별적 부르주아의 내면은 이와 같은 부르주아 '일반'의 내면성을 포괄하면서도 그것을 훨씬 뛰어넘는 복합적 성격의 것이다. 개별적 부르주아들은 그들에게 고유한 개인사적 역정을 통해 형성된 복합적 내면을 가진다. 따라서 우리가 여기서 제시하려는 부르주아 '일반'의 내면성은 개별적 부르주아의 복합적 내면을 구성하는 다양한 층위들의

---

[1] 나는 여기서, 독자들의 혼란을 피하기 위해, 개별자로서의 '부르주아'와 일반성으로서의 '부르주아지'라는 프랑스어의 구분을 도입하지 않는다.

반대경향적 작용으로 인해 억압된 상태 또는 거의 침윤되어 희석화된 상태로 존재할 수도 있다.

그러나 우리가 제시하려는 부르주아 '일반'의 내면성은 모든 부르주아가 부르주아인 한에서 필연적으로 지닐 수밖에 없는 것이다. 비록 다른 층위들의 반대경향하에 놓이게 될지라도 그러한 일반적 내면성은 모든 부르주아에게서 존재한다. 동물의 한 종(種)으로서의 인간동물에게 보편적으로 존재하는 동물학적, 두뇌적 특성을 가진 인간 개인은 부르주아적 위치에 처하게 될 때 그 인간동물적 특성에 따른 논리적 대응의 동일성으로 말미암아 반드시 부르주아적 내면성을 지니게 되기 때문이다.

한 부르주아적 개인은 부르주아적 내면성의 형식으로 환원되지 않는다. 그는 어쩌면 그만이 쓸 수 있는 매우 아름다운 시를 쓸 수도 있을 것이고, 그 시가 반드시 부르주아적이어야 할 필연성은 없다. 하지만 그럼에도 불구하고 부르주아 '일반'의 내면성은 그의 내면의 한 층위로 언제나 존재한다. 그가 부르주아이기를 그만둘 때까지, 또 부르주아이기를 그만 둔 이후에도 당분간은 말이다.

부르주아적 내면성은 부르주아적 지배양식의 주체의 내면성이다. 부르주아가 부르주아적 내면성을 갖는 것은 부르주아적 지배양식의 주체로서이다. 즉 부르주아적 내면성은 한 지배양식의 '지배의 주체'의 내면성이다. 부르주아는 부르주아적 내면성에 입각해 행동하면서, 즉 '지배의 주체'로서 행동하면서 부르주아적 지배양식을 담지하고 실천하고 재생산한다. 부르주아적 지배양식은 그 '지배의 주체'의 일상적 말과 행동을 통해 실현되며, 그러한 '지배의 주체'의 일상적 말과 행동은 부르주아적 내면성으로부터 도출된다.

부르주아가 점하고 있는 위치란 어떠한 것일까? 부르주아란 어떤 자들일까? '부르주아'라는 용어의 일상적 용법이 단지 자본가계급만을 지칭하기 위해 사용되지는 않는다는 것은 확실하다. 과학적 노동은 일상적 언어 용법과의 거리두기로부터 시작한다. 하지만 우리가 주목해야 할 것은, 부르주아라는 용어의 일상적 용법이 맑스주의와 레닌주의에서 설정된 노동자계급의 '적'의 범주에 대한 일종의 전(前)개념적 일상감각을 표현해준다는 것이다.

그러한 전개념적 일상감각을 통해 부르주아적 지배양식의 주체로서의 부르주아계급의 범위를 구획지을 수 있을까? 그럴 수 없음은 물론이다. 그러한 전개념적 일상감각은 하나의 징후 또는 지표를 구성할 뿐이다. 부르주아는 자본가계급만으로 한정되지 않는다는 사실의 징후 말이다. 그러나 그러한 전개념적 일상감각은 모호하기 짝이 없다. 반면 그렇다고 하여 그러한 전개념적 일상감각과 구분되는 계급의 개념이 엄밀한 과학적 지위를 차지하고 있는 것도 아니라는 데서 문제가 성립한다.

계급 개념이 과학적 개념의 지위를 획득하기 위해서는 계급의 구분이 구조적 경계를 따라 명확히 도출될 수 있어야 한다. 물론 더 구체적인 인식론적 층위로 이동하면서 다른 요소들의 개입에 따라 그 구조적 경계가 불투명해질 수도 있지만, 적어도 원리적으로는 명확하게 도출될 수 있어야 한다는 것이다. 하지만 자본주의적 사회구성체의 계급들에 대해 그처럼 명확한 구조적 구분은 행해지지 않고 있다.

계급을 생산관계 내의 위치에 따라 구분되어지는 집단으로 정의할 때, 자본주의적 생산양식에서는 맑스가 『자본론』에서 말했듯이 자본가, 지주, 임금노동자의 세 계급만이 존재하게 된다. 이때 특히 문제가 되는 것은 임금노동자계급이다. 즉 다 같은 임금노동자들 내부에서 노동과정에서도 차이가 나고 사회적 지위도 현격히 차이가 나는 두 집단을 구분할 수 있고, 또 그럼에도 그들 사이의 경계가 충분히 명확하지 않기 때문이다. 이 두 집단은 종종 '신중간계급'이라 불리는 집단과 좁은 의미의 노동자계급인데, 문제는 한편으로 이 둘 사이에 단순 사무직이나 기능직 같은 다양한 중간적 집단들이 존재한다는 것이고, 다른 한편으로 생산관계 내에서의 이른바 '신중간계급'의 위치가 엄밀하게 규정되지 않는다는 것이다. '신중간계급'은 엄연히 임금노동자이면서도 피착취율이 상대적으로 낮고, 노동과정상의 기능은 모호하고 양가적이며, 제법 높은 사회적 지위를 유지한다는 것이다.

이러한 난점에 맞서 니코스 풀란차스는 『오늘날 자본주의의 사회계급』에서 계급 구분을 정치적 관계들과 이데올로기적 관계들에 의해 중층결정되는 것으로 간주하지만, 이러한 시도는 다분히 경험주의로의 후퇴를 내포한다.[2] 나 자신은 선행의 연구인 『지배양식과 주체형식』에서 생산양식과 지배양식에 의한 이중적 결정을 통해 계급 구분을 시도하려 했지만, 지배양식에 내재한 지배코드로서의 문화적 분류를 통해 신중간계급과 노동자계급을 구분하려 했던 것은 결코 명쾌한 것이 아니었다.[3]

나는 여기서 자본가계급을 자본주의 생산양식의 지배계급으로, 부르주아계급을 자본주의 사회구성체의 지배계급으로 간주하는데, 이러한 규정은 근본적으로 끌로드 메이야수의 기여에 입각한 것이다. 끌로드 메이야수는 자본가계급과 부르주아계급을 명확하게 구분

---

[2] N. Poulantzas, *Les classes sociales dans le capitalisme aujourd'hui*, Seuil, 1974, 10쪽.
[3] 이종영, 『지배양식과 주체형식』, 백의, 1994, 92~99쪽.

하고 있지는 않지만, '사회적 신체(les corps sociaux)'라는 유효한 개념을 통해 계급이론의 어려움을 해결하는 데 결정적 기여를 한다.4) 즉 여태까지 '신중간계급'이란 이름으로 포괄되던 집단들은 결코 하나의 계급적 존재가 아니며, 그 중요 부분은 단지 자본가계급이 자신의 기능들을 위임한 집단에 불과하다는 것, 자본가계급의 '사회적 신체'에 불과하다는 것이다. 메이야수에 따를 때, 자본가계급의 '사회적 신체'로 대표적인 것들은 다음의 네 가지이다. 국가기구 담당집단, 자본의 지휘기능 위임집단, 테크노크라트 그리고 자본의 이데올로그.

나는 자본가계급과 그 사회적 신체들을 포괄하여 부르주아계급이라 부른다. 물론 소상품 생산양식의 담지자로서의 쁘띠 부르주아는 부르주아계급에서 배제된다. 부르주아적 내면성의 필연적 소유자들로서의 부르주아란 바로 부르주아계급의 구성원들이다. 자본가계급이 자본주의적 생산양식의 지배계급임에 비해, 부르주아계급은 부르주아적 지배양식의 주체이며 자본주의 사회구성체의 지배계급이다.

부르주아계급의 구성집단들 가운데 국가기구 담당집단은 출신집단이 제법 상이한 것으로 파악되기도 하고 따라서 일종의 예외성을 가질 수 있는 것처럼 얘기되기도 하지만, 그러한 예외성은 사회적으로 뿐만 아니라 개인적으로도 이행기적인 일시적 현상일 뿐이다. 부르주아적 위치는 그 담지자의 출신이 어찌되었건 간에 부르주아적 내면성을 부과할 구조적 힘을 갖는다. 그 담지자가 인간동물인 한에서 말이다. 다시 말해 부르주아적 내면성은 인간 종에 고유한 동물

---

4) Claude Meillassoux, "Du bon usage des classes sociales", Bernard Schlemmer(éd.), *Terrains et engagements de Claude Meillassoux*, Karthala, 1998.

성을 통해 부르주아적 위치의 담지자에게 부과되는 것이다. 물론 그 담지자의 개별적 개인성은 부르주아적 내면성을 훨씬 뛰어넘는 복합성을 갖는 것이지만 말이다.

* * *

부르주아는 부르주아로서의 정체성을 향유하고 부르주아에 고유한 생활양식을 향유한다. 부르주아의 정체성은 노동자계급과의 차별성에 입각한 것이다. 부르주아의 생활양식은 한편으로 부르주아적 안락함과 교양을 드러내주면서, 다른 한편으로 그 자체가 노동자계급과의 변별적 씨니피앙을 구성한다. 정체성과 생활양식의 향유는 부르주아에게 존재적 수준에서의 만족을 확보해준다. 비록 무의식적인 것이라고 할지라도 말이다. 부르주아는 그러한 향유들을 절대로 놓치려 하지 않는다. 이 사실이 말해주는 것은, 부르주아들이 노동자계급으로 전락하는 것에 대한 두려움을 지닌다는 것이다. 그러한 두려움은 정체성의 향유와 생활양식의 향유로 특징지어지는 부르주아적 향유에 대한 집착의 필연적 귀결이다. 무엇인가에 대한 집착이 그것을 잃어버리는 것에 대한 두려움과 불안을 낳듯이 말이다.[5]

---

5) 나는 『욕망에서 연대성으로』(백의, 1998)에서 자본주의적 생산양식의 주체는 자본이 아니라 불안이라는 명제를 제시했다(불안의 개념에 대해서는 『욕망에서 연대성으로』의 75~88쪽을 참조하기 바란다). 칼 슈미트는 1922년의 『정치신학』에서 "예외적 상황에서 결정을 하는 자가 주권자"라고 주장한다(Carl Schmitt, *Théologie politique*, Gallimard, 1988, 15쪽). 이때 주권자의 개념은 현실적 권력자를 옹호하려는 이데올로기적인 것이고, 실제로 슈미트의 의도도 독재를 정당화하려는 것이다. 하지만 일상적 상황을 벗어나는 한계적 또는 경계적 상황에서 결정을 이끄는 힘이 바로 우리를 움직이는 '주체적 힘'이라는 것은 사실이다. 우리는 한계적 상황에서 도망하여 비(非)한계

결국 부르주아에게 문제가 되는 것은 부르주아로 살아남아야 한다는 것이다. 즉 '살아남는 것'이 문제인 것인데, 그냥 육체적으로 살아남는 것이 아니라 바로 '부르주아'로 살아남아야 한다는 것이다. 이처럼 '부르주아로서 살아남아야 한다는 것'이 부르주아적 내면성의 구조를 결정한다. 그러나 도대체 왜 그렇게 '살아남아야' 하는 것일까? 그것은 바로 정체성의 향유와 생활양식의 향유가 그들의 존재의미 또는 존재근거를 구성하기 때문이다. 그래서 부르주아들에게는 "사람 사는 시상에 사대육신 멀쩡헌디 입에 거미줄이야 치겠소"라는 배짱이 없다.6)

하지만 신분제 사회나 봉건사회에서도 귀족적 계급들은 정체성의 향유와 생활양식의 향유를 누리지 않았던가? 그러니 갑자기 자본주의 사회에 이르러 '부르주아로서 살아남는 것'이 문제가 된 것은 왜일까? 물론 그것은 생산수단·생활수단과 노동자의 분리, 그리고 자본들 사이의 경쟁으로 인한 것이다. 그러나 이것들이 이유의 전부가 아니다. 그 배후에는 '부르주아적 개인화'라고 일컬어질 수 있는, 보다 심리적인 층위의 힘이 작용한다. 공동체적 질서의 붕괴로부터 비롯되는 부르주아적 개인화는 '살아남는 것'이 문제가 되는 상황의

적인 일상적 상황의 환상을 살아간다. 하지만 한계적 상황에서는 그것이 환상임이 드러난다. 자본주의 사회에서 대표적인 한계적 상황은 바로 '몰락에의 불안'이 우리를 엄습하는 상황이다. 이때 불안은 그 상황으로부터 도피하기 위해 무엇이든 하도록 우리를 밀어부친다는 점에서 주체적 힘이다. 물론 주체로서의 불안은 우리에게 이미 생물학적으로 프로그램화된 동물적 주체성이다. 그리고 그러한 불안에 굴복하지 않는 자는 탈동물적 주체, 인간적 동물성으로부터 벗어난 진정한 '주체'이다. 나는 제3장 보론에서 혁명의 동력으로 지성, 감수성, 용기를 제시하는데, 이때 용기는 불안 또는 공포와 맞서 싸울 수 있는 힘이다.
6) 조정래, 『한강』, 제1권, 해냄, 2001, 13쪽.

사회조직적 배경을 이룬다. 부르주아적 내면성에 가닿기 위한 통로로 부르주아적 개인성의 성격을 살펴보도록 하자.

논의의 출발점은 키에르케고르의 『죽음에 이르는 병』이다. 키에르케고르는 1813년에 태어나 1855년에 죽은 덴마크 사람이다. '실존하는 단독자'이기를 희구했던 키에르케고르를 우리가 '부르주아 사상가'로 규정할 수 있다면, 그것은 매우 적극적인 의미에서일 것이다. 맑스가 근본적으로 혐오했던 전(前)자본주의적 공동체에 철저히 대립한다는 포지티브한 의미에서 말이다. 그러나 과연 키에르케고르는 부르주아적 사상가일까?

키에르케고르는 개인의 개별적, 자립적 내면성을 확립할 필요성을 주장한다. 개별적 내면성을 가진 존재만이 다른 존재로 환원되지 않는 자기 고유의 존재의의 또는 존재가치를 가질 수 있기 때문이다. 그는 다음과 같이 말한다.

> 인간은 정신이다. 그러면 정신이란 무엇인가? 정신이란 자아이다. 자아란 무엇인가? 자아란 자기자신에 대한 하나의 관계이다. 이를테면 관계가 자기자신과 관계를 맺는 그 관계 속에 있음을 말한다. 그러므로 자아라고 하는 것은 관계가 아니라, 관계가 자기자신과 관계하는 것을 말한다.[7]

키에르케고르가 인간을 '정신'으로 간주한 것은 인간을 단순한 동물적 존재 이상으로 보았기 때문이다. 이때 '정신'이란 인간을 탈(脫)동물화시킬 수 있는 힘, 인간 종의 동물적 육체에 환원되지 않는, 또

---

[7] 키에르케고르, 『죽음에 이르는 병(외)』, 삼성출판사, 삼성판 세계문학전집 19(세로쓰기판), 1983, 271쪽.

인간의 동물적 생존을 보장하기 위한 동물적 장치로서의 두뇌에 환원되지 않는 어떤 탈동물적 힘이다.

키에르케고르는 그러한 탈동물적 힘으로서의 정신을 '자아'라고 한다. 이때 자아는 라캉적 의미의 대상적 자아가 아니다. 이때 자아는 인간을 탈동물화시키는, 개인 내면의 주체적 힘이다. 키에르케고르에 따를 때 자아란 하나의 관계인데, 이 관계는 바로 자기자신과의 관계, 자기를 진정한 '자기자신' 자체로 있게 하려는 관계이다. 그래서 동물적 자기자신, 사회적 일반성의 담지체로서의 자기자신으로부터 벗어나서 그야말로 고유한 자기자신으로 있고자 하는 것이 바로 '자아'이다. 따라서 이러한 '자아'는 단순한 자기의식에 그치는 것이 아니라 자신의 존재의미에 대한 탐구를 통해 형성되는 개별적 내면성('단독자')이기도 하다.

중요한 것은 누구나 다 그러한 '자아'를 갖는 것이 아니라는 사실이다. 키에르케고르에 따를 때 "대부분의 사람들은 자신이 정신이며 또 정신이어야 한다는 것을 옳게 의식하지 못한 채 하루하루를 지내고 있는 것이 일반적 상태"이다.[8] 이러한 일반적 상태의 사람들은 '자아'를 상실하고 있는 사람들이다. 그러한 사람들의 삶은 동물적 생존을 유지하는 동물적 삶, '정신'으로서 살아 있지 못하는 일종의 죽은 삶, '죽음의 양식'으로서의 평균적 생활양식을 살고 있는 삶이다. 키에르케고르가 다음과 같이 말하듯이 말이다.

> 인생을 허송하고 있는 인간이란 인생의 기쁨과 슬픔에 끌리어서 영원히 자기자신을 정신으로서, 즉 자아로서 의식하는 데 결단을 내리지 못하고 하

---

8) 같은 책, 283~284쪽.

루하루를 보내는 사람이다.9)

한 인간이 동물적 상태를 뛰어넘어 '정신'으로 존재할 수 있는 가장 기본적 조건은 자기 고유의 개별적 내면성을 갖는 것이라고 설정해보자. 만약 그가 다른 사람들과 똑같이 생각한다면, 다른 사람들이 하는 말을 단지 반복하기만 한다면, 사회에 통용되고 있는 담화를 반복하기만 한다면, 그는 단지 외재하는 기호를 수용하였다가 다시 내뱉는 자동반복기계에 불과하기 때문이다.

이처럼 한 차례 내재화되었다가 다시 그대로 바깥으로 내뱉어지기만 할 뿐인 외재적 기호들의 합체를 우리는, 헤겔이 그렇게 했듯이, '풍속'이라 부를 수 있다. 헤겔은 『정신현상학』에서 이러한 풍속을 반복하는 사람들을 아직 외적인 것에 대립하는 내면이 성립되지 않은 자들로 간주한다.10) 그러한 자들에게는 아직 정신이 형성되기 위한 단초가 마련되지 못한 것이다.

키에르케고르에게서 정신은 단지 개인적으로만, 자기자신과 마주선 개인의 고유한 내면을 통해서만 형성될 수 있다. 인간을 동물 이상의 것으로 만들어줄 수 있는 '정신'은 집합적인 것 또는 공동체적인 것이 아니다. 정신은 오로지 개인 속에서만, 개인을 통해서만 존재할 수 있다. 맑스가 『정치경제학 비판 요강』에서 "인간은 단지 역사적 과정 속에서만 개인화한다. 그는 애초에는 유적 존재, 부족적 존재, 가축떼의 동물로서 나타난다"11)고 했듯이 — 1857년의 맑스

---

9) 같은 책 284쪽.
10) 헤겔, 『정신현상학』, 지식산업사, 1992, 438~439쪽.
11) K. Marx, *Manuscrits de 1857~1858(Grundrisse)*, Editions Sociales, 1980, 1권 433쪽.

는 더이상 『경제철학수고』의 맑스가 아니다 —, 개인적 내면성을 갖고 있지 못한 비(非)정신적 존재는 개체로서의 존재의미를 갖지 못한 일종의 가축적 존재에 불과하다.

바로 이러한 점에서 키에르케고르는 매우 포지티브한 의미에서의 부르주아적 사상가인 것처럼 보인다. 자립적 개인성을 억압하는 공동체적 풍속과 규범에 대립한다는 점에서 말이다. 게다가 키에르케고르는 자립적 개인성이 공존하는 질서를 다음과 같은 논의를 통해 매우 설득력 있게 지지한다.

> 세속적인 견해는 자기자신을 상실하고 있는 것이 편협성과 유한성을 의미한다는 것도 이해하지 못한다. 이러한 자아상실은 무한한 것으로의 도피를 통해서가 아니라, 인간이 자아가 되는 대신에 완전히 유한한 것이 되어 하나의 수(數), 하나의 인간, 그 천편일률적인 것 속에서의 반복에 의해서 일어나는 것이다.[12]

여기서 키에르케고르는 자립적 개인성을 지니지 못한 공동체적 인간들이 타자의 타자성을 존중하거나 관용적이기보다는 오히려 타자에 대해 배척적임을 지적한다. 개별적 내면성을 지니지 못한 공동체적 존재들은 타자들의 개별적 내면성도 받아들이지 못한다는 것이다. 자신이 자기 나름의 개별적 내면성을 가지고 있어야지만 또한 타자의 개별적 내면성도 받아들일 수 있기 때문이다. 오히려 공동체적 존재들은 공동체적 풍속의 경직된 규범에 따라 타자의 타자성을 배척한다. 타자의 타자성은 공동체적 동질성을 붕괴시킬 수 있는 위

---

[12] 키에르케고르, 같은 책, 289쪽.

협적인 것으로 여겨지기 때문이다.

또한 키에르케고르가 "인간이 자아가 되는 대신에 완전히 유한한 것"이 된다고 하고 있듯이, 무한한 자아의 상실과 유한한 도구성에의 종속은 비단 자기사물화에만 그치는 것이 아니라 타자의 도구화로까지 이어진다. 자기자신이 도구화된 세상에서 사람들은 타자를 또한 도구화한다는 것이다. 이러한 타자의 도구화는 교류능력 상실, 감수성의 상실을 통해 '세계에 대한 닫힘'으로 귀결되고, 또 '세계에 대한 닫힘'은 당연히 내면적 빈곤으로 이어지는 것이다.

이처럼 키에르케고르는 자립적 개인성을 억압하는 공동체적 풍속과 대립하면서 새로운 사회구성원리의 단초를 제시하기도 한다. 하지만 키에르케고르의 비판은 과연 전(前)부르주아적 사회질서로만 향해지는 것일까? 그의 비판은 그의 스승 — 부정적 의미에서도 — 인 헤겔이나 그의 동시대인이었던 맑스『정치경제학비판요강』과 「영국에서의 인도지배」)에게서처럼 공동체적 풍속으로 향해진 것일까?

그렇지 않다. 개별적 내면성을 억압하는 힘에 대한 그의 비판의 대부분은 오히려 당시 덴마크 사회에서 태동하고 있던 부르주아적 질서를 향해지는 것처럼 보인다. 그렇다면 키에르케고르는 반(反)부르주아적 사상가일 수도 있을 것이다. 심지어 그는 중세에는 '고독에 대한 존경'이 있었지만 현대에 와서는 '고독에 대한 공포'가 생겼다고까지 한다.[13] 이러한 표현은 물론 어느 정도 과장된 것이다. 중세에서 고독이 존경받았다는 것은 오늘날과는 맥락을 달리 하는 것이기 때문이다. 즉 중세에서의 '고독에 대한 존경'은 모든 인간이 공동체적 존재인 상태를 전제로 하고서 그 일탈자에 대한 신비적 존경

---

13) 같은 책 318쪽.

을 나타낸 것이기 때문이다.

칼 뢰비트는 키에르케고르의 비판대상이 당시 덴마크에서 태동하는 부르주아 사회였음을 명확히 해준다. 뢰비트는 "장차 인간의 평균화, 평판화(平板化)가 진행되어, 이윽고는 조직적이고 무차별적인 집단사업이 출현할 것이라는 그의 날카로운 예견은 그대로 확증되고 실현"되었다고 하면서,14) 이른바 자아상실에 대한 키에르케고르의 비판이 당대 사회의 현실적 경향에 대한 것이었음을 지적한다. 키에르케고르는 "자아라고 하는 것은 이 세상에서 가장 문제거리가 되지 않는 하찮은 것"15)이라고 하는데, 이때 키에르케고르가 말하고 있는 '이 세상'이란 전자본주의적 공동체 질서보다는 오히려 부르주아적 질서를 가리킨다.

그렇지만 많은 학자들은 자본주의와 더불어 자립적 개인성이 성립했다고 말하고 있는데, 그러한 자립적 개인성은 과연 어떠한 성격의 것이었을까? 그러한 자립적 개인성은 키에르케고르가 말한 의미에서의 '자아' 또는 적어도 개별적 내면성을 결여한 것이었을까? 그러한 자립성은 단지 껍데기에 불과한 것이었을까?

노베르트 엘리아스는 1940년대와 1950년대에 걸쳐 쓰여진 「자기의식과 인간의 이미지」라는 논문에서 다음과 같이 말한다.

> 그들의 중세적 선조들과 대비해볼 때, 르네상스 시기부터 유럽사회의 구성원들은 보다 높은 자기의식의 단계로 진화해왔다.16)

---

14) 칼 뢰비트, 『지식 신앙 회의』, 종로서적, 1982, 93쪽.
15) 키에르케고르, 같은 책 289쪽.
16) Norbert Elias, "Conscience de soi et image de l'homme", *La société des individus*, Fayard, coll. Agora, 1997, 144쪽.

자기의식이 진화되었다는 것은 무엇을 뜻하는 것일까? 그것은 어쩌면 단순히 사회조직에서의 차이를 반영하는 데 그치는 것일 수도 있다. 자기자신에 대해 보다 더 의식을 하도록, 타자와 자기 사이의 경계를 더욱 강화하도록 사회가 재편되었다는 것만을 뜻할 수도 있다. 공동체적 질서에서 가족과 국가를 두 축으로 하는 사회질서로 이행함에 따라 사람들 간의 교류형식이 변화했다는 것이다.

엘리아스는 그러한 자기의식의 진화를 "모든 다른 개인들로부터 독립하여 개인으로 존재한다는 느낌"[17])이 발전되고 확대되는 것으로 규정한다. 결국 자기자신을 독립적 개인으로 간주하는 태도가 점점더 확립된다는 것인데, 그러한 독립적 개인성은 키에르케고르가 말한 '자아상실'과 양립할 수 있는 것일까?

독립적 개인성의 느낌은 과연 어느 정도의 수준에 위치하는 것일까? 부르주아의 독립적 개인성은 개별적 내면성을 결여한 일종의 교류형식에 그칠 수도 있을까? 즉 단지 타자와 교류할 때는 독립적 개인으로서 교류하지만, 그러나 그 개인이 아직 개별적 내면성을 갖추지 못한 것은 아닐까? 모두들 규격화된 독립적 개인이 되는 식으로 말이다.

어쩌면 다음과 같이 말할 수도 있다. 부르주아적 질서의 독립적 개인성은 개별적 내면성 또는 자립적 내면성을 결여한 상태에서 단지 행위적 독립성만을 취하는 것이라고. 그리하여 그 개인성은 실질적인 개인성이 아니라 단지 개인성의 외적 형식만을 취한 것으로 간주될 수 있다. 행위와 규범 상에서 개인성의 형식을 취하지만 내면적인 주체성으로서의 진정한 개인성은 결여하고 있는 것으로 말이다.

---

17) 같은 책 152쪽.

그러한 개인성은 동물적 개체성의 사회적 승인에 불과한 것이 아닐까?

에릭 홉스봄은 『자본의 시대』에서 다음과 같이 말한다. "무엇보다도 중요한 것은 부르주아가 단지 독립적인 인간이었다는 것만이 아니라 (국가와 신 이외의) 그 누구의 명령도 받지 아니하고 스스로 자율하는 인간이었다는 점이다."[18] 그러한 독립성, 그러한 자율성은 매우 중요한 역사적 전과(戰果)이다. 그러나 그러한 독립성은 단지 자본주의적 이윤만을 맹목적으로 추구하는 독립성일 수 있고, 그러한 자율성은 단지 자본주의적 이윤을 추구하기 위해 자신을 엄격히 규제하는 자율성일 수도 있다. 동물적 생존투쟁에서의 독립성과 그 방식에서의 자율성 말이다. 막스 베버가 『프로테스탄티즘의 윤리와 자본주의 정신』에서 인용하고 있는 벤자민 프랭클린에게서처럼.

아도르노는 다음과 같이 말한다. "언제나 시민사회에서 예찬되었던 독립성, 지속성, 사전 성찰, 신중함은 내면 속까지 썩었다."[19] 즉 부르주아적 독립성은 이제 성격이 변화되었다는 것이다. 원래 의도되고 의미되던 독립성이 아니라 다른 성격의 독립성이 되었다는 것이다. 즉 예속성으로부터의 자유와 자립성이 이제 공존 능력의 상실, 타자에 대한 배려상실이 되었다는 것이다. 그러한 독립성은 어쩌면 폐쇄성 또는 고립성으로 불릴 수도 있겠다. 그렇다면 원래의 독립성은 어떠한 성격의 것이었을까? 원래의 독립성 자체가 애초부터 그처럼 성격 변화하도록 운명지어졌던 것은 아닐까? 맑스가 『독일이데올로기』에서 지적하는 것처럼 부르주아적 개인성이 계급적 개인성의

---

18) 에릭 홉스봄, 『자본의 시대』, 한길사, 1998, 469쪽.
19) T.W. 아도르노, 『한줌의 도덕』, 솔, 1995, 50쪽.

질곡에서 빠져나올 수 없었듯이 말이다.

부르주아적 내면성을 토대짓는 부르주아적 개인성의 성격을 명확히 이해하기 위해 우선적으로 파악해야 하는 것은 자본주의적 화폐경제의 성격이다.

* * *

맑스는 『꼬뮌주의 선언』에서 "부르주아지는 타고난 상전들에 사람을 묶어놓고 있던 잡다한 색깔의 봉건적 끈들을 무자비하게 끊어버렸으며, 사람과 사람 사이에 노골적인 이해관계, 냉혹한 '현금 계산' 이외에 아무런 끈도 남겨놓지 않았다"고 말한다.[20] 이러한 주장은 일면적인 것이다. 자본주의 사회에서 사람과 사람 사이의 관계가 '현금계산'으로 완전히 환원될 수 있다면, 그러한 사회에서는 어떠한 희망도 찾아볼 수 없을 것이다. 화폐라는 유일한 주체에 예속된 일종의 기계적 존재들의 사회일 것이기 때문이다. 자본주의 사회에서는 '현금 계산' 이외의 다른 끈들이 명백히 존재한다. 여러 형태의 감정적, 지적 교류를 내포하는 그러한 끈들은 특별히 어떤 희망의 근거라고 할 것도 없는, 두뇌에 변연계를 가진 포유류들의 교류형식을 규정짓는 자연적인 끈들, 동물적인 끈들일 뿐이다.

하지만 이 인용문에서 맑스는 공동체적 사회관계와 대비되는 자본주의 사회의 핵심적 특징 하나를 명쾌히 지적한다. 화폐가 목적이 되고 여러 인간관계들은 그 목적을 달성하기 위한 수단으로 전락하

---

[20] 칼 맑스·프리드리히 엥겔스, 『저작 선집』 제1권, 박종철출판사, 2000, 402~403쪽.

는 것이 그것이다. 화폐 획득을 위한 타자들의 도구화는 자본주의 사회의 인간관계의 가장 기본적인 한 축이다. 변연계적 동물 종으로서의 정서적 교류는 화폐획득을 위한 타자들의 도구화에 의해 포위된다. 화폐는 새로운 '경계(境界)'들을 만들어낸다. 화폐 획득을 위해 도구화되는 타자들과의 경계, '현금 계산'으로 환원되지 않는 경제외적 교류관계의 경계, 그 중에서도 화폐를 서로 빌려줄 수 있는 교류관계의 경계, 그리고 화폐를 공유하는 최종적 경계 등이 그것이다.

화폐경제의 일반화는 자본주의 사회에 고유한 것이다. 모든 재화와 서비스가 화폐를 통해 가치를 표현하고 또 화폐를 매개로 교환되는 것은 자본주의 이전에는 없었던 일이다. 반면 전자본주의적 사회들에서 화폐유통은 부분적 또는 예외적 현상이다.[21] 화폐경제는 공동체와 대립한다. 물론 이때 공동체란 국가를 비롯한 모든 자본주의적 기구들과 생산단위들이 내적 이해대립을 감추기 위해 구호로 내세우는 '공동체'와는 무관한, 역사적으로 한정된 특정한 구조적 원리를 가진 실체이다. 역사적 실체로서의 공동체의 구조적 원리는 화폐경제에 대립하는 원리이다.

화폐경제는 그 존재 자체가 공동체를 파괴하는 것이다. 만약 어떤 공동체 속에 화폐경제가 내재해 있다면 그 '공동체'는 더이상 공동체가 아니다. 화폐의 도입이 농민분해를 초래하여 공동체를 붕괴시켜나가는 것에서 알 수 있듯이 말이다. 그리하여 과거 중국의 학자들은 화폐의 도입을 우려했다.

---

[21] 조너선 윌리엄스 편저, 『돈의 세계사』, 까치, 1998과 Maurice Godelier, "'Monnaie de sel' et circulation des marchandises chez les Baruya de Nouvelle-Guinée", *Horizon, trajets marxistes en anthropologie*, 제2권, Petite collection maspero, 1977을 참조할 것.

유통되는 돈은 인간관계를 변화시킬 힘이 있으므로 사회의 기존 질서를 파괴할 잠재력이 있다는 것을 간파한 중국의 많은 학자들과 관리들은 돈에 관한 우려를 표명했다. 주화의 사용을 반대하던 저술가들은 대개 곡물과 옷감으로 물물교환하는 편을 선호했다.[22]

인간관계를 변화시키는 화폐의 힘은 어디서 나오는 것일까? 화폐는 어떠한 속성을 가지고 있기에 사람들을 갈라놓고 공동체를 붕괴시키기에 이르는 것일까? 통가 섬의 어떤 추장의 말은 매우 흥미롭다.

> 돈은 다루기 쉽고 실용적이지만, 저장해도 썩지 않으므로 사람들은 (추장들이 하는 것처럼) 그것을 다른 사람과 나누지 않고 비축해둠으로써 이기적이 된다. 반면에 한 사람이 가진 것 중에 음식물이 가장 소중하다면(가장 유용하고 필요한 것이므로 사실인즉 그래야 한다), 그것은 비축해둘 수 없으므로 다른 유용한 물건과 바꾸거나 아니면 아무 대가 없이 이웃이나 소(小)추장들이나 그가 돌보는 모든 사람들과 함께 나눌 수 있다.[23]

이 추장은 화폐의 가치저장 기능을 지적하고 그것을 이기주의와 연결시킨다. 특히 그의 주장의 흥미로움은 화폐의 부패하지 않는 속성을 다른 재화의 부패하는 속성과 대립시킨 것이다. 하지만 화폐가 그 물리적인 속성만으로 공동체를 붕괴시킬 수 있다고 생각하는 것은 착각이다. 새로운 교환매개수단이 부패하지 않는 물리적 속성으

---

22) 조너선 윌리엄스 편저, 앞의 책, 155쪽.
23) 조너선 윌리엄스 편저, 같은 책, 216쪽에서 재인용.

로 인해 가치저장수단의 기능을 겸할 수 있다고 해서 공동체가 붕괴되는 것은 아니다. 공동체는 여태까지 자신을 지탱시켰던 규제적 원리를 통해 그러한 기능으로 인한 이기주의의 발생을 쉽게 제어할 수 있다. 화폐 그 자체의 물질적 속성은 결코 공동체를 붕괴시킬 수 없다. 중요한 것은 화폐경제의 구조적 원리이다. 공동체가 붕괴될 수 있는 것은 공동체에 침입한 화폐가 화폐경제의 구조적 원리를 담지하고 있을 때뿐이다. 만약 통가 섬에서 화폐가 공동체를 붕괴시켰다면, 그것은 화폐가 식민지적 지배와 더불어 도입된 화폐경제의 구조적 원리를 담지했기 때문이다. 반면 화폐경제의 구조적 원리로부터 분리되어 고립된 화폐는 공동체에 어떠한 구조적 효과도 행사하지 못한다. 공동체가 붕괴하는 것은 공동체의 구조적 원리와 화폐경제의 구조적 원리가 충돌할 때인 것이다.

아리스토텔레스에 따를 때 공동체의 구성원들은 '필리아(philia)', 즉 '친애의 감정' 또는 '선의'를 통해 서로간의 유대관계를 형성한다.[24] 폴라니가 덧붙인 해설에 따를 때, '필리아'가 없다면 공동체 자체도 존재할 수 없다. 공동체 구성원 상호간의 '필리아'는 서로 나누어 갖는 행위인 호혜성을 통해 표출되며, 호혜성을 통해 공동체의 자급자족이 유지된다.[25] 이러한 '필리아'의 존재로 인해, 또는 어쩌면 화폐경제에 의해 해체되기 이전의 매우 자연스런 인간적 연민에 의해, 공동체적 사회에서는 '개인적인 굶주림'이 존재하지 않는다고 한다. 공동체 전체가 굶주릴 수는 있겠지만, 공동체 성원 중 누군가

---

24) 아리스토텔레스, 『니코마코스 윤리학』, 을유문화사, 세계의 사상 2, 1999, 416쪽 이하.
25) 칼 폴라니, 「아리스토텔레스, 경제를 발견하다」, 칼 폴라니 엮음, 『초기 제국에 있어서의 교역과 시장』, 민음사, 1994, 117쪽.

가 개별적으로 굶주리는 것은 있을 수 없다는 것이다.

그렇지만 자본주의 사회에서 '필리아'가 존재하지 않는 것은 아니다. 다만 그 범위가 축소되고 강도가 약화되었을 뿐이다. 게다가 공동체적 사회의 '필리아'를 너무 이상화(理想化)할 필요는 전혀 없다. 왜냐하면 그 '필리아'는 공동체의 다른 성원들에 대한 '무조건적인' 호의나 친애의 감정에 입각한 것이 아니기 때문이다. 공동체적 '필리아'는 경제적 또는 정치적 목적을 배후에 깔고 있거나 다분히 '의례적'인 것일 수 있다.

친후이와 쑤원은 매우 뛰어난 연구서인 『전원시와 광시곡』에서 중국의 전통적 공동체의 구성원리인 '인정(人情)'을 '사랑과 두려움'의 윤리로 규정한다.26) 온정주의와 권력지배가 결합하여 인정이 생겨난다는 것이다. 과연 그럴까? 나로서는 그들의 설명이 납득되지 않는다. 친후이와 쑤원이 인정하듯이 이면적(裏面的)인 질투와 갈등으로 가득 찼던 중국의 전통적 공동체에서 과연 '사랑'이란 어떤 형태로 존재했을까? '인정'을 과연 '사랑'에서 비롯된 것으로 볼 수 있을까? 또 '두려움'은 인정과 무슨 상관일까? 그들의 설명은 단지 근사적(近似的)인 추측에 입각한 것일 뿐 충분한 논리적 설득력을 결여한 것이다. 그들은 또 다음과 같이 말한다.

> 인정 문화의 아주 넓은 그물망에서 인성, 곧 자유 개성은 정말로 천지간에 도망할 곳이 없었다. 이런 문화는 인간답지 못한(곧 개성이 없는) 인간에 대해서는 더 많은 애정을 베풀고 인정이 충만했지만, 일단 인간이 자신의 가치를 증명하려고 시도하면 이런 문화의 잔혹하고 무정하며 어떤 인성도

---

26) 친후이·쑤원, 『전원시와 광시곡』, 이산, 2000, 306쪽.

없는 일면이 곧바로 표출된다.[27]

이처럼 중국의 전통적 공동체에서는 자립적 개인성에 대한 조직적인 억압과 배척이 행해졌다. 그러한 억압과 배척의 목적은 규범적 통일성의 유지를 통한 공동체의 재생산이다. 인정은 공동체의 재생산을 위해 필요한 공동체적 규범의 구성적 요소이다. 그리고 그 기능은 냉혹한 계산의 원리를 부정하고 일정한 '마음의 교류'를 상징화하는 것이다.

그러나 중요한 것은 인정이 진정으로 물질적 교류를 넘어서는 '마음의 교류'를 실질적으로 구현하는 것은 아니라는 점이다. '인정'을 내세우기 좋아하는 한국사람들에게는 안 된 얘기지만, 인정은 단지 이웃 관계 또는 공동체적 관계의 공고함을 유지하기 위한 장치, 즉 '상징적 의례'에 불과하다. 인정이 그러한 상징적 의례에 불과한 것은, 첫째로, 표면적 '인정'과는 배치되는 이면적 질투, 갈등, 적대가 있기 때문이고, 둘째로는 '마음의 교류'에 수반되어야 하는 내면적 배려가 없기 때문이다. 하이데거가 『존재와 시간』에서 '함께-있음(Mitsein, être-avec)'과 '서로-동반하고-있음(être-en-compagnie)'을 대립시키고 있듯이,[28] 인정은 단지 외면적 배려에 그칠 뿐 내면적 배려에는 이르지 못하고 있는 것이다.

'마음의 교류'로서의 인정은 내면적 배려가 없다는 점에서 단지 껍데기 의례, 형식에 불과하다. 즉 공동체적 관계를 공고화하기 위한 형식적 장치일 따름이다. 친후이와 쑤원은 중국의 전통적 공동체를

---

27) 같은 책 같은 쪽.
28) 하이데거, 『존재와 시간』, § 26을 참조할 것.

"세속적이고 인정미가 강하며 개인의 인격에 대한 간섭이 무제한적"이라고 규정하는데,[29] '인정'의 이름으로 행해지는 타자에 대한 간섭은 타자를 개별적 내면성이 없는 존재로 간주하는 것, 그리하여 공동체적 규범을 강제적으로 부과하는 것이다.

일종의 동양적 '필리아'라고 할 수 있을 '인정'은 공동체적 관계를 공공화하기 위한 형식적 장치이다. 그렇다면 마르셀 모스가 말하고 있는 '증여'도 별다른 것이 아닐 것이다. 모스가 공동체적 사회의 구성원리로 제시하고 있는 '증여'는 세 가지 의무로 이루어진다. 첫째, 주어야 하는 의무, 둘째, 받아야 하는 의무, 셋째, 돌려주어야 하는 의무.[30] 따라서 '증여'도 '무조건적'인 '필리아'에 입각해 있는 것은 아니다. 의무는 진정한 의미의 '필리아'와는 대립하는 것이기 때문이다. 비(非)의무적으로 행해지는 것만이 진정으로 '필리아'적일 수 있다. 그러한 세 가지를 '의무'로 부과하는 공동체가 '증여'를 자기의 논리에 종속시키고 있다는 것은 두말할 것도 없다. 즉 '증여'의 배후에는 공동체의 재생산을 위한 정치적, 경제적 동기가 깔려 있는 것이다.

전자본주의적 공동체들에서 공동체의 재생산 자체가 그처럼 중요한 목적을 이루는 것은 생산력의 저발전에서 비롯된다. 개인적 생산력이 공동체를 필요로 하지 않을 수 있는 정도로까지 발전하지 못하였다는 것이다.[31] 그래서 개인들은 자신들이 원하든 않든 간에, 공동노동, 노동교환, 공동시설 관리 등을 통해 상호간에 경제적 의존관계

---

29) 친후이・쑤원, 앞의 책, 307쪽.
30) Marcel Mauss, "Essai sur le don", *Sociologie et anthropologie*, Quadrige/PUF, 1985, 161쪽 이하와 205쪽 이하를 참조할 것.
31) 오스카 히사오, 『공동체의 기초이론』, 돌베게, 1982, 45쪽.

를 맺을 수밖에 없다. 이러한 경제적 의존관계의 필요성은 공동체의 논리하에서 자립적 개인성을 부정하면서 공동체의 재생산 자체를 공동체 구성원들에게 자기 목적으로 부과하는 것이다. 맑스에 따를 때, "개별적 인간이 공동체에 대한 그의 관계를 변화시킨다면 이는 동시에 공동체를 변화시키는 것이고 공동체에 대한 파괴행위를 하는 것이다". 따라서 공동체의 재생산은 "개별적 개인과 공동체 사이에 미리 전제된 관계의 재생산"이다.[32] 이때 '미리 전제된 관계'란 물론 공동체적 규범에 의해 규정된 관계이고, '필리아' 또는 '인정'은 그러한 규범의 구성요소를 이루는 것이다.

화폐경제는 공동체적 필리아를 해체시킨다. 물론 해체되는 것은 필리아 자체가 아니라 '공동체적' 필리아이다. 이제 '필리아'의 장소는 다른 곳으로 이동한다. 경제적 의존성은 공동체 내에서는 인격적 관계의 성격을 지녔지만, 화폐경제하에서는 익명의 '현금관계'적 성격만을 지닌다. 즉 공동체적 필리아의 해체는 필리아와 경제의 분리를 뜻하는 것이다.

이제 공동체적 필리아를 붕괴시키는 화폐경제의 구조적 원리를 알아보도록 하자. 이를 위해 내가 선택한 접근통로는 맑스의 노동가치론을 경유해 효용가치론으로 이어지는 통로이다. 과학적 노동을 할 때, A와 B가 모두 진리이면서 서로 모순되는 것처럼 나타나는 경우가 있다. 이때 A와 B의 진리성이 의심의 여지가 없는 것이라면, A와 B 사이의 모순은 단지 표면적인 것이다. A와 B는 보다 심층적인 어디에선가 만난다. 노동가치론과 효용가치론이 반드시 이러한 A와 B의 성격을 갖는 것은 아니다. 이 두 이론이 충분한 내적 정합성

---

[32] K. Marx, *Manuscrits de 1857~1858(Grundrisse)*, 1권 423쪽.

과 실천적 검증에 의해 지탱되는 진리성을 가졌는지가 우선 확인되어야 하기 때문이다. 하지만 폐쇄적인 이데올로기적 입장을 견지하기 위해 이 두 이론 사이의 접점을 섣불리 부정할 필요는 없다.

맑스는 『자본론』 1장 3절 「가치형태 또는 교환가치」에서 다음과 같이 화폐형태를 제시한다.[33]

$$
\left.\begin{array}{l}
20\text{엘레의 아마포} = \\
1\text{벌의 상의} = \\
10\text{파운드의 차} = \\
40\text{파운드의 커피} = \\
1\text{쿼터의 밀} = \\
1/2\text{톤의 철} = \\
x\text{량의 상품 A} =
\end{array}\right\} 2\text{온스의 금}
$$

맑스는 가치형태의 네번째 형태로서 위의 화폐형태를 일관되게 '가치표현' 또는 '등가'의 형태로 규정하고 있다. 즉 오른쪽의 2온스의 금은 왼쪽에 있는 상품들 각각의 가치를 표현한다는 것이다. 그렇지만 맑스는 다른 한편으로 이 화폐형태를 '가격형태'로 표현하기도 한다. 이를테면 그는 다음과 같이 말하기도 한다.

> 예컨대 금과 같이 이미 화폐로 기능하는 상품에 의해 행해지는, 예컨대 아마포와 같은 한 상품에 대한 단순한 상대적 가치표현이 가격형태이다.[34]

---

[33] 칼 마르크스, 『자본』(개역판), I-1, 이론과실천, 1997, 98쪽.
[34] 같은 책, 99쪽. 불어판(쁠레이야드 판 1권) 603쪽에 의거해 번역하였다.

이 문장에서 맑스는 '가치표현형태'를 '가격형태'와 동일시하고 있다. 그러나 '가치표현'과 '가격'은 다른 것이다. 예컨대 가치에서 가격으로의 전형문제가 생기는 것은 가치와 가격이 서로 다르기 때문이다. 맑스가 화폐형태를 논하면서 가치와 가격을 동일시하고 있다는 것은, 그가 화폐형태를 가치형태의 연장선상에서 다루면서 화폐의 고유한 기능을 사상(捨象)하고 있음을 말해준다. 즉 그는 논리 전개의 필요상 가치의 척도로서의 화폐의 발생에 대해서만 말하고 있는 것이다.[35]

하지만 화폐는 발생하자마자 물상화되어 상이한 가치들을 동일화하고 동일한 가치들을 차별화할 수 있는 자립적 힘을 얻는다. 이처럼 물상화된 자립적 힘의 기초 위에서 화폐는 가치를 반영할 뿐인 수동적 기능을 내버리고 가격의 측정수단으로서의 적극적 기능을 획득한다.[36] 화폐는 단순히 가치를 반영하는 것이 아니라 오히려 적극적으로, 가치와 상관없이, 가격을 상품들에 부과한다는 것이다. 상이한 가치를 지닌 상품들이 동일한 가격의 화폐에 의해 표현되거나 동일한 가치를 지닌 상품들이 상이한 가격의 화폐로 표현되기도 하는 식으로 말이다.

그러나 까를로 베네띠와 장 까르뜰리에같은 학자들은 이러한 사실을 더욱 멀리 밀고나가 가치가 화폐에 선행한다는 사실을 부정한

---

[35] 예컨대 홍훈은 『맑스 경제사상의 구조와 한계』(한울, 1994) 172쪽에서 『자본론』에서의 화폐의 위치에 대해 다음과 같이 말하고 있다. "1장에서는 상품이 가치를 갖고 있는 능동적 존재이며 화폐는 가치를 표현해주는 수동적 존재임에 반해 3장에서는 상품이 화폐를 추종하고 화폐가 그 자체로서 목표가 된다".

[36] YI Chong-Young, *Critique et reconstruction des concepts marxien et althussérien de tout organique*, 파리 8 대학 박사학위논문, 1993, 114~115쪽과 이종영, 『지배양식과 주체형식』, 백의, 1994, 53~58쪽.

다. 이들에 따를 때, 일반적 등가물, 즉 화폐 없이는 교환도 없다. 또 사적(私的)으로 행해진 노동은 교환을 통해서만 그 가치를 인정받으므로 교환 이전에는 가치도 없다.37) 교환 이전에는 가치가 없고 오로지 교환을 통해서만 가치가 인정된다는 것은, 가치가 가격 이외에 달리 존재할 수 없음을 말해준다. 즉 "가치는 가격으로 전형됨으로써만 존재한다."38) 그리고 이들은 가격을 화폐를 전제하는 것으로 설정한다. 그리하여 그들에게 논리적 순서는 다음과 같이 된다. 화폐가 선행하고 화폐가 표시해주는 가격에 의해 가치가 표현된다. 가치는 제일 늦게 오는 것이다.

하지만 그들의 이러한 입장은 철저하게 자본주의에 내부적인 입장이다. 화폐가 일반화된 상황을 전제하고서 논리를 전개하기 때문이다. 그들은 자본주의에 고유한 화폐경제의 일반화를 마치 자연적 소여인 것처럼 전제한다. 그들은 놀랍게도 화폐를 보편적인 것으로 간주한다. 그들은 다음과 같이 말한다: "보편성은 이미 노동에게 귀속되었기 때문에 화폐라는 또다른 보편성에는 더이상 자리가 남아 있지 않다. 즉 노동은 화폐를 밀어내고서 보편성의 자리를 차지한 것이다."39) 이 말이 뜻하는 것은, 그들에게는 오히려 화폐만이 진정한 보편성이고 노동은 가짜 보편성이라는 것이다. 그러나 화폐는 자본주의적 보편성일 뿐이다.40)

---

37) Carlo Benetti et Jean Cartelier, Marchands, salariat et capitalistes, François Maspero, 1980, 141~163쪽.
38) 미셸 드 브루이, 「마르크스주의 가치이론에 대한 추상노동적 해석: 하나의 비판적 평가」, 한신경제과학연구소 엮음, 『가치이론』, 까치, 1989, 112쪽.
39) Carlo Benetti et Jean Cartelier, 앞의 책, 166쪽.
40) 그들의 화폐보편주의는 화폐국정설과 한 쌍을 이룬다. 화폐국정설에 따를 때 꼬뮌주의를 위해서는 화폐를 폐기해야 한다. 왜냐하면 화폐는 국가권력의 산물이므로 반

명확한 사실은 화폐는 결코 보편주의의 토대를 이룰 수 없는 반면, 노동은, 원리적으로 누구나 다 노동을 해야 한다는 점에서, 그리고 노동을 통한 상호인정 속에서 사회의 보편적 질서가 형성된다는 점에서, 보편주의의 토대를 이룰 수 있다는 것이다.

루이 알뛰세르는 『『자본론』을 읽는다』에서 현실적인 구체적 노동은 오직 생산양식의 틀 내에서만 존재한다고 한다. 따라서 일반적인 노동 그 자체는 의미가 없고 오직 생산양식에 의해 규정된 역사적 상태들 속에서만 노동이 연구될 수 있다는 것이다.[41] 알뛰세르의 이러한 지적은 올바르다. 그렇지만 계급적 착취양식을 내포한 생산양식이 내세우는 보편주의는 실제로는 보편주의를 참칭하는 계급의 특수주의에 불과하다. 한마디로 '특수주의적 거짓 보편주의'가 그것이다.

노동자가 비(非)노동자에게 예속된 상태는 '특수주의적 거짓 보편주의'가 노동의 보편주의를 유린한 상태이다. 따라서 노동의 보편주의는 노동자가 비(非)노동자에게 예속되지 않은 상태에서 현실화할 수 있다. 예컨대 전자본주의적 공동체 내부에서나 소상품 생산양식에서 말이다. 또 자본주의 아래에서도 노동의 보편주의는 민중적 일상생활 속에서 존재한다. 그러한 상태들에서는 공동노동에서의 노동 교환이나 노동생산물 교환을 통해 노동자들 서로간의 상호인정이 행해진다. 노동의 교환은 타자의 노동이 나의 노동과 동등한 것으로 나에 의해 인정됨으로써 가능해진다. 나와 타자의 노동의 동등성이

면 화폐보편주의에 따를 때 우리는 영원히 화폐 속에 있어야 한다. 그렇지만 꼬뮌주의로의 이행의 문제는 결코 화폐로부터 사고될 수 없다. 중요한 것은 생산조직의 변형이고, 반면 화폐는 여러 가지 형태로, 예컨대 탈자본주의적 형태로, 변모될 수 있다.
41) Louis Althusser, *Lire Le Capital*, 제2권, petite collection maspero, 1968, 40~42쪽.

라는 토대 위에서 노동의 양적 교환이 가능해지고, 또 그러한 기초 위에서 사회성이 성립한다는 것이다. 이것은 바로 헤겔이 1805년 예나에서 쓴 『정신철학』의 초고에서 주장하고자 했던 것이다. 헤겔이 그 텍스트에서 말하는 것은 노동 속에서의 상호인정과 그러한 상호인정의 기초 위에서 성립하는 사회적 계약인 것이다.[42)]

그렇지만 여기에서 등장하는 매우 중요한 문제는 보편주의의 토대로서의 노동이 과연 동시에 가치의 토대일 수 있는가, 하는 문제이다. 맑스는 노동을 가치의 유일한 토대로 설정한다. 그러나 그러한 설정은 꼬뮌주의적 관점에서 도출된 노동의 보편주의라는 '당위'를 '존재'로 비약시킨 것이 아닐까?

자본주의 경제의 작동방식을 해명해주는 잉여가치론은 노동가치론에 기초한다. 따라서 사람들은 노동가치론이 붕괴되면 잉여가치론도 더불어 붕괴된다는 두려움을 가질 수 있다. 그러한 두려움은 이데올로기적인 것이다. 과학적 노동의 장에서 두려움이란 존재하지 않는다. 단지 보다 정합적 이론을 위한 부단한 자기지양의 과정만이 있을 뿐이다. 임금의 문제를 사상하고 구성된 맑스의 잉여가치론은 임금을 통한 착취의 구체적 현실을 보다 정밀하게 설명할 수 있도록 정합적으로 다듬어질 수 있다.[43)] 마찬가지로 노동가치론도 보다 더 큰 설명적 적합성을 위해 수정되거나 정교화될 수 있다. 『자본론』에서 제시된 대로의 노동가치론이 완벽한 것이라고는 결코 말할 수 없는 것이다. 『자본론』에서의 맑스의 말을 들어보자.

---

42) Hegel, *La philosophie de l'esprit 1805*, PUF, 1982, 52~57쪽 참조. 이 책은 독일에서 1931년과 1967년에 각각 Jenenser Realphilosophie II와 Jenaer Realphilosophie라는 제목으로 출간된 것이다.

43) YI Chong-Young, 앞의 박사학위논문, 제4장을 참조할 것.

우리가 만약 상품의 가치들은 순전히 사회적인 현실성만을 갖는다는 것을 기억한다면, 그리고 또 상품의 가치들이 순전히 사회적인 현실성을 획득하는 것은 인간노동의 동일한 사회적 단위의 표현들로서라는 것을 기억한다면, 그러한 사회적 현실은 사회적 상호작용들 속에서만, 상품들 서로간의 관계들 속에서만 드러난다는 것은 명백하다.[44]

이 인용문에서 맑스가 말하려는 것은 다음의 세 가지이다.

1) 상품의 가치는 주관적 또는 개인적 사실이 아니라 완전히 사회적인 사실이라는 것.
2) 상품의 가치가 사회적 사실인 것은 그 양이 사회적으로 측정될 수 있는 인간노동의 산물이기 때문에 그렇다는 것.
3) 상품교환을 통해서 상품의 가치가 드러난다는 것.

세번째 항으로부터 논의를 시작해보자. 상품교환을 통해서 상품의 가치가 '드러난다'는 것은 무슨 뜻일까? 그것은 상품교환의 현장에서 상품가치가 결정된다는 의미가 아니다. 그것은 이미 존재하고 있던 상품의 가치가 상품교환의 과정 속에서 '현상'한다는 것이다. 하지만 맑스는 상품의 가치가 '완전히 사회적인 사실'이라고 한다. 그렇다면 우리에게 드는 의문은 상품교환에 앞서 미리 존재하는 상품의 가치가 어디로부터 그 사회성을 획득하는가에 관한 것이다. 맑스에 따를 때, 상품의 가치가 '완전히 사회적'일 수 있는 것은 상품

---

44) 칼 마르크스, 『자본』(개역판), I-1, 72쪽. 불어판(쁠레이야드 판 1권) 576쪽에 입각해서 번역하였다.

교환을 통해서가 아니라, 상품교환에 앞서는 특정한 계기, 상품교환 이외의 특정한 계기에서일 수밖에 없기 때문이다.

그러나 맑스는 그러한 계기를 명확히 지적하지 않는다. 그는 상품의 가치가 사회적인 것은 상품이 "인간노동의 동일한 사회적 단위의 표현"이기 때문이라고 할 뿐이다. 그렇다면 상품에 내재된 인간노동의 양은 언제 어디에서 측정되는 것일까? 상품의 가치를 알기 위해 그 속에 내재된 인간노동의 양을 측정하는 장소가 상품교환의 현장 말고도 별도로 존재하는 것일까? 그렇지 않다는 것은 물론이다. 단지 맑스는 상품에 인간노동이 내재되어 있다는 사실로부터 상품가치의 사회성을 설정할 뿐이다.

하지만 상품에 인간노동이 내재되어 있다는 사실이 상품가치의 사회성을 확보해주지는 못한다. 팔리지 않는 상품은 사회적 가치를 인정받지 못하기 때문이다. 팔리지 않는 상품에 내재된 인간노동은 헛된 것이다. 그 인간노동은 사회적 가치를 갖지 못한 것이었고, 그 인간노동이 만들어낸 상품도 마찬가지이다. 예컨대 한 문학청년이 일 년 동안의 노동을 들여 썼지만 출판되지 못하고 사장된 소설처럼 말이다. 그 소설은 그 청년에게는 개인적 또는 주관적 가치를 갖겠지만 사회적 가치는 갖지 못한다.

상품에 내재하는 인간노동으로부터 상품가치의 사회성을 도출해내는 맑스의 논리전개는 역진적(逆進的)이다. 우리에게 주어져 있는 사실은 단 한 가지이다. 상품교환을 통해 상품의 가치가 드러난다는 것. 이 사실로부터 다음과 같은 방식의 논리전개가 가능하다. 상품가치가 이미 존재하기 때문에 상품교환 시에 그 가치가 측정될 수 있는 것이라고. 상품가치가 미리 존재하지 않는다면 그 가치가 측정될 수도 없을 것이기 때문에. 그리고 상품교환 시에 측정되는 가치는 사회적인 가치이므로, 상품가치도 사회적인 가치라고. 만약 상품교환 시에 상품들의 사회적 가치를 내재된 노동량의 비율에 따라 측정한다면, 장차 시장에서 측정될 특정량의 인간노동을 내포하고 있는 상품은 이미 사회적 가치를 갖는다는 것이다. 맑스가 생각하는 방식이 바로 이러한 방식이다.

하지만 상품교환의 현장에서 상품들의 가치가 내재된 노동량에 따라 결정된다는 것이 선행하는 상품가치의 사회성을 확인해주지는 못한다. 사람들은 다음과 같이 생각할 수 있다. 한 상품에 일정량의 인간노동이 내포되어 있고 그 인간노동의 양에 따라 상품들이 사회적으로 교환되므로, 상품은 교환되기 이전부터 사회적 가치를 갖는다고. 그렇지만 이미 보았듯이 한 상품에 내포된 인간노동은 완전히 비사회적일 수 있다. 그 상품이 팔리지 않는다면 사회성을 인정받지 못하기 때문이다. 게다가 상품교환의 현장에서 상품들의 사회적 가치가 내재된 노동량에 따라 결정된다는 것은 사실이 아니라 하나의 가설에 불과하다. 상품교환의 현장에서 상품들의 사회적 가치는 오히려 그 상품들이 소비자에게서 갖는 주관적인 가치에 따라 결정될 수도 있기 때문이다.

맑스는 가치와 교환가치를 구분한다. 교환가치는 상품교환 속에서 결정되는 것이다. 반면 가치는 이미 보았듯이 상품교환 속에서 '드러난다'. 즉 교환가치는 가치를 반영하는 것이다. 상품교환 속에서 결정되는 교환가치가 사회적 가치라는 것은 명백하다. 하지만 맑스는 상품 자체가 가치를 갖고 그 가치가 이미 사회적인 것이기 때문에 상품교환이 가능하다고 한다. 그리고 상품들의 사회적 공통분모는 상품들에 내포된 인간노동일 수밖에 없으므로, 상품의 사회적인 가치는 '노동가치'일 수밖에 없다는 것이다. 그렇지만 베네띠와 까르뜰리에는 교환가치(=가격) 이전에는 가치가 존재하지도 않는다고 한다. 그들에게는 교환가치만이 가치이다.

확실한 것은 교환가치가 사회적 가치라는 것이다. 따라서 우리는 사회적 가치로서의 교환가치로부터 잉여가치 개념을 설정해야 하는데, 그러기 위해서는 역진적으로 노동가치를 다시 설정해야 한다. 그렇지만 이때의 노동가치는 사회적 가치일 수 없다. 아직 시장에서 사회적 인정을 받지 못했기 때문이다. 게다가 교환가치는 반드시 노동가치만을 반영하는 것이 아니다. 결국 맑스가 생각했듯이 교환가치에 선행하는 상품의 사회적 가치가 존재하는지는 자명하지 않다.

교환가치가 사회적 가치인 것은 가치 자체가 사회적이기 때문은 아니다. 교환가치가 사회적인 것은 사회 속에서 사람들이 만나 확정하는 가치이기 때문이다. 반면 맑스에 따를 때 가치 자체는 사회적으로 측정될 수 있는 인간노동의 산물이기 때문에 사회적 가치이다. 하지만 모든 인간노동의 산물이 사회적 가치를 갖는 것은 아니다. 게다가 맑스가 생각한 것과는 달리 인간노동의 산물이 아니라고 해서 가치를 결여하는 것은 아니다.

하나의 '가치'가 '가치'인 것은, 또는 다소 어색한 표현이지만, 하나의 '가치'가 '가치'를 갖는 것은, 그것이 인간노동의 산물이기 때문에 그런 것일까? 맑스는 상품가치의 사회성을 확립하기 위해 인간노동의 산물이 아닌 것에게서 모든 가치를 박탈한다. 그러나 인간노동의 산물이 아닌 것은 진정으로 '가치'가 없는 것일까? 예컨대 뒷동산의 나무들 말이다. 나무들은 가치가 없는 것일까? 고양이도 또한?

상품가치가 주관적 또는 개인적 사실이 아니라 완전히 사회적 사실이라는 맑스의 주장은 경제행위 자체에 대한 면밀한 관찰로부터 도출된 것이 아니라 잉여가치론을 확립하기 위해 논리적으로 설정된 것에 불과하다. 맑스는 상품가치의 사회성을 확보하기 위해 상품의 사용가치적 속성을 제거하고 오직 노동에만 상품을 근거지운다. 그는 다음과 같이 말한다. "이제 상품체의 사용가치를 문제삼지 않는다면 상품체에 남는 것은 하나의 공통적인 속성 곧 노동생산물이란 속성뿐이다."45) 그렇지만 상품의 가치를 말하기 위해 이처럼 사용가치를 제거해도 괜찮은 것일까? 상품의 가치는 사용가치와는 무관한 것일까? 그렇지 않다는 것은 물론이다. 상품의 사용가치는 개인적이자 주관적인 가치이다. 그렇다면 상품의 가치가 완전히 사회적인 것이라는 주장은 올바르지 않다.

맑스는 상품의 사용가치를 논리전개에서 사상(捨象)함으로써 잉여가치의 개념을 획득했다. 이것은 자본주의의 착취 현실을 드러낼 수 있게 해준 매우 중요한 성과였다. 하지만 맑스는 그 대가를 치러야 했다. 자본주의 경제의 심리적 과정, 즉 개인들을 자본의 힘에 굴복시키는 심리적 과정을 놓쳐버린 것이 그것이다. 그러나 자본의 힘에 기꺼이 굴복하는 개인들의 심리적 과정에 대해 전혀 알지 못하면서도 자본주의에서 벗어나길 희망할 수 있을까?

'가치'라는 말 자체에 대해 곰곰이 생각해보기로 하자. 경제학적 의미에서 '가치'라는 용어는 '가치 있는 것'을 지칭한다. 즉 '가치 있는 것'을 줄여서 그냥 '가치'라고 한다고 해도 무방하다. '가치 있다'로부터 '가치'가 도출되었다는 것이다. 그렇다면 '가치'는 과연 누구에게 '가치 있는 것'일까? 그것은 물론 사람들에게이다. '가치'는 사람들에게 '가치 있는 것'이다. 그렇다면 '가치'는 왜 사람들에게 '가치 있을까'? 그것은 물론 그것이 사람들에게 쓸모 있기 때문이다. 사

---

45) 칼 마르크스, 『자본』(개역판), I-1, 60쪽.

람들이 그것을 필요로 하기 때문이다. 즉 그것이 사람들에게 사용가치이기 때문이다.

내가 한 마리의 소를 필요로 한다고 치자. 이때 소는 나에게 '가치' 있는 것이다. 즉 사용가치가 있는 것이다. 나는 내가 필요로 하는 소를 사기 위해 시장으로 간다. 나에게 남아도는 쌀을 가지고서. 그리고 시장에서 소는 필요 없고 쌀을 필요로 하는, 그래서 소를 팔아서 쌀을 사려는 사람을 만난다.

여기서 명확히 해둘 것은 내가 소를 사려는 이유는 소가 어떤 사회적 가치를 가지고 있어서가 아니라는 점이다. 소는 단지 나에게 필요한 것이다. 즉 소는 나에게 개인적으로 가치를 갖는 것이다.

반면 소의 사회적 가치는 내가 시장에서 소를 팔려는 사람을 만나면서부터 문제삼아지기 시작한다. 쌀을 팔아 소를 사려는 나와 소를 팔아 쌀을 사려는 타자가 만나는 것은 이미 사회를 형성하는 것이다. 즉 나와 그가 하나의 '사회'를 이룬다. 그리고 우리는 그 '사회' 속에서 소와 쌀을 어떤 비율로 교환할 것인지를 토론한다. 이때 개입되는 중요한 '사회적' 요소가 바로 '노고(勞苦)'이다. 즉 소와 쌀의 교환비율을 정하기 위해 우리는 그것들을 생산 또는 양육하기 위해 바쳐진 '노고'의 양에 대해 얘기하기 시작한다. 이 소를 기르는 데 얼마의 노고가 들었고 쌀을 생산하는 데는 얼마의 노고가 들었을 것이니 어떠어떠한 비율로 교환하자고 말이다. 피아제가 어린이를 대상으로 하여 그 발달과 존재를 확인한 바 있는 정의(正義) 관념이 여기서 개입한다.[46] 서로의 노고가 든 만큼 그 노고를 정당하게 보상해주는 조건에서 정의롭게 쌀과 소를 교환하자는 것이다.

---

[46] 장 피아제, 『아동의 도덕판단』, 울산대학교 출판부, 2000을 참조할 것.

바로 이처럼 하여 교환가치가 정해진다. 소와 쌀이 서로 교환되는 비율이 그것이다. 이러한 교환가치의 책정에는 그러한 '가치체(價値體)'를 생산하는 데 소모된 노고가 중요하게 고려된다. 그 노고는, 맑스가 생각했듯이, 특정한 단위설정을 통해 계산가능해진 노동시간에 따라 양화될 수 있을 것이다. 즉 교환가치는 '노동가치'의 성격을 일정하게 갖는다는 것이다. '노동가치'로서의 교환가치는 물론 사회적 가치이다. 사회적으로 협의된 가치이기 때문이기도 하고, 또 사회적으로 측정될 수 있는 가치이기 때문이기도 하다.

하지만 한 상품의 가치가 교환가치로 환원되는 것은 아니다. 교환가치란 교환을 위해 책정된 가치일 뿐이다. 교환을 위해 그처럼 교환가치가 책정될 수 있었던 것은 교환 이전에 그 상품이 이미 가치를 지니고 있었기 때문이다. 그러나 교환가치 이전에 선행하는 가치는 노동가치가 아니다. 노동가치는 오히려 교환가치 '속에서', 교환가치와 동시에 존재한다고 보아야 한다. 아직 교환되지 않은 상품에 내재한 인간노동은 그 가치를 인정받지 못했기 때문이다. 한 상품에 내재한 인간노동이 가치로 상승하는 것은 교환에 의해서이다. 따라서 가치로서의 인간노동은 교환가치 속에서만 존재한다.

반면 한 상품이 판매되지 않았더라도 그것을 필요로 하는 사람이 있다면 그 상품은 가치를 가질 수 있다. 공장에서 그 상품을 폐기하건 말건 간에 그 상품을 필요로 하는 사람이 있는 한, 그 상품은 가치를 갖는 것이다. 이때 가치란 어떠한 가치일까? 그 가치는 물론 사용가치 또는 효용가치이다. 이처럼 사용가치는 교환가치에 선행하여 존재한다.

나와 타자는 소와 쌀을 그것들의 생산에 들인 노고에 상응하게 정의롭게 교환했다. 그렇지만 나와 타자는 모두 이득을 본다. 왜냐하면 필요로 하는 것을 얻었기 때문이다. 내가 구입한 소의 가치는 나에게 있어서는 그 교환가치보다도 훨씬 큰 것이다. 또 쌀을 구입한 자에게서도 마찬가지이다. 모두 자신에게 필요한 가치가 교환가치를 상회했기 때문에 그처럼 교환을 했던 것이다. 교환가치가 만약 사용가치보다 더 비쌌다면 교환을 행하지 않았을 것이므로 말이다. 이 사실은 교환가치에 대한 가치의 선재성(先在性)을 말해준다. 그러나 노동가치는 단지 교환가치와 동시적으로 존재할 뿐이기 때문에, 교환가치에 선행하는 가치는 사용가치 또는 효용가치뿐이다.

이를 명쾌히 이해하기 위해서는 다음의 사실을 상기하는 것으로 충분하다. 그 상품이 나에게 가치가 있으므로 나는 그 상품에 대한 교환가치를 지불하고 그 상품을 구매한다는 사실 말이다. 나는 나에게 '가치'가 있는 것을 시장에서 '교환가치'를 지불하고 구입한다. 이때 '교환가치'는 노동가치에 의해 다소간 지배적으로 규정된다. 반면 앞의 '가치'는 노동가치와는 무관한 것이다. 그것은 나에게 있어서의 효용, 즉 사용가치인 것이다.

맑스가 『자본론』에서 가치형태를 다루면서 아리스토텔레스를 언급한 것은 유명한 사실이다. 맑스는, 아리스토텔레스가 『니코마코스 윤리학』에서 교환의 비율 문제를 다루면서 인간노동을 상품가치의 근거로 파악하지 못한 것은 그리스 사회가 노예노동에 기초를 두고 있어서 인간노동의 동등성을 설정할 수 없었기 때문이라고 한다. 그리하여 아리스토텔레스는 가치의 근거로서의 상품들 사이의 질적 동등성을 포착할 수 없었다는 것이다.

그러나 과연 아리스토텔레스는, 맑스가 말하고 있는 것처럼, 상품들 사이에 질적 동등성을 설정하는 것이 반드시 불가능하다고만 했을까? 맑스가 아리스토텔레스를 인용하는 방식에는 약간의 문제가 있었다.[47] 그 방식은 부정직하다고 할 수는 없지만, 정당하지 못했거나 세심하지 못했다고 여겨질 수 있는 것이었다. 소크라테스가 『파이돈』에서 말한 "인간의 가장 나쁜 병폐", 즉 "토론을 싫어하는 위험"에 맑스가 빠졌던 것은 아닐까?[48] 아리스토텔레스를 인용하고 있는 맑스의 텍스트를 인용해보도록 하자. 작은 따옴표 속의 글은 모두 아리스토텔레스의 글이다.

더욱이 그[아리스토텔레스]는 이러한 가치표현을 내포하는 가치관계[가옥과 침대 사이의]가 또한 가옥이 침대에 대해 질적으로 동등할 것을 전제한다는 것, 그리고 감성적으로 상이한 이 사물들은 그러한 질적 동등성 없이는 통분(通分)될 수 있는 크기로서 서로 비교될 수 없다는 사실을 꿰뚫어 보았다. 그는 이렇게 말한다. '동등성 없이는 교환이 있을 수 없고, 양적 비교의 가능성(commensurabilité[통분가능성]) 없이는 동등성이 있을 수 없다.' 그러나 그는 여기서 주저하다가 가치형태에 대한 분석을 포기한다. '물론 그처럼 상이한 사물들이 서로 양적으로 비교될 수 있다는 것', 즉 질적으로 동등하다는 것은 '사실상 불가능'하다는 것이다. 그들 사이의 동등성의 인정은 사물들의 참된 본성과는 대립되는 것일 수밖에 없고, 따라서 '실용적 필요를 위한 임시방편'일 수밖에 없다는 것이다.[49]

---

47) 이에 대해서는 Paul-Dominique Dognin, *Les "sentiers escarpés" de Karl Marx*, Cerf, 1977, 제2권의 20~22쪽과 69~70쪽을 참조할 것.
48) 플라톤, 『파이돈』, 범우사, 범우문고 065, 1999, 81쪽. 몇 쪽 뒤에서(84~85쪽) 소크라테스는 또 일종의 유언으로 제자들에게 "바라건대 나를 생각지 말고 진리를 생각해 주게나"라고 하고 있다. 소크라테스의 이 유언을 따르고자 한다면 맑스를 생각지 말고 진리를 생각해야 할 것이다.
49) 칼 마르크스, 『자본』(개역판), I-1, 85~86쪽. 불어판(빨레이야드 판 1권) 590쪽에 입각해서 번역을 수정하였다.

맑스의 이러한 인용과 주해에 따른다면, 아리스토텔레스는 상이한 상품들 사이에 질적 동등성을 설정하는 것과 양적 비교를 하는 것이 불가능하다고 했다. 그리고 만약 질적 동등성을 설정하고 양적 비교를 하더라도 그것은 단지 '실용적 필요에 따른 임시방편'이라는 것이다. 이제 맑스가 인용한 아리스토텔레스의 텍스트 원문을 보도록 하자.

동등성 없이는 교환이 있을 수 없고, 양적 비교의 가능성 없이는 동등성이 있을 수 없다. 물론 그처럼 상이한 사물들이 서로 양적으로 비교될 수 있다는 것은 사실상 불가능하다. 그러나 우리가 필요(besoin)에 준거한다면, 충분한 양적 비교가능성(commensurabilité[통분가능성])을 찾을 수 있다.[50]

아리스토텔레스의 이 텍스트에서 맑스가 인용을 하지 않은 부분은 제일 마지막 문장이다. 즉 "그러나 우리가 필요에 준거한다면, 충분한 양적 비교가능성을 찾을 수 있다"가 인용되지 않은 문장이다. 그러나 사실상 이 문장은 인용되지 않은 것이 아니다. 맑스는 이 문장을 전혀 다른 식으로 번역(?)했을 뿐이다. 즉 "실용적 필요에 따른 임시방편"이 그것이다. 그러나 이 문장에서 '필요(besoin, Bedürfnis)'가 양적 비교를 하기 위한 '실용적 필요'가 아님은 명백하다. 이 문장에서 '필요'가 뜻하고 있는 것은 일종의 사용가치 또는 효용가치이다. 즉 아리스토텔레스가 이 문장에서 주장하고 있는 것은 상품의

---

[50] 아리스토텔레스, 『니코마코스 윤리학』, 을유문화사, 328쪽. 번역을 『자본론』 불어판(쁠레이야드 판 1권)과 Paul-Dominique Dognin, 앞의 책, 제2권 69쪽에 입각해 수정하였다.

효용에 따라 양적 비교를 하자는 것이다.

아리스토텔레스는 서로 다른 상품들 사이의 질적 동질성 그리고 통분가능성을 그 상품들이 모두 효용을 갖는다는 사실에서 찾는다. 즉 아리스토텔레스에게서 효용은 맑스의 추상노동과 같은 기능을 갖는 것이다. 다시 말해 일정한 추상화 과정을 거쳐 구체적 효용들을 그 일반성 속에서 — 추상노동에 상응하는 '추상효용'처럼 — 포착하고 양화할 수 있다는 것이다.[51]

사실상 아리스토텔레스가 효용가치설을 주장했다는 역사적 사실 그 자체는 하나도 중요한 것이 아니다. 또 맑스가 그 사실을 은폐하려고 했는지 아닌지도 중요하지 않다. 중요한 것은 아리스토텔레스가 제기한 가능성이 나름의 설득력을 일정하게 갖는다는 점이다. 아리스토텔레스의 이러한 입장은 맑스와 동시대인인 오스트리아 학파의 칼 멩거(Carl Menger)에게로 이어진다. 홍훈이 매우 알뜰세르적인 저서 — 경제학의 인식대상을 논하고 있다는 점에서 — 인 『마르크스와 오스트리아 학파의 경제사상』에서 소개하고 있는 바에 따를 때, 멩거는 모든 물체들 중에서 유용한 물체들을 '재화'라고 규정하고, '재화들' 중에서 "인간들이 필요로 하는 수량보다 모자라기 때문에 희소한 재화들"을 '경제재(經濟財)'로 규정한다. 그리고 경제재만이 개인들의 평가에 따라서 발생하는 가치를 갖는다고 한다.[52] 결국 멩거에게서 가치는 개인들이 자신들의 필요에 따라 경제재에 부과하는 주관적인 가치이다. 그리고 경제재가 시장에 출현하여 '상품'이 될 때 지니는 '교환가치'는 근본적으로 이러한 주관적 가치에 입

---

51) Paul-Dominique Dognin, 앞의 책, 제2권 21~22쪽 참조.
52) 홍훈, 『마르크스와 오스트리아 학파의 경제사상』, 아카넷, 2000, 27~28쪽.

각한 것으로 설정된다.

효용가치론과 노동가치론은 서로 접점을 가질 수 있을까? 아래의 그림에서 볼 수 있듯이 노동가치론은 무엇보다 생산과 착취의 관점에서 접근된 것이고, 효용가치론은 소비의 관점에서 접근된 것이다.[53] 보다 체계적인 분석을 필요로 하는 것이지만, 우리는 일단 여기에서 노동가치와 효용가치가 교환가치의 결정에 모두 개입하는 것으로 간주할 수 있다. 교환가치는 노동가치에 의해 지배적으로 규정되면서도 소비자적 입장의 규정력으로 인해 효용가치에 의해 중층결정된다는 것이다. 그러나 중요한 사실은, 노동가치는 교환가치와 동시적으로 존재하고, 효용가치는 교환가치가 성립하기 이전부터 존재한다는 것이다. 즉 효용가치가 먼저 존재하여 상품을 요청하고, 상품의 교환가치가 확정되면서 노동가치도 성립한다는 것이다.

맑스의 생각과는 달리, 교환가치만이 유일하게 사회적 가치이다. 교환가치 이전에 존재하는 가치는 사회적인 것이 아니라, 단지 어떤 재화와 개인 사이의 관계로서만 존재한다. 한 개인에게의 효용이 그것이다. 즉 사용자에게 '가치를 지니는 것', 그것이 바로 가치이다.

---

53) 이와 관련하여 홍훈, 같은 책, 제2장을 참조할 것.

그리고 개인은 자신에게 '가치', 즉 효용가치를 지니는 재화를 구입하기 위해 시장에 나가 교환행위에 참여하는데, 그 교환행위에서 정해지는 사회적 가치로서의 교환가치에 노동가치가 개입하는 것이다.

어쩌면 맑스가 상품으로부터가 아니라 '상품 이전(以前)'으로부터 사고했다면, 가치가 노동가치일 수 없음을 명백히 알 수 있었을 것이다. 즉 '상품 이전'의 '경제재' ― 멩거가 말한 의미에서 ― 의 가치는 오로지 그것을 필요로 하는 개인의 효용에 있을 뿐이기 때문이다. 경제재의 가치는 노동의 양과는 아무 관련이 없으며, 단지 경제재가 시장에 출현하여 상품이 될 때, 노동가치가 정의로운 상품교환을 위해 개입한다.

앞으로 더 많은 논증이 필요하겠지만, 가치 = 효용가치, 교환가치 = 노동가치라는 정식[54]은 노동가치론과 효용가치론을 서로 만나게 하는 것이자 그 각각의 한계를 탈피할 수 있게 해주는 길잡이가 될 수 있다. 특히 우리는 '가치 = 효용가치, 교환가치 = 노동가치'의 정식을 통해 화폐경제의 구조적 원리에 훨씬 손쉽게 가닿을 수 있고, 또 그럼으로써 자본주의 경제를 지탱하고 있는 심리적 과정을 훨씬 명쾌하게 이해할 수 있다. 우리를 화폐의 구조적 원리에 가닿게 해줄 통로로 사용될 것은, 멩거의 후계자라고도 할 수 있을[55] 게오르크 짐멜의 『돈의 철학』이다. 나는 선행의 연구인 『욕망에서 연대성으로』에서 짐멜의 『돈의 철학』의 핵심적 내용을 이미 분석한 적이

---

54) 물론 교환가치는 노동가치와 효용가치에 의해 중층결정되는 것이지만, 교환가치와 노동가치의 동시성과 교환가치에 대한 노동가치의 지배적 규정성을 고려하여 정식을 이처럼 단순화한다.
55) 홍훈, 같은 책, 70쪽과 156쪽 참조. 또 게오르크 짐멜의 『돈의 철학』(한길사, 1983) 제1장을 참조할 것.

있다. 이제 그것을 '가치 = 효용가치, 교환가치 = 노동가치'라는 새로운 맥락에서 다시 간략하게 논의해보자.

짐멜은 『돈의 철학』에서 "화폐는 자신이 갖고 있는 가치를 교환수단으로서 획득하였다"고 한다.56) 이 말은 화폐 그 자체가 나름의 가치를 지니고 있음을 시사한다. 즉 화폐는 그 자체가 가치이기도 하다. 이때 가치란 효용가치를 뜻한다. 그 소유자에게 효용이 있다는 것이다. 그 효용이란 어떠한 것일까? 그것은 다른 가치 있는 것 — 효용가치 — 을 획득하게 해주는 효용이다. 즉 화폐의 가치는 교환수단으로서의 가치이다. 단지 다른 가치 있는 것과 교환되기만 할 뿐이라는 점에서 화폐 그 자체는 가치가 없는 것처럼 보이지만, 다른 가치 있는 것을 획득하게 해준다는 바로 그 점에서 화폐는 가치를 갖는다.

화폐는 모든 가치체(價値體)들의 가치를 표현해주는 상징물이다. 그러한 의미에서 짐멜은 화폐를 "실체화된 가치"라고 한다.57) 다시 말하지만, 이때 가치는 사물에 내재하는 노동가치가 아니라, 효용가치이다. 자신에게 유용한 사물에 대해 인간의 욕망이 맺는 관계가 그것이다. 화폐가 '실체화된 가치'라는 사실은 화폐의 지위가 수단에서 목적으로 상승했음을 나타내준다. 이미 언급되었듯이 화폐는 '교환수단으로서의 가치'이다. 교환수단으로서의 가치인 화폐는 교환수단인 한에서 여전히 수단이다. 그러나 그 자체가 가치인 화폐가 단순한 수단일 수는 없다. 게다가 화폐는 모든 사물들의 가치를 자신의 한 몸에 구현하고 있는 '실체화된 가치'인 것이다. '실체화된

---

56) 게오르크 짐멜, 같은 책, 201쪽.
57) 같은 책, 156쪽.

가치'로서의 화폐는 단지 교환수단에 그치는 것이 아니라 자립화하여 목적화된다.

화폐가 단순한 교환수단에 그치지 않는다는 사실은 화폐가 전자본주의적 공동체들에서처럼 서로 주고받는 '증여'의 대상이 되지 않는다는 점에서 뚜렷이 드러난다. 목적으로서의 화폐는 남에게 거저 주어서는 안 되는 것이다. '의미 있는' 양 이상의 화폐는 극히 예외적 경우를 제외하고는 절대로 증여되지 않는다. 심지어 화폐를 잠시 빌려주는 것조차도 대단한 우정의 표현인 것이다.

여기서 이해해야 할 중요한 사실은 화폐의 가치, 즉 효용가치는 그 화폐에 의해 교환될 수 있는 상품의 교환가치 이상이라는 것이다. 짐멜은 다음과 같이 말한다.

> 개개의 화폐량의 가치는 그것과 교환되는 특정한 대상의 가치를 능가한다. 왜냐하면 그 대상 대신에 무한히 큰 범위에서 임의의 다른 대상을 선택할 수 있는 기회를 보장하기 때문이다.[58]

화폐는 자신과 동일한 교환가치를 가진 무수한 대상들과 교환될 수 있다. 아마도 화폐소유자는 그 대상들 중 자신에게 가장 많은 주관적 가치를 갖는 것을 선택할 것이다. 또 화폐는 아직 확정되지 않은 가능성으로서의 가치를 갖는다. 짐멜은 다시 다음과 같이 말한다. "일정한 화폐액의 가치는 그것과 등가의 관계에 있는 각 대상의 가치에다 수많은 다른 대상에 대한 선택자유의 가치를 더한 것이 될 것이다."[59] 즉 화폐는 일종의 '잉여가치'라고 할 수 있는 것을 가진

---

58) 같은 책, 272쪽.

다. 그래서 화폐의 가치, 즉 효용가치는 그 액면적 교환가치에다 지금 말한 의미의 '잉여가치'를 더한 것이 된다.

짐멜에 따를 때, 화폐의 그러한 '잉여가치'는 부자들에 대한 존중의 원천이다. '선택자유의 가치'를 갖는 부자의 부는 수많은 곳에서 사용될 수 있는 막대한 가능성을 갖는 것이고 이 가능성에는 많은 사람들이 연루되어 있다. 그리하여 그 가능성에 연루되어 있는 자들은 그 가능성의 집행자인 부자를 특별히 우대하지 않을 수 없다는 것이다. "부자는 자기가 실제 행하는 것에 의해서 뿐만 아니라 자기가 할 수 있는 것에 의해서도 영향력을 갖게 되는 것이다"라고 짐멜은 말한다.60)

교환대상의 교환가치를 넘어서는 화폐의 '잉여가치'가 표상해주는 것은 대상선택의 자유에 근거하는, 대상들에 대한 화폐의 지배력이다. 이러한 지배력은 인간들에 대한 화폐의 권력으로 전화한다. 부자가 자신의 부가 지니는 가능성에 연루된 자들을 지배하고, 구매자가 판매자에 대해 우위를 점하며, 실체화된 가치를 필요로 하는 자가 실체화된 가치를 소유하고 있는 자들에게 예속되듯이 말이다.

'잉여가치'를 갖는 화폐는 개별적 가치를 뛰어넘는 일반적 가치를 갖는다. 이 사실이 말해주는 것은 목적으로서의 화폐가 개별적 행동을 도출시키는 개별적 목적을 뛰어넘는 보다 상위의 목적의 지위를 점한다는 것이다. 즉 화폐는 목적을 달성하게 해주는 수단이자 '여러' 목적들을 달성하게 해주는 수단이며 또 목적들에 대한 자유선택을 가능하게 해주는 수단으로서 보다 높은 상위의 목적이 된다. "화

---

59) 같은 책, 273쪽.
60) 같은 책, 280~281쪽.

폐는 특정한 한 가지 목적에 관련되는 것이 아니므로, 그것은 목적의 총체와 관련을 맺게 된다"고 짐멜이 말하듯이 말이다.61) 짐멜은 또 화폐를 "실천적 의식을 완전히 몰두시키는 최종 목적"62)이라고 하면서, 결국은 다음과 같이 화폐를 신에다 비유하기에 이른다.

> 화폐는 신과 같이 개별적인 것을 초월하는 고양된 지위를 나타내고, 그 지위의 전능성에 신뢰를 부여해준다. 이 신뢰는 지고의 원칙(신)에 대한 신뢰와 유사한 것이다. 그것은 개별적이고 저급한 것을 언제라도 우리에게 제공할 수 있고, 또한 언제라도 자신을 개별적인 것으로 변화시킬 수 있는 능력을 지니고 있다.63)

물론 화폐경제의 하부구조를 이루는 상품생산에 의해 지탱되어야 하는 것이지만, 화폐는 공동체적 유대를 붕괴시키면서 스스로의 '전능성'을 확립해가고 또 그러한 '전능성'에 대한 신뢰를 구축해나간다. 즉 화폐의 '전능성'에 대한 신뢰는 공동체적 유대의 붕괴에 따른 사회적 신뢰의 약화를 그 조건으로 하는데, 그러한 조건 자체를 화폐가 만들어나간다. 칼 폴라니는 자본주의 경제의 두 동인을 "굶주림의 공포와 이득의 희망"이라고 하는데,64) 화폐는 공동체적 유대를 붕괴시킴으로써 '굶주림의 공포'를 만들어내고, '굶주림의 공포'가 강화될수록 화폐의 신적 지위는 더욱 강화된다.

---

61) 같은 책, 272쪽.
62) 같은 책, 298쪽.
63) 같은 책, 304쪽.
64) 칼 폴라니, 『인간의 경제』, 1권, 풀빛, 1983, 87쪽과 「아리스토텔레스, 경제를 발견하다」, 102쪽.

그러나 화폐가 신격화된 목적 또는 최종 목적이라고 말하는 것은 지나친 과장이 아닐까? 화폐는 그래도 여전히 수단에 불과한 것이 아닐까? 그렇다. 화폐는 여전히 수단이다. 노동자계급으로 전락하는 것을 막아주는 수단, 변별적 생활양식의 향유를 보장해주는 수단이다. 그렇지만 '부르주아로 살아남아야 한다'는 지상명제를 떠받치고 있는 두려움과 불안은, '부르주아로 살아남는 것'을 보장해주는 수단인 화폐를 최종 목적으로 전화시킨다. 돈이 타자보다 중요해진 것은 명백한 사실이 아닐까? 심지어 형제보다, 그리고 때로는 부모보다도 말이다. 이 세계의 어떠한 가치도 화폐보다 높은 지위를 지니지 못하는 것 같다. 진리나 행복을 지키기 위해 돈을 포기하는 것이 오히려 희귀한 예가 되었으니 말이다. 그러나 화폐의 이러한 최종 목적화는 부르주아의 내면에 자리잡고 있는 두려움과 불안, 그리고 변별적 씨니피앙을 간직하려는 욕망이 얼마나 큰 것인가를 말해주는 것일 뿐이다.

신격화된 목적 또는 적어도 최종 목적으로서의 화폐가 공동체적 유대에 입각한 사회적 신뢰를 붕괴시키는 것은 당연하다. 화폐가 최종 목적이 됨에 따라 타자들을 포함한 다른 것들 대부분은 그 최종 목적에 종속되는 수단이 되기 때문이다. 바꾸어 생각해보면, 최종 목적으로서의 화폐취득을 위해 나를 수단화하는 타자를 내가 신뢰할 수 없는 것은 당연하다. 물론 그렇다고 하여 최종 목적으로서의 화폐가 모든 상호의존관계를 파괴하는 것은 아니다.

짐멜은 공동체적 유대의 붕괴가 "의존관계의 주관적 요소들에 대한 무관심"으로 귀결된다고 한다.[65] 그렇지만 이는 단지 경제적 의

---

65) 게오르그 짐멜, 앞의 책, 380쪽.

존관계에 있는 자들 사이에서의 주관성에 대한 무관심일 뿐이다. 앞서 보았듯이 공동체적 유대란 기본적으로 경제적 의존관계에 토대하고 있는 것이다. 그래서 공동체적 유대에서는 경제적 의존관계와 인격적 의존관계가 서로 중첩되어 있다. 반면, 자본주의의 화폐경제하에서 경제적 의존관계는 인격적 의존관계와 분리된 비인격적인 익명적 관계일 뿐이다. 그리하여 자본주의적 화폐경제하에서 경제적 의존관계에 있는 자들 사이의 주관성에 대한 무관심이 일반화된다 할지라도, 오히려 친구나 가족, 애인의 주관성에 대한 관심은 더 깊어질 수도 있다. 공동체적 '풍속' — 헤겔적 의미 — 으로부터의 개인의 해방은 고유한 내면성을 가진 자립적 개인성을 가능하게 하기 때문이다.

짐멜은 "화폐에 의해 사람들은 인격적인 자유 및 고유영역을 포기할 필요가 없이 다른 사람들과 결합하는 것이 가능하게 되었다"고 말한다.66) 개인적 독립성을 유지하면서 타자와 관계를 맺는 것이 가능해졌다는 것이다. 이러한 사실은 공동체적 관계에 의한 인격적 구속이 없이 인격적 교류를 할 수 있는 커다란 가능성이 열렸다는 것을 의미한다. 즉 공동체적 구속의 매개 없이 하나의 자립적 개인성이 또 다른 자립적 개인성과 서로의 고유한 내면을 교류할 수 있게 되었다는 것이다. 하지만 신격화된 화폐에 의해 해방된 개인성은 자신의 내면을 최종 목적으로서의 화폐로 가득 채우게 되지 않을까? 그리고 목적으로서의 화폐가 사실상은 교환수단에 불과한 것인 한에서, 부르주아적 개인성은 목적을 찾지 못하고 수단들로만 채워진 공허한 개인성에 머물 수밖에 없는 것이 아닐까?

---

66) 같은 책, 434쪽.

최종 목적으로서의 화폐는 노동을 자신에게 종속시킨다. 이제 노동은 오직 화폐를 획득하기 위한 것이 된다. 화폐는 목적이고, 이 목적에 종속된 노동은 자신에 내재했던 다른 계기들, 특히 향유의 계기들을 잃어버린다. 짐멜은 화폐에 의해 지배받는 부르주아적 생활양식의 무특징성에 대해 언급하면서, "화폐거래가 절정에 달하면 이러한 무특징성은 직업활동의 특징이 된다", 또 그러한 직업활동은 "돈을 버는 일을 제외하고는 아무런 명확한 내용도 갖고 있지 않다"고 지적한다.[67]

부르주아적 생활양식하에서 모든 노동은 궁극적으로 동일화된다. 모든 노동은 "돈을 번다"는 단 하나의 특징에 의해 규정될 뿐이기 때문이다. 짐멜은 "돈을 벌기 위해서 주어지는 기회를 닥치는 대로 이용하는 사람들의 삶의 내용은 선험적 규정성을 완전히 결여하고 있다"고 말한다.[68] 이때 선험적 규정성이란 '목적으로서의 화폐/도구로서의 노동'의 결합구조를 벗어나 있는 선험적 의미세계, 선험적 도덕성을 말하는 것이다. 도구화에 종속되지 않는 존재의미를 제공해주는 것 말이다.

'목적으로서의 화폐/도구로서의 노동'의 결합구조에서 선험적 규정성이 상실되어 있는 것은 목적으로서의 화폐 그 자체가 바로 새로운 선험적 규정성을 이루고 있기 때문이다. 결코 경험적으로 의문에 부쳐질 수 없는 선험적 규정성이 그것이다. 이를 명쾌하게 이해하려면 『프로테스탄티즘의 윤리와 자본주의 정신』에서 막스 베버가 인용하고 있는 벤저민 프랭클린의 다음과 같은 한마디를 들어보는 것으

---

[67] 같은 책, 541쪽.
[68] 같은 책, 542쪽.

로 충분하다.

> 시간이 돈임을 잊지 말라. 매일 노동을 통해 10실링을 벌 수 있는 자가 반나절을 산책하거나 자기 방에서 빈둥거렸다면, 그는 오락을 위해 6펜스만을 지출했다 해도 그것만 계산해서는 안 된다. 그는 그 외에도 5실링을 더 지출한 것이다. 아니 갖다 버린 것이다.
> 신용이 돈임을 잊지 말라. 누군가가 자신의 돈을 지불기간이 지난 후에도 찾아가지 않고 나에게 맡겨 두었다면 그는 나에게 이자를 준 것이거나 아니면 내가 이 기간 동안 그 돈으로 할 수 있을 만큼의 것을 준 것이다. 좋은 신용을 가졌고 그것을 잘 이용한다면 대단한 액수의 돈을 쌓을 수 있다.[69]

이 인용문에서 돈을 번다는 목적 자체는 전혀 의문에 부쳐지고 있지 않다. 그것은 너무도 자연스런 것으로 여겨지고 있다. 돈을 번다는 목적은 이제 '선험적 규정성'이다. 결코 의문에 부쳐질 수 없는. 심지어 이 글을 인용하고 있는 막스 베버마저도 그러한 '선험적 규정성'에 대해 전혀 의문을 표하지 않고, 오히려 거기서 일종의 '윤리적 태도'를 찾아내려 한다. 막스 베버는 위의 인용문에 드러난 프랭클린의 태도에서 '자본증대의 관심'이 '의무적인 것'으로 여겨진다고 하는데, 만약 그것이 일종의 프로테스탄트적 의무라면 우리는 화폐가 신적 지위를 차지했다는 짐멜의 말을 다시 한 번 실감할 수 있는 것이다.

---

[69] 막스 베버, 『프로테스탄티즘의 윤리와 자본주의 정신』, 문예출판사, 2000, 34~35쪽.

목적으로서의 화폐라는 선험적 규정성하에서 모든 존재론적이고 도덕적인 선험적 규정성은 소멸된다. 그래서 동료와의 '신용'도 '돈'이 된다. 그러니 그러한 신용은 단지 수단적인 것이다. 돈을 벌기 위해 타자를 이용하기 위한 '신용'이라는 것이다. 결국 존재론적·도덕적인 선험적 규정성을 상실한 인간은 사기꾼이 될 수밖에 없는 것이 아닐까?

"그들은 충동적으로 남을 속이는 것이 아니라 남을 속이는 것을 원칙으로 삼는다"[70])는 아도르노의 충격적 발언은 그리하여 전적으로 사실적인 것이 된다. 실제로 부르주아 사회의 많은 직업들에서 "남을 속이는 것이 원칙"이 되었다. 하나의 생활양식으로서 남을 속이는 것, 또는 적어도 하나의 노동양식으로서 남을 속이는 것이 정착된다. 이처럼 타자들을 속이는 것이 직업이 된 사람들에겐 무엇이 남을까? 물론 양심을 저버린 화폐만이 남는다. 그러나 그것으로 된 것이다. 왜냐하면 최종 목적인 화폐를 획득했으므로.

아도르노는 "그의 넓은 양심은 그의 선량한 마음에 결코 뒤지지 않았다"는 어느 사업가에 대한 추모 기사를 "그 자비로운 고인은 비양심적이었다"는 식으로 읽는다.[71]) 도대체 어떻게 그러한 '독법'이 가능한 걸까? '양심적'이란 표현을 아무 주저없이 곧바로 '비양심적'으로 뒤집어 읽는 독법이 말이다. 그러나 그러한 독법이 정당성을 갖는 것은 화폐를 최종 목적으로 하는 사회의 구조가 '양심적으로 살아가는 것'을 허용하지 않기 때문이다. '비양심'이 하나의 생활양식, 하나의 노동양식이 된 것이다.

---

70) 아도르노, 『한줌의 도덕』, 36쪽.
71) 같은 책, 36쪽.

그렇지만 남을 속이는 것이 생활과 노동의 양식이 된 사회에서는 모두들 그처럼 생활하고 노동하기 때문에 결국 그러한 '비양심'을 용인할 수밖에 없게 된다. 그것은 하나의 자연스런 '생활양식'이 된 것이다. 그래서 아도르노는 다음과 같이 말한다. "함께 한다는 것, 교류와 협조의 모습을 띤 인간성이란 비인간성을 말없이 용인하는 단순한 가면일 뿐이다."72) 부르주아 사회의 노동 공간에서 함께 한다는 것은 결코 서로의 내면을 공유하고 배려하는 것이 아니다. 이때 '함께 한다'는 것은, 즉 '교류와 협조'란, 타협한다는 것, 눈감아 준다는 것, '관행'을 받아들인다는 것이다. '관행'이란 물론 남을 속이는 관행이다. 그러나 그 관행은 남들과 내가 모두 받아들이고 있는 것이고 그러니 묵인할 수밖에 없는 것이다. 모르면서 잘못을 행하는 이데올로기적 이성이 아니라 이제 알면서도 잘못을 행하는 '냉소적 이성'이 자리잡은 것이다.73)

부르주아 사회에서 상품을 가진 자는 화폐를 가진 자로부터 그 화폐를 빼앗기 위해, 즉 자신의 상품을 구매하도록 하기 위해, 온갖 전략을 다 꾸민다. '마케팅'이 바로 그것이다. 그러나 그러한 전략들 이전에 이미 일종의 사기가 존재한다.

첫째로, 상품의 원가가 알려지지 않은 상태에서 판매자가 마음대로 가격을 정하고 또 흥정에 따라 더 싸게도 더 비싸게도 팔 수 있다는 것은 자신의 눈앞에 마주서 있는, 또는 그렇지 않은, 구매자를 기만하는 행위이다. 판매자는 이른바 공정가격을 은폐한 상태에서 구매자를 언제든지 농락할 수 있다.

---

72) 같은 책, 38쪽.
73) Slavoj Zizek, *Ils ne savent pas ce qu'ils font*, Point hors ligne, 1990, 73~78쪽.

둘째로, 화폐획득을 위해 구매자에게 필요하지도 않은, 또는 오히려 해가 되는 물건을 판매하는 것도 기만 행위이다. 영국이 중국에 판 아편이나 한국이 외국에 수출하고 있는 자동차도 그렇지만, 사실상 오로지 화폐획득만을 이유로 만들어지는 대부분의 상품은 구매자에게 진정으로 필요한 것이 아니다. 그렇지만 팔리기만 한다면 해가 되든 어떻든 모든 것을, 이것이 당신에게 필요하다고 주장하면서, 팔아넘기는 것이 부르주아 화폐경제의 속성이다.

셋째로, 판매자가 구매자를 단지 화폐획득의 수단으로 간주하여 그를 이용한다는 것 자체도 일종의 기만행위를 구성한다. 판매자는 구매자에게 미소를 보내고 친절하게 대하지만, 그러한 모든 행위는 거짓이다. 게다가 상품들에 대한 모든 선전도 불필요한 것에 대한 구매충동을 불러일으킨다는 점에서 속임수이다. 그리하여 거짓이 일반화되고, 서로가 서로의 일상화된 거짓에 대해 일상적으로 무관심해지는 사회가 형성된다.

지금까지의 논의를 한번 정리해보자.

1) 노동자계급으로 전락하는 것에 대한 두려움과 불안은 '부르주아로 살아남는 것'을 부르주아에게 지상명제로 부과한다.

2) 부르주아적 위치를 보장해주는 수단으로서의 화폐는 최종 목적으로 상승한다.

3) 최종 목적으로서의 화폐의 등장은 공동체의 인격적 구속으로부터 자립적 개인성을 해방시키지만, 화폐를 최종 목적으로 삼는 자립적 개인성은 그 내용이 빈곤화된다.

4) 최종 목적으로서의 화폐에 노동이 종속됨으로써 '사기'가 생활양식과 노동양식으로 일반화된다.

그리하여 부르주아적 내면성은 불안 – 살아남기 – **최종목적으로서의 화폐** – 사기에 의해 관통된다. 도대체 그처럼 일반화된 사기 속에서도 부르주아로 살아남으려는 이유는 무엇일까? 그 이유는 부르주아 핵가족 속에서 찾을 수 있다.

* * *

부르주아적 핵가족의 성립은 가족에 대한 공동체적 구속의 해체를 전제로 한다. 즉 공동체의 존재 자체가 부르주아적 핵가족의 성립에 장애가 되었다는 것이다. 여기서 문제삼지는 것은 핵가족 일반이 아니라 '부르주아적' 핵가족이다. 직계가족과 구분되는 의미에서의 핵가족 자체는 반드시 부르주아 사회에 고유한 것이 아니기 때문이다.[74]

자본주의 사회구성체에 고유한 가족형태로서의 부르주아 핵가족의 특징은 무엇보다도 그 가족이 부부를 이루는 두 남녀간의 사랑을 통해 형성된다는 것이다. 이 특징은 부르주아적 핵가족을 식별해주는 지표로 사용될 수 있을 정도로 결정적인 것이다. 우리는 심지어 두 남녀간의 사랑(또는 적어도 두 남녀의 주체적 선택)을 통해 형성되지 않는 가족, 예컨대 정략결혼을 통해 형성되는 가족은 부르주아적 가족이 아니라고 말할 수 있을 정도이다. 두 남녀간의 사랑을 통해

---

[74] 엠마뉘엘 토드는 『유럽의 발견 – 인류학적 유럽사』(까치, 1997)에서 핵가족의 존재를 자본주의 성립과 무관한 것으로 간주하고 있다. 이러한 그의 가설은 그 자체로서 틀린 것이라고 할 수는 없다. 다만 그는 1500년부터 1900년까지 유럽에서 가족형태가 절대적으로 안정적이었다고 주장하는데, 그가 논거를 제시하는 방식은 너무도 비체계적이고 산발적이어서 그의 주장을 받아들이는 것은 불가능하다.

형성되지 않는 가족은 적어도 '순수한' 부르주아 가족은 아니다. 예컨대 오늘날 한국사회에서 정략적으로 성립한 가족은 '순수한' 형태의 부르주아 가족이 아니란 말이다. 왜냐하면 그러한 형태의 가족의 형성에는 두 결혼 당사자의 주체적 선택이 아닌 어떤 외타적(外他的) 힘이 결정적 요소로 작용했기 때문이고, 그러한 외타적 힘의 작용은 전(前)부르주아적 가족 형성의 원리이기 때문이다. 이때 외타적 힘이란 결혼 당사자의 부모일 수도 있고 어떤 공동체적 힘일 수도 있겠지만, 핵심적 사실은 그러한 힘이 결혼 당사자의 주체적 선택을 가로막는다는 것이다.

전(前)부르주아적 가족과 부르주아적 가족을 가르는 경계선은 바로 결혼 당사자의 사랑(또는 적어도 주체적 선택)에 있다. 결혼 당사자의 사랑이라는 원리는 공동체에 대립한다. 남녀간의 사랑과 그러한 사랑에 의한 생활단위의 형성을 적극적으로 지지할 수 있는 것은 공동체가 아니라 부르주아 사회 또는 자립적 개인들의 자발적 연합으로서의 꼬뮌이다. 반면 공동체는 남녀간의 사랑을 공동체에 대해 이탈적인 힘, 공동체에 대립하는 힘으로 간주하며, 사랑에 의한 결혼을 금지하거나 적어도 규제하는 것을 가장 중요한 목적으로 갖는다.

공동체는 왜 사랑에 대립하는 것일까? 사랑이란 플라톤이 『향연』에서 디오티마의 입을 빌어 말했듯이 종(種)의 재생산을 위해 생물학적으로 미리 프로그램화된 일종의 자연적 힘이 아닌가? 그래서 인간은 라캉이 말했듯이 결코 자신의 힘으로 사랑을 통제할 수 없고, 자기외적인 제어할 수 없는 힘으로서의 사랑의 희생물이 되어버리는 것이 아닌가?[75] 그렇다면 마찬가지로 '자연적인' 공동체가 왜 '자연

---

[75] 플라톤의 『향연』에서의 사랑에 대한 논의의 유물론적 해석과 라캉의 사랑 개념에

적인' 동물학적 힘인 사랑에 대립하는 것일까?

알랭 바디우는 사랑을 정치, 과학, 예술과 더불어 네 가지 진리의 공정 중의 하나로 간주한다. 사랑 속에서 진리가 생산되고 또 진리를 체험할 수 있다는 것이다. 그러나 디오티마가 말했듯이 사랑이 종의 재생산을 위해 생물학적으로 프로그램화된 힘에 불과하다면, 우리가 사랑 속에서 발견하는 것은 단지 우리 자신의 보잘것없는 동물학적 존재가 아닐까? 종의 재생산을 위해 우리의 체내에 미리 이식된 프로그램에 포획되어 이성(理性)을 상실하는 적나라한 동물성 말이다. 그렇다면 사랑을 통해서 생산되는 진리란 그저 동물성의 진리에 불과한 것이 아닐까? 두뇌에 변연계를 가지고 있는 모든 포유류가 느끼는 감정과 근본적으로 동일한?

그렇지만 사랑은 다른 방식으로 생각하자면 일종의 존재의미이기도 하다. 우리가 그것을 위해 태어난 그것, 우리가 그것을 위해 존재하는 것 말이다. 그러한 사랑은 상징적 질서를 벗어나는 일종의 탈(脫)언어적 절대일 수 있겠다. 가장 커다란 쾌락으로서 말이다. 즉 사랑은 상징적 질서를 일시에 붕괴시키면서 섬광처럼 출현하는 절대의 체험일 수 있다. 어떤 원천적인 결여를 충족시켜주는. 아마도 그런 이유로 바디우는 사랑을 진리의 공정 중의 하나라고 했을 것이다. 바디우가 네 가지 진리의 공정에 대해 말하는 것을 들어보자.

> 사랑의 만남의 영향 아래 내가 그 만남에 실질적으로 충실하고자 한다면, 나의 상황에 '거주하는' 나 자신의 방식을 머리끝에서 발끝까지 바꾸어야 한다는 사실은 명백하다. 내가 '문화대혁명'이라는 사건에 충실하고자

관해서는 이종영, 『주체성의 이행』(백의, 1997), 86~103쪽을 참조할 것.

한다면, 나는 어쨌건 사회주의적이고 조합주의적인 전통이 제시하는 것과는 완전히 다른 방식으로 정치를 실천해야 한다(특히 노동자와의 관계에서 말이다). 그리고 마찬가지로 '쇤베르크'라는 이름의 음악적 사건에 충실했던 베르크와 베베른도 마치 아무 일도 일어나지 않았던 것처럼 세기말의 신낭만주의를 계속할 수는 없었다. 1905년 아인슈타인의 텍스트들 이후로, 만약 내가 그 텍스트들의 근본적 새로움들에 충실하다면 나는 물리학을 고전적 틀 속에서 계속할 수는 없을 것이다. 사건적 충실성은 사건이 발생한 고유한 질서(정치적·사랑의·예술적·과학적) 속에서의 (사고되고 실천되는) 실질적 단절이다.76)

바디우가 이 문장에서 말하려는 것은 진리의 사건이 갖는 단절적 효과이다. 사랑이 만약 기존의 상징적 질서를 벗어나는 탈언어적 절대라고 한다면, 사랑의 사건에 의해 각인된 자는 더이상 기존의 상징적 질서와 과거의 관계를 지속할 수 없다는 것이다. 웨렌 비티가 주인공으로 나온 영화 <러브 에퍼어>에서 사랑을 체험한 주인공이 부와 명성을 쫓던 과거의 허황한 삶을 완전히 청산하듯이 말이다. 자신의 결여를 대리로 메워주던 '대상 a'(욕망의 원인이 되는 대상)들이 이제 더 이상 그에게는 불필요해진 것이다. 그는 상징적 질서에 존재하지 않는 씨니피앙, S(A)를 획득한 것이다. 사랑은 사랑에 빠진 자들을 완전히 사로잡고, 그리하여 그들을 기존의 상징적 질서로부터 끄집어낸다. 그래서 그들은 더이상 과거처럼 살지 못한다. 사랑에 빠진 자들은 사랑으로 자신을 포획한 타자 속으로 완전히 빨려들어간다. 그러니 더이상 공동체는 문제가 되지 않는다. 그들은 공동체를

---

76) 알랭 바디우, 『윤리학』, 동문선, 2001, 55쪽.

이탈한다.

공동체는 사랑에 대립한다. 사랑에 빠진 자들은 자신들의 탈언어적 '절대'를 유지하기 위해 오직 둘이서만 있기를 희구하기 때문이다. 그들에게 공동체의 개입이란 자신들의 '절대'를 파괴하려는 것이다. 공동체는 그들의 진리체험을 존중하지 않고 오히려 그들에게 공동체의 상징적 질서를 준수할 것을 요구하기 때문이다. 반면 그들의 사랑은 공동체를 균열시키고 공동체에 구멍을 뚫는다.

레비-스트로스가 밝혀놓은 바와 같이, 전자본주의적 공동체의 핵심적 기능은 여자들을 남자들 사이에 평화롭게 분배하는 것이다. 이때 중요한 것은 여자들을 배분하는 원리가 사랑의 원리가 아니라 공동체의 원리라는 것이다. 즉 공동체는 남자들에게 그들이 사랑하는 여자들을 분배하지 않는다. 공동체가 남자들에게 그들이 사랑하는 여자들을 분배하지 않는 것은 사랑이 공동체에 대립하기 때문이다. 사랑은 개인적인 것이지 공동체적인 것이 아니다. 게다가 개인적 체험으로서의 사랑의 '절대성'에 포획된 자들은 더이상 공동체를 필요로 하지 않을 뿐더러 오히려 공동체를 벗어나고자 한다.

그러나 사랑은 단순한 공동체 이탈에 그치는 것이 아니라, 한 여성을 동시에 사랑하는 남성들 사이에 생명을 건 갈등을 불러일으켜 공동체를 와해시키기도 한다. 물론 그러한 단계의 사랑은 아직 진리의 공정으로서의 성격을 갖지 못한 것이다. 사랑의 현상을 보다 면밀히 관찰해보자. 사랑은 플라톤의 『향연』에 따를 때 종의 재생산을 위해 인간의 체내에 프로그램화된 동물학적 힘이고, 바디우에 따를 때 진리가 생산되고 체험되는 진리의 공정이다. 이 두 가지 주장이 모두 사실성을 갖는다면, 그것들은 어떻게 연결되는 것일까? 아마도 그것들은 사랑의 단계들과 관련되는 것이 아닐까?

우리들은 특정한 매력을 가진 이성적(異性的) 존재에게 '이끌린다'. 그러한 '이끌림'의 양식은 시대와 사회에 따라 다르다. 아마도 사랑이 사회적으로 승인을 받지 못하는 사회에서는 그러한 '이끌림'의 양식이 훨씬 더 폭발적일 것이다. 여하간 어느 사회에나 '첫눈에 반하는' 현상이 존재한다. 플라톤적 관점에서 볼 때 이러한 '첫눈에 반하는' 현상은 이미 사랑 그 자체일 수 있다. 『향연』에서 플라톤의 입장을 대변하는 디오티마의 주장에 따를 때 미(美)란 일종의 '미끼'이다. 아직 미라는 현상에 대해 과학적 설명을 제시할 수 있는 단계에 이르지 못한 우리에게 디오티마의 주장은 나름의 설득력을 갖는다. 미라는 '미끼'는 종의 재생산에 이르게 하기 위한 것이다. 그 미끼로 인해 사랑에 빠져들어 성교를 하고 그래서 종의 재생산에 이른다는 것이다.

그렇다면 '첫눈에 반하는' 현상은 동물학적 현상으로서의 사랑 그 자체일 것이다. '첫눈에 반한다'는 것은 우리 내면에 잠재하고 있던 사랑의 힘이 일종의 '대상 a'에 의해, '미적 미끼'에 의해 호출(interpellation)되는 것이다. 종의 재생산을 위해 우리 체내에 프로그램화된 동물학적 현상으로서의 사랑은 무엇보다도 이와 같은 호출 그리고 그로부터 비롯되는 교류와 성교를 기본적 내용으로 한다. 교류와 성교를 비롯한 모든 사랑의 현상은 그러한 호출이 없으면 불가능한 것이므로, 동물학적 현상으로서의 사랑에서 그러한 호출은 사랑의 핵심 자체를 구성한다. 그러한 호출에서 교류, 성교에 이르기까지 어떠한 단절도 없을 뿐더러 교류와 성교가 그러한 호출로부터 직접적으로 도출되기 때문이다.

그러나 사랑을 진리의 공정으로 보는 관점에서는 '첫눈에 반하는' 호출의 현상은 '사랑의 불씨'에 불과하다. 이 사랑의 불씨는 사랑으로 이어질 수도 있고 그렇지 않을 수도 있다. 즉 사랑의 불씨는 쉽게 꺼져버릴 수 있는 위험에 처해 있다. 그 위험의 본질은 '대상 a' 또는 '미적 미끼'의 담지자를 자신과 동등한 개별적 '주체'로 간주하는 것이 아니라 '대상 a'의 담지자로서만 취급하는 데 있다. '대상 a'의 담지자를 하나의 주체로 간주하는 것이 아니라 '대상 a' 자체로 환원될 수 있는 대상적 존재로 간주하면 사랑의 불씨는 꺼진다는 것이다. 그처럼 대상화된 존재는 사랑의 상대가 아니라 육체적 욕망의 대상에 불과하기 때문이다. 그러한 존재는 어떤 근원적 결여를 충족시켜주는 '절대'의 체험을 가져다주는 존재가 아니라 단지 육체적 욕망의 방출구에 불과한 존재인 것이다.

따라서 사랑을 진리의 공정으로 보는 입장에서 볼 때 '대상 a'에 의한 호출은 단지 사랑에 가 닿기 위한 하나의 촉발점에 불과한 것이지 그 자체가 사랑인 것은 아니다. 하지만 그렇다고 하여 동물학적 힘으로부터 사랑의 여러 형태들을 도출시키는 디오티마적 입장이 잘못되었다고 결론지어서는 안 된다. 왜냐하면 디오티마적 입장이야말로 죽음보다 강력한 사랑의 엄청난 힘을 다른 어떤 입장들보다 설득력 있게 드러내주기 때문이다.

우리가 '사랑의 불씨', 즉 '대상 a'에 의한 호출을 사랑 그 자체의 핵심으로 보든 아니면 사랑의 촉발적 계기로 보든 간에, '사랑의 불씨'는 그 자체로 하나의 공동체를 완전히 파괴하기에 충분한 힘을 갖는다. 사랑은 존재의 궁극적 의미를 구성하는 것, 우리가 그것을 위해 태어난 것이며, 그러한 성격의 것으로서의 사랑은 우리가 그것을 위해 생명을 걸 가치를 갖는 것이다. 죽음의 공포가 생명의 유지를 위해 우리 체내에 프로그램화된 본능적 힘이라 한다면, 사랑의 힘 또한 또다른 생명유지의 방식인 종의 재생산을 위해 프로그램화된 힘이다. 따라서 사랑의 힘은 죽음의 공포와 마찬가지로 생명현상이고, 그러한 점에서 죽음의 공포와 맞대면할 수 있는 유일한 힘이기도 하다. 그리하여 동일한 여성을 둘러싸고 '사랑의 불씨'가 지펴진 공동체의 남성들이, '첫눈에 반해' 사랑의 열정에 불타는 남성들이 생명을 건 투쟁을 통해 공동체를 파괴시킬 수 있음은 두말할 나위가 없다.

칸트는 『실천이성비판』의 한 유명한 예시(例示)에서 다음과 같이 말한다.

> 어떤 사람이 그의 색정적(色情的)인 애착에 관해서, 만일 마음에 든 대상[여자]과 그 대상을 얻는 기회가 그에게 나타날 때, 그가 이런 애착에 도저히 저항할 수 없다고 말한다고 하자. 그런데 그가 이런 기회를 만나는 그 집 앞에, 교수대가, 색정을 향락한 뒤에 곧 그를 결박하고자 세워져 있을 적에도 그 사람은 자기의 애착을 과연 제압하지 않겠는가? [그에게 물어보라] 그가 무슨 대답을 할지, 우리는 길게 추측할 필요도 없다.77)

칸트의 이러한 예시는 학문적으로 정당하지 못한 교활한 성격의 것이다. 칸트가 주장하려는 것은 도덕법칙에 의해 이끌어진 행위는 죽음을 무릅쓸 수 있는 반면, 대상애(愛)는 그렇지 못하다는 것이다. 하지만 위의 예시는 교수대의 존재에 의해 공포가 사람을 엄습하는 상황을 설정하기 때문에 정당한 것이 못 된다. 즉 단순히 죽음을 무릅쓰는 것과 교수대의 존재에 의해 생명현상으로서의 죽음의 공포가 엄습하는 것과는 다르다는 것이다. 연인의 집 앞에 교수대가 놓

---

77) 칸트, 『실천이성비판』, 박영사, 1975, 32쪽. 문고판으로는 박영문고 88, 1985, 65~66쪽.

여 있는 상황에서 연인과 육체적 관계를 맺기 위해 그 집으로 돌진할 사람은 아마도 거의 없을 것이다. 그렇지만 이 사실을 "사랑은 죽음을 무릅쓸 수 있다"는 명제를 부정하기 위한 근거로 제시하는 것은 정당하지 못하다. 도대체 왜 연인의 집 앞에 세워져 있는 교수대를 설정해야 하는 것일까? 자신의 방에 홀로 앉아 사랑을 위해 죽음을 결단할 수도 있는데 말이다. 오히려 설정되어야 하는 상황은 <로미오와 줄리엣>이나 <엘비라 마디간> 같은 상황이 아닐까?

죽음에도 여러 가지가 있다. 개같이 끌려가서 교수대 앞에서 치욕적으로 죽음을 당하는 경우와 스스로 선택해서 당당하게 죽음을 맞이하는 경우처럼 말이다. 누구든지 전자의 죽음은 피하려 할 것이다. 반면 사랑의 절대적 체험에 포획된 자는, 어쩔 수 없는 상황이라면, 교수대에 가기 전에 이미 스스로 죽음을 선택할 것이다. 그리고 그 경우 죽음의 공포는 전자의 경우보다 훨씬 적게 작용한다.

게다가 질투와 증오라는 요소가 작용하면 상황은 더욱 가열된다. 이제 사랑 그 자체의 절대적 상황을 유지하기 위해서가 아니라, 사랑의 적을 제거하기 위해서 목숨을 거는 것이다. 그리고 그러한 상황은 단지 '사랑의 불씨'만으로도 충분히 촉발될 수 있다.

공동체가 피하려는 것은 공동체 성원들이 사랑의 절대적 체험에 포획되어 공동체를 이탈하는 것과 사랑의 대상을 둘러싸고 갈등을 벌이는 것이다. 그러니 전자본주의적 공동체가 레비-스트로스적 의미에서 여자교환을 담당할 때, 즉 여자들을 남자들 사이에 분배할 때, 그러한 분배가 개인적 사랑의 논리에 따라서가 아니라 공동체의 논리에 따라 행해진다는 것은 자명하다. 이때 공동체의 논리란 개인의 사랑을 무시하고 공동체의 재생산이란 관점에서만 사태를 바라보는 논리이다. 즉 공동체는 일종의 평등주의적 논리에 따라 가급적

이면 그 누구의 불만도 없게 여자들을 분배한다. 물론 일정하게 권력의 논리에 따라 평등주의의 논리가 수정되기도 하지만 말이다.

그러한 분배에 있어서 사랑이 문제삼아질 수 없음은 물론이다. 관건이 되는 것은 공동체 성원들 사이의 평등이다. 어떻게 가급적이면 골고루 여자를 분배받을 것인지가 문제인 것이다. 이러한 상황은 여성이 더이상 자기자신의 주인일 수 없는 상황을 전제한다. 즉, 남성들의 결사가 이미 여성들의 집단을 자신의 결정에 종속시킨 상황에서 이른바 공동체가 성립하는 것이다. 그리고 그 공동체 속에서 여성들은 레비-스트로스적 표현에 따를 때 가장 가치 있는 재화의 지위로 전락한다. 어떻게 공동체적 논리에 따라 분배되는 존재가 재화 이상의 지위를 누릴 수 있기를 희망할 수 있겠는가?

그러나 이러한 상황의 피해자는 여성만이 아니다. 동성애의 경우가 아니라면 사랑은 남성과 여성 사이에 행해지는 것이기 때문이다. 사랑이 공동체의 제도적 장치들 밖으로 축출되는 상황에서 피해를 보는 자들은 사랑의 '절대'를 체험하는 모든 인간들이다. 그들은 그들의 존재와 맞바꿀 수 있는 가장 중요한 가치를 강탈당하는 트라우마를 경험한다.

뿌리깊은나무 출판사에서 1990년에 '뿌리깊은나무 민중자서전' 시리즈의 여덟번째 권으로 나온『이부자리 피이 놓고 암만 바래도 안 와 - 영남 반가 며느리 성춘식의 한 평생』도 그러한 사례 하나를 기록하고 있다. 채록 대상이 된 사람은 1917년에 태어난 성춘식이란 여성인데, 그녀의 남편은 얼굴 한 번 보지 못한 채 결혼한 아내와의 육체적 관계를 끝까지 거부한다. 그녀는 말한다. "저녁에 방에 드가믄 남이야. 남들이 들으면 거짓말이라 그지"(58쪽). "우리 친정 어매 래도 '권서방, 왜 그라는공' 칼 수 있나. 모른 척하고 있제. 속으론

애가 타서 매련 없지"(58쪽). "결혼한 지 오 년이 넘어도 그냥 남글이 살았제, 뭐"(97쪽). "그번에 고향을 한번 나왔는데 비단 이부자리를 갖고 왔어. 그래도 가까이 하질 않애. 우째 그래 정이 안 생기는동 모르제. 할 수 없이 또 떠나 보내고"(114쪽). "그랬더니 뿌리치고 하더니 자기도 마음이 안 가는 데는 별 도리 없다믄서 어떻게 할 도리가 없대"(118쪽).

"마음이 안 가는 데"는 어쩔 수가 없는 것이다. 사랑의 논리는 공동체의 논리로 대체될 수 있는 것이 아니다. 그렇다고 성춘식 씨 남편이 성적 결함이 있었던 것도 아니니, 그는 그 이후 다른 여자와 딴살림을 차렸다. 일제 시대나 그 이후까지도 "시장에 물건 보러 나왔다가" 첩을 얻어 집으로 데려오는 일이 종종 있었음을 우리는 알고 있다. 통계 자료를 구할 수는 없지만, 한국에서 연애결혼이 거의 존재하지 않던 시기에 어느 정도 생활의 여유가 있는 남자들의 대다수가 첩을 들여 이중의 살림을 살았던 것으로 여겨진다.[78] 그렇지만 그들도 마찬가지로 희생자이다. 그들도 자기 마음대로 사랑을 할, '진리의 공정'에 참여할, 일종의 '자연권'이 있는 것이 아닐까? 그들은 가부장의 지위를 탄탄히 다져놓아 공동체의 구속을 어느 정도 벗어날 수 있는 입장이 되면, 그동안 억압되었던 사랑의 열망을 실현시킨다. 그러나 그것은 일종의 '선택'이라기보다는 그 자신도 어찌할 수 없는, 거역할 수 없는 힘(poussée)의 작용이었을 것이다. 체내에 프로그램화된 사랑의 힘은 언제든지 적절한 조건이 주어지면 분출

---

[78] 한편으로 이는 내 주변의 경험에 근거한 것이기도 한데, 나 스스로가 그 '일반성'에 몹시 놀랐었고 그리하여 이처럼 일반화의 형식하에 제시해본다. 물론 반론들이 가능하겠고 그러나 중요한 것은 체계적 조사를 조직하는 것이다.

하여 주체를 자신의 수중에 포획하는 것이다.

도대체 공동체는 성원들의 사랑의 열망을 그처럼 억압하면서 어떻게 스스로를 재생산할 수 있을까? 사랑과 대립하는 공동체가 자기 유지를 위해 동원하는 대표적 장치는 남성들 간의 연대성 그리고 사랑의 주변화이다. 남성들끼리의 만남과 여성들끼리의 만남이 사회적 교류의 두 가지 기본축을 형성하는 것이 전자본주의 사회구성체들의 특징이듯이 말이다.

에드워드 쇼터는 『현대가족의 탄생』에서 부르주아 핵가족이 성립하기 이전의 사회들에서 교류양식이 부부중심, 남녀중심이 아니라 남성들은 남성들끼리 여성들은 여성들끼리 어울리는 방식으로 짜여졌음을 지적한다.[79] 우선 그는 남성 청년집단들이 종교적 형제집단이나 군사집단으로 존재하다가 현대적인 절대주의 국가의 성립과 더불어 마을의 축제를 조직하는 집단으로 변했음을 서술한다. 또 남성 청년집단에 상응하는 젊은 여성들의 집단이 언제나 존재했었다고 한다. 하지만 더 중요한 것은 결혼 이후에도 남성은 남성끼리, 여성은 여성끼리 어울렸다는 사실이다. 남성들은 노동을 마친 후에도 가정에서 시간을 보내기보다는 까페나 클럽 또는 친구들끼리 어울리기 위해 특별히 마련한 장소인 '샹브레(chambrée)' 같은 곳에서 대부분의 시간을 보냈고, 기혼여성들도 나름의 야회를 조직해 서로 어울렸다.[80]

이러한 상황에서 가족은 외부 세계와 구분되는 부부의 보금자리나 휴식과 평정의 공간이라기보다는 오히려 외부 세계에 속한 자가

---

[79] Edward Shorter, *Naissance de la famille moderne*, Seuil, coll. Points, 1981, 255~262쪽.
[80] 같은 책, 258~262쪽.

먹고 잠자기 위해 잠시 머물다 거쳐가는 곳에 불과하게 된다. 엠마뉘엘 레비나스는 『총체성과 무한』에서 집은 어떤 외재적·객체적 형태로 우리에게 존재할 수 없음을 지적한다. 그에 따를 때 집이 객관적 세계 속에 위치하는 것이 아니라 객관적 세계가 집과의 관계하에 위치한다. 집은 이 세계의 차가운 질서에 속하지 않는, 그 질서로부터 물러나 있는, 존재를 양육하는 장소라는 것이다. 즉 집은 인간활동의 합리적인 목적이 아니라 오히려 조건이자 출발점이라는 것이다.[81] 하지만 레비나스의 이러한 생각은 부르주아 핵가족에만 해당한다. 부르주아 핵가족이 성립하기 이전의 가족은 전혀 그런 성격을 지니지 못했다.

남성들은 노동이 끝난 후 집에 돌아와 식사를 하고서 다시 남자들과 어울리기 위해 늦도록 외출을 한다. 여성들도 밤늦도록 서로 야회를 벌인다. 그렇다면 부부가 만나서 대화를 주고받고 또 사랑을 확인하는 시간은 언제일까? 에드워드 쇼터는 다음과 같이 질문한다.

> 그러한 샹브레나 술집을 출입하던 자들은 하루의 긴 노동을 마친 자들이었다. [……] 그렇다면 도대체 언제 가족과 같이 보낼 시간을 가질 수 있었을까? 어떻게 아내의 설거지를 도와주고 또 막내를 무릎 위에 올려놓고 놀 수 있었을까?[82]

그러한 시간은 거의 없었다. 전자본주의적 사회들에서 가족은 사랑의 따뜻한 보금자리라기보다는 오히려 잠시 거쳤다 지나가는 정

---

81) Emmanuel Lévinas, *Totalité et infini*, Le livre de poche, 1994, 162~163쪽.
82) Edward Shorter, 앞의 책, 260쪽.

류장에 불과했던 것처럼 보인다. 남성들은 가족이 아니라 남성결사(結社) 또는 남성공동체에 속해 있었고, 여성들도 마찬가지로 여성들의 단체에 속했다. 그 극단적인 형태에 있어서 가족은 단지 생명과 종의 재생산을 위해 남성결사의 일원과 여성집단의 일원이 만나는 일종의 접속 지점에 지나지 않았다. 이러한 사실을 규정한 것은 부부간의 사랑의 결여이다. 즉 부부를 이루는 한 쌍이 사랑을 통해 맺어지지 않았다는 것이 그러한 원심적 가족형태의 결정적 원인으로 작용한다.

어쩌다 사랑을 통해 맺어진 부부가 있더라도 공동체는 그들만의 '절대' 속에 머물도록 그들을 내버려두지 않는다. 왜냐하면 그것은 일종의 이탈이자 위협이기 때문이다. 사랑으로 결합한 부부는 그들의 사랑이 모독당하는 것을 체험하고, 그 남편과 아내는 각각 남성결사와 여성집단들의 규범적 질서를 준수하여 자신의 동반자에 대한 '상대화'와 일정한 '경멸'을 행하도록 요청받는다. 사랑으로 맺어진 부부를 분리시키려는 이러한 요청은 여러 형태의 공동체적 제재를 동반한다.

공동체의 목적은 사랑으로 맺어진 부부라도 결코 그들 서로에게 속하는 것이 아니라 오히려 공동체에 속하는 것임을 확인시키려는 것이다. 부부가 자신들만의 세계를 이루는 것은 공동체로부터 이탈하는 것이기 때문이다. 공동체는 부부의 공동체적 귀속성을 확인하면서 사랑을 한계화하고 탈가치화한다. 공동체적 연대성에 비하면 개인적 사랑은 사소하고 시시한 것에 불과하고, 그리하여 개인적 사랑은 언제나 공동체적 연대성에 자리를 양보해야 한다는 것이다. 이러한 논리가 사랑 없이 결혼한 자들이 사랑으로 맺어진 자들에 대해 행하는 피학-가학적 복수의 일종임은 물론이다. 희생자들이 승리자들에게 복수하는 것이다. 공동체적 질서에 짓눌려 사랑을 쟁취하지 못한 보잘것없는 자들이 무리를 지어 고립된 사랑의 승리자들에 대해 행하는 피학-가학적 복수.

전자본주의적 가족은 공동체 내에서 자기 고유의 경계(境界)를 유지하던 폐쇄적 단위가 아니었다. 가족은 공동체 내에서 독립적이고 자율적인 지위를 지니고 있지 못했고 오히려 공동체에 포섭되어 있었다. 부부는 가족에 속하는 것 이상으로 공동체에도 속했다. 핵심적 사실은 사랑의 결여였고, 사랑이 없는 부부는 오히려 각각 남성과 여성 집단에서 소속감을 되찾았다. 사랑을 결여한 결혼은 그러한 원심적 결과를 갖게 되는 것이지만, 그것은 그러나 공동체가 뚜렷이 의식적으로 추구하는 효과이기도 했다.

쇼터는 부르주아적 핵가족이 성립하기 이전의 유럽사회에서 공동체가 가족생활에 침투하는 양상을 세밀하게 서술한다. 우선 그는 세례, 장례, 결혼이 가족보다 오히려 '공동체의 일'이었음을 지적한다. 세례식에서 아이의 어머니는 성당에 들어갈 수도 없었고 아버지는 경우에 따라 참석할 수 있기도 했고 없기도 했다. 프랑스의 경우 대부, 대모, 이웃들이 긴 행렬을 이루어 아기를 세례장소까지 데려오며, 모든 절차가 공동체 성원들을 중심으로 행해졌다. 장례식에서도 성당의 종소리가 죽음을 알린 이후 이웃들과 성당지기를 중심으로 일이 진행되며 저녁에는 술잔치, 댄스파티가 벌어지기 십상이었다. 결혼식의 경우는 두말할 것이 없을 것이다.[83]

가족과 공동체 사이의 관계를 더욱 잘 드러내주는 것은 프랑스에서 '샤리바리(charivari, 난장판)'라고 칭해지는 공동체 제재이다. 그러

---

83) 앞의 책, 263~269쪽을 참조할 것.

한 공동체 제재는 바람을 핀 아내를 둔 남편에 대해서도 행해지고 — 왜냐하면 가부장의 권위를 무너뜨렸으므로 —, 남편이 설거지를 하는 것과 같은, 성적 노동분업질서를 교란하는 집안의 '무질서'에 대해서도 행해졌으며, 특히 여성들이 남편에 대해 폭력을 행사할 경우에는 더욱 철저하게 행해졌고, 폭력 남편에 대해서는 프랑스에서는 5월 한 달 동안만, 영국에서는 18세기 말, 19세기 초 이래 시기 제한 없이 행해졌다.[84] 이러한 공동체 제재가 뜻하는 것은 부부관계의 여러 측면이 공동체적 규범에 의해 엄격히 규격화되었다는 것이다. 그러한 규격화가 말해주는 것은 가족이 공동체적 규범을 체현하는 가부장적 가족으로 재생산된다는 것이며, 공동체적 규범에 대한 가족의 자립성이 부재한다는 것, 또 그에 따라 부부간의 사랑이 표현되고 재생산될 수 있는 기회가 제한된다는 것이다. 공동체적 규범에 의해 부과되는 행동방식 자체가 부부간의 사랑을 한계화하는 성격의 것임은 물론이다.

문제는 그러한 공동체적 질서를 뚫고 어떻게 부르주아적 핵가족이 성립할 수 있었느냐 하는 것이다. 하지만 과연 그러한 공동체적 질서를 '뚫고서' 부르주아적 핵가족이 성립했을까? 아니면 공동체적 질서가 존재하지 않게 된 곳에서 부르주아적 핵가족이 성립했을까? 또는 공동체적 질서가 존재하지 않게 된 곳에서, 공동체적 가족규범의 지속성을 '뚫고서', 부르주아적 핵가족이 성립한 것은 아닐까?

위르겐 하버마스는 『공론장의 구조변동』에서 다음과 같이 말한다. "잘 알려져 있듯이 핵가족의 영역은 수세기에 걸친 자본주의적 변혁과 더불어 진행되었던 가족구조의 변화로부터 출발하여 부르주아

---

84) 같은 책, 269~278쪽.

계층의 지배적 유형으로 공공화된다."85) 이 문장만을 떼어놓고 볼 때, 부르주아적 핵가족의 성립은 '자본주의적 변혁'에 상관적인 것으로 제시된다. 그것은 물론 사실이다. 그러나 '자본주의적 변혁'이 자동적으로 부르주아적 핵가족을 가져오는 것은 아니다. 부르주아적 핵가족은 자본주의의 단순한 반영물이 아니다. 자본주의는 부르주아적 핵가족의 성립에 결정적이지만, 그럼에도 단지 외적 조건에 지나지 않는다.

쇼터는 부르주아 핵가족의 성립 시기를 18세기 말과 19세기 초로 본다. 그는 부르주아 핵가족의 성립을 일종의 '가족으로의 회귀'처럼 표현하는데, 이제 가족생활이 과거보다 훨씬 더 매력적인 것으로 나타난다는 것이다.86) 미셸 푸코도 또한 부르주아적 핵가족의 성립 시기를 18세기 말~19세기 초로 보는 입장을 지지한다.87) 18세기 말부터 가족생활이 훨씬 더 매력적으로 보여진 이유는 무엇일까? 그것은 무엇보다도 사랑의 존재 때문이다.

부르주아적 핵가족을 성립시킨 내재적 원인은 사랑의 열정이다. 사랑하는 자와 함께 가족을 꾸리려는 열정이 그것이다. 그러한 열정은 낭만적인 것이 아니다. 그러한 열정은 죽음을 불사하는 투쟁적인 것이다. 왜냐하면 그러한 열정에 대립하는 공동체도 결코 자신의 입장을 양보하지 않기 때문이다. 그러한 열정을 허용하는 것은 공동체의 붕괴와 새로운 사회적 조직형태의 등장으로 이어질 것이므로 말이다.

---

85) 위르겐 하버마스, 『공론장의 구조변동』, 나남출판, 2001, 118쪽.
86) Edward Shorter, 같은 책, 279~281쪽.
87) 미셸 푸코, 『비정상인들』, 동문선, 2001, 296~297쪽.

사랑하는 자와 함께 독립적 생활을 영위하려는 열망은 공동체적 질서의 재생산을 위해 처절하게 억압되었던, 그러나 인류사를 관통하여 줄기차게 지속된 치명적 열망이 아니었을까? 16세기 말에 상연되었던 <로미오와 줄리엣>에 대한 뜨거운 지지가 말해주는 것은 바로 그러한 열망을 둘러싼 투쟁의 편재성이다. 5·4 운동 직후 시집을 가는 가마 속에서 면도칼로 목을 그어 자살했던 '조오정(趙五貞) 사건'과 같은 경우는 중국에서 비일비재한 것이었다.[88] 그 사건에 대한 중국 청년들의 집단적 분노는 자신과 무관한 타자의 비극에 대한 동정으로 인한 것이 아니었다. 그 사건은 사랑의 문제를 생사가 걸린 당면 문제로 직면하고 있던 그들 자신의 사건이었던 것이다. 러시아 카잔에서 부유한 차(茶) 상인의 딸이 강제결혼에 저항하여 자살하자 그녀의 장례행렬을 수천의 청춘남녀가 뒤따랐다는 고리키의 『나의 대학』에서의 기록이 말해주는 것도 마찬가지의 것이다.

부르주아적 핵가족의 성립을 추동했던 내재적 원인이 사랑하는 자와 함께 가족을 꾸리려는 열망이었음은 명확하다. 문제는 그러한 열망이 항구적으로 존재했음에도 왜 비로소 부르주아 사회에 이르러서야 실현될 수 있었는가 하는 것이다. 그것은 물론 부르주아 사회에 이르러서야 공동체적 규범과 가부장적 가족질서에 저항할 수 있는 조건들이 형성되기 때문이다. 생산과 소유관계, 법적 주체형식, 이데올로기적 정세 등과 같은 조건들 말이다.

5·4운동의 시대를 배경으로 한 파금(巴金)의 대표적 소설인 『가(家)』에는 각신, 각민, 각혜 삼형제가 등장한다. 어느날 이들의 아버

---

[88] 중화전국부녀연합회 편, 『중국여성운동사(상)』, 한국여성개발원, 1991, 131~133쪽.

지는 장남 각신을 불러 다음과 같이 결혼을 통보한다.

넌 이제 중학을 졸업했다. 난 이미 너의 혼사를 결정해 두었다. 네 할아버지도 빨리 종손의 얼굴을 보고 싶다고 말씀하신다. 나도 얼른 손자를 안아보고 싶다. 너도 이제 집안을 이끌어갈 나이가 되었으니, 빨리 안사람을 맞아들여야 한다. 그래야 나도 안심이 되겠다. ……난 오랫동안 관리생활을 했으나 남은 것은 별로 없다. 그러나 의식(衣食) 걱정은 안 해도 된다. 나도 이젠 나이가 들어서 그런지 쉬고 싶은 생각이 드니 넌 나를 도와서 이 집안을 다스려야 한다. 그러기 위해서는 네게도 내조가 없으면 안 된다. 이씨 집안과의 혼사도 벌써 다 준비되어 있다. 새달 열 사흘이 길일이므로 그날 납폐를 하고 올해 안으로 혼례를 올려야 한다.[89]

결혼은 이처럼 단지 통보된다. 당사자는 통보를 받기 전까지는 전혀 모르고 있었고, 결정은 가부장들에 의해 이미 내려졌다. 심지어 결혼 날짜까지도 이미 정해진 것이다. 더욱 충격적인 것은 결혼의 이유로 할아버지가 증손자를 보고 싶어한다는 것, 아버지가 손자를 보고 싶어한다는 것이 제시된다는 사실이다. 사랑이라는 것은 전혀 고려의 대상이 안 되고 게다가 당사자의 의견마저도 무시된다. 당시 장남 각신은 다른 여인을 사랑하고 있었지만 아버지의 결정을 체념적으로 묵묵히 받아들인다. 그러나 사랑하던 여인과의 결별은 그에게 결코 씻어낼 수 없는 평생의 상처로 남는다.

몇 년 후 둘째 아들 각민은 똑같은 식의 결정을 통보받는다. 하지만 마찬가지로 다른 여성을 사랑하고 있던 그는, 이번에는, 집을 뛰

---

89) 파금, 『가』, 청람, 1985, 38쪽.

쳐나가 저항을 하고 끝내 자신의 의지를 관철시킨다.

첫째 아들 각신과 둘째 아들 각민의 차이는 무엇일까? 어떻게 둘째 아들 각민은 형과는 달리 가족의 결정을 거부할 수 있었을까? 중요한 것은 각신과 각민의 성격적 차이가 아니라 그들이 처해 있던 조건과 상황의 차이이다. 우선 가통(家統), 즉 가족의 연속성을 떠맡을 책임을 진 장남에 비해 차남의 위치는 일종의 상대적 자유를 허용해주었을 것이다. 그러나 둘째로, 무엇보다 중요한 것은, 그 사이에 아버지가 죽어서 가족의 가부장적 짜임새가 어느 정도 약화되었다는 것이다. 즉 이제 할아버지가 주된 상대가 되었으므로 저항이 보다 손쉬워졌다는 것이다. 셋째로, 둘째 아들 각민이 첫째 아들 각신보다 더 많은 현대적 교육을 받았다는 사실이 저항의 주체적 조건으로서 중요성을 갖는다. 넷째로, 시대적 상황의 진전에 따라 이데올로기적 정세가 각민에게 더욱 유리해졌을 것이다.

18세기 말 19세기 초의 유럽에서는 5·4운동 시기의 중국에서보다 사랑과 결혼이 상대적으로 — 계급내혼 등의 한계(그러나 사랑은 대부분의 경우 계급적으로 행해진다)가 있었고 정략결혼 등이 여전히 한쪽에서 지속되었지만 — 훨씬 손쉽게 결합될 수 있었을 것이다. 이데올로기적 정세나 법적 정세도 훨씬 유리했었겠지만, 무엇보다도 부르주아적 사회관계는 공동체적 관계와의 결별을 전제하는 것이었기 때문이다. 즉 사랑을 결혼과 떨어뜨려놓는 힘으로서의 공동체는 적어도 부르주아들의 사회에서는 더이상 존재하지 않았던 것이다. 부르주아들은 공동체적 존재가 아니다. 따라서 '부르주아적 공동체'라는 표현은 완전한 허구이다. 부르주아 사회의 성격을 이해하기 위해 한나 아렌트의 말을 인용해보자.

부르주아적 기준에 따를 때 기회 또는 성공이 완전히 거부된 자는 경쟁에서 자동적으로 제외된다. 그런데 사회적 삶이란 바로 경쟁인 것이다. 행운은 명예와 동일시되고 불운은 경멸에 처하게 된다. 자신의 정치적 권리들을 국가에 위임하면서 개인은 마찬가지로 자신의 사회적 책임을 방기한다. [……] 극빈자와 범죄자의 차이가 사라진다.[90]

이것이 부르주아 사회이다. 즉 부르주아 사회는 경쟁에서 이긴 자들만을 위한 사회이다. 이러한 사회에서는 경쟁에서 탈락한 자를 제거하는 '능력주의적', '자유주의적' 이데올로기가 존재하고, 그리하여 경쟁에서 탈락하면 '몰락'한다는 것이 '도덕적으로' 정당화된다. 그리고 그처럼 '몰락'한 자들은 주변화되고 마치 범죄자처럼 취급받는다.

이러한 부르주아 사회에서 공동체가 존재할 수 없음은 물론이다. 이 사회에서 만일 '공동체'라는 용어가 사용된다면 그것은 허구적인 기만을 위한 것일 따름이다. 우리는 지금 그 속에서 그것을 '자연스럽게' 살고 있지만, 만약 전(前)자본주의적 인간의 관점에서 본다면 한 '사회'가 경쟁에 근거해 성립해 있다는 것은 대단히 놀라운 일일 것이다. 어떻게 경쟁이 '사회'의 구성원리가 될 수 있을까? 그러한 사회는 엄밀한 의미의 '사회'가 아니다. 즉 '사회성'을 결여하고 있는 것이다. 게다가 경쟁에서 탈락한 자를 한계화하는 것도 그야말로 반(反)사회적 행위이다.

부르주아 사회에서 공동체는 더이상 없다. 사랑과 결혼을 분리시켰던, 이미 결정된 결혼을 결혼 당사자에게 강제적으로 부과했던 공

---

90) Hannah Arendt, *L'impérialisme*, Seuil, coll. Points/politique, 1984, 40쪽.

동체가 이제 사라진 것이다. 그러니 이제 결혼은 개인의 자유가 되었다. 물론 관념 속에서 잔존하는 공동체적 유제의 작용이나 부모의 권위가 자유결혼에 저항을 하겠지만, 부모 그 자신도 자유결혼을 쟁취했다면 자유결혼은 이제 오히려 자랑스런 전통이 될 것이고, 강제결혼은 야만시될 것이다.

장-루이 플랑드랭에 따를 때 18세기에 시작된 연애결혼의 흐름은 몇몇 반동의 국면을 지나 19세기를 관통한다. 그는 연속적으로 간행된 『아카데미 프랑세즈 사전』을 통해 이 사실을 논증하려 한다. 즉 혁명력 6년(1798~1799년)에 간행된 사전의 「결혼」항목에 '연애결혼'이란 표현이 처음으로 나오며, 1835년에는 '연애결혼'이란 표현이 나온 다음에, 경멸조로 서술된 '중매결혼', '정략결혼', '이해관계에 따른 결혼'이 뒤를 잇는다. 또 1876년의 「보유(補遺)」에서는 이 후자의 세 가지 결혼형태를 정의할 필요가 제기되며, 반면 그것들에 대립하는 연애결혼은 결코 정의될 필요 없는 당연한 준거지점으로 제시된다.[91] 연애결혼의 그러한 일반화가 노동자계급에도 해당되는 것이었음은 물론이다. 에드워드 쇼터는 18세기 말부터 성립했던 부르주아 핵가족과는 달리 노동자계급에서 핵가족은 19세기 중반으로부터 성립한 것으로 조심스럽게 추정한다.[92]

부르주아 사회에서 공동체의 결여는 자립적 개인성의 존재로 표

---

[91] Jean-Louis Flandrin, *Le sexe et l'occident*, Seuil, coll. Points, 1986, 89쪽.
[92] Edward Shorter, 앞의 책, 278~287쪽 참조. 반면 자신이 편집한 매우 아름다운 책 『사생활의 역사』제4권(새물결, 2002)에서 미셸 페로느, 그렇지만, 장-루이 플랑드랭과 에드워드 쇼터의 논의에 준거하면서도, 부르주아 핵가족 성립에 있어서 사랑과 결혼의 결합이 갖는 중요성을 몰인식하고 있다. 그래서 사랑과 결혼의 관계에 대한 페로의 그나마 소략한 논의(217~219쪽)는 문제의 핵심을 비껴가는 피상적 서술에 그친다.

상된다. 공동체가 차지하고 있던 자리를 자립적 개인이 대체하게 된 것이다. 공동체를 붕괴시킨 것은 경쟁이고, 경쟁은 이른바 '자립적 개인'에 의해 담지되었다고 말할 수 있을까? 결혼은 이처럼 자립적인 — 특히 여성들에게 있어서는 적어도 결혼 전까지는 — 개인들의 자유로운 합의에 의해 결정된다.

엥겔스는『가족, 사유재산, 국가의 기원』에서 부르주아 사회에 성립한 연애결혼이 로마인들을 예외로 할 때 지배계급의 역사에서 전대미문의 것이었다고 한다. 그는 자본주의적 생산에 적절히 부합하는 형태가 연애결혼이라고 한다. 왜냐하면 연애결혼이 자본주의적 생산에서와 마찬가지로 '자유로운' 계약의 형태를 취하기 때문이라는 것이다. 엥겔스는 다음과 같이 말한다.

> 계약을 체결하기 위해서는 우선 자기자신의 인격과 행위와 재산을 자유롭게 소유하는 사람들이 존재해야 하고, 그러한 사람들이 동등한 지위를 가지고서 만나야 한다. 바로 이처럼 '자유'롭고 '평등'한 개인들을 만들어낸 것은 자본주의적 생산의 근본적 업적들 중 하나이다. [……] 부르주아적 관념에 따를 때 결혼은 계약이자 법적인 사무, 특히 두 인간존재의 몸과 마음을 평생 동안 소유하는 가장 중요한 법적 사무이다. 이때부터 그 형식들에 있어서 이 법적 사무는 자유롭게 결정되었다.[93]

이처럼 결혼은 자유로운 주체들의 계약이 되었다. 이제 공동체적 구속은 사라지고 서로 사랑하는 자립적 개인들이 자유로운 계약을

---

93) F. Engels, *L'origine de la famille, de la propriété privée et de l'Etat*, Editions Sociales, 1973, 87~88쪽.

통해 가족을 형성한다. 그렇지만 여기에서 다음과 같은 의문이 들 수 있다. 과연 계약은 진정으로 평등한 것일까? 이러한 의문은 매우 당연한 것이다. 맑스가 자본가와 임금노동자 사이의 계약의 허구성을 지적한 이래로 말이다. 임금노동자가 어쩔 수 없이 자신의 노동력을 팔 듯이 혹시 결혼 당사자도 그럴 수 있지 않을까? 한나 아렌트가 지적했듯이 경쟁을 통해 서로를 제거하려는 자들이 과연 서로를 진정으로 배려하는 계약을 맺을 수 있을까? 서로에게 더 많은 것을 뺏어내려는 자들이 상호간에 맺는 계약은 어떠한 것일까? 그것은 서로 사기를 치지 않겠다는 약속에 불과한 것이 아닐까? 그리고 그러한, 서로 사기를 안치겠다는 약속은 결국은 계약 당사자들이 실제로는 사기꾼임을 내포하고 있는 것이 아닐까?

부르주아 사회에서 오랫동안 논란되었던 것은 '결혼 그 자체'일 뿐이고, '결혼 이후'는 20세기 후반에 들어와서야 문제삼아지기 시작했다. 18세기 말에 부르주아 핵가족이 성립한 이래 거의 200년 동안, 결혼한 이후에 벌어지는 것은 결코 본격적으로 문제삼아지지 않았고 오직 결혼 그 자체에 대해서만 얘기되었다는 것이다. 놀라운 일이 아닌가? 물론 공동체적 유제(遺制)와 가부장의 권위에 맞서서 사랑에 입각한 결혼을 실현하는 것이 우선적으로 급한 문제였을 것이다. 그렇지만 '결혼 이후'가 그처럼 오랫동안 침묵에 부쳐질 수 있었던 것에는 그러한 침묵을 유지시켜야 했던 '부르주아 가부장들'의 이해관계, 사랑과 지배를 동시에 얻으려는 이해관계가 작용한다.[94]

부르주아 사회에서 여성들은 이중적 주체형식을 갖는다. 그 하나는 결혼 이전의 시민적 개인이고, 다른 하나는 결혼한 이후의 '아내

---

94) 이종영, 『성적 지배와 그 양식들』의 제4장을 참조할 것.

또는 어머니'로서의 주체형식이다. '아내 또는 어머니'로서의 주체형식은 자신의 주체성을 남편에게 일정하게 양여하여 탈주체화된 주체형식이다. 부르주아 사회의 여성은 시민사회의 자립적 개인으로 결혼 계약을 체결한 후 일정하게 탈주체화된다. 즉 계약 자체가 사실상은 실질적으로 평등하지가 않은 것이다.

하지만 결혼하기 전에는 자립적 개인이었던 여성이 결혼을 한 후 그 자립성을 잃고 탈주체화한다고 도식적으로 제시하는 것은 형식적 측면에서는 옳을 수도 있지만 부르주아 사회에서 여성의 상태의 실질을 놓치는 것이다. 즉 노동계약을 맺기 전의 노동자가 자본가와 동등하지 않듯이, 결혼계약을 맺기 전의 여성의 사회적, 이데올로기적 위치도 남성과 동등하지 못하다.

위르겐 하버마스는 이러한 이중성을 다음과 같이 표현한다.

> 부르주아 가족은 자연스러워 보이며, 자유로운 개인들에 의해 성립되고 아무런 강제 없이 유지되는 것처럼 보인다. 그것은 배우자 쌍방의 지속적 사랑공동체에 근거하고 있는 것처럼 보인다.[95]

> 무엇보다 가족은 자유의 가상에도 불구하고 사회의 대행자(Agentur)로서 사회적으로 필요한 요구를 엄격히 준수하게끔 하는 어려운 매개과제를 위해 기능한다. [……] 여하튼 시장과 자신의 기업체에서 소유자가 갖는 자율성에는 여자와 어린이의 가부장에 대한 종속이 대응된다. 전자에서 사적 자율성은 후자에서의 권위로 전화되며, 그렇게 자부했던 저 개인의 자발성은

---

95) 위르겐 하버마스, 앞의 책, 121~122쪽. 불어판(Payot, 1978) 57쪽에 입각해 번역을 약간 수정하였다.

환상적인 것이 된다.[96]

만약 사랑을 통해 부르주아 핵가족을 이루는 부부가 진정으로 대등한 자립적 개인들이었다고 한다면 아마도 부르주아 사회의 조직원리 자체가 달라졌을 것이다. 즉 가족의 '사적인' 성격이 근본적으로 달랐을 것이며, 부르주아 사회가 '사적' 가족들의 집합체로 나타나지 않았을 것이다. 부르주아 핵가족의 '사적' 성격은 아내가 남편에 종속적이라는 사실에 토대한다. 두 인간이 서로 대등하게 관계를 맺는 것이 아니라 한 인간이 다른 한 인간을 공적인 장치의 규제 없이 나름의 힘관계의 한계 내일지라도 '자기 마음대로' 지배한다는 의미에서 '사적' 공간의 성격을 부르주아 핵가족이 가진다는 것이다. 새로운 가부장인 남편이 가족 구성원들을 자신의 '사적인' 지배에 복속시킨다는 의미에서 말이다.

'사적(私的)'이라는 의미를 공공적 질서를 이탈해 있는 것으로 파악해보자. 이때 우리는 공공적 질서를 이탈해 있는 사적 공간의 두 형태를 설정할 수 있다.

1) 사적 공간은 공공적 질서를 유지하려는 요청이나 사회적 문제 해결의 층위와는 다른 수준에 위치하는, 개별적 내면성에 입각한 개인적 활동과 향유의 공간일 수 있다. 사실상 이러한 개인적 향유의 공간은 삶의 목적을 이루는 것이고, 공적 공간은 단지 그러한 공간의 보호와 발전을 위한 수단적 성격만을 가진다.

2) 사적 공간의 또다른 한 형태는 공공적 질서를 벗어나는 일종의

---

96) 같은 책, 122쪽.

치외법권적 성격을 지니는 공간이다. 개인들 간의 폭력이 자유롭게 행해지는 사적 지배의 공간이 그것이다.

'사적' 공간으로서 부르주아적 핵가족은 이 두 가지 형태를 동시에 가진다. 그러나 '사적 지배'의 공간으로서의 부르주아적 핵가족은 개인적 향유의 공간을 왜곡하고 질식시킨다. 특히 '사적 피지배자'의 경우 개인적 향유가 위축되고 왜곡됨은 두말할 것도 없다. 반면, 만약 부르주아적 핵가족이 진정으로 대등한 두 자립적 개인의 결합을 통해 형성된다면, 그 사적 성격은 단지 삶의 개인적 향유에만 국한될 것이며 사적 지배의 형태는 사라질 것이다. 그리고 그 결과 가족과 사회의 교류형식, 각각의 개별 가족들 간의 교류형식이 달라질 것이다. 사적 지배의 장소로서의 부르주아 핵가족은, 전자본주의적 가족형태와 비교해볼 때, 사회로부터의 후퇴, 다른 가족들로부터의 고립이라는 성격을 뚜렷이 갖는다. 물론 부르주아 가족들도 서로간에 나름의 교류방식을 갖겠지만, 교류의 층위가 현저히 제한된다.[97] 반면 동등한 두 자립적 개인 사이의 사적 결합체는 사회와 다른 가족들에 대해 보다 열려진 교류형식을 가질 것이다. 비(非)공공적 공간에 감춰두어야 할 사적 지배가 부재하기 때문이다.

사회적 공공성으로부터 벗어난 사적 지배의 공간인 부르주아적 핵가족은 사회로부터 후퇴하여 스스로를 고립시킨다. 이러한 성격은 관점에 따라서는 반대로 보일 수도 있다. 특히 부르주아적 가부장의

---

[97] 공동체적 생활로부터 '사교'로의 이행이라 할 수 있을 그 한 단계에 대해서는, 안느 마르탱-퓌지에, 「부르주아 사생활의 의례」, 미셸 페로 편집, 『사생활의 역사』 제4권, 301~321쪽을 참조할 것.

관점에서는 말이다. 즉 가족은 사회라는 정글로부터 벗어난 평화로운 피난처라고 말이다. 에릭 홉스봄은 다음과 같이 말한다.

> 가정은 전쟁의 세계 속에 있는 평화의 오아시스, 다시 말하면 전사(戰士)의 휴식처였던 것이다.98)

여기서 우리는 '주인공 중심주의', 즉 주인공과 동일시하려는 감정이입을 피해야 한다. 이 문장에서 '전사'는 어떤 악한 침입자들과 대결하는 정의의 전사가 아니다. 그는 다른 부르주아들과 똑같은 자본주의적 생산양식의 담지자이자 부르주아적 지배양식의 주체이다. 그는 부르주아 사회의 구성원리인 경쟁을 자기화하고 다른 경쟁자들을 제거하기 위한 전쟁을 치르는 전사이다. 그는 남들을 제거하고 살아남기 위해 야비한 일들을 하고, 집에 돌아와 휴식을 취한다. 그러나 도대체 가족은 어떻게 하여 그에게 사회와 똑같은 전쟁의 무대가 아닐 수 있을까? 사회에서 그처럼 전쟁을 치르는 그는 가정에서도 마찬가지로 전쟁을 치러야 하는 것이 아닐까? 어떻게 그는 집안으로 들어서면서 그처럼 변화할 수 있을까? 사회에서 이리였던 그가 집에서는 양이 될 수 있을까?

그 이유는 간단하다. 그는 집에서는 이미 승리자이기 때문이다. 부르주아 사회는 이처럼 이해하면 된다. 남자들이 이미 여자들을 제압해놓고서 이제 자기들끼리 전쟁을 벌인다고. 부르주아적 전사들이 홉스봄이 말한대로 가정에서 휴식을 취할 수 있는 것은 가정은 이미 점령이 완수된 곳이기 때문이다. 최전선에 나가 있던 전사가 이미 정

---

98) 에릭 홉스봄, 앞의 책, 457쪽.

복된 곳에 돌아와 휴식을 취하듯이 말이다. 여성들은 이미 제압되어 있으므로 더이상 가정에서는 싸울 필요가 없는 것이다. 즉 여성들은 결혼 이전에는 자립적 개인이었다가 결혼 후에 갑자기 탈주체화되는 것이 아니라, 언제나 이미 제압되어 있는 '여성적 주체'이다.

남성이 가정 내에서 여성을 지배하지 않고 서로가 동등한 주체로서 서로를 존중하고 지낸다면 사회의 조직원리도 달라질 것이다. 서로를 자립적 주체로 존중하는 개인들이 가족을 벗어나 사회로 나가면서 갑자기 피에 굶주린 투사로 돌변하지는 않을 것이기 때문이다. 부르주아 핵가족 내에서 지배자 남성은 단지 피지배자 여성에 대해 승리자의 관용과 자비를 내보일 뿐이다. 그것은 평화와 사랑이라고 칭해지겠지만, 여성이 자신의 자유를 누리고자 하면 그러한 평화와 사랑은 곧장 사라져버린다. 부르주아 가부장의 사랑은 타자가 자유를 철회하고 있는 한에서만 행해진다.

보다 단순화된 두 가지 가설을 제시해보자.

1) 가족은 사회적 공공성을 벗어난 사적 지배의 공간이다.
2) 가족은 "전쟁의 세계 속에 있는 평화의 오아시스"이다.

두번째 가설이 부르주아적 가부장에 의해 제시된 가설임은 명백하다. 반면 첫번째 가설에서 '사회적 공공성'은 일정하게 이상화되어 있다. 사회적 공공성이란 대부분의 경우 부르주아들의 전투규칙에 불과하다. 그러므로 사회나 가족 둘 중의 하나를 이상화할 필요는 없다. 다만 중요한 것은 사회와는 달리 가족에서는 전투가 이미 끝났다는 것, 그래서 규칙으로서의 공공성이 필요 없다는 것이다.

부르주아 사회의 특징은 가족들이 사회로부터 후퇴하여 고립되어 있다는 것이다. 그러나 여기서 대단히 흥미로운 것은 부르주아적 가부장들에게 가족이 지니는 중요성이다. 사실 부르주아적 핵가족은 전자본주의적 가족들과는 달리 결혼 당사자의 사랑에 입각해 형성된 것이고, 또 우리에게 문제가 되었던 '결혼 이후'에도 그 사랑은 일정하게 지속된다. 물론 그 사랑은 서로의 자유에 입각한 대등한 사랑이라기보다는 서로의 상이한 위치로부터 비롯되는 남성적 사랑과 여성적 사랑이지만 말이다.[99] 즉 여성적 사랑은 일정한 자유를 철회당한 여성이 '세계의 전사'로서의 남성에게 인정과 휴식을 베푸는 사랑이고, 남성적 사랑은 우월한 지위를 지닌 남성이 자신에게 복속된 여성에게 관용과 보살핌을 베푸는 사랑이다.

이러한 남성적 사랑과 여성적 사랑의 접합구조가 부르주아적 핵가족 내에서 실현될 수 있는 것은 결혼 이전에 이미 사회적으로 여성이 '예속적 주체'로 호출되기 때문이다. 중요한 것은 남성적 사랑과 여성적 사랑의 그러한 접합구조가 부르주아 가부장들에게 중요한 존재의미를 부여해준다는 것이다. 그래서 그들은 여성이 그들에게 여성적 사랑을 행하는 한에서 가족을 위해 모든 것을 헌신한다. 가족 내에서의 지배가 위협받지 않는 한에서 자신의 모든 것을 가족에 바치겠다는 것이다. 도대체 얼마나 많은 치욕이 가족을 위해 감수되는가? 그러나 이처럼 부르주아적 가부장이 모든 것을 바치는 가족도 그 토대가 결코 탄탄한 것이 아니다. 여성이 자신의 육체적 자유, 정신적 자유, 활동의 자유, 경제적 자유를 되찾으려 한다면, 여성이 더이상 여성적 사랑이 아닌 사랑 그 자체를 남성에 대해 행하려 한다면, 그 가족은 금방 부서질 수 있는 것이다.

---

99) 이종영, 『성적 지배와 그 양식들』의 제1장과 제4장을 참조할 것.

하지만 남성적 사랑과 여성적 사랑의 접합구조가 지속되고 있는 한, 가족은 여전히 부르주아들의 가장 중요한 존재의의이다. 홉스봄이 말하는 "바깥 세상의 추위와 가정 안에 있는 가족 세계의 따뜻함"[100]이야말로 부르주아들의 뼈저린 내적 체험을 여실히 표현해준다. 홉스봄은 또 피아노를 "부르주아 가정의 전형적인 악기 형태"로 제시한다.[101] 가정에서 휴식을 취하는 남성과 그를 위해 피아노를 연주하는 여성이야말로 부르주아의 가족적 행복의 상징인 것이다.

우리는 앞에서 불안-부르주아로서 살아남기-최종 목적으로서의 화폐-사기의 연쇄고리가 부르주아적 내면성을 관통함을 보았다. 그러나 불안-살아남기-최종 목적으로서의 화폐-사기의 연쇄고리를 떠받치는 동인은 부르주아 핵가족에서 찾아진다. 부르주아는 사랑으로 건설한 자신의 가정을 지키기 위해, 불안에 떨고 부르주아로 살아남으려 하며 최종 목적으로 화폐를 추구하고 기꺼이 사기를 친다. 따라서 진정한 최종 목적은 화폐가 아니라 부르주아 핵가족이다. 그러나 조건이 있다. 남성적 사랑과 여성적 사랑의 접합구조가 그것이다. 부르주아 가부장은 아내가 그의 남성적 사랑을 받아들이면서 그에게 여성적 사랑을 바치는 한에서만 가족을 위해 헌신한다. 따라서 부르주아 가부장이 지키고자 하는 것은 부르주아 핵가족 자체라기보다는 그 한 요소이다. 그것은 무엇일까? 그것은 바로 부르주아 핵가족에 고유한 가부장적 향유이다.

부르주아 핵가족의 가부장적 향유는 봉건적 가부장의 향유와 다르다. 후자의 경우 사랑이 결여되어 있으므로 말이다. 부르주아 가부

---

100) 에릭 홉스봄, 앞의 책, 442쪽.
101) 같은 책, 444쪽.

장이 향유하는 것은 '타자의 사랑'이다. 그가 남근임을 인정해주는 타자의 사랑, 그의 '남근성'을 사랑하는 타자의 사랑이 그것이다. 즉 그는 남근으로서 남성적 사랑을 베풀고, 타자는 남근에 대한 여성적 사랑을 바치는 것이다. 그래서 남성은 타자의 사랑을 향유하기 위해 불안 – 살아남기 – 최종 목적으로서의 화폐 – 사기의 연쇄를 기꺼이 감수한다. 이를 도식화해보면 다음과 같다.

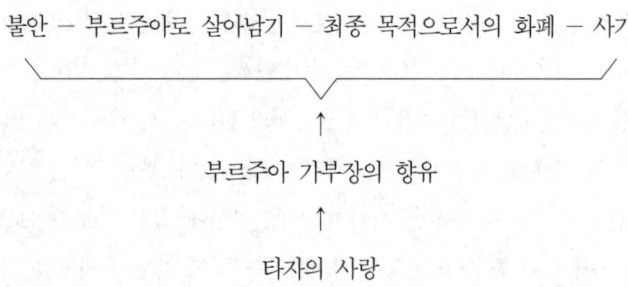

하지만 가부장적 향유의 한 가지 문제는 에로스의 결핍이다. 사적 피지배자로서의 여성은, 그녀가 아무리 사적 지배자를 남근으로 흠모한다고 해도, 권위주의적으로 굳어진 그 지배자적 남근에 대해 에로스를 발산할 수 없다. 그녀는 만성적 불감증에 시달리고, 부르주아 가부장은 '타자의 사랑'에 의문을 갖게 된다. 그래서 부르주아는 가부장적 향유를 누리면서도, 그 자신도 알 수 없는 '어떤 다른 것'을 찾아 여기저기 두리번거린다.

* * *

부르주아 핵가족의 성립과 더불어 주택의 구조가 변화한다. 하버마스는 다음과 같이 말한다. "안주인이 집주인과 나란히 하인과 이웃들 앞에서 점잖게 행동하던 거실 홀의 대가족적 '공공성'은 부부가 그들의 어린 자식들과 함께 하인들로부터 격리되는 핵가족의 거실에 자리를 내주게 된다."[102] 이 사실은 사회적 교류형식의 변화와 내밀한 가족적 공간의 발생을 뜻해준다. 그리고 이처럼 내밀한 공간의 발생과 더불어 그 공간에 접근할 수 없는 '타자들'이 발생한다. '경계'의 이동이 있었다는 것이다.

이동된 '경계'는 물론 공간상의 경계이기도 하지만 친밀성의 범위의 경계, 타자와 '우리'의 경계이기도 하다. 이제 가족은 타자들이 접근할 수 없는 내밀한 공간으로 후퇴하고, 그들만으로 '우리'를 형성한다. '경계' 안쪽에 침범할 수 없는 공간이 생기게 된 것이다. 『한 줌의 도덕』에서 아도르노의 다음과 같은 말은 매우 시사적이다.

> 언제나 자신의 작은 정원 ― [……] ― 을 보호하고 손질하지만 낯선 침입자들에 대해 불안한 나머지 그들을 멀리하려는 조심스런 손은 바로 정치적 망명자에게 피신처를 제공하지 않는 손으로 변한 것이다.[103]

이제 개인은 자신의 핵가족의 정원으로 후퇴한다. 타자에 대해 감추어야 할 것이 많아지고, 생활은 구획되어진다. 생활공간은 폐쇄화되어 타자를 자신의 공간에 들이지 않으려 한다. 그러한 공간상의 경계가 마음의 경계를 표현하는 것임은 물론이다. 그처럼 타자에 대해 마음의 경계를 지닌 개인, 타자의 침범을 허용하지 않는 개인은,

---

102) 위르겐 하버마스, 앞의 책, 120쪽.
103) 아도르노, 앞의 책, 51쪽.

아도르노가 "시민사회에서 개인은 고독하고 자유롭게 자기자신에 대해 책임을 진다"고 했듯이,[104] 고독하고 자유롭다. 자유는 원래 고독과 결합되어 있는 것일까? 반드시 그렇지는 않다. 다른 많은 가능성들이 필시 존재한다. 하지만 부르주아의 자유는, 겉보기에는 전혀 그렇게 보이지 않을 수 있지만, 근본적으로 고독과 결합되어 있다. 그가 '부르주아적으로' 자유롭다면 말이다. 부르주아적 자유는 지금까지 보아온 '경계'를 동반하는 것이기 때문이다. 고독하고 자유로운 부르주아는 그가 만들어놓은 '경계'의 안팎에서 무엇을 하는 것일까?

박재환과 김문겸은 『근대사회의 여가문화』에서 중세에서부터 19세기 초까지 영국에서 행해지던 풋볼의 양상을 묘사한다.[105] 중세 영국의 풋볼은 비일상적 축제의 성격 또는 의례적이거나 저항적 성격을 갖는 것으로, 30~40명에서부터 1천 또는 2천 명에 달하는 참가자들이 돼지나 소의 방광 등에 공기를 넣어 만든 공을 갖고 시의 동쪽 문과 서쪽 문이나 대항하는 마을들의 경계 등에 설치된 골대 사이에서 벌이는 스포츠였다. 관객과 선수의 구별도 희박해서 관객이 갑자기 게임에 참가하기도 했고, 공을 발로 차는 것 이외에 손으로 치거나 가지고 뛰는 것도 자유였다. 또 말을 타고 볼을 나를 수도 있었고, 무기의 휴대를 금할 뿐 볼을 뺏기 위해 상대를 차거나 때릴 수 있었기 때문에 많은 부상자가 나오고 사망자도 자주 생겼다고 한다. 그래서 중세의 여러 시기에 걸쳐 풋볼 금지령이 수차례 발포되곤 하였다.

---

104) 같은 책, 53쪽.
105) 박재환·김문겸, 『근대사회의 여가문화』, 서울대학교출판부, 1997, 93~99쪽.

이러한 성격으로 미루어볼 때 중세 영국의 풋볼은 광란적 축제의 속성을 가졌던 것 같다. 그러나 19세기 들어 풋볼의 합리화, 탈야만화가 진행된다. 부르주아적 문명화가 진행되는 것이다. 결국 광란성이 종식된다는 것인데 — 물론 아직도 그 유제가 곳곳에 남아 있겠지만 —, 이는 곧 교류형식이 근본적으로 변화한다는 것을 뜻한다. 교류형식이 어떻게 변화했을까? 그 핵심은 물론 부르주아 핵가족이 성립하고 그러한 가족들 사이에 뛰어넘을 수 없는 경계가 확립되는 것이다. 핵가족을 둘러싼 그러한 경계는 개개인의 내면 속으로 자리를 옮겨간다. 그리하여 그러한 내면의 경계가 자리잡음에 따라, 나와 타자가 서로 경계 없이 합쳐지는 일종의 혼융적 교류는 서서히 소멸된다. 이제 서로의 경계를 지켜가면서 교류를 한다. 화폐를 공유하느냐 아니냐의 경계, 돈을 빌려줄 수 있느냐 없느냐의 경계 말이다. 이러한 내면적 경계의 존재는 풋볼의 합리화와 일정하게 연관된다. 그래서 경기장의 경계, 관중석의 경계, 하프라인의 경계, 골라인의 경계, 참가인원의 경계가 생겨난다.

내면적 경계의 형성은 특히 부르주아들에게 관계된다. 노동자계급에게서는 아직 혼융적 교류형식이 약화된 상태에서나마 광범위하게 존재한다. 삐에르 부르디외는 "친밀해지고자 하는 시도에 대해 부단히 경계를 취하는 부르주아적 예절의 완전무결한 형식주의"를 언급한 후 그와 대조되는 민중적 스펙타클에 대해 다음과 같이 말한다. "반대로 민중적 스펙타클은 관객들을 스펙타클에 개인적으로 참여시키면서 또 동시에 스펙타클을 계기로 집단적으로 축제에 참여하도록 해준다."[106] 이 사실은 아직 민중들이 부르주아적 내면성을

---

[106] Pierre Bourdieu, *La distinction*, Minuit, 1979, 36쪽. 한글판(『구별짓기』, 새물결,

갖고 있지 않음을 말해준다. 즉 '사람'이 다르다는 것이다. 부르주아적 내면성은 오직 부르주아만이 갖는 것이다. 민중들의 교류형식은 아직 일정하게 공동체적, 집합적, 혼융적이다. 어쩌면 그들은 아직 헤겔적 의미의 풍속의 지배를 받는다. 그렇다면 그들은 아직 자기 내면의 주체가 아닌 것일까? "여자는 길에서 담배피면 안 된다"면서 풍속의 규정에 따라 분노하는 할아버지처럼? 그럴 수도 있고 또 그렇지 않을 수도 있을 것이다.

미하일 바흐찐에 의하면 웃음의 역사에서 르네상스 시대와 17세기 사이에는 명백한 단절이 존재한다.[107] 이러한 단절은 물론 자본주의 발전 그리고 부르주아적 세계의 발생과 연관된다. 웃음의 역사에 있어서 그러한 단절을 어떻게 해석할 수 있을까? 바흐찐은 16세기까지의 웃음을 세계관적 전망을 갖는 것, 세계의 본질파악인 것으로 간주하고, 17세기부터 정착한 웃음을 사적인 영역으로 후퇴하여 역사적 색채를 상실한 것으로 본다.[108] 그러나 과연 바흐찐이 생각하는 방식대로일까? 그는 중세의 웃음을 너무 이상화하여 그 천박한 면을 보지 못하는 것은 아닐까? 중세적 웃음의 핵심적 내용은 '세계관적인 전망'의 것이었다기보다는 오히려 '타자적인 것에 대한 비웃음'이 아니었을까?

바흐찐은 다음과 같이 말한다.

중세의 웃음은 중세의 엄숙함과 동일한 대상을 향하고 있었다. 웃음은

1995), 상권 70쪽.
107) 미하일 바흐찐, 『프랑수와 라블레의 작품과 중세 및 르네상스의 민중문화』, 아카넷, 2001의 제1장을 참조할 것.
108) 같은 책, 165쪽.

결코 고상한 것이라고 해서 예외로 하지 않을 뿐만 아니라, 오히려 반대로 이러한 고상한 것을 주로 지향하고 있는 것이다. 더욱이 웃음은 특수하고 부분적인 것을 대상으로 삼는 것이 아니라, 전체적이고 보편적인 모든 것을 대상으로 삼는다. 웃음은 자신의 세계, 자신의 교회, 자신의 국가를 공식적인 세계, 공식적인 교회, 공식적인 국가에 대항하여 세우는 것이리라.[109]

여기서 말해지는 웃음은 위선과 허위를 폭로하는 웃음이다. 그렇지만 그것이 전부였을까? 그러한 웃음은 오로지 위선과 허위에 대항하는 건강한 웃음의 성격만을 가지고 있었을까? 중세의 웃음이 그처럼 건강한 웃음이었다면, 왜 18세기의 계몽사상가들은 바흐찐이 적고 있듯이 라블레를 '미개하고 야만적인 16세기'의 대표적 인물로 간주했을까?[110] 그것은 라블레의 작품에 나타나는 16세기의 웃음이 자기중심적이고 타자조롱적인 천박성을 가졌기 때문이 아닐까? 바흐찐은 "18세기에 들어와 쾌활한 웃음은 웬일인지 경멸당하고, 차원이 낮은 것으로 전락하고 말았다"고 하는데,[111] 그것은 타자를 조롱하는 자기중심적 웃음이 진정 경멸받을 만한 것이고 또 실제로 차원이 낮은 것이어서가 아니었을까?

바흐찐은 "중세의 성직자들(중세의 모든 지식인들)과 일반 대중의 모든 비공식적인 거리낌 없는 언어"로 "성전(聖典)과 금언들을 풍자적으로 개작하거나, 뒤집어 만들어낸 외설스러운 말과 욕설, 맹세와 저주의 말들"[112]을 제시한다. 과연 그러한 "외설스러운 말과 욕설,

---

109) 같은 책, 146~147쪽.
110) 같은 책, 187쪽.
111) 같은 책, 188쪽.
112) 같은 책, 146쪽.

맹세와 저주의 말들"은 오로지 세계관적 전망만을 내포한 건강한 것이고 어떠한 자기중심적 타자조롱도 내포하지 않은 것일까? 그렇지 않다. 예컨대 바흐찐은 라블레의 작품에서 "남에게 오줌을 끼얹는 이야기나 오줌 속에 익사(溺死)하도록 만드는 이야기가 큰 역할을 하고 있다"고 하는데,[113] 그러한 이야기는 오줌을 끼얹는 자의 입장에서만 서술되는, 오줌을 뒤집어쓰는 사람의 입장은 전혀 참작되지 않은 자기중심적-타자조롱적인 것이다.

그렇다면 우리는 16세기까지의 웃음을 다음의 두 종류로 나누어 볼 수 있다.

1) 세계관적 전망을 갖는 웃음, 세계의 본질파악적 웃음.
2) 자기중심적-타자조롱적 웃음.

바흐찐은 라블레에 대해 다음과 같이 말한다. "라블레의 근본 과제는 시대와 사건들의 공식적인 그림을 무너뜨리고 이들을 새롭게 바라보며 시대의 비극이나 희극을 광장에서 웃는 민중들의 합창이라는 관점에서 조명하는 것이다."[114] 물론 라블레의 진보성은 확실히 존재한다. 이 사실을 전제한다고 할 때, "광장에서 웃는 민중들의 합창"이 그 자체로서 진보적인 것은 결코 아니다. 왜냐하면 이 합창은 구조적 관계들이 사상(捨象)되는 '사건' 또는 '계기'에 의한 것이기 때문이다. 즉 민중 내부의 이해대립이 잠시 사상되는 시점에서 이 합창이 생겨난다는 것이다. 물론 그러한 합창은 꼬뮌주의의 단초

---

113) 같은 책, 230쪽.
114) 같은 책, 671쪽.

를 이룰 수 있겠지만, 이를 위해서는 무수한 자기지양의 단계들을 거쳐야 한다. 이 합창은 아직 헤겔이 『정신현상학』에서 말한 '마음의 법칙'도 지양하지 못한 것이기 때문이다. 자신을 전혀 객관화하지 못한 상태에서 스스로를 '선'으로 내세우는 자기중심적 상태에 그 합창이 머물러 있다는 것이다. 따라서 이 합창은 헤겔이 『정신현상학』에서 제시한 자기지양의 무수한 단계를 앞으로 거쳐나가야 한다. 아직 자기성찰 이전적(以前的)인 자기중심적 웃음에 기초한 것이기 때문이다.

16세기까지의 웃음이 세계관적 전망을 갖는 웃음과 자기중심적-타자조롱적 웃음의 두 가지 성격을 갖는다고 가정한다면, 우리는 17세기부터 형성된 부르주아적 웃음(또는 웃음의 부재)을 다음과 같이 성격지을 수 있다.

1) 타자에 대한 배려의 발전. 타자의 타자성을 웃음거리나 조롱거리로 삼는 일이 줄어든다.
2) 자립적 개인성의 발전에 따라 타자와의 혼융적 관계가 쇠퇴한다. 즉 타자에 대한 내면적 경계가 강화되고 그리하여 더불어 크게 웃는 일이 줄어든다.

부르주아적 웃음의 이러한 양면적 성격이 말해주는 것은, 한편으로는 인간이 보다 성숙되었고, 다른 한편으로는 내면적 경계의 강화에 따라 교류가 위축되거나 일면화된다는 것이다. 18세기 사상가들이 평가했듯이 16세기의 '미개하고 야만적인' 웃음으로부터는 탈피했지만, 웃음의 계기와 공간은 축소되었다는 것이다.

하지만 과연 부르주아 사회에 와서 타자에 대한 배려가 심화되었을까? 엘리아스가 말한 '문명화 과정'은 반드시 인간성의 성숙을 전제하는 것일까? 그러한 해석 자체가 후대의 부르주아적 관점에서 행해진 것이 아닐까? 혹시 타자와의 혼융적 관계의 거부가 타자에 대한 배려의 심화라는 식으로 부르주아적 관점에서 해석된 것은 아닐까? 물론 타자의 타자성을 웃음거리나 조롱거리로 삼는 일은 줄어들었을 것이다. 그러나 그것은 반드시 타자에 대한 배려의 발전에 의한 것이 아니라 단지 혼융적 관계의 거부의 결과, 자신을 지키기 위한 방어의 결과일 수 있다. 이와 관련하여, 바흐찐이 라블레의 작품 중 똥이 등장하는 장면에 대해 말하는 것을 들어보자.

> 그랑구지에는 자기 처에게 내장 요리를 너무 많이 먹지 말라고 주의를 주고, '똥이 없는 내장이란 있을 수 없다'고 말한다. 그러나 주의를 주었는데도 불구하고, '가르가멜은 내장 요리를 16되 두 그릇과 여섯 잔을 먹었다. 그래서 배설물이 배에 잔뜩 괴게 된 것이다.'
> [……] 여기에 나오는 똥의 이미지는 먹는 육체와 먹이는 육체 사이의 경계선을 다시 지워버린다. 소의 내장 속에 남아 있던 똥이 인간의 내장 속에서 똥이 만들어지는 것을 돕는 것이다. 마치 동물과 인간의 내장은 다시금 하나의 분리할 수 없는 그로테스크한 매듭으로 묶이는 것처럼 보인다. [……] 똥의 이미지가 그로테스크 리얼리즘에서는 주로 유쾌한 물질이라는 점을 상기하자.115)

똥이 어떻게 유쾌할 수 있을까? 그것은 모두가 똥을 싫어하기 때문이다. 모두가 똥을 싫어하기 때문에 타자들을 똥으로 괴롭히고 골

---

115) 같은 책, 347~348쪽.

탕먹일 수 있으며, 그래서 똥이 유쾌한 것이다. 게다가 유럽의 중세처럼 똥을 제대로 처리할 수 없었던 상황에서 도처에 널려 있던 똥은 타자를 조롱하고 골탕먹이는 수단으로 사용되었을 것이다.

그렇지만 다른 한편으로 똥이 유쾌하게 여겨지는 것은 사람은 결국 똥과 같은 것이라는 통찰력에 따른 것일 수도 있다. 마른 멸치의 내장에 똥이 잔뜩 들어 있는 것처럼 사람도 창자에 똥이 가득 찬 동물적 존재에 불과하다는 통찰이 그것이다. 그리고 하루에 한 번 또는 두 번씩 똥을 눈다는 사실이 매우 우습게 여겨질 수 있는 것이다. 바흐찐은 '어떤 경계도 없는 통일'에 대해 말한다. 이것은 다들 똥처럼 낮아진다는 것, 또 똥누는 존재로서 위선을 탈피한다는 것이다. 그래서 마치 똥을 누지도 않는 듯이 근엄한 척하는 위선자들을 똥을 가지고 놀리고, 또 그러면서도 자기자신도 똥을 눈다는 사실을 인정하는 것이다. 똥을 누는 존재들끼리 서로 똥을 누는 존재임을 확인하면서 웃는 것이야말로 유쾌하다는 것이다.

부르주아가 거부하는 것은 이러한 혼융적 관계일 수 있다. 서로 똥을 누는 존재들끼리 똥을 가지고 놀리고 놀림당하면서 '경계 없는 통일'을 이루는 것을 부르주아가 거부한다는 것이다. 이제 똥을 통한 '경계 없는 통일'은 해체되고, 똥누는 모습은 남에게 보여주어서는 안 되는 것이 되었다. 부르주아들은 밀폐된 화장실에서 똥을 눈 뒤, 결코 똥을 누지 않는 존재처럼 행세한다. 서로가 똥을 누는 자연적 존재로 받아들여져서 혼융적 관계를 이루는 것이 아니라, 똥을 누는 모습을 절대로 보여서는 안 되는 탈(脫)자연적 존재로서 서로에 대해 경계를 유지한 채 행동하는 것이다.

그리고 이처럼 탈자연적 존재로 행동하면서 똥으로 서로를 놀리는 행위를 극단적으로 싫어하게 된 것을 타자에 대한 배려로 간주하게 된 것은 아닐까? 16세기까지 똥을 가지고 서로를 놀리는 것이 물론 한편으로는 타자조롱적 성격을 지니지만, 다른 한편으로는 서로의 자연적 존재를 인정하고 '경계 없는 통일'을 이룩하는 것이었음에도 말이다. 그래서 우리는 17세기 이후에 성립한 부르주아적 웃음에 대해 보다 중립적으로 다음과 같이 말할 수 있을 뿐이다.

1) 타자의 타자성을 웃음거리나 조롱거리로 삼는 일이 줄어든다.
2) 타자와의 혼융적 관계가 쇠퇴하고 타자에 대한 내면적 경계가 강화됨에 따라 함께 모여 크게 웃는 일이 줄어든다.

에릭 홉스봄은 "부르주아가 된다는 것은 단지 우월자가 된다는 것뿐 아니라 옛 청교도들의 그것과도 같은 도덕성의 실현을 의미하였다"고 한다.116) 청교도적 도덕성이란 근검과 절약이다. 그러나 근검과 절약이 과연 도덕적인 것일까? 근검과 절약이 도덕적이 되기 위해서는 '세계관의 전환'이 필요하다. 명확하게 도덕적인 것은 '나눔과 봉사'이지 '근검과 절약'은 아니기 때문이다. 과연 무엇을 위한 근검과 절약일까? 그것은 오직 자신과 자기 가족의 행복만을 위한 것이다. 따라서 근검과 절약의 도덕성은 결코 자명하지 않다. 오직 자신과 자신의 가족만을 위한 근검과 절약은 이기적·자폐적 성격을 가질 뿐이다.

부르주아 사회에서 가족은 '전쟁으로부터의 피난처'이자 화폐를 공유하는 단위이다. 그렇지만 가족 내에서는 경계가 존재하지 않을까? 토머스 루이스, 패리 애미니, 리처드 래넌은 『사랑을 위한 과학』

---

116) 에릭 홉스봄, 『자본의 시대』, 469쪽.

이라는 매우 흥미로운 저서에서 미국의 유아사망율이 신생아 1,000명당 2명으로 세계에서 가장 높고 일본의 10배, 홍콩의 100배에 달하는 것은 신생아를 독방에서 재우는 관행 때문이라고 한다.[117] 신생아를 독방에서 재우는 것은 유럽과 미국의 부르주아적 생활양식의 한 측면이다. 우리는 아마도 그 이유를 다음과 같은 세 가지로 생각해볼 수 있다. 첫째, 부부의 사적 생활, 특히 자유로운 성생활을 위한 공간 확보를 위한 것. 둘째, 자립성의 이데올로기의 영향. 셋째, 생활상의 편리를 위해서. 즉 부모가 편하려고 아이에게 규칙적 생활리듬을 강제로 부과한다는 것.

이러한 이유들을 통해서 부르주아들의 전형적 교류형식의 일단을 포착할 수 있을까? 이러한 이유들을 설정해보면서 나에게 드는 생각은 이제 부르주아들은 혹시 자신의 아기에 대해서도 자신을 내어주지 못하게 된 것은 아닌지 하는 것이다. 즉 타자를 돌보아주는 능력을 그 정도로 상실한 것은 아닌가, 하는 것이다.

부르주아적 교류형식에서 암묵적으로 설정되는 '경계'는 타자를 위해 자기가 해줄 수 있는 것과 없는 것의 경계라는 성격을 갖는다. 이 문제는 '의존성의 형식'과 밀접히 연결되어 있다. 부르주아들은 예속성을 탈피한다는 자립성의 이념하에서 상호의존의 능력마저도 일정하게 파괴한 것이다. 즉 '경계'의 문제는 얼마큼 타자에게 의존할 수 있고 얼마큼 타자에게 자신을 내어줄 수 있는가 하는 문제이기도 한 것이다. 그런데 미국과 유럽의 육아방식이 드러내 보여주는 것은 심지어 가족 내에 있어서도 타자에게 자신을 내어주는 능력이

---

[117] 토머스 루이스, 패리 애미니, 리처드 래넌, 『사랑을 위한 과학』, 사이언스북스, 2001, 279~284쪽.

급격하게 상실되었다는 점이다.

　타자에게 해줄 수 없는 것의 '경계'가 점점 넓어진다는 것, 즉 타자에게 해줄 수 있는 것이 점점 줄어든다는 것은 '손해' 또는 '방해'의 관념의 확산과 관계된다. 이제 사적 생활 속에 개입하는 타자는 자신의 생활을 '방해'하는 것으로, 또 타자에게 무엇인가를 내어주는 것은 '손해'를 입는 것으로 간주된다. 이것은 곧 합리적 교류가 확산되고 정서적 교류가 축소된다는 것이다. 그래서 심지어 가족성원들마저도 급속히 타자화하는 현상이 벌어진다.

　부르주아는 사랑으로 건설한 자신의 가족을 지키기 위해 '불안 – 부르주아로 살아남기 – 최종 목적으로의 화폐 – 사기'의 연쇄고리를 감수한다. 부르주아적 가부장의 향유와 '타자의 사랑'을 위해 일상화된 사기 행위까지 마다 않는 그가 자신의 가족 주위에 여러 '경계'들을 설치하는 것은 당연하다. 그렇지만 그 경계는 이제 그의 가족 내부에까지 침투한다. 게다가 가족 안팎의 그러한 경계들의 존재에 의해 중층결정되어, 남성적 사랑과 여성적 사랑의 접합구조를 벗어나고 있는 '어떤 것'이 존재한다. 이 '어떤 것'은 남성적 사랑과 여성적 사랑의 접합이 동등한 주체들 사이의 사랑이 아니라 사적 지배의 성격을 갖는 것이기에 발생하는 것이다. 이 '어떤 것'은 가부장적 지배로 인해 질식의 위기에 처한 순수하게 성적인 에로스일 수도 있지만, 또한 보다 넓은 의미에서의 에로스적 결합일 수도 있고, 어쩌면 진정한 '상호주체적 사랑'일 수도 있겠다. 여하간 남성적 사랑과 여성적 사랑의 접합구조를 비껴가는 이 '어떤 것', 가족 안팎의 경계들에 의해 중층결정된 이 '어떤 것'은 부르주아의 내면성 속에 하나의 '결여'로 자리잡고서 부르주아의 심리를 지배한다.

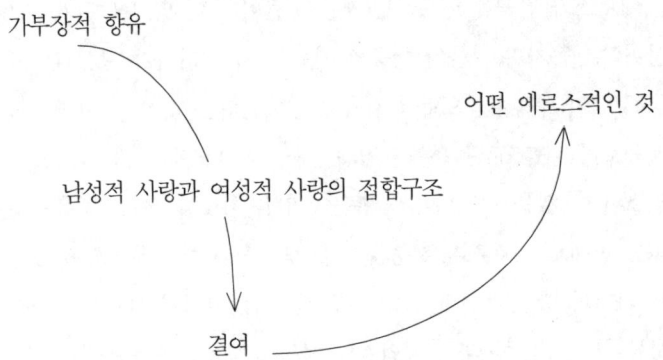

　1920년대 들어 프로이트는 본능의 대립구조를 성적 본능과 자기 보존본능의 대립으로 파악했던 과거의 입장을 철회하고, 새롭게 에로스와 죽음의 본능의 대립구조를 설정한다. 생명체로 탄생하기 이전의 무기적(無機的) 상태를 지향하는 죽음의 본능은 흥분의 양을 최소화하거나 적어도 항상적으로 머물게 하려는 쾌락의 원리를 구현한다. 따라서 죽음의 본능은 자신을 교란시킬 수도 있는 타자와의 교류를 회피하고 자신의 고립된 세계로 칩거하려는 경향을 갖는다. 반면 에로스는 분열되어 있는 것을 결합시키는 힘이다. 타자와 결합하려는 모든 움직임은 에로스적인 것이다. 프로이트는 1923년의 「자아와 '그것'」에서 "죽음의 본능은 근본적으로 벙어리이고, 삶의 모든 잡음은 에로스에서 비롯된다는 느낌이 든다"고 한다.[118] 에로스가 '삶의 모든 잡음'을 일으키는 것은 그것이 타자들과의 결합을 시도하면서 사건들을 일으키기 때문이다.

---

[118] S. Freud, "Le moi et le ça", *Essais de psychanalyse*, Payot, petite collection payot, 1990, 260쪽.

에로스가 잡음을 일으키는 것은 사물이 아닌 타자에 관계하기 때문이다. 즉 자기 나름의 행동의 자유를 가진 타자가 자신의 자유를 통해 나와 부딪쳐옴으로써 잡음이 일어난다는 것이다. 반면 자신의 자유로써 나를 교란시킬 수 없는 사물들이나 애완동물들이 잡음을 일으킬 수 없음은 물론이다. 흥분의 양을 최소화시키는 죽음의 본능과는 반대로 에로스가 흥분의 양을 증가시키는 것은 결합하고자 하는 타자가 항상 자신의 자유로써 나를 교란시키기 때문이다. 타자는 사물이나 애완동물과는 달리 나에게 고분고분하게 복종하는 존재가 아닌 것이다. 하지만 자본주의는 부르주아 내면의 에로스적 결여를 부단히 상품들이란 대체물로, 타자가 아닌 사물로 메워나가려 한다.

수잔 벅-모스는 발터 벤야민에 대한 한 논문에서 벤야민의 다음과 같은 문장을 인용한다. "현대 광고는 어떻게 여성에 대한 끌림과 상품에 대한 끌림이 겹쳐질 수 있는지를 드러내준다."[119] 벤야민의 이러한 지적은 핵심적이다. 라캉식으로 말하면 남성에게는 여자건 상품이건 모두 욕망의 원인이 되는 대상, 즉 '대상 a'이므로 여자를 향한 남성의 끌림과 상품을 향한 끌림이 겹쳐진다는 것이다. 그러나 여자를 향한 끌림과 상품을 향한 끌림이 '동일하다'고는 말할 수 없다. '여성성 형식'은 어디까지나 상품형식의 '모델'이기 때문이다. 즉 최고의 상품형식은 적어도 남성에게는 여성의 형식(일반화시켜 말한다면 성적 형식)을 갖는다는 것이다. 그러면 그야말로 손쉬운 판매가 보장될 것이므로 말이다. 수잔 벅-모스는 "상품들에 고정된 성적

---

[119] Walter Benjamin, *Das Passagen-Werk*, Suhrkamp, 1982, 436쪽. Susan Buck-Morss, "Le flâneur, l'homme-sandwich et la prostituée: politique de la flânerie", Heinz Wismann(éd.), *Walter Benjamin et Paris*, Cerf, 1986, 383쪽에서 재인용.

욕망은 즉각적 소유를 요청한다"고 말한다.[120] 상품이 성적 자태를 갖게 되면 상품소유의 욕망이 강렬해진다. 즉 '상품소유욕망 = 성적 소유욕망'이란 등식이 성립하게 되는 것이다. 바로 그것을 여성성 형식 또는 성적 형식으로서의 상품이 노리는 것이다.

발터 벤야민이 미완의 대작인 『19세기의 수도 파리』, 통칭 『빠싸쥬 작업』에서 시도하고자 했던 것은 19세기의 '집합적 꿈의 형식'을 해몽하는 것이었고, 그것을 통해 '꿈으로 가득 찬 새로운 잠'에서 깨어나게 하려는 것이었다.[121] 중요한 것은 그러한 집합체의 꿈이 여성성 형식 또는 성적 형식으로서의 상품형식을 가능하게 해준 '에로스적 꿈'이기도 하다는 것이다. 그렇지만 그러한 에로스적 꿈은 성적 형식으로서의 상품형식을 가능하게 해주는 것이면서 또한 다른 한편으로는 성적 형식인 상품형식에 의해 매개되는 것이기도 하다. 즉 한 차례 생산된, 성적 형식으로서의 상품형식이 거꾸로 성적 욕망을 매개하게 된다는 것이다. 성적 욕망은 이제 상품형식에 의해 촉발, 구조화, 확대재생산된다. 게다가 상품형식은 스스로를 여성성(또는 남성성)과 동일화해야지만 가장 효율적일 수 있음을 깨달아서, 결국은 모든 사회를 '거짓 에로스화'하게 된다. 왜냐하면 사회를 성적 형식으로서의 상품형식으로 포위하고 또 주체의 존재 자체를 상품형식으로 매개해주기 때문이다. 그러한 '거짓 에로스'의 속성은 어떠한 것일까?

여기서 매우 흥미로운 존재는 창녀이다. 상품들이 여성성 형식을

---

120) Susan Buck-Morss, 같은 글, 389쪽.
121) Walter Benjamin, *Paris, capitale du XIXe siècle*(*Das Passagen Werk*의 불어판), Cerf, 1980, 408쪽.

취하려고 노력하지만, 창녀는 그 자체가 여성으로서의 상품이다.[122] 그렇다면 우리는 창녀야말로 모든 상품의 이상형이라고 할 수 있지 않을까? 여성성 형식이 상품형식의 모델이라고 할 때, 창녀야말로 상품으로서의 여성을 직접적으로 구현하고 있으므로 말이다. 그러나 그렇지 않다. 창녀는 상품형식의 이상형이 결코 아니다. 왜냐하면 창녀는 환상을 재생산해주기보다는 오히려 깨뜨리기 때문이다. 즉 창녀는 '가짜'라는 것이 금방 드러난다. 그러나 어떤 점에서 창녀는 '가짜'일 수 있을까?

중요한 것은 사람들이 창녀에게서 사물적 관계 이상의, 어떤 불명확한 '에로스적 결합'을 원한다는 것이다. 이 사실은 다른 상품을 살 때에도 마찬가지이다. 사람들은 상품 그 자체 이상의 것을 원할 수 있다. 에로틱한 효과, 변별적 씨니피앙의 효과 등이 그것이다. 사람들은 창녀에게서도 상품적 관계 이상의 '잉여의 것'을 바란다. 그 '잉여의 것'은 사랑일 수는 없겠지만, 아마도 내적으로 결여되어 있는 '에로스적 어떤 것'이거나 또는 단순한 육체적 관계 이상의 '인간적인 것'일 것이다. 일종의 '위안'이든 '따뜻함'이든 매우 작은 '애정의 표현'이든 간에 말이다. 그리고 그것은 당연한 것이다. 왜냐하면 창녀는 상품이기 이전에 인간이므로 말이다. 사람들은 창녀에게서 '인간으로서의 상품'이라는 최고의 것을 바란다. 그렇지만 돌아오는 것은 단지 차가운 사물적 관계일 뿐이다. 그러나 도대체 빵 한 조각을 사더라도 점원은 나에게 미소를 지어보이는데, 창녀는 어떠한 따뜻함도 없이 단지 차가운 육체만을 순수 상품으로서 내놓는다. 그러므로 '잉여의 어떤 것'을 바라던 환상은 여지없이 깨져버리고 오직

---

[122] Susan Buck-Morss, 앞의 글 참조.

환멸만이 남게 되는 것이다.

따라서 창녀는 오히려 최악의 상품형식이다. 상품형식은 여성성 형식을 모델로 삼지만, 여성 자체로서의 상품인 창녀는 결코 최상의 상품형식이 아니라 최악의 상품형식이다. 왜냐하면 '여성'을 찾아서 창녀에게로 가는데 돌아오는 것은 '상품'뿐이기 때문이다. 이것이야말로 '부정적 에로스'이며, 가장 적나라한 좌절(frustration)의 형태이다. '여성-상품'으로서의 창녀가 사실은 여성이 아니라 단지 상품이라는 것 말이다. 그래서 프랑스에서 창녀를 뜻하는 '쀠뗑(putain)'은 한국에서처럼 대표적 욕설일 수밖에 없다. 좌절의 원한이 담겨 있는 욕설.

반면 성적 형식으로서의 상품은 사람들을 좌절시키지 않는다. 사람들이 그 상품에게서 '인간적인 어떤 것'을 기대하지도 않았을 뿐더러 그 상품은 구매된 이후에도 여전히 성적 형식을 지니고 있기 때문이다. 물론 성적 형식으로서의 상품이 사람들의 결여를 메워주지는 못한다. 그렇지만 그 성적 형식을 통해 사람들을 위로하는 기능은 적어도 나름대로 수행하고 있는 것이다. 즉 창녀처럼 사람들을 좌절시키기까지는 않는 것이다.

그러나 중요한 점은, 결여는 여전히 남는다는 것이다. 사람들이 구하는 것이 자신의 결여를 메워줄 어떤 것, 즉 라캉의 산식(算式)으로는 $S(\cancel{A})$라고 한다면, 상품은 단지 그것을 대리해주는 일종의 '대상 a'에 불과하다. 그리하여 상품은 사람들을 좌절시키지는 않지만 결여를 메워주지는 못하고, 따라서 사람들의 목마름을 유지시켜 부단히 다른 상품들을 찾아나서게 한다.

아도르노는 『바그너에 대한 에세이』에서 '판타즈마고리', 즉 신기루의 세계가 자신의 몰락의 요소들과 처음부터 결합해 있다고 하면서, "환상은 환멸을 내포한다"고 한다.123) 그렇지만 이 말은 적어도 상품형식과 관련해서는 올바르지 않다. 상품형식은 환멸을 피해나가면서 자신을 끝없이 재생산시킨다. 상품형식은 결여를 메우지 않으면서, 그러나 결여를 메워주는 것을 대리하면서, 여전히 대리물로는 만족하지 않는 사람들로 하여금 부단히 또다른 상품들을 찾아나서도록 한다. 그래서 사회는 '가짜 에로스'로 가득 차게 된다. 반면 진정한 에로스적 결합은 찾아볼 수 없게 된다. 사람들은 이제 스스로 상품형식을 취하면서 사랑의 시장에 자신을 제시하기 때문이다.124) 이러한 사랑의 시장의 상품들은 창녀들처럼 좌절을 가져다주지는 않겠지만, 단지 사랑의 겉모습만을 제시할 따름이다.

파브리지오 데지데리는 상품형식의 이러한 재생산 속에서 발터 벤야민의 '빠싸쥬 작업'의 숨겨진 의미를 찾는다. 그는 다음과 같이 말한다.

> 현대성의 운명은 무한한 빠싸쥬로 나타난다. 결코 자기자신의 목적에 가닿지 못하는 전이(轉移)의 장소가 그것이다. 그리고 벤야민은 이러한 운명의 악마적 성격을 명료하게 드러낸다. 즉 죽을 수 없다는 저주.125)

빠싸쥬들은 끝없이 이어진다. 그리하여 사람들은 오직 빠싸쥬들만을 통과할 뿐 결코 목적지에 가닿지 못한다. 단지 통과, 전이의 장소들만 연속되는 것이다.

---

123) Theodor, W. Adorno, *Essais sur Wagner*, Gallimard, 1986, 125쪽.
124) 이종영, 『성적 지배와 그 양식들』, 193~198쪽.
125) Fabrizio Desideri, "Le vrai n'a pas de fenêtre...", Heinz Wismann(éd.), 앞의 책, 206쪽.

이 사실이 말해주는 것은 욕망의 끝없는 지연이다. 사람들은 진정으로 원하는 것을 달성하지 못한다. 상품형식에 토대한 자본주의는 결코 욕망을 실현시켜주는 체제가 아니다. 자본주의는 욕망을 끝없이 지연시킨다. 이 사실을 확실히 해두자. 자본주의는 욕망에 입각한 체제가 아니라 욕망의 지연에 입각한 체제다. 그래서 상품형식이 지속될 수 있는 것이다. 따라서 자본주의하에서 부르주아들은 결코 행복하지 못하다. 그들은 거짓된 에로스를 끝없이 뒤쫓고 있을 뿐이다. '거짓 에로스'에 현혹되어 사회가 유지된다. 그리고 욕망이 지연되면 될수록 더욱더 '거짓 에로스'에 매달리게 된다. '욕망을 실현시켜주겠다는 거짓 에로스'에의 부단한 예속에 따른 욕망의 무한한 지연. 따라서 부르주아 사회에서 존재하는 것은 '고도(Godot)에 대한 기다림'일 뿐이다. 타자들에 대해 온갖 경계들을 둘러치고서 자신의 공간 속에 갇혀서 오직 상품들을 통해 '고도'를 기다리는 것, 이것이 에로스적 결여에 의해 구멍 뚫린 부르주아적 내면성의 작동방식이다.

* * *

맑스는 1843년에 쓴 「유대인 문제」에서 국가와 시민사회의 분리에 따라 인간도 국가의 '시민'과 시민사회의 '부르주아'로 분열되는 것으로 파악한다. 정치적 활동의 장으로서의 국가는 개인들 사이의 공적인 문제가 다루어지는 '공공적' 무대이지만, 개인들의 실질적 삶의 장소인 시민사회에서 분리됨에 따라 단지 '추상화된' 영역으로 머무르게 된다. 따라서 국가의 장에 속하는 시민은 자신의 실질적 삶으로부터 분리된 존재, "환상적 주권의 상상적 구성원"이 된다. 반면 국가와 분리된 시민사회는 '사적(私的)' 개인으로서의 부르주아들의 '특수한' 이해관계가 만나는 장소이다. 그러나 정치적 국가로부터 분리된 시민사회에서 부르주아는 자신의 '공동체적 본질'을 상실하고 있다는 것이다.[126]

맑스가 이처럼 시민과 부르주아의 분열을 '문제적'인 것으로 간주하는 것은 일종의 '총체적 인간'을 전제하기 때문이다. 예컨대 맑스는 『1844년 초고』에서 "사적 소유의 포지티브한 지양으로서의 꼬뮌주의"를 "인간이 의식적으로 자기자신으로 완전히 복귀하여 자신을 사회적 인간 곧 인간적 인간으로 자각하는 것"이라고 한다.[127] 사적 소유로 인해 비인간화되었던 인간이 사적 소유의 철폐에 따라 다시 인간화된다는 것이다. 이러한 논리전개는 '인간성'이라는 특정한 상태를 설정하고 있는 것인데, 이 특정한 상태는 어떤 초월적 상태라기보다는 일종의 자연적 상태로 설정된다. 즉 1844년의 맑스에게서 '인간적 인간'은 '사회적 인간'이고, 이러한 '인간적 = 사회적' 인간은 '인간적 자연'이 실현된 인간이다. 바로 그래서 "완성된 자연주의 = 인간주의, 완성된 인간주의 = 자연주의"일 수 있는 것이다. 또 인간은 자연적으로 '사회적'이기 때문에 인간적인 것은 동시에 사회적인 것이다. 맑스가 이처럼 인간의 인간화, 자연화, 사회화를 통일적으로 파악하는 것은 포이어바흐의 유적 존재 개념을 통해서이다. 즉 인간화는 인간적 자연의 온전한 실현이고, 인간적 자연의 온전한

---

126) K. Marx, "A propos de la question juive", *Oeuvres* III, Pléiade, 1982, 356~357쪽.
127) K. Marx, "Economie et philosophie(manuscrits parisiens)", *Oeuvres* II, Pléiade, 1968, 79쪽과 칼 마르크스, 『경제학-철학 수고』, 이론과실천, 1987, 84쪽. 이 한글판에서는 '인간주의'가 '인도주의'로 되어 있는데, 이는 의미파악을 잘못한 데서 비롯된 오역이다.

실현은 유적인 '공동존재'의 실현이라는 것이다.[128] 물론 맑스는 곧 포이어바흐와 단절하고 1845년의 『독일 이데올로기』에서는 자립적 개인성을 지지하지만 말이다.

내가 여기서 문제의 실마리로 삼으려는 것은 1843년의 「유대인 문제」에서 '정치'의 지위가 인간 존재에 본질적인 것으로까지, 심지어 일종의 '목적적인 것'으로까지 상승되어 있다는 점이다. 정치가 목적적인 것으로 상승하게 됨에 따라 비정치적인 것이 오히려 '부차적인 것'으로 하락하게 된다. 그래서 '사적'인 것이 '특수적인 것'과 동일시되기에 이른다. '사적인 것'을 '특수적인 것'과 동일시하는 태도는 전체주의적 태도이다. '특수적인 것'으로서의 '사적인 것'이 공공적인 것 또는 보편적인 것에 대립되는 것으로 간주되어 배척의 대상이 되기 때문이다.[129]

정치는 오히려 '사적'인 생활을 보호하는 것이어야 하지 않을까? '사적'인 것이 보편적인 것에 대립하는 특수적인 것이 아니라, 개별적인 것이라고 한다면 말이다. 헤겔이 『대논리학』에서 말했듯이, 보편성(universalité, die Allgemeinheit)에 대한 부정(否定)으로서의 특수성(particularité, die Besonderheit)을 다시 부정하는 것, 즉 부정의 부정이 바로 개별성(singularité, die Einzelheit)이다.[130] 즉 '개별적인 것'은 사회적 일반성(généralité)으로부터 도출된 특수성에 환원되지 않는 개체의 고유한 삶인 것이다. 정치가 개인의 개별적 삶을 보호하지 않

---

128) 제4장 제1절을 참조할 것.
129) 반면 한나 아렌트는 사적 영역이 특수적 영역으로 환원될 수 없음을 나름의 시각으로 지적하고 있다. 한나 아렌트, 『인간의 조건』, 한길사, 1996의 제2장을 참조할 것.
130) G. W. F. Hegel, *Science de la logique*, 제3권(주관적 논리 또는 개념의 독트린), Aubier/Montaigne, 1981, 92쪽.

는다면 다른 무엇을 할 수 있을까? 목적은 오히려 개인의 개별적 삶이고, 정치는 개인의 개별적 삶의 보호와 발전을 위한 수단이 아닐까?

맑스는 「유대인 문제」에서 국가와 시민사회의 분리를 문제적인 것으로 보지만, 사실상 문제적인 것은 그러한 분리를 문제적인 것으로 간주하는 맑스 자신이다. 정치를 단지 개인의 개별적 삶의 보호를 위한 수단적인 것으로 간주한다면, 정치를 담당하는 층위는 자연히 사회로부터 분리될 수 있기 때문이다. 정치가 사회와 분리되지 않고 융합되어 있다면, 그러한 상태는 오히려 자유롭게 숨쉴 수 있는 공간이 부재하는, 그야말로 숨막히는 상태일 것이다. 그러나 문제는 복합적이다. 맑스가 문제삼는 것은 국가와 시민사회의 분리 그 자체가 아니라, 국가와 시민사회가 분리되는 '방식'이므로.

맑스가 「유대인 문제」에서 비판한 것이 국가와 시민사회의 분리 그 자체가 아니라 국가와 시민사회가 분리되는 '특정한 방식'임은 분명하다. 왜냐하면 그는 이미 국가와 사회의 융합이 봉건적 압제의 속성임을 명쾌히 지적하고 있기 때문이다. 그는 「유대인 문제」에서 정치적 해방을 규정하길, 해방의 마지막 형태는 아니지만 인류의 해방이 달성한 최근의 형태로서 하나의 커다란 진보를 구성하는 것이라고 한다.[131] 맑스가 여기서 말하고 있는 정치적 해방은 어떤 것일까? 그것은 다름 아닌, 봉건사회의 특징을 이루는 정치와 사회의 융합으로부터 사회가 이탈하는 것이다. 즉 봉건적 사회를 장악하고 있는 정치로부터의 해방이 바로 맑스가 말하고 있는 정치적 해방의 내용이다. 예컨대 맑스는 다음과 같이 말한다. "과거 사회의 특징은 무

---

131) K. Marx, "A propos de la question juive", 358쪽.

엇인가? 한마디로 말해 봉건성이다. 과거의 시민사회는 직접적으로 정치적인 성격을 지녔던 것이다",[132] "정치적 혁명은 시민사회의 정치적 성격을 제거했다", "정치적 해방은 시민사회가 정치로부터 해방되는 행위이기도 하다."[133]

맑스는 여태까지 정치에 의해 침투되어 있던 전자본주의적 사회가 탈정치화하는 것 자체를 해방으로 규정한다. 그러니 정치와 사회의 분리, 국가와 시민사회의 분리 그 자체가 해방이라는 것이다. 그러므로 맑스가 문제삼는 것은 국가와 시민사회의 분리 그 자체가 아니라 국가와 시민사회가 분리되는 '특정한 방식'이다. 물론 맑스에게서는 시민사회의 범주설정 자체가 사적인 것과 특수적인 것을 동일화하는 방식으로 잘못되어 있지만, 우리는 이러한 오류의 기원을 맑스 자신이 문제삼았던 정치와 시민사회의 분리의 자본주의적 '방식'에서 찾아낼 수 있다. 1843년의 맑스는 정치와 시민사회의 자본주의적 분리의 전제를 이루는 사유재산의 정치적 승인방식을 특히 문제삼았던 것이고, 그러한 문제제기에 압도된 결과 시민사회를 단순히 사유재산 소유자들의 집합체로만 간주하여 사적인 것을 특수적인 것으로부터 분리시킬 수 없었던 것이다. 이 사실을 정치의 대상과 관련하여 보다 상세히 다루어보자.

역사적인 여러 정치체제들은 '하부구조적'인 권력정치와 '상부구조적인' 이념정치의 모순적 통일체로 나타난다. 폭력독점체로서의 국가를 전제로 하는 권력정치는 권력의 획득과 행사를 목적으로 한다. 이때 권력행사는 실질적으로 폭력행사에 다름 아니다. 권력행사

---

132) 같은 책, 370쪽.
133) 같은 책, 371쪽.

의 무의식은 정체성의 향유와 타자의 사랑의 향유이다. 그러나 권력정치가 이념정치를 완전한 허구로 전락시키는 것은 아니다. 권력행사는 정치의 이념적 대상을 실현한다는 외양을 갖고 나타나고, 실제로 정치의 이념적 대상에 의해 구속받는다. 꼬뮌주의는 권력행사의 소멸과 정치의 이념적 대상의 온전한 실현을 그 한 가지 목적으로 한다. 이하의 논의에서 나는 권력정치를 사상(捨象)하고서 정치의 이념적 대상만을 논의할 것이다. 정치의 이념적 대상은 부르주아적 내면성 속에서 어떠한 작용을 하는 것일까?

나는 정치의 이념적 대상을 정의로 규정한다. 이는 존 롤스의 입장이기도 하다. 반면 정치의 이념적 대상을 선(善, le Bien)으로 규정하는 입장도 있는데, 그중 나에게 흥미로운 것은 알랭 바디우와 실뱅 라자뤼스의 입장이다.

내가 정치의 대상을 정의로 규정하는 이유는, 정치가 개인들의 개별적 내면성에 관여할 수 없고 단지 개인들 간의 관계를 조절하는 것에 그치는 것이기 때문이다. 즉 정치는 개인들 자체가 아니라 개인들 사이의 '관계'에만 관여하는 것이다. 그 '관계'가 공정하여 개인들 누구에게도 피해가 돌아가지 않도록 조절하는 역할을 정치가 맡는다는 것이다. 따라서 정치의 대상은 개인들 사이의 관계를 정의롭게 조절하는 것, 한마디로 말해 정의이다. 반면 정치는 개인들 자체에, 즉 개인들의 내면에 관여할 수 없다. 그렇다면 개인들의 내면은 무엇에 의해 담당되어야 하는가? 그것은 물론 개인 자신에 의해서이다. 개인의 내면은 개인 자신의 것일 뿐이다. 여기서 대단히 중요한 사실은 정치가 개인의 내면성에 관계하지 않음으로써만 개인의 개별적 삶이 보호되고 존중된다는 사실이다. 정치가 개인의 내면성에 관여하는 것 자체가 이미 개인의 자율성을 훼손하는 것이다. 정치가 개인의 내면성과 관련하여 행할 수 있는 일이 있다면, 그것은 개인이 자율적이고 자립적인 존재로 성장할 수 있는 조건, 즉 진정한 개인적 내면성을 가질 수 있는 조건을 마련하는 것이다.

정치가 개인의 내면성에 관여할 수 없다는 점에서 정치의 대상은 선(善)일 수 없다. 선은 정의와는 달리 개인적 범주이기 때문이다. 무엇이 선인가 하는 것은 정치적으로 규정될 수 없고 단지 개인적으로 선택될 수 있을 뿐이다. 반면 정의는 사회관계를 질서짓는 것이고 사회적으로 합의되어야 하는 대상이다. 정의는 사적 공간에는 결코 개입하지 않고 단지 공적 층위에만 간여한다. 그래야지만 사적 공간, 즉 맑스가 말한 의미의 특수적 공간이 아니라 개별적 내면성들의 공간의 자유가 확보되기 때문이다. 선과 정의에 대한 이러한 구분은 바로 존 롤스의 입장이기도 하다. 롤스는 선에 대한 입장에 있어서 다양성은 그 자체로 좋은 것이며 반면 정의는 공통된 원칙들을 요구한다고 한다.[134] 이때 정의는 물론 공적 층위에만 한정된 것이다.

선은 개인적 선택의 대상으로 사적 공간에 속하고, 정의는 공적 공간의 정치적 범주이다. 개인적 선택의 대상인 선은 개인적 차이를 반영한다. 나에게 선인 것이 다른 사람에게는 선이 아닐 수 있다. 반면 진리는 인간의 보편성에 관여한다. 이때 보편성이란 인간이 동물의 한 종(種)인 한에서 모든 인간에게 자연에 의해 공통적으로 부여된 것이다. 스피노자가 "인간이 자연이 아닌 것은 불가능하다"고 했듯이 말이다. 그래서 진리는 모든 인간에게 동일하다.

여기서 반드시 피해야 할 오류는, 진리가 모든 인간에게 동일하다

---

[134] 존 롤스, 『사회정의론』, 서광사, 1985, 459쪽. 존 롤스에 대한 나의 비판에 관해서는 『주체성의 이행』(백의, 1997) 45~50쪽을 참조할 것.

고 해서 진리를 어떤 총체적인 것으로 여기는 것이다. 총체적 진리란 존재하지 않는다. 스스로를 총체적이라고 주장하는 '진리'는 진리가 아니라 거짓이다. 진리는 다양한 규정성들의 총체로 구성된 세계 속에서 오직 단 하나의 규정성에만 관여할 수 있다. 랑그의 진리, 무의식의 진리, 생산양식의 진리, 지배양식의 진리처럼 말이다. 즉 진리는 언제나 과학적 진리일 뿐이고, 따라서 부분적이다. 또 진리는 언제나 개방적 논증에 입각한 것이기 때문에 부단한 자기수정과정 속에 있다. 진리가 언제나 과학적이라는 것은, 철학적 진리란 존재하지 않음을 뜻한다.[135]

중요한 사실은 선과 마찬가지로 진리도 정치적 범주일 수 없다는 것이다. 선은 개인의 사적 공간에 속하므로 정치적 범주일 수 없지만, 진리가 정치적 범주일 수 없는 것은 그 부분적 성격 때문이다. 부분적일 수밖에 없는 진리가 정치의 범주가 된다면, 정치는 부분적

---

[135] 김선욱은 『한국사회와 모더니티』(이학사, 2001)에 실린 「한나 아렌트의 판단이론과 의사소통적 합리성」이란 흥미로운 논문에서 진리에 대한 아렌트의 잘못된 입장을 소개한다. 즉 진리는 — 이른바 철학적 진리나 윤리적 진리를 포함한 — "설득이나 토론을 초월해 진리로 남아 있을 것"(263쪽)이라는 것이다. 첫째로 지적할 것은 철학적 진리나 윤리적 진리란 있을 수 없다는 것이다. 왜냐하면 철학과 윤리는 구성되어야 할 진리가 내재되어 있는 사실들에 관여하지 않기 때문이다. 둘째로 지적되어야 할 사실은, 과학적 진리만큼 스스로를 토론에 대해 열어놓고 있는 것은 없다는 것이다. 즉 진리는 그 구성과정 자체가 공개적으로 토론에 부쳐지고(이것이 바로 논증이다) 또 한 차례 구성된 이후에도 언제나 비판에 대해 스스로를 노출하는 것이다. 반면 과학적 진리를 추구하지 않는 담화들은 논증의 과정을 내포하지 않고 따라서 토론되거나 수정되지 않는 것들이다. 그러한 담화들은 단지 수사학적 기교를 통해 자기를 선동적으로 부과하거나 아니면 거부될 뿐이다. 예컨대, 제3장 보론에서 살펴보겠지만, 들뢰즈와 가타리의 담화가 그러한 폭력적 담화들 중의 하나이다. 물론 과학적 개방성과 과학적 진리의 역능은 '과학'에 대한 이데올로기적 참칭들을 파생시키지만, 그리고 그러한 참칭들을 구실삼아 과학을 공격하는 나르시스적 철학자들이 존재하지만, 이 모든 것들은 오로지 과학적 진리의 유효성을 드러내줄 뿐이다.

진리에 어긋나는 여타의 부분들을 폭력적으로 제거하게 된다. 예컨대 부분적 진리에 불과한 생산양식의 진리가 전체적 진리로 받아들여지면, 생산양식에서의 지위에 따라 부르주아 또는 부농으로 규정된 인간들이 그 복합적 측면에 대한 고려없이 폭력적으로 제거 또는 배척되기에 이르는 것이다.[136]

 선은 개인적 범주이고, 진리는 과학적 범주이며, 정의는 정치적 범주이다. 그렇지만 과학적 범주로서의 진리가 정치와 완전히 무관한 것은 아니다. 진리는 물론 부분적이고, 따라서 사회적 삶에 관여하는 정치의 기준일 수 없다. 그러나 인간의 보편성에 관여하는 진리로서 이미 획득된 것은 정치적 범주인 정의에 일정하게 반영되어야 한다. 즉 생산된 과학적 인식에 정치가 종속되는 것이 아니라 과학적 인식이 정치에 기여해야 한다. 그러한 기여를 우리는 진리에 의한 정의의 매개라고 부를 수 있다.

 물론 진리 자체가 부분적인 것이므로 진리에 의한 정의의 매개는 제한된 것일 수밖에 없다. 따라서 진리에 의한 정의의 매개는 언제나 이데올로기에 의한 정의의 매개와 결합된다. 생산양식의 진리를 전체적 진리로 간주했던 레닌주의적 사회구성체들에 있어서도 이데올로기에 의한 정의의 매개가 존재할 수밖에 없다. 하지만 한 사회에 고유한 정의의 형태가 언제나 진리와 이데올로기에 의해 중층적으로 매개되는 것은 아니다. 많은 경우 정의의 이데올로기적 매개는 진리에 의한 정의의 매개를 거부한다.

 정의가 정치에 의해 규제되고 조절되는 사회관계의 한 형식이라

---

[136] 그리하여 알랭 바디우는 "하나의 진리를 전능한 힘으로 간주하는 것"을 파국으로 정의한다. 알랭 바디우, 『윤리학』, 88쪽.

고 할 때, 모든 역사적 정치체제들은 정의의 **특정한 역사적 형태들**에 입각한다. 하지만 이데올로기들에 의해 매개된 정의의 역사적 형태들은 진리에 의한 정의의 매개를 거부하는 형태이기도 하고, 사실상은 특정한 형태의 부정의들을 정당화하는 형태이기도 하다. 정의의 역사적 형태들은 특정한 관계형식들을 정의로운 것이라고 규정하여 부과하면서, 그러한 규정에서 벗어난 부정의한 것은 단지 '사적 공간'에 일임하는 성격을 갖기 때문이다. 이러한 경우 '사적 공간'은 맑스에게서 그러한 것처럼 특수적 이해관계들이 대립하는 공간으로 파악될 수 있는 것이다.

부르주아적 정치체제에 내재한 정의의 역사적 형태를 생각해보자. 부르주아적 정치체제가 정의에 대한 나름의 기준을 가지고 있음은 물론이다. 그 기준은 물론 노동과 근면의 이데올로기 등에 의해 매개되어 있겠지만, 흥미로운 것은 부르주아적 정의를 매개하는 그러한 이데올로기들 자체가 공학적으로 매개되어 있다는 것이다. 예컨대 테일러주의에 의한 공학적 매개가 그것이다. '공정한 하루의 작업'은 생리학적 최대치여야 한다는 테일러주의의 기준은 부르주아적 정의의 기준에서 벗어나지 않는다. 노동자는 자신의 노동력을 자본가에게 판매했고 자본가는 따라서 노동자의 노동력을 최대로 이용할 '권리'를 갖는다. 낭비는 부도덕하다는 부르주아적 이데올로기에 의해 매개된 정의의 기준에 따를 때, 오히려 자본가가 노동자의 노동력을 최대로 이용하는 것이 보다 더 정의로운 것이 된다. 또 노동자는 노동력을 자본가에게 판매한 이상 자본가를 위해 최대한으로 자신의 노동력을 지출하는 것이 보다 정의로운 것으로 여겨진다. 바로 이러한 것이 정의의 역사적 형태이다. 정의의 역사적 형태는 이처럼 부정의(不正義)하게 책정된 정의의 기준들을 부과하면서 부정의를 실현하는 부정의의 역사적 형태이기도 하다.

정의의 부르주아적 형태의 또다른 특징은 사유재산권의 법적 승인에 있다. 사실상 사유재산권의 법적 승인은 맑스가 그 진보적 의미를 충분히 인정한 이른바 '정치적 해방'에서 비롯된다. 즉 정치적 해방의 획득물로서의 사유재산권은 자신의 재산을 정치적 권력에 의해 약탈당하지 않을 권리를 뜻하는 것이다. 전자본주의 사회들에서 왕이나 귀족은 언제든지 개인의 사적 소유지나 사유재산을 강탈할 능력을 갖고 있었던 것이고, 사유재산권의 확립은 그러한 강탈위협으로부터 해방을 가져다준 것이었다. 그러한 사유재산의 '자유'가 자본주의가 아니라도 가능했을까? 물론이다. 사유재산의 자유는 자본주의에 환원되는 것이 아니다. 예컨대 사유재산의 자유는 '착취에 대한 금지'와 공존할 수 있다. 물론 그 경우 사유재산의 의미 자체가 달라지겠지만 말이다. 맑스는 그러한 경우의 사유재산을 '개인적 재산'이라 칭한다.[137]

그러나 자본주의와 더불어 성립한 부르주아적 사유재산권은 단지 정치적 해방의 획득물 이상의 의미를 지니는 고유성을 갖는다. 부르주아적 사유재산권은 전제적 국가나 귀족신분으로부터 자신의 재산을 지키려는 데 그치는 것이 아니라, 오히려 타자에게 속하는 것을 강탈하는 내용을 갖는 것이다. 즉 부르주아적 사유재산권은 타자의 사유재산을 강탈할 수 있는 권리를 의미한다.

예컨대 부르주아 사회에서는 타자들에게 속하는 생산수단을 자신의 '사유재산화'하는 것이 용인된다. 부르주아들은 그러한 생산수단들을 자신이 직접 사용할 수 없음에도 불구하고 그것들을 자신의 법

---

[137] 제4장 제1절 참조.

적 권리로서 사유재산화한다. 이 사실이 중요하다. 왜 부르주아들은 자신이 사용할 수도 없는, 자신이 그것을 가지고 노동할 수도 없는 생산수단들을 소유하려는 것일까? 왜 부르주아들은 자신이 직접 농사를 지을 수도 없는 토지를, 자신이 직접 작동시킬 수도 없는 기계를 소유하려는 것일까? 자신이 사용할 수도 없는 생산수단을 소유하는 것은 타자들로 하여금 그 생산수단들로 노동하게 하여 그 생산물을 획득하려는 것이다. 그렇지만 그 타자들은 원래 그 생산수단들을 가지고 있던 자들이 아니었던가? 도대체 왜 그들의 생산수단을 강탈한 뒤 다시 그들을 그 생산수단으로 노동하게 하는가? 그 목적은 단 한 가지, 그들의 생산물을 강탈하기 위한 것이다. 이러한 사실이 범죄적이라는 것은 자본주의 사회 내부에서는 이해되기가 매우 어렵다. 왜냐하면 그러한 사실은 법적으로 '정의로운 것'으로 승인받고 있기 때문이다. 그리하여 부르주아적 내면성 속에서 부정의는 정의로 전화된다.

우리가 만약 자신이 직접 사용할 수도 없는 생산수단을 소유하는 것을 이상하게 생각할 수 있다면, 생산수단은 그것을 직접 사용할 수 있는 자에게 속한다는 사실을 받아들일 수 있다면, 우리는 부르주아적 사유재산권이 전제적 국가로부터의 해방의 형식이 아니라 오히려 타자의 것의 강탈을 승인하는 형식임을 알 수 있다. 즉 부르주아적 사유재산권은 일종의 재산 강탈을 용인하는 법적 형식이다.

사실상 '정의'라고 하는 것은 이러한 강탈을 금지하는 것이다. 그러나 현실적 질서 속에서 '정의'는 그러한 강탈을 허용해주는 '부정의'일 수 있다. 앞에서 보았듯이 정의의 역사적 형태는 부정의의 역사적 형태이기도 하다. 맑스가 「유대인 문제」에서 국가와 시민사회를 구분한 문제틀은 형식으로서의 정의의 역사적 형태가 실질로서의 부정의의 역사적 형태를 내포한다는 사실에 입각한다. 국가는 특정한 정의의 기준에 따라 형식적으로 설정된 정의의 역사적 형태이고, 시민사회는 정의의 역사적 형태를 실질적으로 떠받치는 것이자 또 그것에 의해 용인되고 재생산되는 부정의의 역사적 형태라는 것이다. 바로 이러한 문제틀하에서 맑스는 '사적인 것'과 '특수적인 것' 사이의 차이를 파악할 여유를 갖지 못했던 것이다.

알랭 바디우나 실뱅 라자뤼스가 해방적 정치의 대상을 정의로 규정하지 않고 선(善)으로 규정하는 것은 여태까지 우리가 보았듯이 정의의 역사적 형태의 허구적 성격 때문이다. 즉 실존하는 정의의 형태가 허구적인 한에서, 해방적 정치의 대상은 정의일 수 없다는 것이다. 그래서 그들은 실현해야 할 선을 적극적으로 구상하고 또 그러한 선의 실현을 위해 실천하는 것을 정치로 간주한다.[138] 즉 정치의 대상은 선인데, 이때 선은 이미 주어져 있는 것이 아니라 정치 그 자체에 의해, 그 구성에서부터 실현에 이르기까지, 만들어져야 한다는 것이다.

물론 알랭 바디우는 선과 진리를 구분한다. 그는 "하나의 진리를 전능한 힘으로 간주하는 것"을 파국이라고 규정한다. 또 바디우는 정치가 개인의 내면에 관여할 수 없음을 다음과 같이 명백히 표명한다. "어떤 국가적 규칙도 우리가 주체 또는 개인이라고 부르는 특수한 무한적(無限的) 상황에 실제적으로 관여할 수 없다. 국가는 단지 부분들 또는 하위집합에만 관계할 뿐이다. 국가가 비록 표면적으로 개인을 취급할 때에도 국가가 고려하는 것은 이 개인이라는 구체적

---

[138] 앞에서 인용된 알랭 바디우의 『윤리학』과 실뱅 라자뤼스, 『이름의 인류학』, 새물결, 2002를 참조할 것.

무한성이 아니라 단지 규제적인 하나의 원리(l'Un du compte)로 환원된 무한성에 불과하다."139) 바디우는 개인의 내면을 어떤 외적 규정성으로도 환원될 수 없는 무한적인 것으로 파악한다. 비록 그것이 해방적인 정치라 하더라도 정치에 의해 '선'이라고 설정된 것을 개인에게 부과하는 것은 개인의 구체적 '무한성'을 억압하는 폭력적인 것이 아닐까?

바디우와 라자뤼스는 자신들이 설정한 '선'의 한계를 나름대로 명백히 인식하고 있는 듯하다. 그럼에도 그들이 정치의 대상으로 '선'을 설정하는 것은 정의의 역사적 형태의 허구성에 맞서는 대항폭력으로서이다. 현실적 정치는 이념으로 정의를 내세우지만 실질적으로는 그러한 이념의 허구 아래서 부정의를 비호한다. 바디우와 라자뤼스는 정치의 대상으로서의 정의가 허구적 이념으로 전락한 상태에서 이제 정치가 보다 적극적으로 선을 지향할 것을 주장한다. 부정의를 없애기 위한 대항폭력을 행사하자는 것이다.

하지만 그렇다고 하여 정치의 대상이 선이 될 수는 없다. 왜냐하면 선은 개인적 선택의 대상이고, 정치적으로 부과될 수 없는 것이기 때문이다. 국가기구가 자신들의 '선'을 사회화하려는 어떤 집단에 의해 독점되어 있다면, 그러한 상황은 정치의 대상이 '선'이 된 상황이 아니라 정치가 부재(不在)하게 된 상황이다.

바디우와 라자뤼스는 정치의 대상인 정의의 실현이 방해받고 있는 상황에서 선을 새롭게 정치의 대상으로 설정하고자 하지만, 그 경우 정치는 더이상 정치가 아닌 것이 된다. 즉 정치는 이제 스스로

---

139) Alain Badiou, *D'un désastre obscure*, L'aube, 1991, 46쪽. 한글번역본은 알랭 바디우, 「모호한 파국」, 『성균비평』 제2호, 1995, 29쪽.

를 사회적으로 실현하려는 철학이나 윤리에 자리를 내어주고 부재하게 된다. 따라서 중요한 것은 정치의 대상을 변화시키는 것이 아니라, 정치의 대상의 실현조건, 정의의 조건을 탐색해야 한다는 것이다. 그렇다면 바디우와 라자튀스가 말하는 선은 정치의 대상을 실현하기 위한 조건으로서의 '원초적 공공선'이라고 할 수 있겠다. 여태까지 행해진 역사적 지배의 야만성에 대립하는.

여기서 우리는 두 가지 상황을 나누어 볼 수 있다.

1) 정치가 부재하는 상황.
2) 정치의 외양만이 존재하는 상황.

맑스가 말한 의미에서의 '정치적 해방'이 성립하기 이전의 사회, 즉 정치와 사회가 융합되어 있던 사회에서는 실제로는 정치가 존재하지 않았다. 그렇다면 맑스가 말했던 정치란 무엇일까? 그것은 정치가 아니라 지배이다. 또 알랭 바디우나 실뱅 라자튀스가 정치를 통해 철학적, 윤리적 선을 실현하고자 한다면, 그러한 경우의 정치도 엄밀한 의미에서 일종의 지배로 귀착된다. 물론 그 경우 지배는 '계몽적 지배'라고 칭해질 수 있겠지만 말이다.

반면, 정치의 외양만이 존재하는 상황의 대표적 경우는 현대 부르주아 사회이다. 정치는 존재하지만 그 이념실현이 구조적으로 제약을 받고 있어서 실제로는 정치의 외양만이 존재한다는 것이다. 이런 경우 정치는 지배의 수단으로서 작용할 뿐이다. 특히 계급지배의 재생산을 위한 수단으로 말이다.

사실상 우리가 정치의 대상으로서의 정의의 실현조건을 탐색하려 할 때, 부르주아 사회와 관련하여 가장 먼저 제기되는 질문은 다음과 같은 것이다. 생산양식의 재조직 없이 정의가 가능할까? 예컨대 우리가 위에서 살펴본, 지배로부터 자유로운 개인의 소유권이 아니라 타자의 생산수단을 강탈할 권리로서의 사유재산권의 법적 승인 하에서 정의가 가능할까? 만약 불가능할 경우 우리는 정치의 대상을 실현불가능하게 하는 조건을 철폐하기 위해 혁명을 사고해야 하겠지만 — 바디우나 라자뤼스가 말하는 선을 대상으로 하는 정치는 그러한 혁명적 정치이다 —, 중요한 것은 혁명이 정치 자체를 폐기하기 보다는 오히려 정치를 회복시켜야 한다는 것이다.

지배와 혼동되지 않는, 지배로부터 구분되는 정치는 정치에 참여하는 개인들 사이의 평등을 일정한 방식으로 전제한다. 즉 정치는 정의의 역사적 형태에 상응하는 평등의 형식을 제시한다. 정치에 참여하는 개인들이 적어도 일정한 방식으로 평등해야지만 정의를 대상으로 하는 정치가 존재할 수 있기 때문이다. 반면, 외양만이 존재하는 정치에 있어서, 정의의 역사적 형태의 이면으로서의 부정의의 역사적 형태에 상응하는 것은 사회적 삶에서의 실질적인 불평등이다.

한 특정한 역사적 시대에 있어서 평등의 형식은 "무엇을 평등화할 것인가"라는 시대적 관점에 의해 규정되고, 따라서 평등화의 대상에서 배제되는 것을 불평등하게 남겨놓는 일종의 불평등 형식이기도 하다. 평등의 형식은 무엇보다도 법적 층위에 자리잡은 법적 주체의 형식이다. 반면 불평등의 형식은 그 자체가 하나의 '형식'으로 별도로 존재하는 것이 아니다. 단지 사회적 삶의 실질적 불평등을 떠받치고 재생산해준다는 의미에서 평등의 형식 자체가 불평등 형식이라는 것이다. 앙리 르페브르가 다음과 같이 말하듯이 말이다.

평등은 모든 불평등성을 은폐한다. (법적, 정치적, 도덕적) 평등의 형식은 불평등한 사회적 관계들을 둘러싸고, 그 관계들을 정상화하고 또 조절한다. 모든 것은 마치 …… 처럼(평등이 진짜로 존재하는 것처럼) 진행되고 그리하여 모든 것이 잘 돌아간다.[140]

그렇지만 여기서 유의해야 할 사실은, 평등의 형식으로서의 법적 주체형식이 단지 형식에 그치고 오직 불평등만이 실질을 이루는 것은 아니라는 점이다. 평등의 형식으로서의 법적 주체형식은 사회에 대해 실질적인 영향력을 행사한다. 베르나르 에델만은 실재가 법에 의해 다시 재구성된다는 것을 강조한다.[141] 법에 의해, 법의 매개로 생산된 주체형식을 통해 실재가 파악된다는 것이다. 게다가 베르나르 에델만이 지적하고 있듯이, 각 개인들이 법적 주체형식을 담지하는 한에서만 생산양식이 재생산된다.[142] 즉 평등한 법적 주체형식을 담지해야만 불평등한 생산양식이 유지된다는 것이다.

부르주아 사회의 법적 주체형식에 따를 때 모든 시민들은 평등한 주체이다. 그렇지만 과연 어떠한 점에서 평등하다는 것일까? 그것은 물론 '법적으로' 평등하다는 말이다. 하지만 '법적으로' 평등하다는 것의 효과가 단지 법적 층위에만 한정되는 것은 아니다. 법적으로 평등하다는 것은 신분적 지배가 철폐되었다는 것, 그래서 적어도 원리적으로는 누구나 인격적으로 동등하다는 것이다. 아그네스 헬러는 "시민사회는 모든 시민들을 더이상 특정한 공동체의 구성원들로서

---

140) Henri Lefebvre, *De l'Etat/3. Le mode de production étatique*, 10/18, 1977, 80쪽.
141) Bernard Edelman, *Le droit saisi par la photographie*, Christian Bourgois, 1980, 10쪽.
142) 같은 책, 137쪽.

가 아니라 개인들로 인정한다"고 한다.143) 이 사실은 중요하다. 이제 사람들은 더이상 어떤 신분, 친족, 성(性)에 속하는 존재로서가 아니라 단지 개인으로 활동할 뿐이다. 이 사실은 문자 그대로 '획기적(劃期的)' 진보를 구성하는 것이고, 봉건제적 또는 신분제적 유제가 작용하는 많은 사회들에서는 아직 완전히 실현되지 못한 것이다. 물론 그럼에도 그러한 동등성이 여러 측면의 차이들과 불평등들을 제거해주는 것은 아니다. 그 동등성은 단지 형식적 동등성이다.

형식적으로 동등한 법적 주체들은 '계약'을 통해 서로 관계를 맺는다. 이 계약은 그 형식에 있어서 평등한 계약이다. 계약 당사자들은 서로 평등한 지위를 갖는 법적 주체로서 계약을 맺는 것이다. 바로 이러한 점에서 부르주아적 계약은 신분제적 관계에 대립된다. 물론 유럽의 봉건제 사회들에서는 신종선서(臣從宣誓)와 같은 일종의 계약형식이 있었고 또 농촌공동체가 영주에 대해 지대와 노동조건 등에 대한 계약을 요구하기도 했었다. 그러나 그러한 계약들은 평등한 지위를 갖는 법적 주체들 사이의 계약은 아니었다. 그래서 자끄 비데는 새로운 계약적 질서는 "자연적 위계의 모든 관념을 축출한다"고 말한다.144)

그렇지만 질문을 한번 던져보자. 당연하게 여겨지고 있는 것에 대해. 왜 법적 주체들은 서로간에 계약을 통해 관계를 맺어야 하는 것일까? 그들은 계약을 통하지 않고서는 서로 관계를 맺을 수 없는 것일까? 그것은, 우리가 최종적 목적으로서의 화폐의 내면적 효과를

---

143) Agnes Heller, "Les femmes, la société civile et l'Etat", A. Heller et F. Feher, *Marxisme et démocratie*, petite collection maspero, 1981, 138쪽. 강조는 아그네스 헬러에 의한 것임.

144) Jacques Bidet, *Théorie de la modernité*, PUF, 1990, 19쪽.

검토하면서 살펴보았듯이, '비양심', 기만 행위가 하나의 생활양식 또는 노동양식으로 정착했기 때문이 아닐까?

자끄 비데는 "'계약'이란 자유주의자들에게 넘겨주기에는 너무나 귀중한 것"이라고 한다.[145] 나는 이러한 말을 받아들이지 않는다. 자끄 비데는 계약을 봉건적 또는 신분적 강제로부터의 해방이란 측면에서만 파악하고 있다. 전자본주의에 대한 부정을 통해 규정된 측면만을 말이다. 그렇지만 계약은 그 이상의 것이다. 이미 앞에서 보았듯이 계약은 봉건제 또는 신분제에 대한 부정으로만 환원되는 것이 아닌, 구성적 측면, 포지티브한 측면을 갖는다.

계약의 그러한 구성적 측면이란 서로 불신관계에 있는 자들, 서로 적대관계에 있는 자들을 연결시켜주는 것이다. 생산수단의 탈취자들과 생산수단의 피탈취자들, 서로 이해관계가 대립되는 자들, 서로를 속일 수 있고 또 서로 적대할 수 있는 자들을 평화적으로 연결시켜 주는 것이 계약이다. 부르주아 사회의 평등한 주체들이 서로 계약을 통해 관계를 맺을 수밖에 없는 것은 그들의 이해관계가 대립되기 때문이다. 보다 극단적으로 말한다면 서로의 적들이 맺는 관계가 계약이다. 물론 모든 계약이 다 이해관계의 대립을 전제하는 것은 아닐 것이다. 예컨대 맑스적 의미에서 자유로운 '개인적 소유자'들이 더 큰 자주관리적 생산단위를 형성하기 위해 '연합'을 할 때도 계약을 필요로 할 수 있다. 즉 '개인적 소유자'가 공유적 소유자로 상승하는 과정의 '연합' 자체가 하나의 계약일 수도 있다는 것이다. 그렇지만 이때의 '개인적 소유자'는 부르주아 사회의 사적 소유자와는 성격을 달리 한다는 것이 중요하다.

---

145) 같은 책, 41쪽.

부르주아 사회의 법적 주체형식은 부르주아적 내면성을 관통하는 '불안 – 부르주아로 살아남기 – 최종 목적으로서의 화폐 – 사기'의 연쇄고리를 승인해주는 것이다. 이제 모든 것은 법적으로 정당화된다. 그 연쇄고리 속에서 법적으로 잘못된 것은 아무것도 없기 때문이다. 법적으로 규정된 사기는 실생활의 사기를 정당화해주고, 법적인 평등은 실생활에서의 지배와 차별을 정당화해준다. 부르주아들은 이제 노동자계급을 착취하면서 평등과 자유를 얘기할 수 있게 되고, 일상적으로 사기를 행하면서 거리낌 없이 정의를 얘기할 수 있게 된다. 그리하여 부르주아로서의 자랑스런 정체성의 이면을 이루는 위선적이고 범죄적인 행위들은 법적으로 승인받는 동시에 잊혀진다.

결국 부정의의 역사적 형태는 정의의 역사적 형태가 된다. 부정의의 역사적 형태로서의 정의의 역사적 형태는 부르주아들을 안심시켜주고 면죄시켜주는 초자아이다. 부정의를 정의라고 하면서 말이다. 바로 정의의 역사적 형태로 인해 그들의 내면성은 균형을 잡을 수 있게 된다. '불안 – 부르주아로 살아남기 – 최종목적으로서의 화폐 – 사기'의 위태로운 연쇄고리는 '정의'라는 마지막 고리에 연결되면서 이제 중심을 잡는다.

2장
볼셰비키적 내면성의 형식

볼셰비키적 내면성의 형식

> 인류의 복리를 위해 맥박치는 심장의 고동은
> 어느덧 광기어린 자만(自慢)의 독무대를 연출하거나
> 혹은 자기의 파멸로부터 스스로를 보호하려는
> 의식의 노여움으로 바뀌어진다.
> G. W. F. 헤겔, 『정신현상학』

1917년 10월 혁명 이후 볼셰비키적 내면성은 세계적으로 확산된다. 즉 볼셰비키적 내면성은 10월 혁명을 일으킨 러시아 볼셰비키들의 내면성만이 아니라 러시아 혁명의 모델에 입각하여 세계를 변화시키려 했던 자들의 내면성들도 포괄한다. 중요한 것은 볼셰비키적 내면성이 갖는 일반성이다. 세계 도처에서 동일한 내적 형식을 지닌 볼셰비키적 내면성이 반복적으로 발견된다는 것이다. 다시 말해, 세계 도처에서 볼셰비즘 또는 레닌주의에 포획된 자들은 마치 약속이나 한 듯이 동일한 내면성의 형식을 지니게 된다.

물론 맑스주의 운동사가 볼셰비키적 내면성의 소유자에 의해 독점되는 것은 아니다. 예컨대 룩셈부르크주의자, 평의회주의자, 유럽의 마오주의자들 — 중국의 마오주의자들과 구분되는 — 은 볼셰비키적 내면성의 소유자라 할 수 없다. 나는 이 장에서 서두르지 않으면서 볼셰비키적 내면성을 구분해주는 지표들을 드러낼 것이다.

우선 명확히 해두어야 할 것은, 볼셰비키적 내면성이 레닌주의적 지배양식의 성립과 재생산의 원인이 되는 내면성이라는 사실이다. 또 레닌주의적 지배양식을 국가적 형태로 성립시키지는 못했다고 할지라도, 그 논리적 전개의 필연성에 있어서 그렇게 귀착되었을 것으로 간주되는 내면성도 볼셰비키적 내면성으로 간주되어야 한다. 레닌주의적 지배양식의 원인을 구성하기 때문이다. 게다가 볼셰비키적 내면성은 운동의 형태 속에서도 레닌주의적으로 양식화된 지배를 실현하는 것이다. 따라서 볼셰비즘 또는 레닌주의에 의한 호출로부터 국가적 형태의 레닌주의적 지배양식으로 귀착되는 논리적 전개의 흐름 속에 위치한 내면성은 볼셰비키적 내면성이다.

사회적 불의에 분노하던 젊은이들은 개인사(個人史)의 특정한 계기에 볼셰비즘을 받아들인다. 하지만 이처럼 받아들여진 볼셰비즘은 자기 고유의 논리에 따라 개인들의 내면성을 새롭게 구조화한다. 루이 알뛰세르의 제자인 엠마뉘엘 떼레(Emmanuel Terray)는 자신의 과거를 다음과 같이 회상한다.

> 스무 살쯤에 나는 행동의 측면에서나 사고의 측면에서 청년기의 반항에 살과 뼈를 부여해야 했다. 그렇지 않으면 나는 곧 내 출신 계급의 가치들과 관습들에 얽매여버렸을 것이고, 이는 소름끼치는 생각이 아닐 수 없다. 사고의 측면에서 보면 그 당시 대중적이고 무시할 수 없는 방식으로 젊은이들에게 주어졌던 것, 그것은 바로 맑스주의였다. 그것은 우리에게 세계와 역사에 대한 폭넓은 해석 ─ [……] ─ 을 제공했고, 우리에게 역사발전의 산물인 현 사회는 잠정적 단계에 불과해 이내 사라져버릴 것이라고 확신시켜주었으며, 우리에게 사람들이 원하기만 한다면 그리고 이를 강제할 만큼

강하기만 하다면 평등과 형제애에 기초한 또다른 사회조직이 가능하다고 약속해주었다.[1)]

만약 이러한 입문이 맑스주의보다는 특히 레닌주의에 대한 입문이라면, 여태까지 상이하고 다양한 내용들을 지니고 있던 개인들의 내면성들은 이러한 입문을 통해 동일한 형식으로 짜여지게 된다. 따라서 볼셰비키적 내면성의 형식은 구체적 개인들이 자신들의 개인사적 역정 속에서 발전시킨 내생적(內生的) 형식이라기보다는, 오히려 개인들에 외재하던 형식이 개인들을 포획하여 자신을 부과한 것처럼 보인다.

하지만 볼셰비키적 내면성의 형식이 구체적 개인들로부터 독립해서 공중을 떠돌다가 문득 특정한 개인들을 포착해 자신을 부과한다는 것은 있을 수 없는 일이다. 볼셰비키적 내면성은 어디까지나 볼셰비즘과 개인 사이의 만남의 결과이다. 한 개인이 가지고 있는 정의감 그리고 더 나아가 꼬뮌주의적 열정은 볼셰비즘과는 상이한 여러 방식들로, 예컨대 평의회주의적 방식이나 아나코-꼬뮌주의적 방식으로 실현될 수 있다. 그러나 한 개인이 자신의 정의감과 꼬뮌주의적 열정을 실현하기 위해 볼셰비즘을 선택하고, 그리하여 볼셰비즘의 논리에 포섭되는 경우, 그 개인은 인간 종(種)에 속해 있는 모든 존재에게 보편적으로 부여된 특성의 작용에 따라 볼셰비키적 내면성의 형식을 지니게 된다. 물론 개인사적 역정의 차이에 따라 볼셰비즘에 포획되는 강도가 달라질 수 있겠지만 말이다. 우리가 볼셰비

---

1) 엠마뉴엘 떼레이, 「공산주의, 무덤에서 보낸 사흘」, 『성균 비평』 창간호, 성균관대학교 대학원 학생회, 1994, 9쪽.

즘에 '포획'된다고 말할 때 '포획'의 의미는, 개인이 볼셰비즘과의 만남을 통해 볼셰비키적 내면성의 형식을 부여받게 되었다는 것이다.

누구든지 볼셰비즘에 포획될 경우 동일하게 볼셰비키적 내면성의 형식을 지니게 되는 것은, 볼셰비즘이 여러 범주의 타자들에 대해 그리고 또 자기자신에 대해 특수한 관계형식을 부과하기 때문이다. 볼셰비키적 세계관에 따를 때 네 가지 범주의 인간집단이 존재한다. 부르주아, 볼셰비키, '부르주아적' 노동자(프롤레타리아에 대립되는 보통의 노동자), 프롤레타리아가 그것이다. 볼셰비키는 부르주아에 대해 '계급의 적'으로서의 관계를 갖는다. 또 부르주아적 노동자에 대해서는 '계몽'의 관계를 갖는다. 프롤레타리아에 대해서는 관계가 이중적이다. 즉 프롤레타리아는 이론적으로는 볼셰비키의 '자아의 이상형'이지만, 실질적으로는 볼셰비키가 지도하고 이끌어야 하는 집단이다. 끝으로 볼셰비키가 자기자신에 대해서 갖는 관계는 '자기지양'의 관계이다. 왜냐하면 볼셰비키는 기본적으로 부르주아 출신이기 때문이다.

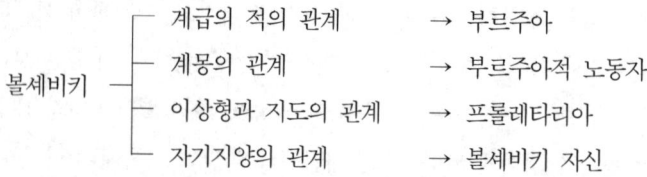

볼셰비즘에 포획된다는 것은 그 한 측면에 있어서 바로 이러한 관계형식들 속으로 들어간다는 것이고, 그리하여 개인들은 기본적으로 이러한 관계형식들을 통해 볼셰비키적 내면성을 부과받는다. 이러한

관계형식들을 명확히 이해하기 위해 레닌의 『무엇을 할 것인가』에서 매우 유명한 한 대목을 읽어보자.

> 노동자들 사이에 사회민주주의적 의식성이 존재할 수 없었을 것이라고 우리는 말한다. 그것은 외부로부터 그들에게 주어져야만 할 것이다. 노동계급은 오로지 그 자신의 노력에 의해서는 단지 노동조합의식 [……] 만을 발전시킬 수 있다는 사실을 모든 나라의 역사는 보여주고 있다. 그러나 사회주의 이론은 유산계급의 교육받은 대표자들 즉 지식인들에 의해서 조탁된, 철학적이고 역사적이며 경제적인 이론들로부터 자라나왔다.[2]

레닌의 이 텍스트에서 드러나는 것은 볼셰비키와 노동자의 관계이다. 볼셰비키는 부르주아 출신이지만 오히려 프롤레타리아적이고, 반면 노동자들은 오히려 부르주아적이다. 따라서 부르주아적 노동자들은 볼셰비키 지식인들로부터 프롤레타리아적 의식을 수입해야 한다. 볼셰비키는 부르주아적 노동자들에 대해 계몽의 관계를 갖는다는 것이다. 물론 레닌의 이러한 주장은 틀린 것이다. 1792년 빠리봉기 꼬뮌이나 1871년 빠리 꼬뮌의 조직은 노동자들의 발전된 의식, 진정하게 꼬뮌주의적 의식을 여실히 드러내준다. 또 우리는 바뵈프, 바이틀링, 프루동, 디츠겐 같은 노동자 출신의 탁월한 이론가들도 알고 있다. 노동자들은 지식인들이 그들을 측은히 여겨 동정하건 또는 반대로 이상화하거나 영웅화하건 상관없이, 다른 인간들과 똑같은 유적, 동물적 특징을 가지며, 정세에 따라 무엇이 자신에게 진정으로 이로운지 판단할 능력이 있고 또 연대할 능력이 있다. 그러나 레닌

---

[2] 레닌, 「무엇을 할 것인가」, 『레닌 저작집』 제1권, 전진, 1988, 193쪽.

이 주장하는 것은 볼셰비키라 칭해지는 부르주아적 지식인들의 '지적인' 이론에 노동자들이 종속되어야지만 혁명이 가능하다는 것이다. 이처럼 엘리트적 입장을 취하는 볼셰비키들이 꼬뮌주의자가 되는 것이 과연 가능할까?

레닌은 위의 인용문에 곧이어 "자생성 앞에서 노예적으로 굽실거리는 것의 불행"에 대해 얘기한다.3) 노동자들의 자생적 담화를 귀담아듣지 말고 노동자들의 자생적 행위들을 존중하지 말라는 것이다. 노동자들의 자생적 담화를 귀담아듣는 것은 노예성이 아니라 인간적 연대성의 한 형태이다. 하지만 레닌에 따를 때 그것은 노예적이다. 노예처럼 노동자들의 말을 듣지 말고, 노동자들의 말에 끌려다니지 말고, 오히려 노동자들을 침묵시키고 자신의 말에 종속시키라는 것이다. 이는 달리 말해 노동자들을 지배하라는 것이 아닐까? 전도(顚倒)가 행해진다. 노동자들의 자생적 운동은 부르주아적 운동으로 여겨지고, 부르주아 지식인들의 운동은 진정한 노동자적 운동으로 간주된다. 레닌은 또 다음과 같이 말한다.

> 문제는 오직 다음과 같이 제기될 뿐이다. 부르주아 이데올로기인가 아니면 사회주의 이데올로기인가? 중간은 없다. [……] 따라서 어떤 식으로든 사회주의 이데올로기를 하찮게 여기는 것, 조금이라도 그것을 외면하는 것은 부르주아 이데올로기를 강화하는 것이다. [……] 바로 그 때문에 우리의 임무, 사회민주주의의 임무는 자생성과 싸우는 것이다.4)

---

3) 같은 책, 195쪽.
4) 같은 책, 200쪽. 불어판(Editions Sociales 문고판, 1971, 60~61쪽)에 입각해 번역을 약간 수정하였다.

레닌이 여기서 말하려는 것은 볼셰비키가 아닌 자는 부르주아라는 것이다. 그것이 바로 "중간은 없다"는 표현의 의미이다. 여기서 '계급의 적'으로서의 부르주아의 의미가 명확해진다. '계급의 적'으로서의 부르주아는 '볼셰비키가 아닌 자'이다. 그리고 볼셰비키의 이론을 따르지 않는 모든 이데올로기, 모든 운동은 부르주아적 이데올로기, 부르주아적 운동이다. 볼셰비키 이론에 종속되지 않은 노동자 운동도 물론 부르주아적 운동이다. 노동자들은 볼셰비키에 의해 계몽되기 이전에는 부르주아들이다. 반면 볼셰비키에 의해 계몽된 부르주아는 프롤레타리아이다. 그렇지만 부르주아 출신인 볼셰비키는 자신의 부르주아적 존재를 부정해야 하는 자기모순에 시달리게 되고, 따라서 자기자신에 대한 볼셰비키의 관계는 자기지양의 관계이다.

볼셰비즘에 포획된 자는 바로 이러한 네 가지 관계형식의 구속에 의해 볼셰비키적 내면성의 형식을 갖게 된다. 하지만 볼셰비즘에의 포획은 순전히 수동적인 과정이 아니다. 볼셰비즘과 개인의 만남은, 물론 그 만남 이후 개인이 볼셰비즘의 논리에 완전히 사로잡히게 된다고 하더라도, 어디까지나 개인의 주도권 아래 행해진다. 볼셰비즘이 개인을 포획할 수 있는 것은 개인이 적극적으로 볼셰비즘을 필요로 하기 때문이다. 그 필요는 심지어 존재론적 필요이기도 하다.

볼셰비즘의 호출에 응답하는 개인들은 채워지지 않은 일종의 '존재론적 요청'을 이미 지니고 있다. 볼셰비즘은 이러한 존재론적 요청을 충족시켜준다. 이처럼 존재론적 요청을 충족시켜주는 볼셰비즘은 단지 위에서 살펴본 네 가지 관계형식에 그치는 것일 수 없다. 볼셰비즘은 그 이상의 것이다. 단순한 관계형식들이 아니다.

* * *

  자신의 의도와는 무관하게 이 불의한 세계 속에 '던져진' 개인은, 자신이 그처럼 이 세계 속에 '던져져 있는' 이유를 알고싶어 한다. 왜 내가 이 악한 세계 속에 던져져 있는 것일까? 내가 존재하는 이유는 무엇일까? 여기에서 내가 해야할 일들은 무엇일까? 그 개인이 이처럼 구체적으로 질문하지는 않더라도, 그는 이 세계 속에서 의미의 결여로 인한 존재론적 고통을 받는다. 그리하여 그 개인은 자신이 의식하건 말건 간에 존재론적으로 '무엇인가'를 요청한다. 존재의 의미를 제공해주고 실천을 보장해줄 그 '무엇'을 말이다. 물론 그는 그 '무엇인가'가 어떤 것인지를 알지 못하지만, 볼셰비즘이 그 개인을 호출하면, 그는 그것이 바로 그 자신이 필요로 하던 것이라고 느낀다.

  앞서 인용된 글에서 엠마뉘엘 떼레는 맑스주의가 그에게 "세계와 역사에 대한 폭넓은 해석을 제공했고, 역사발전의 산물인 현 사회는 잠정적 단계에 불과해 이내 사라져버릴 것이라고 확신시켜주었으며, 사람들이 원하기만 한다면 그리고 이를 강제할 만큼 강하기만 하다면 평등과 형제애에 기초한 또다른 사회조직이 가능하다고 약속해주었다"고 말한다. 즉 맑스주의는 "평등과 형제애가 기초한 또다른 사회조직이 가능하다"는 하나의 약속의 형태로 그에게 세계관을 제공해주고 프락시스를 확보해준다. 그러한 약속에 따라 떼레는 "현 사회는 이내 사라져버릴 것"이라는 확신을 갖게 된다. 즉 떼레는 약속에 따라 확신을 갖게 된 것이다. 그렇지만 그는 그 약속을 어떻게 믿을 수 있었을까? 대답은 간단하다. 그는 이미 믿을 준비가 되어 있었던 것이다. 그는 그러한 약속을 필요로 하고 있었고, 자신이 필요로 하던 그 약속을 제공받았던 것이다. 그가 자신이 존재론적으로 요구하고 있던 약속을 믿는 것은 당연하다.

이와 관련하여 레지스 드브레는 『정치적 이성 비판』에서 다음과 같이 말한다.

> [······] 훌륭한 신학자들이 존재하는 것은 그 지지자들이 있기 때문이다. 결코 그 반대가 아니다. 신학적 능력이 기독교적 민중을 생산해낸 것이 아니다. 기독교적 제도는 하나의 필요([······])를 만족시켰다. 그렇지만 기독교적 제도가 그 필요를 창조한 것은 아니다. [······] 현실에 있어서 우리가 미사에 가는 것이 토마스 아퀴나스나 마태오를 읽어서가 아닌 것처럼, 우리가 꼬뮌주의자가 되는 것은 맑스나 레닌을 읽어서가 아니다. 또 우리가 뻬땡주의자가 되는 것은 드리외(Drieu), 소렐, 드 망(de Man)을 읽어서가 아니다. 길은 반대의 방향으로 뚫려져 있는 것이다. 일단 참여한 후 구실을 찾는 것이며, 일단 소속된 후에 이유를 찾는 것이다.[5]

필요가 먼저 존재한다. 그리고 그러한 필요에 부합하는 것을 찾아나서고 받아들이게 된다. 어떤 '약속'을 이미 찾고 있었기 때문에 그 '약속'을 그처럼 쉽게 받아들일 수 있는 것이고, 그 '약속'에 대해 그처럼 '확신'할 수 있다. 그러한 '확신'은 사실에 입각한 것이 아니다. 오히려 확신할 필요가 있는 것이다. 이 불의한 세계에 '던져진' 존재의 무의미와 공허를 벗어나기 위해서는 세계의 의미와 존재의 의미에 대해 확신할 필요가 있기 때문이다. 즉 확신은 사실에 근거한 것이 아니라 확신 자체의 필요로부터 생겨난다.

---

5) Régis Debray, *Critique de la raison politique*, Gallimard, coll. Tel, 1987, 174~175쪽.

볼셰비즘이 존재론적 필요를 충족시키는 것은 우선 역사의 의미를 제공함으로써이다. 볼셰비즘은 이 불의한 세계 속에 던져진 개인에게 세계가 그처럼 짜여진 것은 결코 우연이 아니라 어떤 의미가 있는 것이라고 말해준다. 역사의 의미가 바로 그것이다. 볼셰비즘이 제공하는 역사의 의미는 단지 역사에 대한 해석으로 그치는 것이 아니라, 의미를 가진 역사 내에서 수행하여야 할 '역사적 역할'을 동시에 제시한다. 역사의 의미에 따라서 내가 해야만 할 역할을 말이다. 이처럼 볼셰비즘은 존재론적 필요에 대해 이론과 실천 양면에서 충족을 제공한다. 하지만 그 이상의 것이 있다. 볼셰비즘은 이론과 실천 양면에서 충족을 제공하면서 다시 존재 그 자체를 충족시킨다. 즉 볼셰비즘을 통해 세계의 의미와 실천의 전범(典範)을 획득한 개인은 그처럼 의미지어진 세계 속에서 '역사의 의미'로부터 도출된 프락시스를 행하면서, 강렬하고 충만된 삶을 살고 있는 자신의 '존재'에 대해 만족을 한다는 것이다.

다시 정리를 해보자. 이론, 실천, 존재의 세 측면에 있어서 볼셰비즘이 제공하는 만족은 믿음에 토대한다. 볼셰비즘에 의해 호출된 개인은 그처럼 호출되기 이전부터 이미 '무엇인가'를 믿어야 할 필요를 가진다. 그래서 볼셰비즘이 가장 우선적으로 충족시켜주는 것은 '믿어야 할 필요'이다. 볼셰비즘은 믿어야 할 필요를 충족시키면서 존재적 공허를 메워준다. 그리고 믿음은 볼셰비즘에 의해 제시된 세계의 의미와 실천의 전범을 세계관적 확신과 실천적 확신으로 변화시킨다. 하지만 믿음은 의미와 실천에만 국한되는 것이 아니라 존재 자체에도 관계한다. 믿음은 '존재적 믿음'으로 발전하여, 내가 의미 있는 삶을 산다는 믿음, 내가 의미 있게 존재한다는 믿음을 형성시킨다.

세계관적 믿음과 실천적 믿음이 개인에게 제공하는 것은 **정체성의 향유**이다. 역사적 의미를 알고 있다고 믿는 개인, 자기자신이 역사의 의미에 의해 규정된 역사적 역할을 하고 있다고 믿는 개인이 자기자신에 대해서 갖는 만족감, 그것이 바로 정체성의 향유이다. "나는 이러저러한 존재이다"라는 믿음이 가져다주는 자기만족, 자기정체성의 만족이 그것이다. 또 실천적 믿음과 '존재적 믿음'은 존재의 **향유**를 가져다준다. 의미 있는 활동을 하는 자신의 존재 자체, 의미 있는 삶을 산다는 믿음 자체가 자기자신의 '존재함'의 쾌감을 가져다주는 것이다. 그것이 바로 존재의 향유이다. 하지만 정체성의 향유와 존재의 향유는 볼셰비즘에 포획된 개인을 최초의 정의감과 꼬뮌주의적 열정에서 이탈시킨다. 목적이 수단으로 전화되기 때문이다.

이를 보다 구체적으로 알아보도록 하자. 철학자 장-뚜생 드장띠(Jean-Toussaint Desanti)의 아내인 도미니끄 드장띠는 1940년에 레지스탕스에 참여하고 1943년에 프랑스 공산당에 입당한 이후, 1956년에 소련의 헝가리 침공을 계기로 탈당한다. 그녀는 프랑스 공산당에서 활동하던 시절을 회상하면서 다음과 같이 말한다.

> 죽음을 각오하고 있었지만, 삶에 취해 있었으며, 모두를 위해 모든 곳에서 세계를 변화시킬 수 있음을 확신했다.[6]

이 진술에서 문제적인 것은 드장띠가 "삶에 취해 있었"다는 것이다. 이 표현은 일정한 판타즘에 의해 매개된 정체성과 존재의 향유를 드러내준다. 드장띠는 "삶에 취해" 있었는데, 그 삶은 바로 "죽음

---

6) Dominique Desanti, *Les staliniens*, Marabout, 1985, 34쪽.

을 각오한" 삶이다. 죽음과 삶의 이러한 결합은 모순적이 아니다. 드장띠가 삶에 취할 수 있었던 것은, 그 삶이 생명을 바쳐 헌신할 만한 삶이었기 때문이다. 생명을 바칠 만한 삶, 그러한 삶이야말로 가장 큰 가치를 갖는 것으로, 가장 고귀한 존재의미, 가장 강렬한 쾌락을 준다. 다시 말해 "취할 만한" 삶은 생명을 걸고 행할 그 무엇이 있는 삶이다.

"죽음을 각오하고 삶에 취해 있는" 상태는 생명을 건 열정을 전제한다. 하지만 무엇을 위해 생명을 거는 것일까? 생명을 건 열정은 다시 역사의 의미와 존재의 의미를 전제한다. 역사의 의미와 존재의 의미는 한마디로 '역사 속에서의 존재의 의미'라 불릴 수 있다. 드장띠에게서 '역사 속에서의 존재의 의미'는 "모두를 위해 세계를 변화시키는 것"이다.

그러나 "모두를 위해 세계를 변화시키는 것"이 드장띠의 내면 속에서 차지하는 지위는 믿음의 지위이다. 실제로 드장띠가 세계를 변화시킬 수 있는지는 알 수 없다. 또 과연 그것이 모두를 위한 것인지도 알 수 없다. 다만 드장띠는 "모두를 위해 세계를 변화시킬 수 있다"고 믿고 있을 따름이다. 물론 드장띠는 1956년에 프랑스 공산당을 떠난 이후 그러한 믿음을 철회할 것이지만, 당시의 드장띠는 그러한 믿음을 가지고 있었다는 것이다.

도대체 어떻게 세상을 바꾸겠다는 것이었을까? 생산양식을 바꿈으로써. 어떻게 생산양식을 바꾸는가? 전위당에 의해 이끌어지는 계급투쟁을 통해. 당의 지휘에 따르는 계급투쟁을 통해 생산양식을 이행시키면 세계를 바꿀 수 있다는 것, 이것이 바로 드장띠의 믿음의 내용이다. 드장띠가 믿음을 확고하게 견지할 수 있었던 것은, 적어도 주체 내적인 이유에 있어서는, 그녀가 그러한 믿음을 필요로 했기 때문이다. 볼셰비즘에 의해 호출된 다른 개인들과 마찬가지로 드장띠는 무엇인가 확고하게 믿을 수 있는 것을 필요로 하고 있었고, 그리하여 자기의 정의감과 일정하게 일치하는, 일견 논리정합적인 어떤 것이 주어지자 그것을 자신의 내면적 필요에 따라, 존재론적 필요에 따라 확고하게 믿어버린 것이다.

믿어야 할 존재론적 필요가 있었으므로 믿음을 가지게 되었다고 할 때, 그러한 믿음은 존재론적 필요를 충족시키므로 믿는 자를 기쁘게 해준다. "모두를 위해 세계를 바꾼다"는 믿음은 그러한 믿음의 소유자를, 드장띠를 기쁘게 해준다. 그러한 믿음은 정체성의 향유를 가져다주고 또 그것을 넘어 존재의 향유을 가져다주므로, 드장띠는 심지어 '죽을 준비'까지도 되어 있다. 그러나 "모두를 위해 세계를 바꾼다"는 것은 드장띠의 믿음일 뿐이다. 드장띠는 그 '믿음' 내부에서만 살고 있다. 드장띠는 그 믿음을 벗어나지 못하고 그 믿음을 통해서만 편집증적으로 세계를 본다. 우리는 다음과 같은 사실에서 그 증거를 찾는다. 즉 그러한 믿음이 드장띠의 존재를 떠받쳐주고 있고 그 믿음이 붕괴되면 그녀의 존재도 붕괴되고 만다는 사실이 그것이다.

드장띠는 당에 종속된 계급투쟁을 통해 세계를 변화시킬 수 있다는 믿음이 붕괴된 이후에는 "모두를 위해 세계를 바꾸려고" 노력하지 않는다. 드장띠가 추구하는 것은 "모두를 위해 세계를 바꾸는 것" 자체가 아니라 "모두를 위해 세계를 바꾼다"는 판타즘 속에서 정체성과 존재를 향유하는 것이기 때문이다. 드장띠가 자신의 책 서두에서 인용하고 있는 아그네스 재기(Agnes Jaegi)는 "꼬뮌주의자라는 말이 더이상 희망을 뜻하지 않는 세상에서" 삶을 포기한다.[7] 그렇지만 스탈린주의가 빚어낸 이 참혹한 현실 속에서 우리가 다른 한편으로 읽어내야 하는 사실은, 재기나 드장띠의 존재의 기반은 "모두를 위해 세계를 바꾸는 것"이 아니라 '꼬뮌주의자' — 사실은 볼셰비즘의 신봉자 — 의 정체성이라는 사실이다. '꼬뮌주의자'의 정체성이 붕괴되면 "모두를 위해 세계를 바꾼다"는 신념도 동시에 붕괴되기 때문이다. 그러나 볼셰비즘의 신봉자가 아니라면 "모두를 위해 세계를 바꿀" 수 없는 것일까? 드장띠나 재기와 같은 볼셰비키적 내면성의 소유자는 세계를 진정으로 변화시키려하기보다는 단지 세계를 변화시키는 데 참여하고 있다는 '실천적 믿음'이 주는 정체성의 향유와 존재의 향유를 누린다.

드장띠 자신이 스스로가 "삶에 취해 있었"다고 말한다. 그러나 그러한 향유 자체가 목적이 될 경우 세계를 변화시킨다는 원래의 목적은 오히려 표면적으로만 표방된 것이 된다. 이제 혁명 또는 변화는 더이상 진지하게 사고되지 않는다. 거꾸로 '꼬뮌주의자'라는 정체성, '꼬뮌주의자'로 살고 있다는 믿음이 지켜져야 할 것이 되고, 그러한 정체성과 믿음을 보장해주는 당에의 예속이 행해진다. '꼬뮌주의자'라는 정체성은 그리하여 볼셰비키적 존재를 오히려 꼬뮌주의로부터 이탈시킨다.

드장띠는 또 다음과 같이 말한다.

기독교의 순교자는 자신을 구원하며, 영혼의 불멸성과 저 너머의 세계를 믿는다. 반면 꼬뮌주의자는 그가 단 한 차례 산다는 것, 유일한 삶을 산다는 것, 그리고 자신의 육체와 더불어 완전히 소멸하리라는 것을 알고 또 긍정한다. 그렇지만 꼬뮌주의자는 더 폭넓게 산다는 느낌과 함께 자신을 '바친

7) 같은 책, 5쪽.

다'.8)

하지만 내세를 믿지 않는다고 해서 비종교적인 것은 아니다. 종교의 한 특징은 두 가지 세계, 즉 지금 여기의 세계와 보다 더 본질적인 또다른 세계를 설정하는 것이다. 드장띠가 믿는 볼셰비즘도 마찬가지로 계급사회와 계급없는 사회라는 두 가지 세계를 설정한다. 그리고 지금 여기의 세계가 아닌 또다른 세계가 그 세계에 가닿기 위해 선택되는 방법의 측면에서 실질적인(effectif) 가능성에 입각해 있지 않다면, 당에 의해 지휘되는 계급투쟁이 꼬뮌주의를 가져올 수 없다면, 그러한 또다른 세계를 설정하는 이념, 즉 볼셰비즘은 종교의 성격을 갖게 된다. 실제로 세계를 변화시키는 것이 아니라 단지 "더 폭넓게 산다는 느낌"을 가져다줄 뿐인 종교가 그것이다.

엠마뉘엘 떼레는 다른 각도에서 기독교와 볼셰비즘 사이의 세부적 유사성을 다음과 같이 지적한다. "우리가 참여했던 혁명적 조직들 속에서 편안함을 느꼈다면 그것은 부분적으로 우리가 거기에서 ─ [……] ─ 신앙심, 교리문답 그리고 우리 어린시절의 전례(典禮)를 찾을 수 있기 때문이다. 성신들의 숭배에서 영웅과 순교자의 숭배까지, 고해성사에서 자기비판까지, 마녀재판에서 제명절차까지 그 거리 ─ 이용된 추론뿐만 아니라 동원된 정념에 관해서도 ─ 는 사람들이 생각하는 만큼 그리 크지 않다."9) 구조적 요소들까지도 동일성을 갖는다는 것이다. 구조 요소들 사이의 그러한 동일성이 가능한 것은 기독교와 볼셰비즘이 모두 믿음의 체계이기 때문이다. 믿음

---

8) 같은 책, 484쪽.
9) 엠마뉘엘 떼레이, 앞의 글, 16~17쪽.

의 체계라는 근본적 동일성으로부터 절차적 동일성이 도출된다.

드장띠는 소위 '꼬뮌주의자'가 더 폭넓게 살기 위해 삶을 '바친다' 고 하는데, 과연 드장띠가 말하는 바의 '꼬뮌주의자', 즉 볼셰비즘의 신봉자가 '더 폭넓게 삶을 사는' 것일까? 오히려 정확한 표현은 더 폭넓게 산다는 '믿음'을 위해 삶을 바친다는 것이다. 그 믿음이 단지 믿음에 지나지 않는다고 할 때, 과연 믿음에는 삶을 바칠 만한 가치가 있을까? 드장띠는 이어서 다음과 같이 말한다.

> 그러한 참여는 우리에게는 '희생'이 아니었다. 왜냐하면 그러한 참여는 하나의 필요(nécessité)로부터 도출된 것이었기 때문이다. 즉 필연적인 역사의 진보에 기여한다는 필요가 그것이다.[10]

드장띠는 자신들의 활동이 '희생'이 아니었다고 한다. 그녀의 이러한 주장은 정신분석학의 '부인(否認, dénégation)' 개념을 떠올리게 한다. 부정을 함으로써 긍정하는 것이 그것이다. 드장띠는 자신들의 활동이 '희생'이 아니었다고 말함으로써 그것이 한편으로 '희생'이었음을 인정한다. 그렇지만 그것이 '희생'이었음에도 단지 '희생'에 그치는 것이 아니라 보다 적극적 의미를 지니는 '기여', 특히 '역사에의 기여'였다는 것이다. 또 "희생이 아니었다"는 것은 그러한 '역사에의 기여'를 통해 오히려 '존재의 의미'를 느낄 수 있었다는 것도 함의한다. '희생'이었지만 '희생'이 아니라 오히려 '역사에의 기여'를 통한 '존재의 충만'이었다는 것이다. 도대체 스위스의 공원에서 마약주사를 맞고 있는 젊은이들의 삶에 비교할 때 얼마나 강렬한

---

10) Dominique Desanti, 앞의 책, 484쪽.

'존재의 느낌'인가!11)

그러나 드장띠의 '희생'은 그녀 자신이 말하고 있듯이 — 하지만 뒤에서 볼 것처럼 그녀는 다시 다른 곳에서는 그것이 희생이었다고 말한다 — 희생이 아닐 수도 있다. 보상을 받는 희생은 진정한 희생이 아니기 때문이다. 드장띠에게서 '희생'은 그 자체가 목적이 아니라 존재의 향유를 가져다주는 것이다.

드장띠의 '희생'은 실제로 '역사에 기여'했을까? 그녀가 참여했던 '레지스탕스'는 역사의 진보에 기여했겠지만 꼬뮌주의적인 것이라기보다는 오히려 민족주의적인 것이었다. 반면 그녀가 당원이었던 시절에 프랑스 공산당에 의해 취해진 알제리 사태에 대한 반동적 대처, 폴란드 봉기의 탄압, 스탈린주의적 노선, 진보 이념의 형해화와 독점이 과연 '역사에 기여'했을까? 확실한 것은 그녀의 희생이 '역사에의 기여'가 아니라, 역사에 기여한다는 '믿음'에 바쳐졌다는 것이다. 드장띠에게 중요했던 것은 역사에의 기여가 아니라, 역사에 기여한다는 '믿음'이었다. 역사에 기여하는 것 자체보다도 역사에 기여한다는 '믿음'이 더욱 중요했던 것은 그러한 '믿음'을 통해 또한 정체성의 향유를 누릴 수 있기 때문이다.

우리는 여기서 볼셰비즘에 의해 호출된 개인이 갖는 '실천적 믿음'을 다음과 같이 두 가지로 나누어볼 수 있다.

---

11) 그 두 가지가 모두 존재의 의미의 결여에 대처하는 방식, 또는 존재의 향유를 추구하는 방식이라면, 스위스 공원에서 마약주사를 맞으면서 존재를 버텨내는 외로운 삶이나 역사의 대의를 위해 자신의 존재를 바치는 투사적 삶 사이에는 어떠한 가치의 차이도, 어떠한 우열도 존재하지 않는다. 볼셰비즘에 대립하는 진정한 꼬뮌주의는 정체성의 향유 — 차별성의 향유를 내포하는 — 에 대립하는 탈정체화의 과정이다.

1) 앞에서 보았듯이 "모두를 위해 세계를 변화시킬 수 있다"는 가능성에 대한 실천적 믿음.
2) "나는 역사의 진보에 기여하고 있다"는 **실재**에 대한 실천적 믿음.

가능성에 대한 실천적 믿음은 정상적인 것이다. "세계를 변화시킬 수 있는" 가능성은 부정될 수 없기 때문이다. 반면 실재에 대한 실천적 믿음은 편집증적이다. 예컨대 폴란드의 민중봉기를 탄압하고 있으면서도 역사의 진보에 기여한다고 믿는 것은 편집증적이다. 하지만 정체성의 향유를 확고하게 가져다주는 것은 가능성에 대한 실천적 믿음이 아니라 실재에 대한 실천적 믿음이다. 가능성에 대한 실천적 믿음은 누구나 가질 수 있는 것인 반면, 자신이 실재에 있어서 역사의 진보에 기여하는 존재라는 사실은 만족스러운 자기정체성을 가질 만한 충분한 근거가 된다.

"나는 역사에 기여하는 존재"[12]라는 정체성의 향유는 볼셰비즘을 받아들이는 존재론적 필요의 핵심을 이룬다. 정체성을 향유할 그러한 필요가 있기 때문에, 폴란드 봉기를 탄압하건 알제리 민족해방운동을 탄압하건 상관없이 볼셰비즘은 역사의 진보에 기여한다는 믿음이 생겨난다.

다른 한편으로 드장띠는 위의 인용문의 내용이 정신분석학적 의미에서의 부인(否認)이었음을 확인해주면서, 희생의 아름다움에 대해

---

[12] 모든 행위분석에서 중요한 것은 강조점이 '나'에 있는지 아니면 '행위 자체'에 있는지를 파악하는 것이다. 강조점이 '나'에 있는 경우 행위 자체는 목적이 아니라 '나'를 장식하기 위한 수단이다.

다음과 같이 말한다.

> 나에게 꼬뮌주의적 도덕은 그 전체적 면모에 있어서 멋진(admirable) 것으로 여겨졌다. 즉, 투사들은 화폐, 안락, 여가, 경력, 개인적 야심들을 희생시켰다.13)

흥미로운 것은 이처럼 모든 것을 희생하는 이른바 '꼬뮌주의적', 즉 볼셰비키적 도덕이 '멋지게', '찬탄할 만하게' 여겨진다는 사실이다. 오히려 그처럼 희생하지 않는 것이야말로 멋이 없는 것이다. 한 가지 목적, 즉 '대의'를 위해 개인적인 여러 필요와 욕망들을 내팽개치는 것이야말로 진정 가치 있는 것, '멋있는' 것이다. 헌신과 희생은 물론 부담스러운 것이기도 하겠지만 그것을 뛰어넘어 존재의 의미를 강화해준다.

드장띠가 희생을 이처럼 멋진 것으로 여길 때 관건이 되는 것은 무엇일까? 그것은 모든 것을 희생해서 하나의 목적을 성취하는 것 그 자체가 아니다. 관건이 되는 것은 오히려 모든 것을 희생해서 하나의 목적을 성취하려는 그러한 삶을 산다는 것, 그러한 존재의미를 갖는다는 것이다. 이 두 가지 사이의 차이는 볼셰비키적 내면성을 꼬뮌주의적 내면성과 변별시켜주는 중요한 것이다. 모든 것을 희생해서 하나의 목적을 성취하려는 자는 그 목적 자체를 추구한다. 반면, 모든 것을 희생해서 하나의 목적을 추구하는 그러한 삶을 살려는 자에게는 그 목적 자체가 중요한 것이 아니라, 그렇게 살고 있다는 믿음, 그렇게 존재한다는 믿음이 중요하다. 이때 중요한 것은 존재의 향유

---

13) 같은 책 33쪽.

이다. 열정적인 삶, 의미로 충만한 삶을 살고 있다는 믿음이 가져다주는 존재의 향유. 그렇지만 존재의 향유를 가져다주는 믿음은 자아도취적이다. 즉 세계를 위한 것이 아니라 볼셰비즘의 신봉자 자신을 위한 것이다.

논의를 정리해보자. 우리는 볼셰비즘에 의해 호출된 개인이 지니는 네 가지 믿음과 두 가지 향유를 확인할 수 있다. 네 가지 믿음은 세계관적 믿음, 가능성에 대한 실천적 믿음, 실재에 대한 실천적 믿음, 충만한 삶에 대한 믿음이고, 두 가지 향유는 정체성의 향유와 존재의 향유이다. 아래의 표와 같이 세계관적 믿음, 가능성에 대한 실천적 믿음, 실재에 대한 실천적 믿음은 정체성의 향유를 가져다주는 것이고, 실재에 대한 실천적 믿음과 충만한 삶에 대한 믿음은 존재의 향유를 가져다준다.

1) 세계관적 믿음 → 정체성의 향유
2) 가능성에 대한 실천적 믿음 → 정체성의 향유
3) 실재에 대한 실천적 믿음 → 정체성의 향유와 존재의 향유
4) 충만한 삶을 산다는 믿음 → 존재의 향유

칸트는 『순수이성비판』에서 믿음(Fürwahrhalten)의 세 가지 형태를 나눈다. 의견, 신앙, 지식이 그것이다. 그 중 의견은 주관적으로나 객관적으로나 모두 불충분한 것이다. 신앙은 주관적으로 충분하고 객관적으로 불충분한 것이다. 반면 지식은 주관적으로나 객관적으로나 모두 충분하다.[14]

---

14) Kant, *Critique de la raison pure*, PUF/Quadrige, 1990, 552쪽. 한글판(전원배 역, 삼성

이러한 칸트의 분류에 따를 때 위의 네 가지 믿음 중 적어도 가능성에 대한 실천적 믿음을 뺀 나머지 세 가지는 모두 신앙에 속한다. 즉, 주관적으로는 확실하지만 객관적으로는 확실치 않은 것이다. 따라서 볼셰비즘을 세속종교로 간주하는 엠마뉘엘 떼레의 입장은 정당하다. 그는 내부에서의 종교적인 것의 부활이 볼셰비즘을 몰락으로 이끌었다고 한다.15)

그렇지만 우리의 질문은 이어진다. 그와 같은 신앙적 믿음을 보장해주는 것은 무엇일까? 물론 이미 보았듯이 그러한 믿음은 믿고자 하는 내적 필요로부터 생겨난다. 하지만 지금 탐색하려는 것은 그러한 믿음의 발생이 아니라 '보장'이다. 그러한 믿음은 어떠한 근거에서 어떻게 보장될 수 있을까? 칸트에 따를 때 신앙적 믿음은 주관적인 확실성을 갖는 것인데, 그런 주관적 확실성의 현실적 근거는 무엇일까? 그것은 바로 당이다. 당이 위에서 언급된 세 가지 신앙적 믿음의 확실성을 보장해주는 근거이다. 따라서 위에 언급된 네 가지 믿음 외에 또 하나의 믿음이 존재한다. 그 믿음은 볼셰비키적 내면성을 다시 특징지어주는 당에 대한 믿음이다. 바로 당에 대한 믿음에 기초해서 위의 네 가지 믿음이 가능해진다. 당에 대한 믿음은 위의 네 가지 믿음의 가능조건이다.

당이 신앙적 믿음의 주관적 확실성을 보장해주는 것은 역사의 의미를 '역사의 진리'로 제시하면서이다. 당은 개인이 그 속에 '던져져 있는' 세계의 무의미에 맞서 역사의 의미를 일종의 '진리'로 제시한

출판사 세계사상전집 15, 세로판) 545~546쪽. 그리고 이에 대한 흥미로운 논의로는 Régis Debray, 앞의 책의 176~179쪽을 참조할 것.
15) 엠메뉴엘 떼레이, 앞의 글, 26쪽과 36쪽.

다. 그리고 그러한 '진리성'을 통해 역사의 의미에 대한 세계관적 믿음은 주관적 확실성을 확보하게 된다.

당이 제시하는 진리는 단 하나의 규정성에만 관여하는 과학적 진리가 아니라, 역사의 발생과 진화 그리고 종말에 이르기까지 모든 것을 다 관통하는 총체적 진리이다. 총체적 진리는 단 하나의 진리, 유일한 진리일 수밖에 없다. 다양한 규정성들을 대상으로 하는 것이 아니라 전체를 대상으로 하기 때문이다. 전체는 하나이고 또 전체에 대한 진리도 하나라는 것이다. 단 하나라는 사실, 이것이 바로 진리의 진리성을 말해준다. 과학적 진리가 아닌 이데올로기적 진리의 이데올로기적 진리성이 그것이다.

당은 이데올로기적 진리의 생산자이자 독점자이며 보증자이다. 당은 역사의 진리를 독점적으로 생산하면서 또 보증하기까지 한다. 하지만 진리의 생산자가 동시에 진리의 보증자라면, 누구든지 자신의 담화의 진리성을 주장할 수 있지 않을까? 엠마뉘엘 떼레는 현상과 본질의 분리로부터 당이 진리의 생산자이면서 동시에 보증자일 수 있는 이유를 찾는다. 현상과 분리된 본질에는 극소수의 선택받은 자들만이 접근할 수 있다는 것이다. "그들만이 배후세계로 가는 열쇠를 쥐고 있으며, 그 세계를 지배하고 있는 법칙을 알고 있고, 따라서 그들만이 우리를 계몽하고 이끌 수 있다"는 것이다.16) 하지만 떼레의 이러한 주장은 잘못된 것이다. 왜냐하면 과학적 진리들도 현상들을 생산하고 지배하는 눈에 보이지 않는 법칙들에 관여하기 때문이다. 반면 과학적 진리는 논증절차의 공개와 실천적 검증을 통해

---

16) 같은 글, 28쪽. 불어판(Emmanuel Terray, *Le troisième jour du communisme*, Actes Sud, 1992) 48쪽을 보고 번역을 약간 수정하였다.

진리성을 평가받는 것이다.

 당이 자신이 내세운 진리를 보증하는 것은 바로 당의 자격으로서이다. 당 자체가 스스로에 내재한 힘에 의해 진리를 보증한다. 바로 당이기 때문에 진리를 보증할 수 있다는 것이다. 당 자체가 진리의 근거를 이루는 것이다.

 물론 볼셰비키적인 역사의 진리는 과학적 진리를 '착취'하는 것이다. 스스로의 진리성의 논리적 근거를 과학적 진리 속에서 찾는다는 것이다. 하지만 그것을 '착취'라고 표현하는 것은 단지 하나의 규정성에 관계할 뿐인 과학적 진리를 전체적 진리로 상승시키기 때문이다. 이러한 상승과정을 통해 이데올로기적 진리가 생성된다. 볼셰비키의 이데올로기적 진리가 토대하고 있는 과학적 진리는 생산양식의 진리이다. 오직 생산양식에만 관계하는 그러한 부분적 진리를 총체적 진리로 상승시키는 힘은 당 자체로부터 나온다. 당 자체의 어디로부터? 그러나 그것은 면밀히 따져보면 당 자체로부터 나오는 것이 아니다. 단지 그렇게 보일 뿐이다. 그것은 하나의 가상(假像)이다. 실상(實相)은 무엇인가?

 아마도 다음과 같이 말해야 정확할 것이다. 부분적 진리를 총체적 진리로 상승시키는 힘은 당 자체로부터 나온다. 그러나 그 힘은 당에 의해 생산된 것이 아니다. 그 힘은 오히려 누군가로부터 당에게 부여된 것이다. 그 누군가란 과연 누구일까? 그 누군가란 당을 지지하는 볼셰비키적 존재들이다. 당의 지지자들은 당을 필요로 하고 그래서 당에 힘을 실어준다. 그들이 당에서 특별히 필요로 하는 것은 당의 진리보증자적 성격이다. 그들은 당을 따르고 믿어야 할 내재적 필요가 있으므로 당이 언제나 올바를 것을, 당이 언제나 진리를 가지고 있을 것을 요청한다. 당의 진리보증자적 성격은 진리보증자로서의 당을 필요로 하는 지지자들에 의해 당에 부여된 것이다.

물론 당원들 또는 지지자들로부터 힘을 부여받은 당은 지지자들에게 예속성을 요구한다. 그리하여 '예속성의 찬양'이 양방향에서 행해진다. 당에의 복종이야말로 볼셰비키의 자기희생적 덕목, 부르주아들에게서는 찾아볼 수 없는 덕목으로 간주된다. 당에 대한 복종은 자신이 부르주아가 아니라는 지표가 된다.

드장띠는 프랑스 공산당 입당심사를 받을 때, 다음과 같은 질문을 받는다. "1939년에 체결된 소련과 독일의 평화조약에 대해 당신은 어떻게 생각하십니까?" 드장띠는 그 자리에서 그 조약을 격렬히 비판한다. 그리고 나중에 정답을 알게 된다. "나는 당을 믿습니다."[17] 바로 이것이 정답이다. 중요한 것은 당에 대한 믿음이다. 물론 당만이 그러한 믿음을 필요로 하는 것은 아니다. 그러한 믿음을 필요로 하는 것은 당원들도 마찬가지이다. 이론과 실천 그 자체보다는 자신이 역사의 진리를 알고 있다는 믿음, 자신이 역사의 진리를 실천한다는 믿음, 그리고 그러한 역사의 진리를 당이 보증해준다는 믿음이 필요한 것이다. 그러한 믿음만이 자신의 존재의 결여를 메워주고 진리를 소유한 자로서의 엘리트적 정체성과 존재를 향유할 수 있게 해주기 때문이다.

하지만 그러한 믿음은 일정한 수준의 논리적 정합성을 요청한다. 믿음의 대상은 용인할 수 없을 정도의 내적 모순을 내포하면 안 된다. 내적 모순이 없는 논리적 정합성을 유지하는 것은 이론적 수준에서는 손쉬운 것일 수 있다. 반면, 서로를 부르주아로 낙인찍는 권력투쟁의 상황에 처해 있는 마키아벨리적 당간부들이 이론의 원리

---

17) Dominique Desanti, 앞의 책, 20쪽.

적 입장을 실천 속에서 중요한 모순 없이 견지할 수는 없을 것이다. 이 경우 당에 대한 믿음과 합리적 판단은 종종 심각한 충돌을 일으키게 된다.

1955년 스탈린은 사회주의의 '배반자'로 규정되었던 티토와 화해를 한다. 이제 티토는 '진정한 사회주의자'로 인정된다. 그렇지만 티토와 연관되었다는 이유로 처형되었던 라직(Rajk)이나 코스토프(Kostov) 같은 사람들은 어떻게 된 것일까? 그들도 역시 '진정한 사회주의자'였지만 '배반자'로 잘못 규정되었던 것은 아닐까? 그렇다면 그들의 죽음은 너무 억울하지 않은가? 이러한 것들이 1955년 당시에 드장띠와 그녀의 동료들이 스스로에게 제기했던 질문들이다. 드장띠는 그러한 잘못들이 축적됨에도 불구하고 동료들이 당을 떠나지 않는 이유들을 다음과 같이 제시한다.

1) 당에 대한 개인적 충성심 때문에.
2) 그들이 당을 떠나면 "적들의 물방앗간에 물을 대주는" 격이 될 것이기 때문에.
3) 당은 전체적으로는 올바른 노선을 취하고 있으며, 몇 가지 오점들로 인해 당을 떠나는 것은 쁘띠 부르주아적 작태, 다시 말해 주관적으로 자기를 정당화하려는 쁘띠 부르주아적 필요이기 때문에.
4) 프랑스 공산당을 제외한 다른 어떤 정당이나 정치 그룹도 기존 체제에 정면으로 대립하지 않으므로.
5) 이 네 가지 이유 모두.[18]

---

18) 같은 책, 414쪽.

이 네 가지 이유 가운데 두번째와 네번째는 현실정치적인 이유이다. 이 경우 당과의 관계는 단지 전략적 또는 도구적 관계이다. 당의 정책에 대해서 완전히 동의하지는 않지만 현실의 정치적 공간에서 프랑스 공산당의 활동이 유의미하므로 당에 남겠다는 것이다. 이런 현실정치적 이유들은 다섯번째 경우처럼 여러 이유들이 합쳐질 때 단지 부차적 지위밖에 갖지 못한다. 그러한 현실정치적 이유들은 대부분의 경우 표면적인 명목적 이유에 불과하다. 사실상 누군가가 진정으로 현실정치적 이유 때문에 당을 떠나지 않는다면, 그는 이미 어느 정도 마음속에서는 당을 떠나 있는 것이다. 당과의 관계가 단지 전략적 관계로 축소되어 있기 때문이다.

세번째 이유는 가장 전형적인 것이다. 당은 전반적으로 옳지만 사소한 오류들을 범할 수는 있으며,[19] 그러한 사소한 오류들로 인해 당을 떠나는 것은 쁘띠 부르주아적 행위라는 것이다. 이러한 논거는 가장 그럴싸하면서도 가장 부조리하다. "당은 전반적으로 옳다"는 명제는 사실에 입각한 것이 아니라 오직 '믿음'에 근거한 것일 뿐이기 때문이다. 이처럼 '믿음'에 근거한 전제로부터 결론을 도출해내는 것이야말로 가장 부조리한 논리전개이다. 진정으로 당은 전반적으로 옳은 것일까? 농업집단화에서도? 숙청에서도? 집단수용소의 설치에서도? 히틀러와의 평화조약에서도? 동유럽의 봉기들을 무력으로 탄압할 때도? 당이 이처럼 전반적으로 그릇되어 있는데도 불구하

---

[19] 루이 알뛰세르는 『공산당 내에서 더이상 지속되어서는 안 되는 것』에서 "오류들은 단지 전술적 또는 국지적일 뿐이며 당의 전체 노선은 언제나 올바르다"는 담화를 프랑스 공산당이 자신의 '무오류성'을 지켜내기 위해 행하는 거짓된 양보의 한 형태로 제시한다. Louis Althusser, *Ce qui ne peut plus durer dans le parti communiste*, François Maspero, 1978, 56쪽.

고 '당은 전반적으로 옳다'는 명제가 받아들여지는 것은, 당의 이데올로기적 진리가 토대하고 있는 생산양식의 과학적 진리의 유효성 덕택이기도 하겠지만, 무엇보다 당을 기꺼이 믿고자 하는, 그리하여 자기자신도 진리의 엘리트적 소유자이고자 하는 당원들의 자발적 믿음으로 인한 것이다. 그러한 편재적 믿음, 언제나 준비되어 있는 믿음의 바탕 위에서, '당은 전반적으로 옳다'는 명제가 아무런 저항 없이, 공기처럼, 유통될 수 있는 것이다.

그렇다면 세번째 이유와 첫번째 이유는 결국은 같은 것이 아닐까? 첫번째 이유는 그야말로 적나라하다. 그렇기 때문에 그 이유는 첫번째에 등장한다. 당에 대한 개인적 충성심 때문이라는 이 이유가 얘기해주는 것은 당과 자아의 관계이다. 당은 어떤 외재하는 정치적 실체가 아니라 오히려 개인에게 내재하는 심리적 실체이다. 당은 개인의 정체성의 구성적 요소, 즉 자아의 구성적 요소라는 것이다. 당을 떠나지 못하는 것은 당이 개인적으로 필요하기 때문이다. 볼셰비키에게서 당을 떠난다는 것은 자아의 한 부분을 버리고 완전히 새로운 삶을 시작한다는 것이다.

세번째 이유는 이 첫번째 이유의 파생물에 불과하다. 세번째 이유의 비밀은 '당은 전반적으로 옳다'는 명제에 대한 '무조건적인' 믿음에 있다. 그 믿음이 '무조건적인' 것은 논리적 이유가 없기 때문이다. 하지만 그러한 '무조건적인' 믿음이야말로 심리적으로 가장 절박한 믿음이다. 존재의 의미를 제공해주는 믿음, 끝없는 허무로부터 구원해주는 믿음, 자신의 정체성을 확보해주는 믿음이 그것이다. 바로 그래서 세번째 이유는 첫번째 이유와 동일한 것이다. '당은 전반적으로 옳다'는 믿음은 사실상 개인적 충성심과 동일한 것이기 때문이다. 개인적 충성심이 있으므로 '당은 전반적으로 옳다'는 명제를 받아들일 수 있는 것이다.

오히려 매우 흥미로운 것은 드장띠가 첫번째 이유와 세번째 이유를 구분했다는 사실이다. 그녀에게는 그것들이 서로 다른 이유들로 보여졌던 것이다. 첫번째 이유는 다소간 '우스꽝스러운' 심리적인 이유, 그리고 세번째 이유는 엄격한 논리적인 이유로 말이다. 그러나 그처럼 생각할 수 있는 것은 드장띠가 이미 당에 대한 개인적 충성심, 즉 존재론적 필요로부터 도출된 믿음을 가지고 있기 때문이다. 그래서 세번째 이유에 내포된 부조리성을 그녀는 전혀 깨닫지 못한다. '당은 전반적으로 옳다'는 명제가 논리적 명제가 아니라 앞서 말한 의미의 신앙적 대상이라는 것을 말이다.

당은 믿음의 체계 위에 서 있다. 이 말은 당이 역사의 진리의 생산자이자 보증자라는 말과 모순되지 않을까? 전혀 그렇지 않다. 당이 역사의 진리의 생산자이자 보증자일 수 있는 것은 바로 당이 믿음의 체계 위에 서 있기 때문이다. 즉 당이 생산하고 보증하는 진리는 논증에 입각한 진리가 아니라 믿음에 입각한 진리, 이데올로기적 진리이다. 그리고 이러한 이데올로기적 진리는 오로지 믿음에 기초해서만 가능할 수 있다. 루이 알뛰세르는 이를 '진리의 종교적 관념'이라고 칭한다.[20]

일종의 순환체계가 형성된다. 당원들 또는 지지자들은 당이 생산하는 진리를 믿어주고, 당은 당원들과 지지자들이 믿는 진리를 보증해준다. 보증은 믿음에 기초하고, 믿음은 보증에 기초한다. 그리하여 서로가 서로를 필요로 해서 서로를 지탱해주는 구조가 형성된다. 사실상 당은 진리를 보증하기 이전부터도 이미 진리를 보증한다. 당에

---

20) Louis Althusser, 같은 책, 25쪽.

의해 생산된 진리는 당에 의해 보증된 진리이기 때문이다.

물론 믿음은 합리적 판단을 완전히 제거하지는 못한다. 특히 앞으로 살펴볼 세번째 유형의 볼셰비키적 존재에 있어서는 더욱 그렇겠지만, 믿음과 합리적 판단의 충돌은 모든 볼셰비키적 존재들에게서 언제든지 존재할 수 있다. 그리고 믿음과 합리적 판단 사이의 충돌이 발생할 경우, 당의 역할은 합리적 판단에 대항해서 믿음의 체계를 유지하는 것이다. 드장띠의 말을 들어보자.

> 1956년에 ― 그리고 절대적 빈곤화에 대한 토론 이후 ― 우리는 이미 '프롤레타리아'에 대한 우리의 분석이 과잉산업화된 서양사회에는 더이상 적합하지 않음을 알고 있었다.[21]

하지만 프랑스 공산당은 더이상 현실에 대한 적합성이 없는 분석을 견지한다. 당은 사실의 전(全)면모를 보려하지 않는다. 단지 한 측면만을 과장하려 한다. 중요한 것은 진리가 아니라 믿음을 유지하는 것이기 때문이다. 당의 존재근거는 진리가 아니라 믿음이기 때문이다.

그래서 우리는 당이 내세우는 '역사의 진리'는 진리에 대립한다는 사실을 확인할 수 있다. 당의 이데올로기적 진리는 과학적 진리에 토대하면서도, 부분적인 과학적 진리가 총체적 진리로 상승하는 과정에서 누락시킨 다양한 규정성들의 또다른 과학적 진리들에 대해서는 눈을 감는다. 바로 이러한 의미에서 당이 가장 두려워하는 것은 바로 여러 규정성들의 진리들이다. 그 진리들은 당의 이데올로기

---

21) Dominique Desanti, 앞의 책, 484쪽.

적 진리에 구멍을 내고 당에 대한 믿음의 체계를 파괴시킬 것이기 때문이다.

그리하여 당은 루이 알뛰세르가 말하듯이 '진리를 배척하는 기술'을 발전시킨다.22) '진리를 배척하는 기술'은 기 드보르가 『스펙타클의 사회』에서 말했듯이 꿈에서 깨어나고 싶지 않은 욕망, 언제나 꿈을 꾸고 싶은 욕망의 표현이다. 그 꿈의 이름은 무엇일까? 그것은 '당의 무오류성'이다. "당은 언제나 올바르다", "과거의 모든 사실은 우리 노선의 올바름을 입증해주었다", "우리의 노선은 올바르다", "당은 언제나 흔들림 없는 노선을 견지해왔다"라는 식의 언표들을 통해 표명되는 '당의 무오류성'이 그것이다.23) 엠마뉘엘 떼레에 따를 때 '당의 무오류성'에 대한 가장 분명한 언표는 트로츠키에서부터 찾아진다. 트로츠키는 다음과 같이 말한다.

우리들 중 어느 누구도 당에 반대할 이유를 가질 수 없고 가지려 하지도 않는다. 종국적으로 당은 언제나 옳다. 사람들은 당과 더불어서만 그리고 당에 의해서만 옳을 수 있다. 왜냐하면 역사는 자신의 이성을 실현하기 위한 다른 길을 만들어놓지 않았기 때문이다.24)

알뛰세르는 '당의 무오류성'의 주장을 "현실을 감히 대면하지 못

---

22) Louis Althusser, 앞의 책, 11쪽.
23) 같은 책, 51쪽.
24) 보리스 수바린느(Boris Souvarine)가 자신의 책, 『스탈린, 볼셰비즘에 대한 역사적 개관Staline, aperçu historique du bolchevisme』(Plon, 1935) 340쪽에서 인용한 트로츠키의 말을 엠마뉘엘 떼레가 앞의 글 30쪽에서 재인용한 것. 불어판 51쪽을 보고 번역을 약간 수정하였다.

하는 허약성의 표현"으로 간주한다. 즉 벌어진 사실들을 사고하려고 노력하기보다는 오히려 부인(否認, dénégation)해버린다는 것이다.[25] 당은 이데올로기적 진리를 지키기 위해 현실을 회피한다. 현실검증은 이데올로기적 진리를 붕괴시킬 것이기 때문이다. 그렇지만 이처럼 현실 또는 과학적 진리를 두려워하는 것은 당만이 아니다. 현실 또는 진리를 두려워하는 것은 무엇보다도 당의 지지자들이다. '당의 무오류성'을 믿으려는 것은 당보다 앞서 당원들이다. 그들에겐 그것이 필요하기 때문이다. '당의 무오류성'은 당에 대한 믿음의 근거이고, 또 당에 대한 믿음에 근거해서만 세계관적 믿음, 실천적 믿음, 존재적 믿음 그리고 그로부터 도출되는 정체성의 향유와 존재의 향유가 가능하기 때문이다.

* * *

볼셰비키적 정체성은 '역사의 진리'를 소유한 자로서의 엘리트적 정체성 그리고 그러한 '진리'에 따라 실천하는 자로서의 엘리트적 정체성이다. 그러한 정체성은 진리를 소유한 자로서의 이론적 우월성과 진리를 실천하는 자로서의 도덕적 우월성을 확보해준다. 앞에서 드장띠가 언급한 '희생'도 사실은 도덕적 우월성을 확보해주는 것이다. "역사의 발전을 위해 자신을 희생한다"는 점에서 다른 자들보다 도덕적으로 우월하다는 것이다. 그러나 그러한 희생은 '도덕적 우월성'을 향유하기 위한 것이며 궁극적으로는 위선에 귀착된다. 예수가 제자들을 비롯한 모든 자로부터 모멸을 받으면서 자신을 희생

---

25) Louis Althusser, 앞의 책, 51쪽.

한 것과는 달리, 자신을 지키기 위한, 자신의 정체성을 유지하기 위한 희생이기 때문이다.

볼셰비즘의 역사적 진리는 그것이 과학적 진리가 아닌 이데올로기적 진리인 한에서 개방적 '논증'이 아닌 폐쇄적 '믿음'에 근거하는데, 그러한 '믿음'이야말로 그것이 다름 아닌 믿음이기 때문에 정체성의 확고한 토대를 이룬다. 역사적 진리를 소유한 자로서의 정체성, 이것이야말로 볼셰비키적 존재의 근거이다. 그러한 역사적 진리는 단 하나이고 그 단 하나의 진리를 가진 것은 바로 볼셰비키이기 때문에, 볼셰비키가 아닌 자들은 진리를 가지지 않은 자들이 된다. 따라서 세상은 두 종류의 인간으로 나뉘어진다. 진리를 가진 자들과 진리를 가지지 않은 자들, 볼셰비키와 부르주아가 그들이다.

볼셰비키가 되는 과정은 진리를 가진 자가 되는 과정이다. 이 과정은 양면의 칼날을 갖는다. 낙인찍기와 자아비판이 그것이다. 진리를 갖지 않은 자들을 '부르주아'로 낙인찍으면서, 자아비판을 통해 스스로를 새로운 인간으로, 볼셰비키로 생성시킨다는 것이다. 드장띠는 다음과 같이 말한다.

> 그는 로자 룩셈부르크의 생각에 동의했다. 그는 편향적 자생주의자 (spontanéiste)였던 것이다.[26]

이처럼 낙인이 찍힌다. 볼셰비즘은 타자를 분류하고 낙인찍는 기계이다. 여러 가지 형태의 이단들이 존재한다. 트로츠키주의자, 룩셈부르크주의자, 평의회주의자, 아나키스트, 마오주의자, 수정주의자,

---

26) 같은 책, 27쪽.

경제주의자, 사민주의자, 좌익소아병적 모험주의자, 기회주의자, 조합주의자······. 그 형태들은 끝이 없다. 무엇이든 갖다붙이면 되기 때문이다. '역사의 진리'로부터 벗어난 자들은 이러한 형태들 중 하나로 분류된다. 이러한 분류 자체가 낙인이다. 이제 심판은 끝난 것이다. 분류된 자는 이미 낙인찍혔고, 배척된다.

이러한 모든 형태의 낙인들은 최종적으로 귀착되는 한 중심을 갖는다. '부르주아'라는 중심이 그것이다. 낙인찍히는 이단의 모든 형태들은, 아니 단지 낙인을 찍기 위한 구실을 제공하기 위해 사후적으로 명명될 뿐인 이단의 모든 형태들은 부르주아의 여러 존재형태들일 뿐이다. 이단의 모든 형태들은 최종적으로는 그러한 낙인의 대상들이 '부르주아' 또는 '쁘띠 부르주아'였다는 사실에 의해 설명된다. 누군가가 트로츠키주의자인 것은 그가 부르주아 또는 쁘띠 부르주아이기 때문이고, 또다른 누군가가 좌익모험주의자인 것도 그가 부르주아 또는 쁘띠 부르주아이기 때문이다. 이는 룩셈부르크주의자, 평의회주의자, 중국 밖의 마오주의자, 수정주의자, 사민주의자 등등에 대해서도 마찬가지이다. '그들'은 언제나 '부르주아들'이다.

도대체 그처럼 낙인을 찍는 기준은 무엇일까? 그것은 물론 정통노선으로부터의 이탈이다. 정통노선이란 어떤 것일까? 당 내에서 권력을 가지고 있는 자들의 노선이 그것이다. 사실상 '부르주아'와 '부르주아가 아닌 자'를 나누는 기준은 당에의 복종 여부이다. 낙인이 곧바로 배척으로 이어질 수 있는 것은, 낙인찍기가 일종의 권력행사이기 때문이다. 낙인은 당 또는 그에 상응하는 권력체를 배경으로 한다. 그리고 낙인 행위 자체는 그 대상자를 권력체로부터 축출한다는 함의를 갖는다. 물론 낙인찍기의 효력은 혁명 이전, 혁명기, 혁명 이후의 세 시기에 따라 다르게 나타난다. 혁명 이전의 낙인찍기는 정파간의 권력투쟁을 반영하는 것이고 운동으로부터의 배제로 귀결되는 것이겠지만, 타자를 '악'으로 규정짓고 자신을 '선'에 위치시키는 '도덕적' 향유의 행위이기도 하다. 그러한 '도덕적' 향유는 타자를 정죄함으로써 자신을 살리려는 위선의 극단적 형태이다. 한편, 혁명을 통해 당이 국가권력을 장악하고 있는 경우 낙인찍기의 권력행사는 생사여탈과 직결된다.

낙인은 이념적 문제로 국한되지 않는다. 낙인은 행위의 모든 영역에 걸쳐 행해진다. 낙인의 대상이 되는 행위들은 대부분 가장 정상적인 인간의 행위양태들이다. 또 오히려 인간의 존엄성을 근거짓는 자유롭고 개성적인 행위유형들이 낙인의 대상이 되기도 한다. 하지만 낙인의 대상이 되는 행위양태들은 낙인찍는 자 자신의 행위유형들이기도 하다. 그래서 낙인찍은 자는 낙인찍히는 자들의 내면을 샅샅이 이해하고 있는 것이고, 그러면 그럴수록 그의 탄압은 가혹해진다.

이것이 무슨 말일까? 낙인찍히는 자들의 행위양태들이 바로 낙인찍은 자의 행위양태이기도 하다니? 이유는 간단하다. 앞서 인용된 텍스트에서 레닌이 명확히 했듯이 볼셰비키들은 기본적으로 부르주아들이기 때문이다. 낙인찍히는 자들만큼이나 낙인찍는 자들도 '부르주아적'이다. 이때 '부르주아적'이란 말은 외연이 매우 확대된 것으로서, 좋은 의미이건 나쁜 의미이건 간에 '인간적'이란 의미를 담을 수도 있겠지만 말이다. 낙인찍는 자들이 낙인찍히는 자들의 행위의 의미와 의도를 명확히 파악할 수 있는 것은 바로 자기 자신들도 동일한 부르주아들로서 똑같이 행동하고 의도하기 때문이다. 낙인찍는 자는 낙인찍히는 자의 행위들 속에서 부르주아로서의 자신의 모습을 발견하면서 그러한 자기모습을 부정하기 위해 더욱더 탄압을 강화하기에 이르는 것이다. 그리고 이 모든 것은 자신의 권력행사와 정체성 향유를 위한 것이다.

이것이 바로 부르주아가 부르주아를 부정해야 하는 근원적 모순이다. 애초부터 모두가 부르주아이기 때문에 그 누구도 낙인으로부터 자유롭지 못하다. 심지어 노동자계급 출신들도 말이다. 레닌이 말했듯이 노동자들도 그 자생적 행위에 있어서 부르주아적이기 때문이다. 그러니 출신이 어떻든지 간에 모두가 부르주아이다. 부르주아 지식인으로서의 볼셰비키는 노동자 출신들보다 더 순수하게 부르주아적이겠지만 말이다.

부르주아들이 서로를 부르주아적이라고 낙인찍는다. 그 누구에 대해서도 "당신은 부르주아다"라고 말할 수 있고, 그처럼 낙인찍힌 자는 그 말에 결코 항거할 수 없다. 그 말이 사실이기 때문이다. 그는, 다른 누구보다도 그 자신이 더 잘 알고 있듯이, 부르주아이다. 노동자 출신들도 그 말에 항거할 수 없는데, 그를 낙인찍은 볼셰비키는 노동자 출신이야말로 부르주아적이라는 것을 레닌의 이론을 통해 잘 알고 있기 때문이다. 게다가 자연스러운 인간적 행위 또는 인간의 존엄성을 근거짓는 자유롭고 개성적인 행위조차 부르주아적이라고 규정되므로, 모든 인간적 행위가 부르주아적이라고 낙인찍힐 수 있다.

이처럼 모두가 '원죄'를 갖고 있는 상황에서 낙인은 단지 상대를 제거하기 위한 구실이다. 벌어지는 것은 '안다고 가정된 주체'가 되려는 판타즘에 시달리는 부르주아들 사이의 권력투쟁이고, 낙인은 그러한 권력투쟁에서 상대를 제거하는 수단이다. 따라서 낙인은 단지 '상부구조적' 표현이다. 무엇의 표현이라는 것인가? 물론 자신의 권력을 위협하는 타자들에 대한 공격욕의 표현이다.

맥락이 약간 다른 예를 한번 들어보자. 1920년대 소련 사회에서는 다음과 같은 계급 규정이 볼셰비키들 사이에서 행해진다. 즉, 촌락의 대장장이들은 프롤레타리아이고, 모든 계층의 여성들은 '쁘띠 부르주아적' 경향을 가지며, 유대인은 '부르주아 민족'이라는 것이다.27) 이러한 규정은 성찰되지 못한 직접적 감정 또는 느낌에 따라 타자들을 판단하고 정죄하는 것이다. 즉 편견의 투사에 불과한 것이고, 그러한 투사가 자기중심적 성격을 가짐은 두말할 것도 없다. 결국 그러한 계급규정은 '상부구조적' 표현일 뿐이고, 진정한 동력은 타자적 존재에 대한 공격욕이다.

서로가 서로를 이단의 특정 형태로 분류하고 낙인찍는 것은 이데올로기적 투쟁이기에 앞서 부르주아적 존재들 사이의 권력투쟁이다. 그것이 이데올로기적 논박으로 한정되는 투쟁이 아니라는 명확한 증거는 그 투쟁이 반드시 낙인과 정죄 그리고 축출로 이어진다는 데서 찾아진다. 이데올로기만이 문제되는 것이 아니라는 것이 이를 통해 명확히 드러난다. 동등한 지위를 갖는 이데올로기들이 이데올로기적 공간 속에서 서로 생산적으로 맞부딪치는 것이 아니라, 권력을 잡은 정통적 입장이 이단적 입장을 축출하는 것이 그러한 투쟁의 내용이다.

그러나 모두가 부르주아이기 때문에 그 누구도 낙인으로부터 자유롭지 못하고, 따라서 타자에 대한 권력행사에 쾌감을 느끼다가도 어느덧 자신도 그러한 권력행사의 대상이 된다. 그리하여 낙인찍혀 밀려난 자들은 서로 공감하기도 하고 서로 두려워하기도 하겠지만,

---

27) Seila Fitzpatrick, "L'usage bolchevique de la classe", *Actes de la recherche en sciences sociales*, n° 85, 1990년 11월호, 72쪽.

살아남은 자는 모두를 가학적으로 낙인찍고 권력행사를 할 뿐이다. 그러나 살아남는 자가 과연 몇이나 될까?

낙인에 상응하는 또 하나의 과정이 자아비판이다. 낙인찍기와 자아비판은 서로 겹쳐질 수도 있다. 그래서 낙인찍힌 자가 자아비판을 거쳐 다시 볼셰비키로 태어날 수도 있다. 낙인이나 자아비판이 토대하고 있는 원초적 사실은 '모두가 부르주아'라는 사실이다. 출발점에서는 모두가 부르주아이다. 하지만 부르주아들은 역사의 진리의 담지자가 되고 실천자가 되면서 볼셰비키로 다시 태어나야 한다. 볼셰비키는 부르주아 출신이라는 원죄로부터 벗어난 '새로운 인간'이다. 이처럼 '새로운 인간'이 되는 과정이 필요로 하는 것이 자아비판이다. 자아비판은 부르주아를 볼셰비키적 인간으로 변화시키는 무기이다. 자아비판을 거쳐 볼셰비키적 인간으로 태어난다는 것은 과연 무엇을 의미하는 것일까?

우리는 최인훈의 『화두』에서 다음과 같은 문장을 읽을 수 있다.

> '자아비판회'는 인민의 모든 영역에서 사법기관이고 수사기관이고 집행기관이고 고해성사실이고 밀고실이었는데 거기서의 모든 결정과 행동은 법적으로 유효할 수도 있고 않을 수도 있으며, 무한 권한으로 수사할 수도 있고 그래서 안 될 수도 있고, 결정은 집행될 수도 있고 집행되지 않을 수도 있고 [······].[28]

이 문장의 모호성은 자아비판이 무제한의 권력에 의해 지탱되고 있음을 말해준다. 자아비판은 단순한 관념상의 비판에 그치는 것이

---

[28] 최인훈, 『화두』, 민음사, 1994, 제1권 33쪽.

아니다. 자아비판은 비판대상자의 내면을 장악하려는 것, 내면을 복속(服屬)시키려는 것이다. 하지만 내면의 복속은 결코 순수관념적 과정을 통해서는 이루어질 수 없다. 내면의 복속은 반드시 여러 형태의 강제에 의해 매개되어야지만 가능하다. 그 강제가 반드시 폭력적인 것은 아니겠지만 말이다. 여하간 자아비판은 단순한 비판일 수 없다. 자아비판은 최인훈이 위의 인용문에서 시사하고 있듯이 비판대상자의 운명을 결정할 수 있다. 혁명 이전의 시기라면, 비판대상자는 정체성의 향유와 존재의 향유를 완전히 박탈당할 수도 있고, 모든 인정과 동료애를 상실할 수도 있다. 혁명 이후에는 모든 지위를 잃고 '오지'로 추방될 수도 있다. 바로 이러한 위협 속에서 자아비판이 행해진다. 그 위협은 명료하게 의식된다. 자아비판이 어떤 외장(外裝)을 취하건 간에 자아비판자는 명백히 그 위협을 감지한다.

그리하여 '새로운 인간'이 탄생한다. '새로운 인간'의 탄생은 막강한 진리의 내재적 힘에 의한 것이 아니다. 그 탄생은 적어도 한 측면에서는 논리외적(論理外的) 강제의 위협에 의한 것이다. 논리외적 강제의 위협 속에서 자아비판자는 자신의 부르주아적 속성을 '정화'하고 '새로운 인간'으로 태어난다. 부르주아적 속성을 말끔히 제거한 볼셰비키적 인간이 그러한 인간이다. 그러한 인간은 개인적 견해가 없는 규격화된 인간일 뿐이다. 언제 부르주아적인 것으로 간주될지 모르는 개인적 견해는 미리 억압해두거나 적어도 내밀한 곳에 감춰두어야 한다. 최인훈의 『광장』에서 『노동신문』 편집장은 월북한 이명준에게 다음과 같이 말한다.

"이명준 동무는, 혼자서 공화국을 생각하는 것처럼 말하는군. 당이 명령하는 대로 하면 그것이 곧 공화국을 위한 거요. 개인주의적 정신을 버리시오.'"29)

 개인적 견해는 그것이 어떠한 견해이든 부르주아적이다. 자아비판을 통해 태어난 '새로운 인간'은 개인적 견해가 없는 인간이어야 한다. 그렇다면 무엇을 위해 혁명을 하는가? 물론 '전체'를 위해서이다. 그러나 개인이 없는 전체가 가능한 것일까? 여하간, 그렇다면, 혁명은 자신을 위한 것이 아니다. 일종의 '희생행위'인 것이다. 그리고 그러한 희생 속에서 오히려 정체성의 향유, 존재의 향유가 행해지는 것이다.

 혁명은, 그것이 진정한 혁명이고자 한다면, 위선과 지배를 벗어나려 한다면, 어떤 추상적 전체가 아닌 자기자신을 위해 행해져야 한다. 자기자신이 지금 여기의 삶을 견딜 수가 없어서 다른 누구도 아닌 바로 자신의 새로운 삶을 위해 혁명을 해야 한다. 어떤 추상적 전체를 위해 희생을 한 사람들은 반드시 희생에 대한 보상을 요구하기 때문에, 근본적으로 비혁명적인 위선자들이다. '희생'한 자들은 그러한 '희생'을 통해 실제로는 자기 자신을 위한 정체성의 향유와 존재의 향유를 누렸을 뿐만 아니라, 그처럼 희생을 했다는 이유로 보상을, 혁명투사에 대한 특권적 대우를 요구한다. 언제나 특권적 지위를 누리고자 했던 부르주아적 엘리트 지식인으로서 자신들의 본성을 드러내면서. 하지만 노동자계급 출신이더라도 마찬가지이다. 추상적 전체는 존재하지 않는다. 추상적 전체는 특수한 집단이 자신들의 특수적 이익을 쟁취하기 위해 내건 허위적 구호에 불과하다. 추상적 전체 뒤에는 특수적 집단이 숨어 있다. 당을 움직이는 권력자들이

---

29) 최인훈, 『광장』, 문학과지성사, 1999, 116쪽.

그들이다.

한 가지 확실한 사실은, 부르주아적 속성들을 완전히 제거한 규격화된 인간은 존재할 수 없다는 것이다. 그러한 존재는 반(反)인간적 존재이기 때문이다. 개인적 견해를 가지지 않은 인간은 존재하지 않는다. 존재하는 것들은 라캉이 말한 '쌍블랑(semblant)', 즉 흉내내는 자들, 척하는 자들뿐이다. 부르주아들이 부르주아가 아닌 척해야 하는 것이다. 프롤레타리아 흉내를 내야 하는 것이다. 하지만 노동자들도 근본적으로 부르주아적이라면, 과연 프롤레타리아는 존재하기나 하는 것일까? 결국 존재하는 것은 일상적 태도로서의 위선이다. 모두들 부르주아이면서 아무도 부르주아로 행동하지 않는 것. 최인훈의 『화두』에 나오는 다음의 대목은 시사적이다.

> 좀전까지 이 교실에서 옆 책상에 앉아서 기하 문제 때문에 끙끙거리던 학생 간부도 자기의 현실적 '자아'보다 훨씬 더 높은 '자아'의 자리에서 이렇게 다그치게 된다. '동무는 공화국의 미래를 짊어질 영광스런 소년단원으로서 지금 어떤 각오를 다지게 됩니까?'30)

최인훈의 이 글에서 '훨씬 더 높은 자아'란 '자아의 이상형'이다. 그러한 자아의 이상형은 먹고 자는 일상생활의 모든 측면에서부터 분리되었다는 특수성을 갖는다. 그러한 자아의 이상형은 오직 역사적 진리에 복무하고 당에 복종할 뿐, 고유한 개성을 갖지 않는다. 그 이상성의 기준이 외적 기구에 의해 반(半)강제적으로 부과되었기 때문이다. 흥미로운 것은 볼셰비키적 존재들이 모두 이처럼 추상적인

---

30) 최인훈, 『화두』, 제1권 35쪽.

'자아의 이상형'의 가면을 쓴다는 것이다. 그리하여 가면놀이가 일반화된다. 모두 가면을 쓰고 다닐 뿐, 진정한 얼굴은 알 수 없게 된다. 진정한 얼굴을 드러낼 경우 어떻게 낙인이 찍히고 어디로 추방될지 알 수 없기 때문이다.

여기서, 볼셰비키적 존재의 두 가지 측면을 다음과 같이 정리해두자.

1) 볼셰비키적 존재들은 자신들이 역사적 진리의 소유자이자 실천자라는 '믿음'에 근거한 정체성의 향유와 존재의 향유를 누린다. 이러한 향유는 역사적 진리의 실천이 희생을 요구하면 할수록 더욱 강화된다.

2) 볼셰비키적 존재들은 기본적으로 부르주아들이다. 그들은 그러나 자신의 부르주아적 속성을 부인(否認)하고 은폐하려 하며, 반면 타자들의 부르주아적 속성을 찾아 이단의 여러 형태들 중 하나로 분류하고 낙인찍는다. 그리하여 스스로를 진정한 혁명가인 척하는 위선이 일반화된다.

앞에서 설명되었듯이 실천과 희생 속에서 정체성과 존재의 향유를 누리는 것은 위선적이다. 하지만 타자들을 낙인찍고 스스로를 진정한 혁명가인 척하는 위선은 또다른 성격의 것이다. 앞의 위선은 뒤의 위선에 비해 훨씬 무의식적이다. 앞의 위선이 갖는 악으로서의 성격은 볼셰비키적 존재에게는 전혀 의식되지 않는 반면, 뒤의 위선이 갖는 악으로서의 성격은 누구에게나 명백하다.

그리하여 볼셰비키에게서 이 두 측면은 오히려 모순적인 것으로 현상한다. 자신의 존재를 바치는 헌신적 실천과 악으로서의 위선 사이의 모순으로 말이다. 그렇다면 볼셰비키에게서 이러한 두 가지 모순적 측면을 매개해주는 것은 무엇일까? 어떻게 진리의 실천자가 동시에 위선적 부르주아일 수 있을까?

헤겔적 의미에서의 '불행한 의식'의 속성을 갖는 이러한 '현상적' 이중성을 완화해주는 것은 '보다 더 높은 존재'를 향한 피학증적 고행이다. 볼셰비키적 존재의 구조와 실천은 모두 헤겔적인 '불행한 의식'과 동일한 측면을 지닌다. 헤겔의 '불행한 의식'에서의 '보다 더 본질적인 신적 세계'에 해당하는 '보다 더 높은 존재'란 진리의 담지자로서의 당이다. 당은 볼셰비즘에 의해 호출된 결여된 존재들에게 존재의 의미로서의 역사적 진리를 제공한다. 볼셰비키적 존재들은 진리의 원천인 당에 대한 헌신이라는 피학증적 고행을 통해 자신의 불행한 의식의 이중성, 진리의 실천자와 부르주아적 존재 사이의 이중성을 뛰어넘고자 한다.

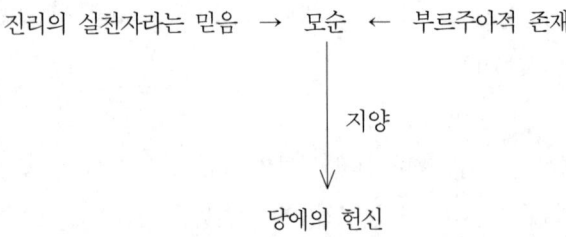

앞서 언급되었듯이 생산양식의 진리라는 부분적 진리를 당의 총체적 진리로 상승시키는 힘은 엄밀히 말해 당의 지지자들로부터 당에 부여된 것이다. 중요한 것은 이러한 힘의 전이(轉移)의 한 동력이 진리의 실천자와 부르주아적 존재 사이의 볼셰비키의 분열에서 비롯된다는 것이다. 즉 그들은 부르주아이자 동시에 볼셰비키인 자신들의 분열을 봉합시켜줄 존재, 자신들의 불안을 덜어줄 존재를 필요로 하고 있는 것이고, 그래서 당에 힘을 실어줘 당을 그러한 존재로 만들어버린다.

  모두가 당을 믿을 준비가 되어 있을 때, "이것이 바로 총체적 진리다"라고 하면서 진리의 진리성을 보증하는 것은 손쉬운 작업이다. 이처럼 막강한 진리의 보증자인 당이 당원들의 불안과 고통을 덜어줄 수 있는 것은 당연하다. 이러한 과정은 어떠한 신비도 내포하지 않는다. 포이어바흐에게서처럼 사람들이 창조한 신이 사람들에게 권력을 행사한다는 식으로도 말할 필요가 없다. 그 과정은 단지 호혜적 과정이다. 당을 필요로 하는 사람들이 당에다 힘을 모아주고 그 힘으로 당은 사람들의 내적 분열을 봉합해주고 고통을 덜어준다.

  "당에의 복종만이 전체를, 프롤레타리아를 위한 길"이라는 지극히 반(反)꼬뮌주의적인 볼셰비키적 담화는 복합적인 심리적 과정을 숨기고 있다. 우선 그러한 복종은 단지 "전체를 위한다"는 '믿음'을 유지하기 위해서 행해진다. 그러한 '믿음'은 정체성의 향유와 존재의 향유의 토대이다. 하지만 그것이 다가 아니다. 당에 복종하는 자는 더욱 실존적인 이유로 인해 그 복종을 필요로 한다. 그 복종은 표면적으로만 피학증적이다. 그 복종은 분열을 봉합하기 위해, 불안을 덜기 위해, 진리의 실천자인 자신이 실제로는 부르주아적 존재라는 사실을 잊기 위해 필요한 것이다. 아래의 그림과 같이 정리를 해보자.

당에의 헌신과 복종 ⟨ 역사에 기여한다는 '믿음' → 정체성과 존재의 향유
                자신의 부르주아적 존재의 망각 → 분열의 완화

이러한 두 갈래의 원인 중에서 당에 대한 그처럼 헌신적인 복종을 좀더 명쾌히 설명해주는 것은 후자의 원인이다. 겉으로 보기에 아무런 이유가 없어 보이는 헌신적인 복종, 아무런 이유가 없어 보이기 때문에 "그가 그처럼 진정으로 대의를 위해 헌신하고 있구나"라고 믿게 만드는 헌신적인 복종은 자기분열의 완화라는 실존적 필요에 의해서만 충분하게 설명된다.

말로의 『인간의 조건』에서 볼로긴은 첸에게 다음과 같이 말한다.

내가 상하이 항구의 한낱 품팔이꾼이라고 해도 난 당에 대한 복종이 당의 투사가 취해야 할 유일한 정당한 태도라고 생각할 걸.[31]

당에의 복종에 대한 이러한 예찬은 여러 가지 방식으로 정당화될 수 있다. 당만이 진리의 담지자이므로. 당만이 사태를 객관적으로 인식하므로. 당이 전체의 사고를 대변하므로. 개인의 사고는 단지 주관적인 사견(私見)일 뿐이므로.

하지만 볼로긴의 이러한 발언, "당에 대한 복종이 당의 투사가 취해야 할 유일한 정당한 태도"라는 발언은 골똘히 음미해볼 만한 가치를 지닌다. 이 발언이 내포하는 것은 사고에의 권리의 양여, 주체성의 양여이다. 한 인간의 개별적 내면성을 도려내려는 자아비판이 완전히 성공한 경우에 드러나는 것이 이러한 주체성의 양여이다.[32]

---

31) 앙드레 말로, 『인간의 조건』, 지식공작소, 2000, 187쪽.
32) 엠마뉘엘 떼레는 앞의 글 33쪽에서 유리 피아타코프(Yuri Piatakov)가 1928년에 행한 다음과 같은 발언을 인용하고 있다. "자신의 신념을 포기하고 당의 신념을 정직하게 채택하기 위해 가능한 노력을 지속할 수 있는 그런 진정한 볼셰비키는 자신의 개성을 전체성 속에, 즉 당 속에 녹아들게 했다 — 진정한 볼셰비키를 식별하는 것은 바로

그렇지만 볼로긴의 경우 문제삼아지는 것은 이러한 주체성의 양여가 완전한 자발성의 형태를 띤다는 것이다. 물론 볼로긴은 — 그는 미하일 마르코비치 보로딘(Mikhail Markovich Borodin)을 모델로 한 인물이다 — 볼셰비키로서의 역정 속에서 많은 자아비판을 거쳤겠지만, "당에 대한 복종이 당의 투사가 취해야 할 유일한 정당한 태도"라는 그의 발언에는 위협에의 굴복 이상의 것, 일종의 체득된 확신이 내포되어 있다. 그의 주체성의 양여는 일종의 체득된 확신에 입각한 자발적인 것으로 보인다.

볼로긴의 '체득된 확신'은 순수논리적 과정의 산물이었을까? 그는 "당에 대한 복종이 당의 투사가 취해야 할 유일한 정당한 태도"라는 결론을 순수하게 논리적인 사고의 결과로서 얻어낸 것일까? 그렇지 않다. 비록 그러한 결론이 논리적 사고의 결과일 수 있다고 하더라도, 그러한 논리적 사고의 배경에는 심리적 과정이 숨겨진 동력으로 깔려 있다. 심리적 문제의 해결과정으로서의 심리적 과정이 그것이다. 이는, 특별히 둔감하지 않다면, "당에 대한 복종이 당의 투사가 취해야 할 유일한 정당한 태도"라는 발언에 깔려 있는 파테틱(pathétique)한 정조(情調) 속에서 느껴질 수 있는 것이다. 그 파테틱한

이 기준이다. 그에게는 당의 노선을 벗어나서 생활하는 것은 불가능할 것이고 만약 당이 요구한다면 흰 것과 검은 것을 검은 것과 흰 것이라고 주저없이 말할 것이다. 위대한 당과 함께 하기 위해서라면 그는 당에 속하지 않는 자신의 세포가 하나도 남지 않을 때까지 자신을 바칠 것이고 자신의 고유한 개성을 양여할 것이다"(불어판 54쪽을 보고 번역을 약간 수정하였다). 즉 '진정한 볼셰비키'는 주체성을 완전히 양여한 존재, 자신의 개별적 내면성을 완전히 제거한 존재라는 것이다. 루이 알뛰세르는 『공산당 내에서 더이상 지속되어서는 안 되는 것』의 88쪽에서 그러한 주체성의 양여를 당에 대한 '타락한 믿음', '맹목적 믿음'이라고 지칭한다. 그리고 그러한 '타락한 믿음'의 결과는 당의 통일성과 당 지도부에 대한 복종을 동일시하는 것이라고 한다.

'정조'는 자기포기와 자기결단을 동시에 내포한 것이다. 그러한 자기포기와 자기결단의 '정조'는 "당에 대한 복종이 당의 투사가 취해야 할 유일한 정당한 태도"라는 결론이 순수논리적 사고의 결과이기보다는, 일종의 고뇌에 찬, 열정적인 결단의 결과임을 말해준다. 그처럼 고뇌에 찬 열정적 결단은 분명 진리의 실천자와 부르주아적 존재 사이의 모순에 대한 격정적 해결책이다. 이제 모든 것을 당에 헌신하기로 함으로써, 자신의 주체성을 완전히 포기하고 오직 당에 복종하는 당의 전사(戰士)가 됨으로써, 자기분열적 모순이 청산된다. 그리하여 완전한 정체성의 향유, 완전한 존재의 향유만을 누리겠다는 것이지만, 과연 그렇게 될는지는 별도의 문제이다. 어쨌거나 남는 것은 자립적 개인들의 연합으로서의 꼬뮌주의와는 반대가 되는, 그 형식에 있어서 파시즘을 닮은 탈주체적 집합주의이다.

첸은 기요에게 볼로긴에 대해 다음과 같이 말한다.

> [……] 내 생각엔 저 볼로긴이라는 자도 마찬가지야. 그는 싸워죽이는 것이 아니고 그저 복종만을 알고 있어. 우리들 같은 생활에는 무엇이든 확실한 게 필요하거든. 그에게는 지령을 실천하는 게 '확실한' 일이지.[33]

첸이 언급한 '확실성'을 두 가지 의미로 나누어보자. 구조적 의미와 실존적 의미. 구조적 의미의 확실성이란, 개인은 불확실성에 머무를 수밖에 없고 오직 당의 판단만이 확실하다는 뜻이다. 개인은 추락하고 당이 절대화한다는 것이다. 반면 실존적 의미의 확실성이란 확실성의 존재론적 필요에 의해 자신의 주체성을 양여하는 것이다.

33) 같은 책, 190쪽.

이때 필요한 확실성은 심리적 안정을 위한 확실성이다. 첸이 이러한 후자적 의미의 확실성에 대해 말하고 있다는 것은 거의 확실해 보인다. 첸은 볼로긴에게서 그러한 확실성, 그러한 심리적 안정의 필요성을 감지한다. 그러한 확실성은 볼로긴에게는 부르주아적 존재로서의 자기분열, 자기모순을 뛰어넘게 해주는 것이다.

볼셰비키적 존재는 자기자신과의 관계를 위해 당에의 헌신을 필요로 한다. 이미 보았듯이 자기자신에 대한 볼셰비키의 관계는 자기지양의 관계이다. 부르주아로서의 자기자신을 지양해나가는 것이 바로 그것이다. 볼셰비키적 존재는 자기자신과의 관계로서의 그러한 자기지양을 위해 당에의 헌신을 필요로 한다. 이러한 의미의 당에의 헌신은 실존적 선택이다.

생산양식 내에서의 한 위치인 부르주아라는 위치는 생산양식의 진리가 총체적 진리화함에 따라 총체적 악을 구현하게 된다. 이러한 상승, 부르주아라는 객관적 지위로부터 총체적 악으로의 상승은 볼셰비키적 존재들의 내적 분열과 고통을 강화시킨다. 벗어날 수 없는 저주받은 원죄로 인한 고통은 부단한 자기고문의 형태를 취한다. 그들을 그러한 고통으로부터 구원할 수 있는 유일한 존재는 진리의 보증자인 당이다. 당만이 그들의 진정성을 인정하고 그들을 구출해줄 수 있다.

물론 볼셰비키적 존재들에는 여러 유형들이 있다. 세 가지 유형을 나누어보자.

1) 당에의 헌신을 통해 부르주아적 존재의 자기모순을 해소하는 유형.
2) 단지 혁명가적 외장을 통해 자신의 부르주아적 실상을 은폐하

는 유형. 이러한 유형은 많은 경우 자신의 부르주아적 존재를 유지하면서도 또한 진리의 소유자이자 실천자로서의 정체성의 향유를, 대외적 과시를 통해, 만끽한다.

3) 당에 헌신하지만 격정적으로 자신의 모순을 해소하려고 하기보다는 합리적 판단을 견지하는 유형.

혁명 이전의 시기에 지배적인 유형은 첫째 유형과 셋째 유형이다. 반면 둘째 유형은 혁명 이후의 시기에 지배적인 유형이다. 하지만 이 세 유형 가운데 진정하게 볼셰비키적이라고 할 수 있는 것은 첫째 유형뿐이다. 둘째 유형은 볼셰비키의 흉내만을 내는 '쌍블랑'일 뿐이고 — 그렇지만 '진정한' 볼셰비키는 혁명가의 '쌍블랑'일 뿐이다 — 셋째 유형은 머지 않아 당을 떠날 것이기 때문이다.

셋째 유형은 당에서 스스로를 버텨나가기가 가장 어려운 유형이다. 첫째 유형은 격정적으로, 둘째 유형은 위선적으로 당에서 자기존재를 유지해나간다. 반면, 셋째 유형에서는 당에 대한 믿음과 합리적 판단이 종종 충돌을 일으키고, 그 충돌이 심해질 경우 당을 떠날 수밖에 없는 상황이 벌어진다.

루이 알뛰세르는 다음과 같이 묻는다.

> 왜 당을 떠난 꼬뮌주의자들은 당의 공식적인 현재 당원수보다도 훨씬 더 많은 것일까? 왜 당에 등록된 수많은 당원들은 적극적으로 투쟁하기를 포기한 것일까? 투쟁들(레지스탕스, 냉전, 베트남, 알제리, 1968년)을 수행했던 꼬뮌주의자 세대들 전체는 어떻게 하여 당에 거의 부재하게 된 것일까? 적어도 그 활동적인 면에서나 아니면 지도부에서?[34]

당에 대한 믿음을 견지할 수 없는 사람들은 이처럼 당을 떠난다. 당이 필요로 하는 것은 당원들의 믿음이지 합리적 판단이 아니다. 그리하여 떼레가 말한 것처럼 볼셰비즘은 '세속 종교'로 변한다. 루이 알뛰세르는 '종교적 집단'으로서의 당에 대한 적절한 비유로 브레히트의 유명한 시를 인용한다. "인민들이 지도자들에 대해 신뢰를 잃어버렸다고? 그렇다면 또다른 인민들을 선출하면 되지!"35) 그러나 브레히트는 다음과 같은 시도 썼다. "개인의 눈은 하나/ 당의 눈은 천 개/ 당은 일곱 개의 국가를 보고/ 개인은 하나의 도시를 본다/ 개인이 갖고 있는 것은 자기의 시간/ 그러나 당이 갖고 있는 것은 많은 시간/ 개인은 사라지기도 하지만/ 그러나 당은 사라지지 않는다/ 생각하라 당은 대중의 전위/ 그들의 투쟁을 지도한다/ 현실이 지식으로부터 흡수한/ 고전적 이론가의 방법으로." 브레히트는 자신의 믿음의 값을 치렀던 것이다. 주·객관적으로 충분한 과학적 인식이 아니라 주관적으로만 충분한 신앙적 믿음의 값. 물론 브레히트는 그 값을 가장 가볍게 치른 사람들 중 하나이다.

* * *

자기자신에 대한 볼셰비키의 관계는 자기지양의 관계이다. 볼셰비키는 그러한 자기지양을 위해 당에의 헌신을 필요로 한다. 반면 프롤레타리아에 대한 볼셰비키의 관계는 '이상형'에 대한 관계이자 동시에 '지도(指導)'의 관계이다. 즉 프롤레타리아는 부르주아 출신

---

34) Louis Althusser, 앞의 책, 79쪽.
35) 같은 책 같은 쪽.

인 볼셰비키들이 본받아야 하는 '이상형'이다. 그러나 다른 한편으로 볼셰비키들은 프롤레타리아를 지휘하고 이끌어야 한다. 부르주아적 노동자들이 '계몽'의 과정을 거쳐 프롤레타리아가 되지만, 프롤레타리아는 여전히 볼셰비키의 지휘 아래 놓여 있어야 한다. 하지만 이러한 이중성은 이상하다. '이상형'으로 본받으면서도 동시에 그 '이상형'을 이끌어나가야 한다니?

이 야릇한 이중성은 우리로 하여금 볼셰비키와 프롤레타리아 사이의 관계의 '**구체성**'에 대해 질문하게 한다. 과연 그 관계는 '구체적인' 관계인가? 물론 그럴 수 있다. 예컨대 부르주아 출신 볼셰비키 당간부와 초등학교를 중퇴한 노동자 출신으로 내전에서 총상을 당하고 사회주의 건설을 위한 열정적 투쟁 끝에 마침내 1924년에 그처럼 바라던 당원이 된 『강철은 어떻게 단련되는가?』의 저자 니꼴라이 오스뜨로프스끼 사이의 관계가 구체적인 볼셰비키와 프롤레타리아 사이의 관계이다. 물론 오스뜨로프스끼 자신은 스스로를 볼셰비키라고 주장하겠지만 그는 볼셰비키 이전에 프롤레타리아이다. 그는 맑스가 말했듯이 혁명의 '두뇌'가 아니라 '심장'일 뿐이기 때문이다.

문제는 그런 구체적 관계에서는 이중성이 보다 적게 나타난다는 것이다. 구체적 관계에서 볼셰비키는 프롤레타리아에 대해 '지도'의 역할을 떠맡는다. 물론 부르주아 출신 볼셰비키가 프롤레타리아에게서 몇몇 이상형적 측면을 발견할 수도 있겠지만, 그렇다고 하여 볼셰비키가 프롤레타리아의 지휘를 받는 것은 결코 아니다. '철학'을 가진 것은 볼셰비키이기 때문이다. 볼셰비키와 프롤레타리아의 '**구체적**' 관계에서 프롤레타리아의 이상형적 역할은 단지 수사학적(修辭學的) 차원에 머무르는 것일 뿐 실질적인 것이 아니다. 그렇다면 '이상형'으로서의 프롤레타리아란 단지 관념적 설정에 그치는 것이 아닐까?

맑스는 「헤겔 법철학의 비판을 위하여」에서 다음과 같이 말한다.

> 해방의 머리는 철학이요, 그 심장은 프롤레타리아이다. 프롤레타리아의 지양 없이 철학은 자기를 실현할 수 없으며, 철학의 실현 없이 프롤레타리아는 자신을 지양할 수 없다.36)

중요한 것은 철학과 프롤레타리아의 관계가 외재적이라는 것이다. 철학은 볼셰비키가 담당하고, 프롤레타리아는 철학을 실현할 뿐이다. 그렇다면 프롤레타리아에게 철학을 실현할 임무를 부여하는 것은 누구인가? 맑스는 역사라고 대답할 것이다. 따라서 철학을 실현해야 할 프롤레타리아의 임무는 '역사적 임무'이다. 맑스가 『자본론』 1권 제2판 서문에서 프롤레타리아를 "자본주의적 생산양식의 변혁과 계급의 최종적 철폐를 역사적 사명으로 하는 계급"이라고 했듯이 말이다.37) 그렇지만 철학을 실현해야 할 임무를 부여하는 '역사'는 바로 철학에 의해서 설정된 것이다. 즉 철학이 '역사에 내재된 목적'을 설정하고 그러한 '목적'을 달성할 임무를 프롤레타리아에게 부여했다는 것이다. 철학을 실현해야 할 역사적 임무를 프롤레타리아에게 부여한 것은 바로 철학 자신이다.

철학은 자신의 종말로서의 자신의 실현을 구상한다. 그리고 그 실현의 임무를 프롤레타리아에게 맡긴다. 프롤레타리아는 그 임무를 떠맡은 철학의 도구일 뿐이다. 철학의 실현을 도와주는 도구 말이다.

---

36) 칼 맑스, 프리드리히 엥겔스, 『저작 선집』 제1권, 박종철출판사, 2000, 15쪽.
37) 칼 마르크스, 『자본』 I-1(개역판), 이론과실천, 1997, 29쪽.

따라서 철학이 프롤레타리아를 지휘한다는 것은 물론이다. 철학은 프롤레타리아의 역사적 임무의 도정(道程)을 처음부터 끝까지 미리 설정해놓는다. 그리고 프롤레타리아가 그 도정을 제대로, 순서대로 밟아갈 수 있도록 프롤레타리아를 지휘한다.

물론 철학으로서는 다음과 같이 변명할 수 있을 것이다. 자신이 프롤레타리아를 도구화하는 것은 바로 자신의 죽음을 위해서라고. 그 동안 프롤레타리아를 착취하는 데 이바지한 자신을 죽이기 위해 프롤레타리아를 사용하는 것일 뿐이라고. 또 철학의 종말과 더불어 프롤레타리아도 동시에 지양될 것이라고. 그래서 또 사람들은 다음과 같이 말할 수 있을 것이다. 철학이 프롤레타리아를 도구화하는 것은 바로 프롤레타리아 자신을 위해서라고.

그러나 여기서 명확히 해야 할 것은 노동자계급과 프롤레타리아의 차이이다. 에띠엔느 발리바가 『자본론』에서의 프롤레타리아의 용법을 분석하면서 지적하고 있듯이, 노동자계급은 착취의 공간에 위치하고, 프롤레타리아는 착취에서 혁명으로 넘어가는 다리를 이룬다.[38] 따라서 철학이 위하는 것은 경제적 계급으로서의 노동자계급일 뿐이지, 정치적 계급으로서의 프롤레타리아가 아니다. 맑스가 종종 이 둘을 혼동하고 있더라도 이 둘에 대한 그의 용법은 그 차이를 명확히 해준다. 철학은 노동자계급의 해방을 위해 프롤레타리아를 필요로 한다. 프롤레타리아는 착취를 혁명으로 이어주는 역사적 임무를 떠맡은 철학의 도구이다. 프롤레타리아는 그 설정에서부터 자기자신을 위한 것이 아니라 철학을 위한 것이다. 프롤레타리아는 철

---

38) Etienne Balibar, "L'idée d'une politique de classe chez Marx", Bernard Chavance (éd.), *Marx en perspective*, EHESS, 502쪽.

학을 위하고 철학은 노동자를 위한다. 하지만 무게중심은 앞의 것으로 이동하고, 뒤의 것은 실종된다.

레닌에게서 철학을 볼셰비키가 떠맡는다는 것은 명확하다.[39] 프롤레타리아는 '철학'을 담당한 볼셰비키가 부과하는 역사적 임무를 수행하기만 하면 된다. 노동자들은 오직 그러한 역사적 임무를 떠맡음으로써만 프롤레타리아가 될 수 있는 것이고, 그렇지 않은 노동자들은 부르주아적 노동자일 뿐이다. 볼셰비키는 혁명이 일어난 이후에도 그들의 철학으로 프롤레타리아를 지휘한다. 프롤레타리아는 '철학'이 없으므로 혁명 이후에도 해방되지 못하고 여전히 '지휘'를 받는 것이다. 하지만 혁명 이후 볼셰비즘의 지휘에 대항하는 노동자들의 여러 형태의 계급투쟁을 통해 '프롤레타리아'는 점점 사라진다. 즉 노동자들에 대한 볼셰비키적 표상을 더이상 노동자들이 받아들이지 않는다는 것이다. 그래서 모두들 노동자계급으로 돌아가고, 이제 당이 스스로를 프롤레타리아로 자처하는 수밖에 없다.

기 드보르는 다음과 같이 말한다.

> 프롤레타리아에 대한 외재적 지도(指導)는 규율을 갖춘 비밀 정당을 통해 행해진다. 이 정당은 '직업적 혁명가'가 된 지식인들의 정당이다. 그리하여 프롤레타리아에 대한 외재적 지휘는 하나의 직업이 된다. [……] 그리고 그 직업은 사회에 대한 **절대적 지도(指導)**의 직업이 된다.[40]

---

[39] 맑스에게서 이론에 내재된 일면적이고 모순적인 잠재적 가능성으로 머물렀던 프롤레타리아의 도구화는 레닌에게서 현실화된다. 맑스의 꼬뮌주의와 레닌의 볼셰비즘에서의 프롤레타리아의 위치의 차이를 이해하기 위해서는 뒤의 제4장 1절을 참조할 수 있다.

[40] Guy Debord, *La société du spectacle*, Gallimard, 1992, 71쪽. 강조는 기 드보르에 의한

직업혁명가들, 즉 볼셰비키들은 원래 프롤레타리아를 '지도'하는 것을 그 사명으로 삼았으므로, 혁명이 성공한 이후 이들이 프롤레타리아에게 권력을 물려주고 물러난다는 것은 있을 수 없다. 혁명이 철학(철학을 종말시키려는 철학으로서의 맑스주의)의 이름으로 행해졌듯이, 혁명 이후의 사회도 철학을 지닌 볼셰비키들이 지배해야 한다. 맑스는 프롤레타리아를 '해방의 심장'이라고 했지만, 그들은 사실 '해방의 근육', '해방의 몸체'에 불과하다. '해방의 두뇌'인 철학을 물질적으로 실현시켜주는 도구는 '해방의 근육'일 따름이다. '해방의 심장'은 보다 교활한 표현일 뿐이다. 볼셰비키들은 혁명과정에서 프롤레타리아를 외적으로 '지도'했듯이, 혁명 이후에도 전적으로 사회를 이끌어나가려 한다. 그러니 이들이 사회의 '절대적 지배계급'이 되는 것은 당연하고, 그리하여 레닌주의적 지배양식이 성립한다.

볼셰비키들이 권력을 잡은 레닌주의적 사회구성체들에는 동등성이 존재하지 않는다. 동등성은 인간들 사이의 근본적 동일성을 바탕으로 하여 성립한다. 동물학적 종(種)의 하나로서의 인간 종에 속한 모든 존재들의 근본적 동일성이 인간들 사이의 동등성의 기초가 된다는 것이다. 차이의 존중은 이러한 동등성에 입각할 때에만 가치를 갖는다. 그렇지 않을 경우 '차이의 강조' 또는 차별에 이를 것이기 때문이다.

하지만 볼셰비키들의 사회에서는 동등성을 결여한 차이만이 존재한다. 철학을 가진 엘리트와 그렇지 않은 자 사이의 차이. 이 차이는 레비나스가 『총체성과 무한』에서 말하는 신적인 타자와의 차이와 유사하다. 레비나스에게서 근본적 타자성은 신적인 형상을 현시하는 것이다.

'전혀-다른-타자'로부터 비롯된다. 그러한 타자와 나 사이에는 건널 수 없는 차이가 존재한다. 그러한 타자와 나 사이에 동등성이란 없다.[41] 볼셰비키와 프롤레타리아 사이도 마찬가지이다. '철학'을 지닌 엘리트인 볼셰비키는 마치 레비나스의 신적 타자처럼 프롤레타리아가 그 뒤를 따라야 할 '전혀-다른-타자'이다. 그 둘 사이에는 결코 건널 수 없는 차이가 있고, 따라서 볼셰비키는 언제나 프롤레타리아를 지배한다.

그렇지만 과연 '철학의 심장'으로서의 프롤레타리아가 존재하기는 하는가? 노동자계급은 확실히 존재한다. 자본주의적 생산양식 내에 임금노동이 객관적으로 존재하고 그 담지자가 노동자계급이기 때문이다. 그러나 프롤레타리아는 노동자계급이 철학에 의해 부여된 역사적 임무를 떠맡을 때만 존재하는 것이다. 여기서 우리는 두 가지 존재의 실재 여부를 확인해야 한다.

1) 철학에 의해 부여된 역사적 임무의 실재 여부.
2) 그러한 역사적 임무를 담지하는 프롤레타리아의 실재 여부.

철학에 의해 부여된 역사적 임무는 실재하지 않는다. 게다가 역사 그 자체는 어떤 임무를 부여하는 성격의 것이 아니다. 물론 자본주의와 같이 인간의 영혼을 질식시키는 부패한 체제는 부정되어야 하고, 그 부정은 혁명의 방식으로 행해질 수도 있고 평화적 진화의 방

---

41) Emmanuel Lévinas, *Totalité et infini*, Le livre de poche, 1994, 77쪽과 E. Lévinas, *Entre nous*, Bernard Grasset, 1991, 128쪽. 그리고 알랭 바디우, 『윤리학』, 27~39쪽을 참조할 것.

식으로 행해질 수도 있다. 그렇지만 우리가 혁명을 행한다고 하더라도 그것이 어떤 '역사적 임무'인 것은 아니다. 혁명은 어떤 '역사적 임무'를 실현하는 '판타즘'이 아니다. 자본주의를 부정하는 혁명은 충분히 실현 가능하다. 그러나 혁명을 '역사적 임무'로 설정하는 것은 '혁명의 판타즘'을 제공하여 혁명을 방해할 뿐이다. 볼셰비키는 혁명을 진지하게 구체적으로 사고하는 자가 아니라 '혁명의 판타즘'을 살아가는 자이다.

반면 철학이 부여한 역사적 임무를 실현하려는 프롤레타리아는 실재할 수 있다. 즉 철학이 부여한 역사적 임무를 실재하는 것으로 '믿고' 받아들인 프롤레타리아 말이다. 그러한 프롤레타리아는 철학이 부여한 역사적 임무를 실현하는 프롤레타리아가 아니라 그러한 역사적 임무를 실현한다고 믿는 프롤레타리아이다. 따라서 여기서 문제가 되는 것도 여전히 '신앙적 믿음'이다. 다만 그러한 믿음의 귀결로서의 레닌주의적 지배양식의 역사적 현실에 비추어볼 때, 볼셰비키의 믿음과 프롤레타리아의 믿음 사이의 차이는 볼셰비키의 믿음이 자신들을 위한 믿음인데 반해, 프롤레타리아의 믿음은 타자들을 위한 믿음, 타자들이 하는 말에 대한 믿음이라는 것이다. 이때 타자들이 볼셰비키임은 물론이다.

역사적 임무에 대한 프롤레타리아의 믿음은 볼셰비키에 대한 믿음이다. 볼셰비키는 프롤레타리아에게 "당신들이 수행해야 할 역사적 임무가 있다"고 말하고, 프롤레타리아는 그 말을 믿는다는 것이다. 종종 프롤레타리아의 믿음은 볼셰비키 자신의 믿음보다 훨씬 충직하다. 볼셰비키의 믿음에는 위선과 동요가 내포되어 있기 때문이다. 하지만 여기서 문제는 '역사적 임무'가 존재하지 않는다는 것이다. 세 가지 허구가 존재한다.

1) 존재하지도 않는 역사적 임무를 존재한다고 하는 허구.
2) 자기자신이 설정한 그러한 역사적 임무를 자기자신이 떠맡는 것이 아니라 타자에게 부과하는 허구.
3) 그 임무를 타자에게 부과했으면서도 그 임무의 수행을 지휘하려는 허구. 다시 말해 그러한 역사적 임무는 프롤레타리아 자신을 위한 것이라고 해놓고서도 혁명 후에도 여전히 '해방의 두뇌'로서의 볼셰비키가 프롤레타리아를 지배하여, 스스로 설정한 '프롤레타리아의 역사적 임무'를 부정하는 자기기만의 허구.

자신이 관념적으로 설정한 '역사적 임무'를 프롤레타리아에게 부과하는 것은 프롤레타리아의 도구화로 귀착된다. '해방의 두뇌'를 보좌하는 '해방의 근육'으로서의 도구화가 그것이다. 그러한 도구화는 목적론적이다. 목적으로서의 역사적 임무가 있고 그 임무의 실현에 도구가 적합해야 한다는 것이다. 그렇지만 관념적으로 설정된, 존재하지도 않는, 역사적 임무의 실현에 적합한 도구는 어떠한 것일까? 하나의 인간집단이 다른 인간집단을 위해 그처럼 도구화된다는 것이 가능할까? 어쨌거나 그 직접적 결과는 레닌주의적 사회구성체가 사물화된 임금노동자들의 거대한 집합으로 나타나는 것이다.[42]

기 드보르는 혁명 후 러시아에서 "노동자계급에 근본적으로 대립하는 노동자의 표상"이 탄생했다고 지적한다.[43] 노동자들에 대한 표상과 노동자들이 대립된다는 것이다. 그 표상은 정치적 지배를 목적

---

42) Ferenc Feher, "La dictature sur les besoins", Agnes Heller et Ferenc Feher, *Marxisme et démocratie*, petite collection maspero, 1981, 98~101쪽.
43) 같은 책, 72쪽.

으로 고안된 표상이다. 허구적 표상을 설정하면서 그에 부합되지 않는 노동자들을 탄압하는 것이다. 그 표상은 물론 볼셰비키의 이익에 봉사하는 표상이다.

역사적 임무를 중심으로 하여 볼셰비키와 프롤레타리아의 관계가 형성된다. 프롤레타리아는 볼셰비키가 설정한 역사적 임무를 '신앙적 믿음'의 대상으로 한다. 볼셰비키는 자신이 설정한 역사적 임무를 위해 프롤레타리아를 도구화한다. 그렇지만 타자의 도구화가 자신의 목적에 부합하도록 손쉽게 이루어지는 것은 아니다. 아무리 '믿음'의 층위를 호출한다고 하더라도 말이다. 그리하여 레닌은 1921년 10월 17일에 다음과 같이 말한다. "프롤레타리아는 사라졌다."[44]

이때 레닌이 말하는 프롤레타리아는 "새로운 국가를 세우기 위해 모든 희생을 받아들이는 엘리트적 노동자"이다. 과연 새로운 국가는 누구를 위한 국가일까? 레닌은 그것이 노동자를 위한 국가라고 하겠지만, 노동자들도 과연 그렇게 생각했을까? 그렇지 않다. 노동자들에게 그 국가는 단지 볼셰비키들만을 위한 국가였던 것이고, 그래서 프롤레타리아는 사라졌다. 로베르 린아르뜨는 다음과 같이 말한다. "레닌이 정의한 것처럼 만약 프롤레타리아가 새로운 국가를 세우기 위해 모든 희생을 받아들이는 엘리트적 노동자라고 한다면, 추위와 배고픔에 의해 좌절하고 불평불만으로 가득 찬 저항적 대중들, 생산을 포기하고 1921년 2월의 파업에 돌입한 대중들은 프롤레타리아로 간주될 수 없었다."[45]

---

44) Robert Linhart, *Lénine, le paysan, Taylor*, Seuil, 1976, 161쪽.
45) 같은 책, 160쪽.

레닌에게 실재의 노동자들은 프롤레타리아가 아니었다. '철학의 구현자'로서의 레닌주의 국가에 저항하는 실재의 노동자들이 어떻게 프롤레타리아일 수 있겠는가? 프롤레타리아는 볼셰비키의 '철학'을 실현하는 존재에 국한된다. 레닌에게 프롤레타리아는 가상의 실체, 관념적 실체이다. 자신의 머리 속에만 존재하는 가상의 실체가 그것이다. 그러한 가상적 실체로서의 프롤레타리아가 바로 '이상형'으로서의 프롤레타리아이다. 이는 볼셰비키를 위시한 다른 모든 맑스주의자에게도 마찬가지이다. 프롤레타리아는 실재의 노동자가 아니다. 다만 그들이 설정한 역사적 임무를 육체적으로 담지해주는 '이상형적' 존재가 프롤레타리아이다. 심지어 현실의 노동자계급이 볼셰비키가 말한 역사적 임무를 신앙적 믿음으로 받아들이고 그것을 실현하려는 프롤레타리아로 등장하더라도, 그들은 단지 프롤레타리아라는 '이상형적 가상'에 자신을 꿰어 맞춘, 상상적으로 자기소외된 노동자들일 뿐이다. 신앙적 믿음의 소유자로서의 '프롤레타리아의 실재' — 노동자계급의 상상적인 자기 소외의 형태로서의 — 에도 불구하고, 볼셰비키의 머리 속에서 프롤레타리아는 언제나 가상의 실체이다. 볼셰비키에게서 프롤레타리아는 오직 가상적인 역사적 임무의 담지자로서만 존재할 수 있는 것이고, 역사적 임무가 가상이듯이 역사적 임무의 담지자도 가상일 수밖에 없기 때문이다.

결국 프롤레타리아에 대한 볼셰비키의 관계는 '타자의 판타즘적 착취'의 관계이다. 볼셰비키는 자신이 필요로 하는 것을 타자에게 투사하여 프롤레타리아라는 가상의 실체를 설정한다. 그리고 그 타자를 그러한 가상의 실체에 꿰어 맞추려 한다. "너는 이래야 한다", "너는 역사적 목적을 갖는다"는 식으로 말이다. 하지만 그러한 당위, 그러한 목적은 실재하는 것이 아니고 오로지 볼셰비키 자신을 위해 설정된 판타즘일 뿐이다. '역사의 진리'의 소유자로서의 정체성을 향유하는 볼셰비키는 자신의 판타즘의 실현을 위해 노동자계급이라는 타자를 착취한다. 프롤레타리아의 역사적 임무라는 명목하에 말이다.

프롤레타리아에 대한 볼셰비키의 판타즘적 착취의 관계는 노동자계급과 볼셰비키의 차이에 근거한 것이다. '해방의 심장'인 노동자계급과 '해방의 두뇌'인 볼셰비키는 결코 동등하지 않기 때문에 그러한 판타즘적 착취가 가능하다. 이처럼 동등성의 부재는 '차이의 존중'이 아니라 '차이의 착취'로 이어지게 되고, 차이의 착취는 다시 자기중심적 독재로 이어진다. 진리의 소유자인 볼셰비키에게 다른 모든 차이나는 집단들이 종속되어야 하기 때문이다. 로자 룩셈부르크는 다음과 같이 말한다. "정부의 지지자들만을 위한 자유, 당원들만을 위한 자유 — [……] — 는 자유가 아니다. 자유는 적어도 언제나 다르게 생각하는 자들을 위한 자유이다."[46]

볼셰비키에게 "다르게 생각하는 자들을 위한 자유"는 존재할 수 없다. 왜냐하면 진리는 단 하나이기 때문이다. 그들에게 자유는 진리로부터 도출되어야 하는 것이다. 내가『가학증 타자성 자유』에서 길게 논의하였듯이 스피노자나 헤겔에게는 두 가지 형태의 자유가 존재한다.[47] 그 하나는 필연성에 대한 인식을 통해 필연성으로부터 자유로워지는 것이고, 다른 하나는 자신의 자연적 성향대로 사는 것이다. 볼셰비키적 자유는 전자의 것이다. 오직 진리만이 필연성으로부

---

46) Rosa Luxemburg, "La révolution russe", *Oeuvres II*, petite collection maspero, 1971, 82~83쪽.
47) 이종영,『가학증 타자성 자유』, 백의, 1996, 13~28쪽 참조.

터 자유, '진정한' 자유를 보장해줄 뿐이고, 다른 형태의 자유는 모두 '거짓된' 자유라는 것이다. 따라서 자유는 오직 볼셰비키가 소유하고 있는 진리를 통해서만, 볼셰비키적 진리에의 복종을 통해서만 가능하다는 것이다.

이러한 볼셰비키적 자유 개념은 타자의 자유에 대한 혐오를 내포한다. 타자의 자유란 자신의 진리에 복종하지 않는 것이다. 볼셰비키가 특히 혐오하는 것은, 모든 사람이 생각하는 것과는 정반대로, 노동자계급의 자유이다. 노동자계급이 자유롭다면 볼셰비키의 판타즘에 의해 착취당하지 않을 것이므로 말이다. 노동자계급을 자신의 판타즘에 종속시키려는 볼셰비키가 제일 혐오하는 것은 노동자계급의 자유이다.

그러나 볼셰비키에게서 자유의 혐오는 하나의 일반적 태도를 구성한다. 그 혐오는 반드시 노동자계급의 자유에만 향해진 것이 아니다. 자신이 소유하고 있는 진리를 받아들이지 않는 모든 자유가 부정된다. 따라서 자유에 대한 볼셰비키의 혐오는 그들의 신앙적 믿음과 짝을 이룬다. 다음과 같이 볼셰비키적 내면성의 형식을 도식화해 보자.

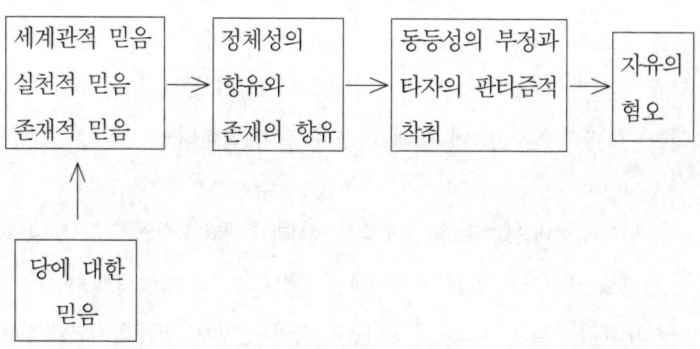

* * *

볼셰비키는 진리를 두려워한다. 이데올로기적 진리에 구멍을 내는 과학적 진리들, 프롤레타리아라는 판타즘에 구멍을 내는 노동자 계급의 진리를 말이다. 진리는 그들의 믿음을, 그들의 판타즘을 붕괴시킬 것이기 때문이다. 볼셰비키는 또 혁명의 판타즘에 대립하는 혁명의 진리를 두려워한다. 볼셰비키에게서 혁명은 '해방의 두뇌'로서의 '철학'에 의해 설정된 역사의 목적론적 도정에서의 한 지점이다. 볼셰비키에게서 혁명은 '철학'에 의해 부여된 역사의 의미를 실현하는 것이다. 결국 볼셰비키는 '철학'으로부터 도출된 혁명의 판타즘만을 가지고 있을 뿐이다. 그들이 충분히 진지하게 혁명을 사고하고 또 실천할 수 있을까?

진리에 등을 돌리고 진리보다 믿음을 선호하는 것은 혁명적 태도가 아니라 반동적 태도이다. 이러한 태도는 볼셰비키적 내면성을 식별해주는 중요한 지표 중 하나이다. '혁명의 판타즘'은 '혁명의 실재'에 대한 진지한 사고를 가로막는다. 볼셰비키는 혁명에 대해 진지하게 사고하지 않는다. '혁명의 과학'에 대립하는 '혁명의 판타즘'을 통해 우연히 '혁명'에 성공하더라도 그것은 전(前)부르주아적 권력장악에 그칠 뿐 결코 '꼬뮌주의적 혁명'에 가닿지 못한다. 레지스 드브레는 '혁명의 판타즘'에 대해 다음과 같이 말한다.

> 혁명의 이데올로기는 역사에 대한 분석과 결합되기 이전에, 서사적(敍事的) 학습, 내적인 이야기로 우리에게 주입된다. 그리고 그 속에서 픽션은 역사와 쾌감 그리고 그 실현을 불러온다. 우리는 그래서 역사가 픽션의 진리를 확인해주는 것처럼 행동한다. 혁명적 사건은 드라마틱하고 향유적인 서

사(敍事, narration)에 내재된 무언의 열망에 (서투르게) 호응하는 것이다. 영화에 출현하는 것으로 우리 삶이 영화처럼 아름다워지는 것처럼 말이다. 이데올로기는 선취된 만족이다. 바로 그 때문에 이데올로기는 신화의 지휘 아래 작동한다.[48]

볼셰비키에게 중요한 것은 혁명 그 자체가 아니라 혁명을 한다는 믿음, 혁명을 한다는 판타즘이고, 그것을 통해서 획득하는 정체성과 존재의 향유이다. 혁명을 진지하게 사고하지 않는 볼셰비키들의 혁명은 곧 반(反)혁명으로 전화한다. 혁명의 판타즘이 엘리트적 정체성의 향유를 위한 동등성의 부정과 타자의 차이의 착취, 다시 말해 부르주아적 볼셰비키에 의한 프롤레타리아의 착취로 귀착되기 때문이다. 그리하여 존재하는 것은 혁명가의 마스크를 쓴 자들, 혁명가의 '쌍블랑'들 뿐이다. 최인훈이『광장』에서 다음과 같이 말하듯이 말이다. "어느 모임에서나, 판에 박은 말과 앞뒤가 있을 뿐이었다. 신명이 아니고 신명난 흉내였다. 혁명이 아니고 혁명의 흉내였다."[49] 당연하다. 그들이 원하는 것은 혁명이 아니기 때문이다. 그들이 원하는 것은 오로지 혁명가의 정체성, 혁명가의 명예의 과시와 그 결실일 뿐이다. 그들은 혁명가의 흉내를 내고 싶어하지만, 그들이 타자와 같아져야 하는 보편주의에 기초한 혁명은 원치 않는다.[50] 진리보다는 믿음을, 혁명보다는 혁명가의 명예를 원할 뿐인 것이다. 진정한 꼬뮌주의적 혁명은 그들의 모든 특권과 향유를 박살낼 것이므로 말이다.

---

[48] Régis Debray, 앞의 책, 193쪽.
[49] 최인훈,『광장』, 113쪽.
[50] '혁명의 흉내'와 혁명의 차이, 권력장악으로서의 혁명과 과정으로서의 혁명의 차이는 뒤의 제4장 2절에서 논의된다.

기 드보르는 소련의 대외정책을 "모든 혁명운동을 파괴하고, 국제 정치상의 지원을 기대할 수 있을 부르주아 정부들(1925~1927년 사이의 중국국민당, 스페인과 프랑스의 인민전선)을 지지하는 것"으로 규정한다.51) 스탈린이 해외의 혁명운동들을 오히려 방해하고 파괴한 것은 무슨 이유에서일까? 그것은 진정한 혁명이 오히려 소련의 반동성을 드러내줄 것이기 때문이다. 소련 국가는 그 자체가 반혁명적 국가이고 혁명적 권력은 이를 만천하에 드러낼 것이므로 말이다. 소련이 진정 두려워하는 것은 바로 진리와 혁명이다.

엠마뉘엘 떼레는 다음과 같이 자문한다.

> 우리가 분노했던 것을 잊지 않고 있는 우리들은, 다시 말해 30년 혹은 35년 전 자신의 출신 계급의 사고를 집어던지고 그들의 선배들이 앞서 달린 거리로 나섰던 젊은이들은 오늘날 사람들이 단언하는 비참한 몰락의 원인들에 일조하려고 노력했단 말인가52)

볼셰비키적 실천의 귀결은 헤겔이 말한 '마음의 법칙'의 한 현상 형태 같다. 마음의 법칙이란 직접적인 개인적 감정을, 그것이 타자에게도 유효하고 타당한지 객관적 대상화가 안 된 상태에서, 만인에게 적용되는 일반적 법칙으로 삼으려는 것이다. 헤겔은 그러한 마음에 대해 "법칙이면서도 또한 직접적으로 자기의식에 주어져 있는 바로 그 자신의 법칙인 것, 이것을 또 바꾸어 말한다면 마음이면서도 동시에 법칙을 자기의식 속에 지니고 있는 그 마음"이라고 하는데, 이

---

51) Guy Debord, 앞의 책, 75쪽.
52) 엠마뉘엘 떼레이, 앞의 글, 7쪽.

러한 표현을 통해 헤겔이 말하고자 하는 것은 개인적 마음과 일반적 법칙 사이의 모순이다.[53] 즉 직접적인 개인적 감정이 곧장 일반적 법칙으로 상승할 수 없다는 것이다.

헤겔은 또 마음의 법칙에 대해 다음과 같이 말한다. "이 개체성은 자신의 쾌락을 다만 스스로가 지닌 탁월한 본질을 발휘하는 가운데서, 그리고 인류의 안녕·복지를 마련하는 데서 추구할 따름이다. [……] 인류 전체를 위한 법칙을 구현시키는 것이야말로 곧 특수자로서의 개인이 누리는 쾌락이기도 한 것이다."[54] 즉 마음의 법칙의 목적은 인류의 복지 그 자체이기보다는 인류의 복지를 실현한다는 '쾌감'이라는 것이다. 마음의 법칙의 목적은 정체성의 향유와 존재의 향유인 것이다.

이러한 마음의 법칙이 일종의 판타즘이라는 것은 물론이다. 프로이트적 정의에 따를 때 "자기자신이 출현하여 자신의 욕망이 실현되는 시나리오"로서의 판타즘 말이다. 그러나 문제는 다른 사람들이 그 법칙을 자신의 법칙으로 받아들이지 않는다는 것이다. 그 법칙은 단지 자기만족에 빠진 타자의 법칙일 뿐이다. "바로 이 당사자에 속하는 개인이 아닌 타인의 입장으로는 이러한 내용 속에 바로 자기의 마음이 기리는 법칙과는 다른 어떤 타자의 법칙이 담겨져 있음을 보는 데 그칠 것이다."[55] 그리하여 마음의 법칙의 귀결은 너무나도 당연히 독재와 자기파탄이다. 오직 자기만을 위한 정의를 내세우면서도 그것이 모두를 위한 정의이고 자기는 만인을 위해 헌신한다는 판

---

53) 헤겔, 『정신현상학』, 제1권 455쪽.
54) 같은 책, 1권 456쪽.
55) 같은 책, 1권 460쪽.

타즘에 빠져 있다가, 타자들이 그의 정의를 거부함으로써 파탄에 이른다는 것이다. "인류의 복리를 위하여 맥박치는 심장의 고동은 어느덧 광기어린 자만의 독무대를 연출하거나 혹은 자기의 파멸로부터 스스로를 보존하려는 의식의 노여움"으로 바뀐다.56)

볼셰비키적 내면성이 맺고 있는 관계들을 정리해보자.

1) 계급의 적으로서의 관계 → 부르주아
2) 계몽의 관계 → 노동자
3) 판타즘적 착취의 관계 → 프롤레타리아
4) 자기지양의 관계 → 볼셰비키 자기자신

이러한 네 가지 관계에서 첫번째, 두번째, 네번째 관계는 모두 부정적 관계이다. 부르주아는 제거되어야 하고, 노동자는 계몽을 통해 프롤레타리아로 다시 태어나야 한다. 볼셰비키 자신도 스스로의 부르주아적 존재를 자기부정하고 새롭게 태어나야 한다. 또 세번째 관계인 프롤레타리아와의 관계도 부재하는 이상형에 대한 판타즘적 관계이거나 '해방의 심장'에 대한 착취적 관계이다.

그러니 볼셰비키의 네 가지 관계는 모두 부정적 관계이거나 아니면 부재하는 것에 대한 판타즘적 관계일 뿐이다. 볼셰비키는 만나는 타자들을 모두 부정하고 제거해야 할 뿐 아니라 자기자신도 부정하고 제거해야 한다. 한편, 볼셰비키가 설정한 '이상형적 인간'인 프롤레타리아는 단지 목적론적으로 도구화된 존재에 불과하고, 또 그런 존재가 실재하더라도 판타즘적 착취의 대상이 될 뿐이다. 그러므로

---

56) 같은 책, 1권 463쪽.

볼셰비키적 관계의 그 어디에서도 배려와 존중과 사랑은 발견되지 않는다. 물론 볼셰비즘에 의해 이데올로기적으로 '착취'당하면서도 애초의 꼬뮌주의적 열정을 잃지 않고 있는 사람들에게서는 그렇지 않겠지만 말이다.57) 자기자신을 포함한 모두를 부정하고 제거하며 또 도구화하는, 그러나 그러면서도 자신의 정체성과 존재를 향유하는 볼셰비키가 혁명을 할 경우 그 결과가 어떨까? 스탈린의 소련이나 중국의 문화대혁명, 캄보디아의 대학살, 북한의 주체사상은 우연이 아니다. 그것들은 볼셰비키적 관계의 필연적 결과이다.

물론 이행은 변화를 요청한다. 이행의 두 핵심적 장소는 가족과 생산단위(공장과 회사)이다. 볼셰비키는 이행을 인간의 조건을 부정하는 어떤 비(非)인간적 괴물의 탄생으로부터 사고하려 한다. 그러나 이행을 위한 변화는 타자부정이나 자기고문을 통한 것일 수 없다. 그 변화는 동물의 한 종(種)으로서의 인간 종에 내재하는 모든 한계들을 인정하는 기초 위에서, 타자들의 한계를 자신의 한계와 마찬가지로 있는 그대로 인정하는 기초 위에서 행해져야 한다. 여성과 어린이를 중심으로 한 가족의 재조직, 노동자소유 공장들의 전국적 연결, 노동자평의회 의회에 의한 정치의 담당은 어떤 자기초월적 괴물도 요청하지 않는다. 필요한 것은 피도 눈물도 없는 볼셰비키적 '강철'도, 칸트적 초월성도 아니다. 다만 인생의 보잘것없음과 쓸쓸함에 대한 공감, 자기파괴로부터 자신을 지키려는 '자기에의 배려'로 충분하다.

---

57) 볼셰비즘은 꼬뮌주의적 열정을 착취하는 기계이다. 전위당을 통해 권력을 장악해야 한다는 볼셰비즘적 현실주의 또는 효율주의는 오직 자기정당화의 수단일 뿐이다. 볼셰비즘에 포획된 꼬뮌주의적 열정은 정체성의 향유와 존재의 향유를 통해 자기배반에 이른다.

3장
파시스트적 내면성의 형식

파시스트적 내면성의 형식

> 물체의 낙하법칙과 같은 지극히 간단한 법칙들을
> 발견하기 위해, 그렇게 오랜 노고를 들인, 또 그럼에도
> 언제나 성공했던 것이 아닌 엄청난 능력들을
> 대가로 치러야 했던 것은 기본적인 원리와 개념들을
> 새롭게 만들어내어야 했기 때문이다.
> 알렉상드르 꼬이레, 『과학사상사 연구』

파시스트적 내면성은 병리적인 것이 아니다. 파시스트적 내면성은 물론 특수한 것이지만, 특정한 형태의 주체성과 특정한 역사적·사회적 조건이 결합되면 필연적으로 도출되는 것이다. 병리적이라는 것은 자기재생산 또는 자기유지가 일정하게 위기에 처하는 것을 말한다. 그렇지만 나는 오늘날 한국 사회에서 '건강하게' 자기재생산을 하고 있는 수많은 자들에게서 파시스트적 내면성을 확인한다.

파시스트적 내면성에 토대한 파시즘을 '악(惡)'이라고도 할 수 있겠지만, 그 악의 씨앗은 우리의 존재에 내재적인 것이고 자연적인 것이기 때문에 스피노자라면 틀림없이 그것을 '악'이라고 부르지 않았을 것이다. 알랭 바디우는 자기 나름의 엄밀한 의미에서 파시즘을 악이라고 규정하지만, 그것은 한편으로는 그가 파시즘을 파시스트 국가 또는 파시스트 운동과 일체화시키기 때문이다.[1] 그러나 파시즘

은 파시스트 국가나 운동이 성립하기 이전부터 존재한다.

히틀러는 물론 병리적 존재이다. 하지만 그는 파시즘으로부터 일정하게 일탈적인 존재이다. 즉 세계대전과 유대인 말살은 파시즘의 내적 논리를 극단적으로 밀고나간 것이긴 하지만, 파시즘의 필연적 귀결은 아니었다. 유기체적 민족공동체의 건설을 주장하는 파시즘은 대외적 배타성을 언제나 내포한다. 그렇지만 그러한 배타성이 필연적으로 전쟁이나 인종말살로 귀결되는 것은 아니다. 물론 그러한 대외적 부정성(否定性)을 논리적으로 끝까지 밀고나가면 전쟁과 인종말살로 귀결되겠지만, 파시즘의 내적 논리의 완전한 전개는 결코 필연적인 것이 아니다. 그러한 완전한 전개에 제동을 거는 심리적, 정치적 계기들이 작용하기 때문이다. 반면 히틀러에게서는 파시즘의 내적 논리의 완전한 전개에 제동을 거는 심리적 장치가 고장나 있었다.[2] 파시즘의 내적 논리를 극단적으로 밀어부치는 병리적 힘이 히틀러에게 존재했다는 것이다. 끌로드 다비드는 다음과 같이 말한다.

> 나치즘과 유사한 생각을 가졌던 사상가들에 의해 독일을 어떤 형태의 민족주의적·독재주의적 국가로 만들기 위한 사상적 풍토가 준비돼 왔음을 사실이라고 치더라도 나치즘은 그러한 풍토를 왜곡하여 피비린내 나는 희화로 변질시켜 놓았다는 비판을 면할 수 없을 것이다. [……] 당시의 유럽에는 로마나 마드리드, 리스본에 이르기까지 다른 형태의 '파시즘'이 얼마

---

1) 알랭 바디우, 『윤리학』, 88쪽 이하.
2) 그러한 심리적 장치의 제동이 권력장악 이후에 발생한 것인지 아니면 권력장악 이전부터 존재했는지는 매우 중요한 연구과제이다. 스탈린의 경우 병리성은 명백히 권력장악 이후에 형성된다. 나는 히틀러의 경우도 그렇지 않을까 하는 추측을 하고 있지만, 아직 전혀 논증의 준비가 안 되어 있다.

든지 있었다. 그러나 그 어느 파시즘도 히틀러 독재와 비슷한 것은 없었고 인종주의를 표방하거나 수백만에 이르는 유배자들을 가스실에서 몰살시킨 파시즘도 없었다.3)

나치즘, 즉 민족사회주의는 파시즘의 대표적인 한 형태이다. 그렇지만 1939년의 전쟁을 필두로 유대인 학살에 이르기까지의 나치즘의 일탈적 궤적은 히틀러의 정신병리에 의해 일정하게 규정된 것이다. 한나 아렌트는 특히 유대인 문제와 관련하여 이탈리아 파시즘의 공격성 부재를 독일 파시즘의 잔혹한 공격성과 대조시키고 있다.4) 비록 파시즘 자체가 대외적 배타성을 전제한다고 하더라도, 극단적인 대외적 공격성의 발현이 파시즘에 반드시 필수적인 것은 아니라는 것이다.

끌로우드 다비드는 또 "슐라이허나 그레고르 슈트라서가 집권했더라도 독일은 오만하고 호전적인 국가가 됐을 것이라는 생각이 들지만 히틀러와 같은 광신이나 잔혹성은 볼 수 없었을 것"이라고 말한다.5) 슐라이허나 그레고르 슈트라서는 모두 1934년 6월 30일 숙청 때 암살된 자들이고, 특히 슈트라서는 '민족사회주의'의 좌파적 경향의 대변자였다. 사실상 나치즘은 문자 그대로 '민족사회주의'를 뜻하는 것이지만, 비단 나치즘뿐만 아니라 유기체적 민족공동체를 주장하는 모든 파시즘이 '민족사회주의'적 경향을 지닌다. 사회주의자가 민족공동체의 이념을 갖게 되면 파시스트가 된다. 그 대표적인

---

3) 클로우드 다비드, 『히틀러와 나치즘』, 탐구당, 탐구ㄲ세즈문고, 1986, 181쪽.
4) Hannah Arendt, *Eichmann à Jérusalem*, Gallimard, coll. folio, 2000, 288쪽.
5) 클로우드 다비드, 앞의 책, 182쪽.

예가 뭇솔리니, 자끄 도리오(Jacques Doriot), 괴벨스, 슈트라서 형제 등이다. 뭇솔리니는 죽을 때까지 사회주의적 입장을 견지했다.6) 자끄 도리오는 프랑스 공산당을 탈당하여 '민족적 꼬뮌주의'를 내세우면서 프랑스 인민당을 설립했다.7) 독일의 민족사회주의는 그 초기 단계에서 일정한 사회주의적 입장을 견지한다. 반면 히틀러 개인의 사회주의적 입장은 매우 의심스럽다. 그는 그 자신의 사회주의적 정책들을 거의 다 철회했고, 바로 그 때문에 룀 및 슈트라서 형제들과 갈등을 빚는다.

히틀러의 입장은 사실상 매우 모호하다. 그가 추구했던 것은 과연 무엇일까? 끌로드 다비드는 "유대인 문제만 하더라도 히틀러가 진실로 이를 중요시했더라면 협의에 의한 국외이주를 통해 순탄하게 해결될 수 있었을 것이다. 그러나 히틀러는 사실상 전세계의 유대인을 멸절시키고자 했던 것"이라고 말한다.8) 유대인들을 집단학살로 몰아넣은 히틀러의 이러한 광기는 파시즘에 대한 그의 진지성을 의심하게 한다.

다시 말해 히틀러는 칼 슈미트나 하이데거처럼 파시즘을 진지하게 신봉하지는 않았던 것처럼 보인다. 칼 슈미트는 자본주의와 맑스주의를 경제주의적 사고의 두 형태로 간주하고, 가톨릭에 입각한 파시즘을 통해 그러한 경제주의로부터 벗어나려고 한다.9) 그는 비밀선거를 사회적 삶의 사사화(私事化, privatisation)의 표현으로, 투표자를 공동체로부터 분리된 원자화된 개인으로 간주하고 파시즘을 통해

---

6) 앙리 미셸, 『파시즘』, 탐구당, 탐구끄세즈문고, 1988, 60쪽 이하 참조.
7) 같은 책, 157~158쪽.
8) 클로우드 다비드, 앞의 책, 182쪽.
9) 칼 슈미트, 『로마 가톨릭주의와 정치형태』, 교육과학사, 1992, 22~23쪽.

삶의 전체성을 회복하려 한다.10) 부르주아적 합리주의의 한계를 파시즘을 통해 극복할 수 있다고 믿었던 하이데거는 1942년에 이르기까지 '나치즘의 내적 진리와 위대성'에 대해 말한다.11) 반면 히틀러를 움직인 진정한 동력은 다른 곳에 있었던 것 같다. 마치 죽음의 충동이 가학증으로 전환되듯이, 어떤 메워질 수 없는 내적 심연(深淵)이 히틀러를 부단히 자멸적인, 자기파괴적인 대외적 공격성으로 몰아넣었고, 파시즘은 그러한 그의 개인사(史)적 궤적 속에서 한 계기에 불과했던 것처럼 말이다.

물론 『나의 투쟁』의 저자가 파시스트가 아닐 수는 없다. 히틀러는 명백히 파시스트이다. 그렇지만 그가 파시즘 자체로 만족할 수 없었음은 물론이다. 파시즘을 넘어서는, 파시즘 이상의 어떤 내적인 힘이 그를 사로잡았던 것이고, 따라서 그는 '민족사회주의'의 건설에 만족기보다는, 그를 사로잡고 있었지만 그가 통제할 수 없었던 내적 충동에 파시즘을 종속시켰다. 따라서 파시즘에 대한 히틀러의 관계는, 적어도 그 한편에 있어서는, 도구적 성격을 갖는 외재적 관계이기도 하다.

그러한 외재성은 히틀러와 파시스트 대중의 관계 속에서도 드러난다. 라이히가 "히틀러는 제국주의를 수행하기 위하여 대중들의 도움을 원했음에도 불구하고 대중들을 완전히 경멸하고 있었다"라고 했듯이,12) 또 나치즘과 관련하여 아도르노와 호르크하이머가 "신봉자들은 자신들을 주체로서 진지하게 대접해주는 것이 아니라 목적

---

10) Nicolas Tertulian, "Carl Schmitt entre catholicisme et national-socialisme", *Les temps modernes*, 1996년 8-9월호(통권 589호), 134쪽.
11) 박찬국, 『히틀러와 나치즘』, 문예출판사, 2001, 42쪽.
12) 빌헬름 라이히, 『파시즘의 대중심리』, 현상과인식, 1986, 73쪽.

달성을 위한 수단으로 취급하는 사람에게 복종한다"고 했듯이,[13] 히틀러는 파시스트 대중들과 공감하고 그들과 더불어 '민족사회주의'를 건설하려고 했던 것이 아니라, 단지 대중들의 파시즘을 자신의 광기에 종속시켰다. 히틀러는 대중들의 파시즘을 공유했다기보다는 외재적 관계를 유지했다.

물론 광기는 독일의 파시스트 대중들에게도 존재한다. "유대인의 피를 달라고 외치는 것이 제2의 천성이 된 성인들은, 피를 흘려야 하는 젊은이들이 왜 그래야 하는지를 모르듯, 왜 그렇게 외쳐야 하는지 모른다"라고 아도르노와 호르크하이머가 말하듯이 말이다.[14] 그러한 맹목적인 광기는 통제되지 않은 것이기 때문에 진실로 무섭다. 그러나 파시스트 대중들의 광기는 히틀러의 광기와 다른 것이다. 파시스트 대중들의 광기는 상대적으로 수동적인, 호출된 광기인 반면, 히틀러의 광기는 능동적인, 호출하는 광기이기 때문이다. 호출된 수동적 광기로서의 독일 파시스트 대중들의 광기는 그 광기를 호출한 히틀러의 광기가 먼저 존재했기 때문에 가능했던 것이다. 그러한 의미에서 대중들의 광기는 상위의 심급에 의해서 합법화된 광기이다. 즉 대중들의 광기는 상위의 심급에 의해서 호출되고 합법화되지 않았다면 분출하지 않았으리라는 것이다. 파시스트 대중들의 광기는 모든 상처입고 분노하는 존재에 내재할 수 있는 잠재적인 가학적 충동 또는 파괴 충동에 불과하다. 파시스트 대중들의 '광기'는 병리적인 것이 아닌 반면, 대중들에게 잠재하는 가학적 충동을 집단적 광

---

13) M. 호르크하이머/T. W. 아도르노, 「반유대주의적 요소들」, 『계몽의 변증법』, 문예출판사, 1995, 259쪽.
14) 같은 책, 233쪽.

기로 조직해낼 수 있는 히틀러의 능동적 광기는 병리적인 것이다.

슬라보예 지젝은 아도르노와 마르쿠제의 논의를 뒤이어서 파시즘을 억압적 탈승화로 규정한다. 억압이 승화로 이어지지 않고 오히려 충동의 분출로 이어지는 억압적 탈승화는 프로이트적 의미의 자아의 매개를 거치지 않고 초자아와 '그것(das Es)'이 직접 결합하는 것이다.15) 이때 초자아란 물론 히틀러라는 상위의 심급이다. 히틀러는 대중들에게 잠재하는 파괴적 충동을 자신의 '자아의 이상형(Idéal du moi)'적 지위를 통해 호출하고 합리화시킨다. 이때 탈승화된 대중들의 충동은 상위의 심급의 호출이 없었다면 다른 모든 자들에게서와 마찬가지로 잠재적으로만 존재했었으리라는 점에서 결코 병리적인 것이 아니다.16)

내가 여기서 다루고자 하는 파시스트적 내면성은 파시즘에 가담하는 일반 대중들의 내면성이다. 파시즘은 파시스트 국가보다 먼저 존재한다. 파시즘은 우선 파시스트적 내면성의 형태로 존재한다. 슈펭글러나 에른스트 윙거 또는 칼 슈미트에게서처럼 말이다. 그리고 그러한 파시스트적 내면성은 특정한 계기에 결집되어 운동을 이루고 또 국가를 이룬다. 물론 예외적으로 파시스트적 내면성의 소유자가 정치적으로 정형화된 파시스트 운동이나 국가에 가담하지 않을 수도 있지만 말이다(슈펭글러의 경우). 히틀러의 힘은 파시스트적 내

---

15) Slavoj Zizek, *Ils ne savent pas ce qu'ils font*, Point hors Ligne, 1990, 26쪽.
16) 같은 책 34쪽에서 슬라보예 지젝은 파시즘의 '정신병적' 성격을 말하지만, 그것은 단지 현상적 유사성에 입각한 섣부른 진단이다. '그것(das Es)'이 분출된다고 해서 모두 정신병적인 것은 결코 아니다. 파시스트들이 현실감각을 심각할 정도로 잃어버린 것도 아니었고, 공동체적 관계 속에서 주체성을 일정하게 철회했다고 하더라도 프로이트적 의미에서의 자아를 항구적으로 상실한 것도 아니기 때문이다.

면성들을 하나의 정치적 힘으로 결집시킨 것이다. 히틀러는 물론 파시스트이지만, 그의 내면성은 전형적으로 파시스트적인 형식을 지닌 것이 아니다. 그의 내면성은 파시즘에 대해 일정하게 외재적이다. 그는 파시스트적 내면성을 지니고서 파시즘을 실천한다기보다는, 파시즘을 넘어서는 어떤 내적 힘에 포획되어 파시즘을 그 힘에 종속시킨다.

파시스트적 내면성은 파시스트적 지배의 주체의 내면성이다. 반면, 히틀러는 파시스트적 지배관계 또는 지배양식에 대해 일정하게 외재한다. 따라서 그는 파시스트적 지배관계 또는 지배양식을 직접 실천하는 파시스트적 지배의 '전형적인' 주체는 아니다. 오히려 그의 호출에 따라 파시즘에 가담한 자들이 그보다 더욱 전형적인 파시스트적 지배의 주체들이다.

에리히 프롬은 그가 나치즘의 가장 적극적 지지자들로 설정한 독일 '하층중산계급'의 사회적 성격을 다음과 같이 제시한다.

> 사실상 하층중산계급에게는 그 역사를 통해서 어떤 특징적인 성질이 있었다. 즉 강자에 대한 사랑과 약자에 대한 증오, 비열성과 적개심, 돈을 쓰는 경우에서와 마찬가지로 감정의 발로에 있어서의 인색함 그리고 본질적인 금욕주의 등이다. 그들의 인생관은 편협하고 낯선 사람을 위험시하거나 증오하며, 아는 사람에 대해서는 질투심이 많고 그런 질투심을 도덕적 의분으로 합리화하고 있었다.[17]

이러한 독일 '하층중산계급'의 사회적 성격은 흔히 '권위주의적

---

17) 에리히 프롬, 『자유에서의 도피』, 범우사, 1992, 192~193쪽.

성격'이라고 불리어진다. 여기서 유의해야 할 점은 이러한 권위주의적 성격 그 자체가 파시스트적인 것은 아니라는 점이다. 다만 권위주의적 성격은 특정한 계기에 파시스트적 내면성으로 진화하거나 또는 파시즘에 의해 손쉽게 포획될 수 있는 것이다. 에리히 프롬에 따를 때, 권위주의적 성격의 핵심적 구조는 아래의 도식처럼 정리될 수 있다.

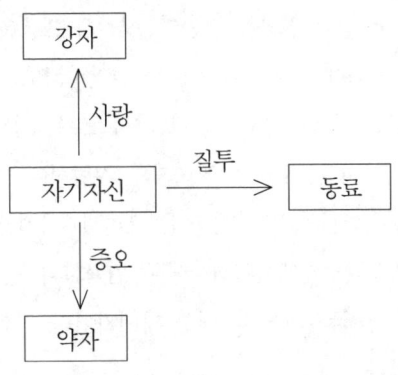

이러한 구조는 소상품 생산양식 내의 소(小)소유자가 살아남기 위한 전략으로 선택한 것으로 여겨질 수도 있지만, 무엇보다도 동물적인 힘의 논리의 표현으로 보인다. 강한 자에 대한 굴복, 약한 자에 대한 지배, 동등한 자들에 대한 질투가 바로 그것이다. 앙리 미셀은 파시즘을 "본능에 근거를 둔 복수"라고도 하고 또 파시스트들이 지적 자질보다는 '동물적 자질'을 발전시키려 했다고 말한다.[18] 그러한 점에서 권위주의적 성격은 파시스트적 내면성으로 이어질 수 있

---

18) 앙리 미셸, 앞의 책, 14쪽과 20쪽.

다. 체계적인 통제에도 불구하고 동물적인 힘의 논리가 모든 인간사회의 밑바닥에 깔려 있음은 물론이다. 동물적이라는 점에서 권위주의적 성격의 구조는 매우 자연적인 것이지만, 그러한 구조의 실현에 대립하는 교감, 연민, 이해력, 이성과 같은 또다른 경향도 궁극적으로는 자연적인 것이다. 그러한 점을 염두에 둘 때, 권위주의적 성격의 구조는 자연적이라기보다는 '직접적'이라고 할 수 있다.

물론 권위주의적 성격이 파시즘으로 진화하거나 파시즘에 포획될 경우 그 구조는 일정한 변화를 겪는다. 에리히 프롬은 파시즘을 "압도적으로 강한 권력에 복종하여 자아를 절멸시키고자 하는 욕망"을 호출하는 것으로 간주한다.[19] 그러나 파시스트는 강한 권력에 단순히 '복종'한다기보다는, 오히려 권력자와 결합하여 그의 권력을 공유한다. 그러므로 파시스트의 '복종'은 오히려 '지배자'가 되기 위한 것이다. 누구에 대한 지배자일까? 물론 권력자와 결합관계를 맺을 수 없는 '타자들', '국외자들'에 대한 지배자이다. 에리히 프롬은 다음과 같이 말한다.

> 대중은 몇 번이고 이런 말을 듣게 된다. 즉 개인은 하잘 것 없는 존재이고 아무런 가치도 없는 것이라고. 개인은 이와 같은 자기의 무의미함을 시인하여 자기 자신을 보다 높은 권력 안에 해소시켜 보다 높은 권력이 갖는 힘과 영광에 참여하는 것을 자랑으로 느껴야 한다.[20]

이러한 과정을 단순히 복종의 과정으로 파악하는 에리히 프롬은

---

[19] 같은 책, 210쪽.
[20] 같은 책 같은 쪽.

핵심을 놓치고 있다. 권력자와 파시스트 대중 사이의 관계를 단지 복종의 관계로 파악하는 에리히 프롬보다는, 모든 민족사회주의자들은 "예속적 지위에도 불구하고 자신을 '작은 히틀러'라고 생각하였다"고 말한 빌헬름 라이히가 파시스트적 현실을 훨씬 명확히 파악한다.[21] 권력자와 결합하는 파시스트 대중들은 실제로 권력을 분배받고 향유한다. 즉 상징적 질서에 위치한 '자아의 이상형'의 보장 아래 타자들에 대해 충동을 '탈승화'할 수 있는 권력을 부여받는다. 그리하여 권위주의적 성격의 핵심적 구조는 파시즘에 포획된 이후 아래의 도식과 같이 변화한다. 파시스트적 지배의 주체들은 권력자와의 위계적 결합관계를 매개로 하여, 그 결합관계로부터 배제된 타자들에 대한 지배를 향유하는 자이다. 이때 권력자 자신은 위계적 결합관계에 내부적인 파시스트적 주체일 수 있고, 아니면 단지 외부적 관계만을 유지하면서 파시즘을 도구적으로 착취할 수도 있다. 다시 강조하건대, 파시스트적 내면성은 파시스트적 지배의 주체들의 내면성이다.

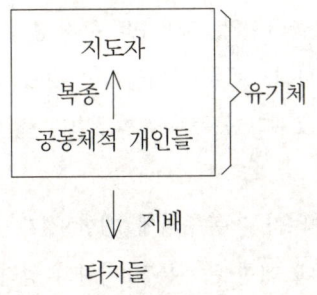

---

21) 빌헬름 라이히, 앞의 책, 111쪽.

파시스트적 내면성은 파시스트적 국가에 선행하는 것이다. 파시스트적 국가 또는 파시스트적 운동의 매개 없이도 권위주의적 성격은 특정한 계기가 주어지면 파시스트적 내면성으로 발전할 수 있다. 그러나 권위주의적 성격은 언제든지 존재할 수 있는 것이지만, 파시스트적 내면성은 그렇지 않다. 파시스트적 내면성은 자본주의에 고유한 현상이다. 즉 파시스트적 내면성은 자본주의에 의해 부정적으로 규정된 것이다. 달리 말해, 파시스트적 내면성은 자본주의와의 대립 또는 적어도 자본주의에 내재된 부르주아적 질서와의 대립을 통해 발전한 것이다.

삐에르 부르디외는 파시스트 국가가 성립하기 이전의 독일의 '시대정신(Zeitgeist)' 속에 널리 유포되어 있던 이원적 대립구조를 다음과 같이 열거한다. 문화/문명, 독일/프랑스(또는 영국), 공동체·민중/원자화된 대중, 위계/평준화, 지도자/자유주의·의회주의·평화주의, 농민·영웅/노동자·상인, 삶·유기체/테크닉, 전체/부분, 존재론/과학, 등등.[22] 이러한 대립구조는 파시스트 국가에 선행했던 파시스트적 내면성 내부에서의 대립구조이다. 그러한 대립구조의 한 축은 개인주의, 합리주의, 물질주의, 자유주의로 특징지어지는 부르주아적 질서이다. 그리고 파시스트들이 지향하는 것은 부르주아적 질서의 차가움과 피상성으로부터 공동체의 따뜻함과 '깊이'로 회귀하는 것이다.

속류화된 맑스주의가 자본주의에 대한 경제주의적 비판이라면, 파시즘은 자본주의에 대한 존재론적 비판의 성격을 일정하게 갖는다. 물론 히틀러는 자신이 애초에 주장했던 것과는 달리 자본주의를

---

22) Pierre Bourdieu, *L'ontologie politique de Martin Heidegger*, Minuit, 1988, 32쪽.

온존시키려 하였지만, 파시스트적 내면성은 현실정치의 공간 속에서의 파시스트 국가의 위치와는 상관없이 자본주의와의 대립 또는 적어도 자본주의에 내재된 부르주아적 질서와의 대립에 의해 규정된 것이다. 부르주아적 개인주의에 대항하는 공동체주의와 민족주의, 경제주의와 합리주의에 대항하는 온정주의, 도구적 교류양식에 대항하는 보다 인간적인 전면적 교류양식, '존재의 망각'에 대항하는 '존재의 회복'이 파시스트적 내면성이 추구하는 것이다.

한마디로 파시스트적 내면성의 핵심은 자본주의 또는 부르주아적 질서로부터 벗어나서 공동체로 회귀하려는 것이다. 그것은 과연 어떤 공동체일까? 일반적으로 말해지는 공동체와 같은 것으로 그것을 연상해도 되는 것일까?

파시스트적 공동체가 자립적 개인들의 결사로서의 '꼬뮌'과 다른 것임은 물론이다. 파시스트적 공동체는 자립적 개인성의 부정(否定)에 토대하기 때문이다. 사실 파시즘이 가장 혐오하는 것은 공동체에 대항해 자기를 내세우는 자립적 개인성이다. 그렇지만 파시스트적 공동체가 전자본주의적 공동체와 같은 것일 수 없음은 물론이다. 파시스트적 공동체는 자본주의에 의해서 부정적으로 규정된 것이고, 또 자본주의적 생산력 단계의 공동체이므로 말이다. 또 파시스트적 공동체는 맑스가 말한 이른바 '봉건적 사회주의'의 공동체와도 다르다. 파시스트적 공동체는 민족과 공동체가 결합하는 '민족공동체'를 추구하기 때문이다. 그렇다면 우리는 다음과 같이 파시스트적 공동체를 부정적으로 규정해볼 수 있다.

1) 파시스트적 공동체 ≠ 자립적 개인들의 꼬뮌
2) 파시스트적 공동체 ≠ 전자본주의적 공동체

3) 파시스트적 공동체 ≠ '봉건적 사회주의'의 공동체

그렇지만 이러한 변별성이 파시스트적 공동체의 내용에 대해 오해를 초래해서는 안 된다. 파시스트들은 결코 새로운 형태의 공동체를 만들어낸 것이 아니다. 파시스트적 공동체는, 만약 그것이 공동체라고 이름붙여질 수 있다면, 자본주의에 의해 부정적으로 규정되었다는 그 '현대성'에도 불구하고 지극히 '직접적' 성격의 공동체이다. 이때 '직접성'은 역사적 과정 속에서 발생한 성찰적 개인에 의한 매개를 결여하고 있음을 뜻한다. 그러한 매개의 결여로서의 '직접성'은 공동체의 유기체적 성격으로 드러난다. 즉 파시스트적 공동체의 성격은 부르주아적 질서에 대한 반동으로 생물학적 유기체 속에서 자기자신을 잊어버리려는 것으로 특징지어진다. 따라서 파시스트적 공동체는 '회귀'로서의 성격보다는 오히려 '반동(réaction)'으로서의 성격을 더 강하게 갖는다.

맑스는 1853년에 쓰여진 「영국의 인도지배」에서 인도의 전자본주의적 공동체들에 대해 다음과 같이 말한다.

> 우리는 무해한 것처럼 보이는 이 목가적 촌락공동체가 동양전제정치의 견고한 기초를 이루어왔다는 것, 이 촌락공동체가 인간정신을 미신의 온순한 도구로, 전통적 관습의 노예로 만듦으로써 그 웅대함과 역사적 정력을 앗아가버렸다는 것을 잊어서는 안 된다.[23]

맑스가 여기서 말하려는 것은 헤겔이 말했듯이 풍속이 주체인 상

---

[23] 칼 맑스, 프리드리히 엥겔스, 『저작 선집』 제2권, 박종철출판사, 2000, 417쪽.

태이다. 즉 인도의 전자본주의적 공동체에서 개인은 자립적 개인성을 갖지 못하고 풍속의 규정에 따라 사고하고 행동할 뿐이라는 것이다. 맑스의 이러한 생각이 과연 사실에 부합하는지는 앞으로 보다 면밀하게 검토될 필요가 있다. 반면, 파시스트적 공동체에서는 그러한 탈주체성이 오히려 열정적으로 추구된다. 부르주아적 합리주의에 대한 반동으로 말이다.

박찬국은 "독일인들이 히틀러를 지지하게 된 것은 자유에 대한 공포 때문이 아니라, 바이마르 체제가 더이상 사회적인 문제들을 해결할 수 없을 정도로 붕괴되었기 때문"이라고 하면서 에리히 프롬을 비판한다.[24] 물론 '자유에 대한 공포'는 몇 가지 중요한 매개적 메커니즘들을 누락시킨 매우 불충분한 개념이다. 하지만 단순히 사회적 위기가 파시스트 국가를 성립시켰다는 것은 있을 수 없다. 사회적 위기는 단지 계기일 뿐이다. 사회적 위기 때마다 파시즘이 성립하지는 않듯이 말이다. 파시즘의 성립을 사회적 위기 또는 경제적 위기로부터 설명하는 것은 사태를 올바로 파악하지 못한 상태에서 그저 눈에 띄는 이유를 갖다대는 것에 불과하다. 즉 파시즘의 실상을 파악하지 못한 상태에서 합리주의적 설명의 외장(外裝)을 취하는 것일 뿐이다. 중요한 것은 그러한 사회적 위기와 결합한 그 '무엇', 즉 파시스트적 내면성이다. 부르주아적 질서로부터 도주하여 주체성을 내팽개치고 몰(沒)개인적 공동체로 반동적으로 회귀하려는 내면성 말이다.

1945년 5월 8일 독일이 전쟁에 패했을 때, 유대인 학살의 책임자인 아이히만이 느낀 것은 파시스트적 공동체의 성격을 여실히 드러

---

[24] 박찬국, 『하이데거와 나치즘』, 문예출판사, 2001, 92쪽.

내준다. 즉 그는 이제부터는 어떤 집단의 구성원도 아닌 상태에서 혼자 살아야 한다는 것에 대해 당혹감을 느낀다. 그는 다음과 같이 말한다.

    나는 예감했다. 이제는 어떤 지휘관도 없이, 힘들게, 개인적 삶을 살아야 한다는 것을. 나는 이제 명령을 받지도 않을 것이고 내리지도 않을 것이다. 또 참고해야 할 법조문들도 없을 것이다. 한마디로 나는 여태까지 체험하지 못한 삶을 살아가야 할 것이다.25)

놀라운 것은 독일이 전쟁에 지던 날 그가 느낀 것이 바로 혼자 살아가는 것에 대한 두려움이었다는 것이다. 그야말로 에리히 프롬이 말한 '자유에 대한 공포'가 그것이다. 하지만 방금 지적했듯이 '자유에 대한 공포'라는 개념은 충분치 못한 것이다. 왜냐하면 파시스트적 내면성을 성립시킨 것은 오히려 '부르주아적 질서의 허구적 자유에 대한 혐오'였기 때문이다. 파시스트적 내면성은 공동체적인 정서적 유대를 회복시키기 위해서는 자신들의 주체성을 철회할 준비가 되어 있었던 것이다.

  공동체의 정서적 유대 속에서 자기자신을 잊어버리는 것은 자연주의적 관점에서 정당화된다. 엠마뉘엘 레비나스에 따를 때 파시즘의 기원은 인간과 육체의 동일화에서 찾아진다. 그러한 동일화에 따라 생물학적인 것(le biologique)이 격상되고 피와 유전의 중요성이 부각된다. 그리하여 인간의 본질은 '육체에 묶여져 있음', '피와 대지에 묶여져 있음'으로 파악되게 되고, 파시즘은 그러한 '묶여져 있음'

---

25) Hannah Arendt, 앞의 책, 58~59쪽.

을 인식하고 그에 따라 행동하는 것이 된다. 레비나스는 "자신의 몸에 묶여 있는 인간은 자신으로부터 벗어날 수 있는 힘을 지닐 수 없다"고 하는데, 이 말이 뜻하는 것은 파시즘에 있어서는 육체를 뛰어넘을 수 있는 자유가 없다는 것이고 '피의 공동체'에 구속되는 것이 운명이라는 것이다.26)

파시스트적 공동체는 자연주의에 의해서 구성된다. 공동체 내의 평등한 관계는 반(反)자연적인 것으로 간주되어 배척된다. 즉 파시스트 공동체는 평등한 주체들 사이의 공동체가 아니다. 파시스트들에게는 위계적인 관계가 자연적인 것으로 간주된다. 파시스트들에게서 공동체로의 회귀는 다름 아닌 위계적 관계로의 회귀이다. 앙리 미셸은 다음과 같이 말한다. "파시즘을 신봉하는 집단은 반드시 엄격한 계급제도를 고수해왔다. 그 속에는 명령을 내리는 자와 거기에 맹목적으로 복종하는 자가 있게 마련이고, 권력은 언제나 위에서 아래로 하달되는 구조적 성격을 갖는다."27) 파시스트적 공동체는 자연주의에 따라 하나의 유기체로 파악된다. 그 유기체 내에서 개인은 하나의 원자에 불과하다. 그렇지만 개인은 아이히만처럼 그런 유기체 속에서 자기 자리를 찾고 안정감을 느끼며, 유기체 외적 존재들에 대한 지배를 향유하는 것이다.

또 파시스트적 공동체에서 남자와 여자는 그들의 해부학적 차이, 즉 '자연적' 차이에 따라 상이한 역할을 맡는다. 즉 여성의 역할은 가정주부와 어머니의 역할로 한정되게 된다. 나치 시대의 조각에서

---

26) Emmanuel Lévinas, *Quelques réflexions sur la philosophie de l'hitlérisme*, Rivages poche, 1997, 18~21쪽.
27) 앙리 미셸, 앞의 책, 18쪽.

"남성상은 대체로 실물보다 큰 크기와 '결의로 가득 찬' 긴장된 포즈로 공격적인 성향"을 나타내는 반면, "여성상은 '전형적인' 여성의 우아함과 헌신적이며 순응하는 포즈"가 압도적으로 많다는 사실은 바로 그러한 남녀간의 역할구분을 말해주는 것이다.[28]

중요한 것은 파시즘에서 유기체로서의 공동체의 단위가 민족이라는 것이다. 이것이 바로 파시즘의 고유성이고, 봉건적 사회주의와의 차이이다. 노이로르는 파시스트 국가 성립 이전부터 민족공동체의 이념이 독일 사회에 널리 확산되어 있었음을 지적하면서 다음과 같이 말한다. "사람들이 민족공동체에서 말하고 싶었던 것은 대체로 긴밀하고 따스한 공동의식, 전체 민족구성원의 연대의식이 모든 사회적·정치적·종교적·문화적 차별을 완전히 해소시키거나 적어도 무의미한 가치로 만들 만큼 강력한 공동생활의 기반이 되는 일이었다."[29]

인종은 자연적 범주, 민족은 문화적 범주, 국민은 정치적 범주이다. 물론 이데올로기적 목적하에 인종이나 민족을 정치적 용법으로 사용하기도 하고, 국민과 일체화시키기도 한다. 하지만 민족을 아무리 정치화한다 하더라도, 민족이 공동체일 수 없음은 물론이다. 민족은 계급, 성, 지역 등에 의해 나누어지는 것이기 때문이다. 그처럼 여러 축들에 의해 분할된 민족 성원들이 서로간에 공동체의식을 느낀다는 것은 불가능하다. 생산력이 증가하고 국민총생산이 늘어도 그러한 일은 결코 벌어질 수 없다. 아마도 인류가 하나의 공동체가 될 수는 있어도 민족이 공동체가 될 수는 없을 것이다. 왜냐하면 인류

---

28) 게오르그 부쓰만, 「나찌 조각」, 정미희 편, 『나찌 미술』, 미진사, 1989, 25쪽.
29) J. F. 노이로르, 『제3제국의 신화 – 나치즘의 정신사』, 한길사, 1981, 85쪽.

가 공동체가 될 때 민족은 해체될 것이므로 말이다.

민족공동체라는 관념은 하나의 이데올로기적 가상으로서만 존재한다. 여하간 파시즘에서 공동체를 민족으로까지 상승시키는 방법은 두 가지이다. 그 하나는 프로파갠더이고, 다른 하나는 '민족의 적'을 설정하는 것이다. 즉 '민족의 적'이 설정됨에 따라 민족은 적에 대항하는 '운명공동체'로 등장하는 것이다.

히틀러는 역사를 생존공간을 둘러싼 민족들 간의 생존싸움으로 파악하고,[30] 또 슈펭글러는 "역사란 예나 지금이나 전쟁의 역사"라고 한다.[31] 사실상 대부분의 역사책에 쓰여져 있는 것이 바로 그것이다. 그래서 역사를 민족간의 전쟁사로 파악하는 파시즘의 시각은 매우 올바른 자연주의적 시각인 것처럼 여겨질 수도 있다. 하지만 역사는 결코 민족들 간의 전쟁의 역사가 아니다. 전쟁은 민족들 사이에서 벌어지는 것이 아니라, 국가들 사이에서 벌어지는 것이다. 그리고 국가는 전쟁을 위해 정치적 범주로서의 국민들을 동원하는 것이지, 결코 문화적 범주로서의 민족을 동원하는 것이 아니다.

칼 슈미트는 『정치의 개념』에서 정치의 고유한 특질을 '적과 친구의 구별'이라고 규정한다.[32] 이러한 정치의 개념은 그 '현실주의적' 외장(外裝)에도 불구하고 허구적인 것이다. 권력탈취와 권력행사를 위한 현실정치는 집단들 사이의 대립의 양상을 갖지만, 그 양상을 친구와 적의 관계로 환원시키는 것은 사실의 한 측면만을 지나치게 과장한 것이다. 현실정치를 구속하는 정치의 이념이 차이가 나는 개

---

30) 요하임 C. 페스트, 『히틀러 평전 I』, 푸른숲, 1998, 366쪽.
31) O. 슈펭글러, 『인간과 기술』, 서광사, 1998, 54쪽.
32) Carl Schmitt, *La notion de politique*, Champs/Flammarion, 1992, 64쪽.

별자들 사이의 이해대립을 해소하는 것이라고 할 때, 이 개별자들을 한편으로 '친구'로 구분하는 것은 개별적 차이들을 무시하는 파시스트적인 것이고, 다른 한편 '적'으로 구분하는 것은 정치를 하지 않겠다는 것이다. 그리하여, 슈미트가 암시하듯이, 민족공동체 내부는 '친구', 외부는 '적'이라고 할 때, 내부에도 정치는 없고(정치는 '친구' 사이의 관계가 아니므로), 외부에도 정치가 없게 된다(정치는 '적'과의 관계가 아니므로).

칼 슈미트는 "민족들(les peuples)은 서로 친구냐 적이냐에 따라서 매우 현실적으로 위치를 잡는다"고 말한다.[33] 하지만 민족들 또는 인민들이 서로를 적 또는 친구로 가른다는 발상 자체가 그의 말대로 현실주의적이기는커녕 순전히 편집증적인 것이다. 도대체 서로간에 전혀 알지도 못하는 한국과 일본의, 독일과 프랑스의 개인들이 서로에 대해 적 또는 친구의 관계를 갖는다는 것 자체가 지극히 비사실적인 이데올로기적 설정이다. 게다가 심지어 국가와 국가 사이의 관계도 결코 친구 또는 적의 관계가 아니라 여러 형태의 물질적 교류를 둘러싼 일시적인 전략적 동맹 또는 갈등의 관계일 뿐이다.

여하간 역사를 민족간의 전쟁의 역사로 파악하는 파시즘의 '자연주의적' 관점은 민족공동체라는 가상의 창조에 기여한다. 그리하여 파시스트들은 기꺼이 자신을 유기체로서의 민족공동체의 한 원자로 해소시킨다. 사실상 파시스트 공동체는 민족공동체라는 가상으로서만 존재할 뿐이다.

* * *

33) 같은 책, 66쪽.

과연 어떠한 자들이 파시스트적 내면성을 갖는 것일까? 과연 어떠한 자들이 기꺼이 위계적 질서에 복종하고자 하고, 소속의식과 정서적 유대를 위해 자신의 자립적 개인성을 포기하려고 할까? 어떠한 자들이 공동체에 속하지 않는 자들에 대한 공격 속에서 존재의 쾌감을 향유하려고 할까? 물론 공동체의 위계적 질서에 대한 복종은 '바깥'의 존재를 전제한다. 적대하고 지배하여야 할 '바깥'이 존재하기 때문에 '안'으로의 통합과 복종이 가능한 것이다. '안'이 하나의 유기체가 되어 '바깥'을 지배하려는 것이다. 하지만 아무리 그렇다고 하더라도 누가 기꺼이 자신의 자립적 개인성을 철회하고 유기체적 공동체의 한 요소가 되고자 하는 것일까? 그는 어쩌면 애초부터 자립적 개인성이 매우 저발전해 있거나 아니면 자기자신을 잊어버리고자 하는 자일 것이다. 또는 자기자신에게서 별로 지킬 것이 없는 자일 수도 있다. 여하간 그의 주체성의 형식은 특수하다.

그래서 성격에 대한 연구들이 행해진다. 파시스트가 되는 자들의 성격에 대한 연구 말이다. 어떤 성격의 소유자가 파시스트가 되는 것일까? 이미 보았듯이 에리히 프롬은 '하층중산계급'의 권위주의적 성격에서 파시즘의 기원을 찾는다. 그렇지만 그의 연구는 충분히 치밀하지 못한 듯이 보인다.

아도르노와 그의 동료들은 '잠재적인 파시스트적 경향'을 갖는 자들의 성격을 파악하기 위해 아홉 가지 항목으로 이루어진 F-스케일(파시즘 스케일)을 설정한다. 이 F-스케일의 아홉 가지 항목은 하나로 엮어져서 파시스트적 잠재성을 갖는 개인 속에서 지속적인 성격 구조를 이룬다. 그것들은 1) 관습주의, 2) 소속집단의 이상화된 도덕적 권력을 무조건적으로 받아들이는 권위주의적 예속성, 3) 관습적 가치들을 위반하는 자들을 감시, 정죄, 배척, 처벌하는 권위주의적 공격성, 4) 내적인 감성과 상상력에 대립하는 반(反)내향성, 5) 미신에 대한 믿음과 스테레오타입화, 6) 지배-복종, 강자-약자, 지도자-추종자의 관계에 집착하는, 힘과 '터프함'에 대한 숭배, 7) 파괴적 성향과 냉소주의, 8) 무의식적인 감정적 충동을 외부에 투사하는 투사(投射)적 성격, 9) 성적 일탈들(goings-on)에 대한 지나친 관여로 특징지어지는 성적 보수성이다.[34]

이러한 아홉 가지 특질 가운데 첫째부터 셋째까지의 관습주의, 권위주의적 예속성, 권위주의적 공격성은, 아도르노가 그것들을 '자아의 허약성'에 연결시키고 있듯이,[35] 자립적 개인성의 부재와 연관된다. 관습주의와 권위주의적 예속성은 모두 '내적 기준'의 부재를 말해준다. 그리고 권위주의적 공격성은 자립적 개인성을 결여한 자가 자립적 개인성을 가진 자에 대해 행하는 일종의 '복수'이다. 이러한 복수는 모두가 자기처럼 되어야 한다는, 모두가 똑같이 생각해야 한다는 강요인데, 자립적 개인성을 갖지 않은 자는 타자성을 존중할 수 없다는 사실을 확인해준다. 즉 자립적 개인성을 결여한 자는 그가 받아들인 도덕적 질서를 '단 하나의 가능한 도덕적 질서'로, 유일한 것으로 간주한다는 것이다. 따라서 자립적 개인성을 소유한 타자는 유일해야 하는 절대적 도덕질서에 위협적인 존재로 간주되어 정죄되고 박해받는다.

넷째 특질인 반(反)내향성도 역시 자립적 개인성의 결여와 관계된다. 내적인 감성이나 상상력은 모든 답이 이미 정해진 자명한 세계

---

[34] Theodor W. Adorno(외), *Studies in the Authoritarian Personality, Gesammelte Schriften*, 9-1, Suhrkamp, 1975, 194쪽.
[35] 같은 책, 202쪽.

에 대한 의문제기로 여겨져 억압된다. 내적 감성이나 상상력은 자립적 개인성으로 이르는 통로인 것이다. 따라서 자립적 개인성을 결여한 F-스케일의 해당자에게 내적 감성이나 상상력은 하나의 위기로 비추어진다. 다섯번째 특질인 미신에 대한 믿음과 스테레오타입화에서, 스테레오타입화는 내적인 사고의 결여, 성찰적 사고능력의 결여를 말해준다. 따라서 스테레오타입화 역시 개별적 내면성에 기초한 자립적 개인성의 부재를 말해주는 것이기도 하다. 미신에 대한 믿음은 두려움 또는 불안의 투사에 기초한 것으로, 합리적 성찰을 결여한 '직접적' 사고의 한 형태이다. 그것은 개인적 정동(情動, affect)의 지배로 인해 사고의 논리적 전개가 저지된 결과이다. 즉 인과관계에서 원인이나 결과의 설정이 두려움을 핵심으로 하는 개인적 정동에 의해 결정된다는 것이다. '천둥은 신의 분노'라고 생각하는 것처럼 말이다. 미신에 대한 믿음의 전파는 자립적 개인성들 간의 합리적인 사회적 소통이 아니라 일종의 공동체적 전염이다.

여섯째부터 여덟째까지의 힘과 '터프함'에 대한 숭배, 파괴적 성향과 냉소주의, 투사성(投射性)은 모두 힘의 논리에 관계된다. 즉 물리적 힘을 통한 지배가 찬양되는 것인데, 이것은 바로 직접성의 추구이다. 파괴적 성향과 결합한 냉소주의는 따라서 성찰적 이성에 의한 매개의 거부를 뜻한다. 오직 물리적 관계의 직접성만이 진실한 것으로 받아들여진다는 것이다. 투사성은, 뒤에서 살펴보겠지만, 자신의 공격성을 타자에게 투사해서 타자도 또한 자신에게 공격성을 갖고 있는 것으로 파악하는 것이다. 따라서 일종의 피해망상적 판타즘이라고 할 수 있는 것으로, 동물적 힘의 논리의 네가티브한 이면이다. 아홉번째의 성적 보수성은 셋째 특질인 권위주의적 공격성과 연결된다. 타자성에 대한 존중의 결여로 인한 것이기 때문이다.

결국 하나의 성격구조로서의 F-스케일에 특징적인 것은 자립적 개인성의 결여와 직접성의 추구이다. 그러한 성격구조는 어떤 사회적 집단들에서 가장 많이 나타나는 것일까? 아도르노와 그의 동료들의 조사에 따를 때 F-스케일의 특질들을 가장 많이 지닌 집단은, 샌 쿠엔틴(San Quentin) 감옥의 남자 죄수들을 예외로 할 때, 노동자계급이다. 게다가 샌 쿠엔틴 감옥의 죄수들의 F-스케일적 성향도 그들 중 많은 수가 노동자계급 출신이기 때문인 것으로 파악된다. 따라서 아도르노에 따를 때 노동자계급이 가장 강력한 파시스트적 성향을 갖는 것으로 간주된다.36)

이러한 조사결과는 물론 파시즘의 기원을 '하층중산계급'의 권위주의적 성격에서 찾는 에리히 프롬의 주장에 배치되는 것이다. 하지만 에리히 프롬의 주장을 비롯하여 파시즘과 노동자계급을 분리시키려는 많은 주장들은 다분히 이데올로기적 성격을 갖는다. 즉 그러한 주장들은, 노동자계급은 맑스주의적 사회주의 편이라는 '선험적' 전제에 입각한 것이다. 삐에르 아이쏘베리는 그러한 주장들을 미국으로 이민간 독일의 맑스주의적 지식인들이 노동자계급의 결백성을 보장하기 위해 창조해낸 신화들로 간주한다.37)

반면 오히려 삐에르 부르디외의 『구별짓기』는 노동자계급에게서 F-스케일적 성향이 가장 강하게 나타난다는 아도르노의 조사결과를 지지해주는 것 같다. 물론 F-스케일적 성향의 소유자가 다 파시스트가 되는 것은 아니고, 또 노동자계급이 모두 F-스케일적 성향을 지

---

36) 같은 책, 245~246쪽.
37) Pierre Ayçoberry, *La société allemande sous le IIIe Reich*, Seuil, coll. Points/Histoire, 1998, 163쪽.

니는 것도 아니다. 한나 아렌트가 파시즘을 계급적 현상이 아니라 대중적 현상으로 파악하듯이 말이다.38)

마리아-안토니에타 마치오키는 "파시즘이 민중적 지지를 획득했다는 것을 부정하는 것은 어리석은 일"이라고 말한다.39) "노동자 대중은 파시스트들의 프로파갠더에 결코 회유당하지 않는다"고 주장하는 것은 현실인식에 도움이 되지 않는다. 니코스 풀란차스의 정리에 따르면 1929년 독일에서 나치의 노동조합인 '민족사회주의 기업세포조직(NBSO)'은 40만의 조합원을 가졌는데, 이 숫자는 1932년에 독일공산당 계열 노동조합인 RGO의 조합원이 20만이 채 안 되었음을 감안할 때 상당한 숫자였다고 한다. 물론 풀란차스는 NBSO의 조합원들의 상당수가 기술자들, 사무직들, 갓 농촌에서 올라온 신진노동자들, 실업자들, 룸펜들로 구성되어 있어서, 핵심적인 노동자층을 많이 포섭한 것은 아니었다고 강조한다. 또 나치 당원들 중 노동자계급 출신은 1930년에 28%, 1934년에 32%였다고 하는데, 이는 무시할 수 없는 숫자임은 확실하다. 물론 총 인구 중 노동자계급의 비율인 45%에는 미치지 못하는 숫자이지만 말이다.40)

삐에르 아이쏘베리에 따르면 1931년 베를린의 '나치 돌격대(SA)'에서 노동자의 비율이 50%였고, 독일 전체의 돌격대에서는 농업노동자가 포함된 것이긴 하지만 그 비율이 57%에 이르렀다. 1933~1934년 사이에는 독일 전체의 돌격대에서 숙련노동자가 51%, 노무

---

38) Hannah Arendt, *Le système totalitaire*, Seuil, coll. Points, 1995, 제1장 참조.
39) Maria-Antonietta Macciochi, "L'art, les intellectuels et le fascisme", *Eléments pour une analyse du fascisme*, tome 2, 10/18, 1976, 36쪽.
40) Nicos Poulantzas, *Fascisme et dictature*, Seuil/Maspero, coll. Politique, 1974, 220~221쪽.

자가 17%를 차지했다. 또 나치의 '일반 친위대(SS)'에서는 1933년 이전의 승격자 중에서 노동자가 30~40%, 중산층이 15~20%를 차지했고, 1933년 이후의 승격자에서는 중산층의 비율이 높아진다고 한다.[41] 이러한 통계들이 말해주는 것은 운동으로서의 파시즘에 중요한 비율의 노동자들이 참여했다는 것이다.

사실상 노동자계급의 위치는 매우 애매한 것이다. 레닌이 노동자들은 결코 스스로의 힘으로는 혁명적 의식을 획득할 수 없다고 했듯이 말이다. 레닌의 입장이 옳은 것은 아니지만, 레닌은 적어도 자신의 선험적인 희망을 노동자들에게 투사하지는 않았다. 노동자계급은 그들의 사회적 위치로 인해 가능성과 현실태가 가장 심하게 괴리된 집단이다. 즉 그들은 다음과 같이 서로 모순되는 두 가지 성격을 갖는다.

1) 그들의 사회적 위치로 인해 사회의 모순구조에 대한 과학적 인식에 가장 열려 있다.
2) 마찬가지로, 과도한 노동착취와 낮은 교육수준이라는 그들의 사회적 지위로 인해 성찰적 이성의 매개가 결여된 직접성에 가장 많이 노출되어 있다.

노동자계급은 가장 많은 희망과 가장 많은 절망 사이에 분열되어 있다. 아마도 희망과 절망의 경계선 위에서 희망 쪽으로 기울어지면 꼬뮌주의를 향해 나갈 수 있을 것이고, 절망 쪽으로 기울어지면 파시즘을 택할 것이다. 과도한 노동착취에 대면해서, 부르주아적 질서

---

41) Pierre Ayçoberry, 앞의 책, 27~29쪽과 44~45쪽.

의 허구성에 대항해서, 자신의 주체성을 포기하고 유기체적 공동체의 위계적 질서에 투항하기에 가장 적합한 존재가 노동자계급일 수 있지 않을까? 생활조건과 지적 조건 그리고 개인사(史)가 그들에게 자립적 개인성의 발전을 허용하지 않았고, 또 그들이 노동운동을 통해 보편주의적 연대의 필요성을 체득하지 않았다면 말이다.

그러나 다시 한 번 강조하지만 특정한 계급의 성원이 모두 F-스케일적 성향을 가지는 것도 아니고, F-스케일적 성향의 소유자가 모두 파시스트가 되는 것은 결코 아니다. 에리히 프롬과 마찬가지로 다소 선험적인 전제하에서 파시즘의 지지계급을 '하층중산계급'으로 설정하는 빌헬름 라이히는 파시스트적 내면성의 원천을 '권위주의적 가족' 속에서 찾는다. "모든 종류의 반동적 사고의 재생산의 가장 중요하고 근본적인 원천을 대표하는 것은 바로 권위주의 가족"이라고 하면서 말이다.[42]

라이히의 이러한 생각은 물론 그럴듯한 것이다. '권위주의적 가족'은 정서적 유대를 강조하면서 자립적 개인성의 발전을 막을 것이기 때문이다. 권위주의적 가족에서 누군가가 해독되지 않는 개별적 내면성을 갖는다는 것은 가족으로부터 이탈한다는 신호이고, 따라서 그러한 내면성은 파괴되어야만 한다. 가족적 혼융관계를 회복하기 위해서 말이다. F-스케일의 반(反)내향성이 말해주는 것이 바로 그것이다. 권위주의적 가족은 하나의 유기체이고, 가족구성원들 사이에는 존중해야 할 타자의 인격이 아니라, 나와 동일시되어야 하는 융합의 대상으로서의 '우리'만이 있다. 그래서 나는 '우리' 가운데 누군가가 나와의 융합으로부터 떨어져 나오는 것을 참지 못하고, 가

---

42) 빌헬름 라이히, 앞의 책, 92쪽.

족적 배려와 애정이라는 명목으로 나를 '우리'에게 강요하게 된다. 물론 이때의 배려가 철저하게 외면적 배려에 불과하다는 것은 확실하다. 그 배려는 내면성을 무시하고 파괴하는 것을 목적으로 하기 때문이다.

그러한 '권위주의적 가족' 속에서 정서적 유대의 열망이 강해지고 자립적 개인성이 저발전한다는 것은 대부분의 경우 들어맞는 말일 것이다. 확실히 파시즘의 배경에는 라이히가 말하는 의미에서의 '권위주의적 가족'이 자리잡고 있다. 하지만 '권위주의적 가족'의 성원들 모두가 강한 정서적 유대의 열망과 저발전한 개인성을 지니고 있는 것은 결코 아니다. 심지어 한 가족 내에서도 형제들의 성격과 정치적 경향이 전혀 다를 수 있다. 홀로 있을 때만 '존재한다는 느낌'을 갖는 자와 여럿이 어울릴 때에만 '존재'한다고 느끼는 자가 같은 형제일 수 있다. 그러므로 '권위주의적 가족'으로부터 파시스트적 내면성이 온전히 설명될 수 있는 것은 결코 아니다.

특정한 성격과 파시즘 사이에 친화성이 있음은 명확하다. 왜냐하면 유기적 공동체의 한 요소로 통합되면서 자기자신을 망각하는 것을 절대로 받아들일 수 없는 성격이 또한 존재하기 때문이다. 파시스트적 내면성은 명백히 자립적 개인성의 저발전, 직접성의 추구, 공동체적인 정서적 유대의 열망에 기초한 것이다. 파시스트적 내면성은 아마도 주체성 발전의 한 단계에 상응할 것이다. 직접성이 아직 성찰적 이성에 의해 매개되지 않은 단계, 내면성이 아직 자신의 개별성을 주장할 정도로 발전하지 않은 단계, 아직 공동체의 정서적 유대 속에 머무르고자 하는 단계가 그것이다. 하지만 파시스트적 내면성은 결코 병리적인 것은 아니다. 그것은 다만 '아직도 직접적'일 따름이다.

아이히만을 관찰한 대여섯 명의 정신과 의사들은 아이히만이 지극히 '정상적'임을 확인해준다. 심지어 그들 중 한 명은 다음과 같이 말한다. "심리학적으로 말해서 아이히만의 세계관(Weltanschauung)과 아내, 자식들, 부모, 형제, 친구들에 대한 태도는 정상적일 뿐만 아니라 매우 바람직한 것이다."[43] 또 규칙적으로 감옥에서 아이히만을 만났던 목사는 아이히만이 "매우 긍정적인 생각들을 가진 사람"이라고 말한다.[44]

이 사실은 중요하다. 아이히만이 정상적이라는 사실 말이다. 아이히만이 병리적이 아니라 정상적이어서 문제가 되는 것이다. 그가 만약 병리적이라면, 모든 것은 정신병리의 탓이 된다. 그렇지만 유대인 학살의 책임자 아이히만은 지극히 정상적인 인간이고, 우리는 정상적 인간이 파시스트가 된다는 것을 설명해야 한다. 히틀러와 같은 병리적 경우는 예외적인 것인 반면, 다른 수많은 파시스트들은 정상적인 인간들이다.

한나 아렌트는 다음과 같이 말한다.

> 진정한 문제는 피고인석에 앉아 있는 개인의 문제가 아니다. 일반적인 독일 국민, 그 모든 형태의 반(反)유대주의, 현대사 전체, 인간의 본성, 원죄가 바로 진정한 문제이다. 그리하여 인류 전체가 보이지 않는 피고석에 앉아야 할 것이다. 우리는 이미 그것을 여러 번 말했다. 가장 많이 그것을 말한 자들은 어떤 값을 치르던지 '우리 각자의 밑바닥'에 있는 아이히만을 발견하길 원한 자들이다.[45]

---

43) Hannah Arendt, *Eichmann à Jérusalem*, 48~49쪽.
44) 같은 책, 49쪽.

아렌트가 주장하는 것은 파시스트적 내면성의 편재성이다. 그렇다. 파시스트적 내면성은 편재한다. 그렇지만 우리는 파시스트적 내면성이 '일반적'이라고 말할 수는 없다. 그것은 어디까지나 특수한 것이다. 누구나 다 파시즘에 의해 호출될 수 있는 것은 아니다. 게다가 파시스트적 내면성은 이미 보았듯이 자본주의에 고유한 것이기도 하다.

여기서 우리는 문제를 다른 각도에서 접근해볼 필요가 있다. 특수한 성격의 문제가 아니라 파시즘의 호소력이란 측면에서 말이다. 파시즘의 호소력은 무엇이었을까? 병리적 인간이 아닌 아이히만과 같은 정상적 인간들을 호출해낸 그 호소력 말이다. 파시즘은 과연 아이히만의 내면의 그 '무엇'에 호소했던 것일까? 파시즘의 호소력은 특정한 성격의 소유자에 대해서 뿐만 아니라, 그 호소력에 의해서 호출될 수 있는 그 '무엇'을 가진 자에 대해서 행사된다. 이때 그 '무엇'이란 과연 어떤 것일까?

파시즘의 호소력은 두 축을 가진다. 즉 반(反)자본주의와 반(反)유대주의가 그것이다. 반자본주의는 공동체의 내부로 향해진 것이고, 반유대주의는 공동체 외부로 향해진 것이다. 즉 '민족의 적'인 유대인에 대항해서 유기체적인 민족공동체를 만들자는 것이다.

슈펭글러는 파시즘의 원조 격인 '프르시아적 사회주의'를 주창하면서 영국의 물질주의를 비판한다. 영국의 물질주의는 "어리둥절할 정도로 그 깊이가 결여되어 있다", 영국의 물질주의에서는 "오로지 노동을 절약하고 오락을 즐길 기술의 진보만이 의미를 지닐 뿐이었고, 영혼(Seele)에 관해서는 아무런 언급도 없었다"는 것이다.46) 그렇

---

45) 같은 책 458쪽.

지만 삶을 자연주의적 투쟁으로 간주하는 슈펭글러의 이론도 전혀 '깊이'를 갖지 않는다. 그의 이론은 단지 '깊이'에의 흉내일 뿐이다. 예컨대 그가 말하는 '영혼'은 엄밀히 식별되고 정의된 내면성의 한 층위가 아니라 '민족들' 간의 전쟁을 수행하는 "투사(鬪士)의 고독"에서 발생하는 것이다. 그는 '영혼'을 "신적으로 혹독하고 신적으로 보살펴지지 않은 세계를 지배하거나 혹은 그것에 굴복해야만 하는, 이 살아 있는 신체에 깃들인 신적인 섬광"이라고 하는데,[47] 어떤 신비주의적 수사학으로 그것을 치장하건 간에 슈펭글러가 말하는 '영혼'은 동물적 투쟁 속에서 느껴지는 감정의 한 상태에 불과하다. 그것을 굳이 '영혼'이라고 불러야 한다면 '동물적 영혼'이라고 부르는 수밖에 없을 것이다.

여하간 부르주아적 합리주의에 대해 비판적인 독일 지식인들에게 슈펭글러의 이론은 많은 설득력을 가졌다. 특히 역사를 민족들 간의 투쟁사로 보는 사이비-자연주의적 투쟁사관과 신비주의적 영혼 개념의 비약적 결합을 통해서 말이다. 물론 슈펭글러적 세계관이 과연 얼마나 많은 대중적 영향력을 직접적으로 행사했는지는 가늠할 수 없지만, 그가 제시한 '민족공동체에 의한 투쟁의 향유'가 많은 호소력을 가졌음은 틀림없어 보인다. 과연 어떤 자들이 민족공동체의 이름으로 행해지는 투쟁을 '향유'하고 싶어한 것일까?

끌로드 다비드는 "나치당이 수많은 추종자들을 규합할 수 있었던 것은 오로지 몇 가지 공약과 강령이 나타낸 호소력의 덕분"이었다고 하고서, 그 핵심은 '민족주의적 신앙'이었다고 한다.[48] "공익은 사익

---

46) O. 슈펭글러, 앞의 책, 11~12쪽.
47) 같은 책, 26쪽.

에 우선한다. 이것이 사회주의다. 여러분은 우리 독일민족이 진실하고 건전한 민족공동체를 다시 건설하기를 바라는가"와 같은 민족사회주의의 선전에 열광하는 자들은 어떠한 자들일까?[49] 그들은 뚜렷한 주체성을 갖지 못한 자들, 지켜야 할 '사익'이 별로 없는 자들, 공동체 속에서 자신을 해체할 준비가 되어 있는 자들, 자신을 민족과 동일시하는 자들이다.

파시즘이 반드시 대중들의 무의식에만 호소하는 것은 아니다. 파시즘은 '국가들 간의 전쟁사'를 '민족들 간의 투쟁사'로 전위(轉位)시키면서, 하나의 세계관을 제시한다. 부르주아적 합리주의의 한계를 극복한 민족공동체를 구성하고 '민족의 적'과의 투쟁에서 민족공동체를 수호해야 한다는 세계관이 그것이다. 하지만 그러한 세계관이 순수하게 관념상의 논리에 따라 구성된 것은 아니다. 그러한 세계관은 무엇보다도 세계를 그러한 식으로 바라보도록 만드는 특정한 정동적(情動的) 상태를 반영하는 것이다. 그러한 정동적 상태는 무엇보다도 적을 필요로 하는 상태이다. 즉 누군가를 적으로 설정해 공격하고 싶은 상태 말이다.

빌헬름 라이히는 그가 '하층중산계급'으로 설정한 파시즘의 지지 집단이 "총통 속에서, 권위주의적 국가 속에서, 자기 자신을 인식"하고 그러한 동일시의 토대 위에서 스스로를 '민족의 수호자'로 간주한다고 한다.[50] 이러한 동일시는 파시즘의 핵심적 현상이다. 사실상 파시즘적 유기체 자체가 이러한 동일시에 입각한다. 유기체적 공동

---

48) 클로우드 다비드, 앞의 책, 55~56쪽.
49) 앙리 미셸, 앞의 책, 257~258쪽.
50) 빌헬름 라이히, 앞의 책, 94쪽.

체는 집단에 대한 개인의 동일시에 입각하는 것이다. 동일시 없이는 유기체적 공동체도 없고, 유기체적 사회주의로서의 민족사회주의도 없다.

그렇지만 그러한 동일시에는 아무런 조건도 없는 것일까? 그러한 동일시는 그 어떤 것도 조건으로 요청하지 않는, 순수하게 헌신적인 일방적 현상일까? 과연 민족과 자기 자신을 동일시하는 개인이 얻을 수 있는 것은 무엇일까? 민족과의 동일시는 무조건적인 것이 아니다. 민족과의 동일시는 개인에게 단순한 이득을 넘어서는 '향유'의 기회들을 가져다준다. 다음의 두 가지 향유가 바로 그것이다.

1) 보다 더 큰 힘을 가진 존재의 권력을 나누어 갖는 향유
2) 민족에 속하지 않는 타자들을 지배하는 향유

민족에의 동일시는 그러한 동일시가 아무런 향유도 보장하지 않는 자들에 의해서는 행해지지 않는다. 예컨대 자립적 개인성을 향유하고 있어서 민족적 정체성을 향유할 필요가 없는 자들, 지금 현재 충분히 개인적 권력을 향유하고 있어서 민족의 권력을 공유할 필요가 없는 자들, 현재의 상태가 심리적으로 만족스러워서 타자를 향해 공격성을 발산할 필요가 없는 자들은 민족에의 동일시를 오히려 거부한다. 그들은 오히려 '개인'으로서 존재하고 싶어한다.

따라서 민족에의 동일시는 인격적, 물질적 자립성을 충분히 유지할 수 있는 조건에 처해 있지 않은 자들에 의해서 주로 행해진다. 인격적, 물질적 자립성을 유지할 수 없는 자들은 민족에의 동일시를 통해서 오직 얻을 것만이 있는 것이다. 물론 권위주의적 가족과 사회관계 속에서 인격적 자립성을 충분히 획득하지 못한 자들도 있을

것이고, 그러한 자들이 민족에의 동일시를 보다 손쉽게 행할 수 있음은 확실하다.

인격적으로나 물질적으로 자립성을 유지할 수 없다는 사실은 심리학적으로 중립적인 것이 아니다. 그것은 심리학적으로 '상처받고 있음'을 뜻한다. 사실 민족공동체에의 열정은 '상처받고 있음'의 크기에 비례한다. 아이히만은 히틀러에 대해 '대단한(extraordinaire) 충성심'을 가지고 있었다고 한다.[51] 그러한 대단한 충성심이 말해주는 것은 히틀러가 아이히만에게 어떤 외재적 인물이었다기보다는 오히려 아이히만의 내면 속에서 확고한 한 자리를 차지하고 있다는 것이다. 즉 히틀러는 아이히만의 내면 속에 비어 있던 한 자리를 메워주었다. 그래야만 아이히만의 그 대단한 충성심이 설명될 수 있는 것이다. 그렇다면, 히틀러가 메워주었던, 아이히만에게서 결여되어 있던 그 자리는 어떠한 것이었을까? 그 자리는 히틀러의 권력을 공유하고자 열망했던 자리로, 히틀러의 권력을 통해 만회되었어야 할 '상처'의 자리가 아니었을까?

이미 지적되었듯이 민족에 공동체의 형태를 부여하는 것은 가능하지 않다. 또 허구적인 민족공동체를 만들어낸다 하더라도, 민족 밖의 타자들을 지배하기란 압도적으로 우월한 폭력을 동원한다해도 손쉬운 것이 아니다. 독일의 파시스트 국가는 그러한 것들을 추구했지만 끝내 실패하고 만다. 하지만 파시스트 국가의 성립 이전부터 존재했던 파시스트적 내면성들은 그러한 것을 열망한다. 그처럼 불가능한 것을 열망하는 배경은 무엇일까? 그것은 시급히 치유되어야만 하는 '상처' 때문이 아닐까?

---

51) Hannah Arendt, 앞의 책, 241쪽.

파시즘의 배경으로 '민족적 굴욕감'이 많이 언급된다. 파시스트가 아니더라도 누구나 민족적 정체성을 가질 수 있고, 따라서 전쟁에서의 패배는 좌절, 열등의식, 굴욕감을 가져다 줄 것이다. 하지만 전쟁에서의 패배를 '상처'라고 한다고 하더라도, 그것은 또다른 깊은 상처들에 덧붙여진 것에 불과하다. 오히려 전쟁에서의 패배는 전쟁으로부터 등을 돌리도록 하는 것이 아닐까? 토마스 만처럼 전쟁으로부터 등을 돌리는 경우와 에른스트 윙거처럼 또다른 전쟁을 부추기는 경우 사이의 차이는 어떠한 것일까? 그 차이는 치유해야 할 보다 깊은 상처의 존재 여부에 달려 있다. 물론 전쟁을 통해 상처의 골은 더욱 깊어지겠지만.

아도르노와 호르크하이머는 다음과 같이 말한다.

"제3제국의 국민이 노린 진정한 이득은 그들의 분노를 집합적으로 승인받는 것이었다. 실질적인 소득이 적을수록 사람들은 현명한 반성보다는 더욱 광적으로 '운동'을 지지했던 것이다. 반유대주의는 아무런 소득 없는 갑론을박에 대해서는 이미 충분히 면역되어 있음을 보여주었다. 민중에게 그것은 사치인 것이다."[52]

분노가 이미 존재했고, 그 분노가 대상을 필요로 했다는 것이다. 그리고 그 분노는 사회 자체가 만들어낸 것이었으므로, 사회가 그 분노를 치료해줄 수 없는 한, 다른 출구를 찾을 수밖에 없었다는 것이다. 그 분노가 상처로부터 왔음은, 절망으로부터 왔음은 명백하다. 아도르노와 호르크하이머는 반유대주의를 '절망의 폭발'로 정의

---

52) M. 호르크하이머/T. W. 아도르노, 「반유대주의의 요소들」, 앞의 책, 232쪽.

한다.53) 절망에 따른 분노는 무엇보다도 민중의 분노, 치유될 수 없는 상처에 의한 분노이다. 절망은 사회의 조직 자체가 부여한 것이다. 따라서 사회의 조직 자체가 변하지 않는 한, 절망은 합리적으로 치유될 수 없다. 절망한 자의 심리적 현실은 합리적 사고에의 무능력으로 특징지어진다. 따라서 상처와 절망에 따른 공격욕은 합리적으로 대상을 식별하지 않는다. "분노는 무방비 상태에서 제물에 퍼부어진다. 제물은 상황에 따라 서로 뒤바뀔 수 있다."54) 즉 '민족의 적'은 단지 '제물'일 뿐이다. 대상은 중요하지 않다는 것이다. 중요한 것은 내재한 분노를 폭발시키는 것이다.

그러한 분노는 맹목적이다. 그러한 맹목성이 내포하는 것은 자신의 행동의 이유를 자신도 모른다는 것, 하지만 자기도 모르게 어쩔수 없이 행동으로 이끌린다는 것이다. 물론 그 이유는 분노 때문이지만, 그 분노가 무엇에 대한 것인지를, 왜 그 분노가 발생했는지를 모른다는 것이다. 그 분노는 상처와 절망으로부터 비롯되는 것이지만, 그 사실을 알지 못한다는 것이다.

파시스트적 내면성의 소유자들이 겪은 상처와 절망은 어떠한 것일까? 누가 그들에게 그러한 상처와 절망을 안겨주었을까? 물론 자본주의와 부르주아적 질서이다. 파시즘은 고유하게 자본주의적 현상이고, 부르주아적 질서에 저항하는 한 관념형태이다. 파시즘이 부르주아적 질서에 저항하는 것은 어떤 순수관념적으로 설정된 부르주아적 질서의 한계 때문이 아니라, 부르주아적 질서가 행사하는 구체적인 악(惡)들 때문이다. 그 구체적인 악들은 사람들에게 상처와 절

---

53) 같은 책 같은 쪽.
54) 같은 책, 233쪽.

망을 안겨주는 것들이다.

자본주의 사회구성체에서 상처와 절망의 양은 엄청나게 늘어난다. 각각의 역사적 시대는 그 고유한 구조에 따라 상이한 내용과 상이한 양의 상처와 절망을 사람들에게 부여한다. 우리들은 그것을 가늠하기 위한 여러 척도들을 개발하기 위해 노력할 수 있겠지만, 지금 여기에서는 그러한 작업을 행할 수 없다. 다만 한 가지 확실한 것은 파시즘에 있어서 '반동'의 흐름은 전자본주의적 공동체에서 상처들과 절망들이 훨씬 적었다는 확신에 입각한다는 것이다. 전자본주의적 공동체에서 나름의 생활양식과 생활조건을 확고하게 가지고 있던 사람들이 자본주의와 부르주아적 질서하에서 자기 고유의 생활양식과 조건을 잃어버리고 모든 장소에서 엄청난 양의 모멸을 당하게 된다. 노동력 형성기구인 학교에서는 소수를 제외한 거의 모든 학생이 열등생으로 모멸을 받고, 공장과 회사와 점포에서는 하루하루의 생계를 유지하기 위해 온갖 치욕을 감수해야 하는 것이다. 그러한 치욕의 대가로 자립적 생활조건이 확보되는 것도 결코 아니면서 말이다.

루이 알뛰세르는 다음과 같이 말한다. "열여섯 살쯤 되어 엄청난 양의 어린이들이 '생산 속에' 빠트려진다. 이들은 노동자와 농민들이다. 젊은이들의 다른 부분은 계속해 나간다. 그리고 그럭저럭 중도에서 떨어져나가 사기업의 하급 및 중급 관리, 사무직, 하급 및 중급 공무원의 자리를 차지하게 된다. 즉 이들은 쁘띠 부르주아를 이룬다. 그리고 마지막 부분은 정상에 다다른다."[55] 노동시장의 구조에 부합하게 노동력을 배분하는 이러한 도태과정 하나하나가 당사자 개인

---

55) Louis Althusser, "Idéologie et appareils idéologiques d'Etat", *Positions*, Editions Sociales, coll. Essentiels, 108쪽.

에게는 이루 말할 수 없는 상처임은 말할 것도 없다. 그들이 비록 아무 말도 안 하고 입을 꾹 다물고 있다 하더라도 말이다.[56]

시몬느 베이유는 다음과 같이 말한다. "종이 울린다. 체크를 하고, 옷을 갈아입고, 공장문을 나서면, 육체는 활기가 없어지고, 머리 속에는 사고가 빠져나가버리며, 가슴속은 혐오감과 소리 없는 분노, 무엇보다도 무력감과 복종감으로 가득 차게 된다. 유일한 희망이란 오직 내일도 오늘처럼 쫓겨나지 않고 무사히 지내게 해줍시사 하는 것이기 때문이다."[57] "굴욕감이나 무력감, 자기가 복종하고 있는 사람에게는 자기가 아무것도 아니라는 감정은 남자의 경우에나 여자의 경우에나 눈물이 날 정도로 비통한 것이다."[58] 그녀는 공장 생활에서 가장 참기 어려웠던 것이 모멸감이라고 한다. 공장 생활 자체가 끊임없이 노동자들에게 상처를 주도록 짜여져 있는 것이다.

그리하여 삐에르 아이쏘베리는 파시즘에의 열정을 다음과 같이 묘사한다.

[……] 모두가 통일체에의 열정으로 휩싸였다. '현대 여성'의 모델에 이끌렸다가 질겁한 여자들은 반동적인 가족 관념에 귀를 기울였다. 과거에 전쟁에 참가했거나 아니면 전쟁에 참가하지 못해 모멸을 받은 젊은이들은 호전적인 남성성의 이상을 길러갔다. 경제의 합리화에 중심적 역할을 할 수 있길 희망했던 기술자들, 사무직들, 간부직들은 오히려 합리화에 의해 희생당하고서는, 자본가들보다는 정치인들을 욕하면서 전통과 기술 발전 사이

---

56) 한나 아렌트가 대중들을 파시즘으로 몰아넣은 주된 계기로 경쟁과 고독을 설정하는 것은 매우 흥미롭다. Hannah Arendt, Le système totalitaire, 39~40쪽.
57) 시몬느 베이유, 『노동일기』, 이삭, 1983, 113쪽.
58) 같은 책, 133쪽.

의 조화를 꿈꿨다. 밀러드는 불행한 자들을 감당하지 못한 의료계에서는 '치료받을 만한 자'와 '그렇지 못한 자' 또는 '교육될 수 없는 자'를 분류하기 시작했다. 대도시 문명을 거부하는 젊은 농부들은 땅과 피의 우월성을 내세웠다. 슈트레제만(Stresemann)이나 브뤼닝(Brüning)처럼 절제된 정치인들도 지도자의 부재를 한탄했다. 사람들은 모두 커다란 전체 속에서 융합되는 열망에 불탔다.59)

그러한 '커다란 전체'는 반유대주의 외에 또 어떠한 것을 가져다 줄 수 있었을까? 앙리 미셸은 민주주의, 개인주의, 인권, 인간의 존엄성, 자유 등을 파시즘이 기피한 것들이라고 열거한다.60) 파시즘이 그러한 것들에 대항하여 내세운 것은 바로 공동체이다. 인간들 사이의 정서적 유대가 존재하는 공동체. 물론 그것은 자립적 개인들의 평등한 연대에 입각한 꼬뮌은 아니지만 말이다. 중요한 것은 부르주아적 질서가 내세우는 '인권', '인간의 존엄성', '자유'와 같은 것이 결코 인간의 진정한 존엄성을 보장해주지 못했다는 사실이다. 공장에서, 회사에서, 점포에서, 하루하루의 생계를 유지하기 위해 받아야 하는 온갖 모멸과 상처를 부르주아적 질서는 완전히 방치했을 뿐만 아니라 오히려 조장했다.

흥미로운 사실은 독일, 이탈리아, 유고슬라비아, 오스트리아, 핀란드, 폴란드, 루마니아, 헝가리, 불가리아, 스페인 등, 파시스트 운동이 전개된 국가들이 모두 부르주아적 민주주의가 저발전한 나라들이라는 것이다.61) 이 사실은 무엇을 뜻할까? 파시즘은 부르주아 민주주

---

59) Pierre Ayçoberry, 앞의 책, 78쪽.
60) 앙리 미셸, 앞의 책, 13쪽.

의가 저발전한 나라들에서 부르주아 민주주의에 저항한 것이다. 우리는 그 이유를 다음의 두 가지로 생각해볼 수 있다.

1) 부르주아 민주주의가 저발전하고 갈등의 사회적 제도화가 이루어지지 못해서 최소한의 수준의 인간적 존엄성마저도 지켜줄 수 없었다는 것.
2) 부르주아 민주주의가 완전히 정착하여 '당연한 것'으로 여겨지기 이전이었기 때문에 그 허구성이 보다 적나라하게 느껴질 수 있었다는 것.

아마도 부르주아 민주주의에 대한 파시즘의 저항에는 이 두 가지 이유가 동시적으로 작용했을 것이다. 사실 독일의 지식인들이 부르주아적 민주주의에 대항하여 독일적 민주주의의 특질들로 내세운 것들 중에서 동업조합들의 연합이라든지 자치적 꼬뮌 또는 협동조합제도 같은 것들은 부르주아적 민주주의보다도 훨씬 더 '민주주의적'일 수 있는 것들이다. 독일 파시즘의 좌파라고 할 수 있는 오토 슈트라서가 내세운 공동소유와 자주관리도 그러하고,[62] 이태리 파시즘에 있어서 협동조합국가의 개념도 매우 민주주의적인 것이다.[63] 적어도 그러한 제도들은 부르주아적 질서로부터 도출되는 상처들과 절망들을 봉쇄하여 인간적 존엄성을 지켜줄 수 있는 것이므로 말이다.

---

61) 김수용·고규진·최문규·조경식, 『유럽의 파시즘 – 이데올로기와 문화』, 서울대출판부, 2000, 5~6쪽.
62) Nicos Poulantzas, 앞의 책, 222~223쪽.
63) 앙리 미쉘, 앞의 책, 74쪽 이하 참조.

따라서 하이데거가 끝까지 부르주아적 질서를 거부한 것은 납득될 수 없는 것이 아니다. 박찬국은 하이데거에 대해 다음과 같이 말한다. "그는 인간관계를 파편화하는 자유민주주의 대신에 민족적인 공동체를 지향했으며 죽을 때까지 자유민주주의에 대해서 회의적이었다. 또한 그는 처음부터 끝까지 현대의 기술문명과 도시문명에 대해서 비판적이었으며 향토와 농민적 소박성을 찬양했다."[64] 하이데거의 파시스트적 사고는 부르주아적 질서가 부과하는 상처들과 절망들을 고려할 때 충분히 내재적으로 이해될 수 있는 것이다. 물론 하이데거의 사고는 아직 '직접성'의 단계에 머물러 있다는 한계를 가지지만 말이다.

예컨대 하이데거가 『존재와 시간』에서 이행의 주체로 설정한 '세대(世代)'는 사회구조 속의 특정한 위치나 입장을 통해서가 아니라 일상적 생활 경험 속에서 직접적으로, 그렇지만 사실은 매우 우연적이면서도 관념적으로, 주어진 존재이다. '세대'는 '결단과 결정'을 통해 세계를 부정하지만,[65] 그러한 '결단과 결정'은 그 자원을 현실의 물질적 구조에 대한 엄밀한 인식이 아니라 '전통' 속에 두고 있을

---

[64] 박찬국, 앞의 책, 28쪽.
[65] 『존재와 시간』에서의 하이데거의 '결단과 결정' 개념은 키에르케고르적 결단 개념을 전혀 부적절한 맥락에 전위(轉位)시킨 것일 뿐이다. 마찬가지로, 칼 슈미트는 1922년의 『정치신학』에서 "예외적 상황에서 결정을 행하는 자가 주권자"라고 하면서, 일종의 카리스마적 독재자가 무엇인가를 '결정'해줄 것을 요청한다. 아마도 바이마르 헌법질서를 폐기하는 결정이 바로 그것일 것이다. 그렇지만 그러한 '결정'은 과연 무엇을 가져다줄 수 있을까? 슈미트는 법률에서의 예외적 상황을 신학에서의 기적과 비교한다. 즉 이처럼 잘못된 비유를 통해 슈미트는 독재자의 결정에 '기적'과 같은 의미를 부여한다. 하지만 현실을 급진적으로 부정하려는 슈미트의 '결정' 개념은 오히려 현실의 구조 자체에 대한 합리적 인식을 축출하는 역설적 결과를 초래한다. Carl Schmitt, *Théologie politique*, Gallimard, 1988, 11~75쪽을 참조할 것.

뿐이다(『존재와 시간』, §74). 그리하여 하이데거적 '세대'는 또다시 독일민족이라는 성찰되지 못한 직접적인 — 그러나 모든 직접성이 이데올로기적으로 주어져 있듯이 이데올로기적인 — 현실을 통해서만 민중과 결합하고 역사에 참여한다.66) 이처럼 세대를 이행의 담당세력으로 설정한 하이데거적 직접성은 독일문화에 동화된 독일 유대인에 대해 특혜를 주어야 한다고 생각했던 아이히만적 직접성과 별로 차이가 나는 것이 아니다.67) 하이데거나 아이히만이나 모두 직접적 생활현실을 뛰어넘는 보편주의적 사고능력을 결여하고 있었던 것이다.

부르주아 민주주의의 부침과 관련하여 요하임 페스트의 다음과 같은 지적은 매우 시사적이다.

1차 대전과 2차 대전 중간에 체코슬로바키아를 제외한 모든 중부와 동부 유럽 국가들, 그리고 상당수의 남부 유럽 국가에서 의회제도가 몰락하였다. 리투아니아, 라트비아, 에스토니아, 폴란드, 헝가리, 루마니아, 오스트리아, 이탈리아, 그리스, 터키, 에스파냐, 포르투갈 그리고 독일 등이었다. 1939년에는 아홉 개 나라만 의회국가로 남았다. 그들 중 일부는 프랑스 제3공화국처럼 '이상한 국가(drôle d'Etat)'였으며 일부는 군주제에 의해서 안정을 얻고 있었다. '파시스트 유럽이 가능한 상황'이었다.68)

사실상 부르주아 민주주의가 안정적으로 정착한 것은 히틀러의

---

66) 이종영, 『생산양식과 존재양식』, 백의, 1995, 223~246쪽을 참조할 것.
67) Hannah Arendt, *Eichmann à Jérusalem*, 162쪽.
68) 요하임 C. 페스트, 앞의 책, 192쪽.

일탈 덕분이었다. 히틀러의 일탈이 없었다면 파시즘이 유럽에서 헤게모니를 갖는 체제가 될 수도 있었다는 것이다. 그러나 히틀러의 범죄는 파시즘과 동일화되었고, 그 결과 파시즘은 더이상 '사고될 수 없는 것'이 되어버렸다.69) 그러한 점에서 보면 부르주아 민주주의의 세계적 헤게모니는 히틀러를 통한 파시즘의 자멸을 통해 가능해졌던 것이다.

파시즘이 부르주아적 질서에 의해 상처받은 자들의 분노의 표현이었음은 확실하다. 부르주아적 질서는 노동시장의 구조에 부합하게 노동력을 차별적으로 형성시키는 학교에서부터 여러 형태의 도태 과정을 통해 상처를 주고, 또 노동세계에서는 생산수단과 생활수단을 박탈당하고 있다는 약점을 쥐고서 온갖 형태의 노동착취와 모멸을 가하는 것이다. 따라서 부르주아적 질서에 대한 파시즘의 대응이 정당성을 완전히 결여한 것은 아니었다. 다만 그 대응은 지극히 미숙한 직접적 대응이었던 것이다. 부르주아적 야만성에 대한 또다른 야만성의 대응이었다고나 할까.

물론 '지식인의 파시즘'이라고 할 수 있는 것이 존재한다. 슈펭글러, 칼 슈미트, 에른스트 윙거, 하이데거 등의 파시즘이 그것이다. 그렇지만 '지식인의 파시즘'도 그것이 다분히 반(反)지성주의적이란 점에서 '민중의 파시즘'과 별반 다를 것이 없다. 파시스트적 내면성은 직접성과 반(反)지성주의에 의해 특징지어지는 것이다.

한나 아렌트는 아이히만이 보여준 '사고의 완전한 결여(la pure absence de la pensée)'에 대해 경악한다.70) 아이히만은 자립적 사고능

---

69) 오늘날 유럽에서 실질적으로 관철되고 있는, 파시즘에 대한 사고의 금지가 부르주아적 질서를 보호하기 위한 것임은 두말할 것도 없다.

력을 결여하고 있었다. 그는 유대인 학살의 책임자이지만, 단지 상부의 지시에 따라 행동했을 뿐이다. 그는 상부의 명령에 불복종하는 것을 불가능한 것으로 생각했다.[71] 그는 민족공동체 속에서 자기자신을 철회하고 복종기계가 되려고 했다. 혹시 자기자신을 주장하다가 되돌려받은 상처의 기억 때문일까? 그렇다면 그의 파시즘은 상처를 보상받으려는 가학증적 행위에 그치는 것이 아니라 상처를 잊으려는 피학증적 노력이기도 한 것일까? 어쨌건 그는 나치의 법률체계 안에서는 어떠한 범죄도 저지르지 않았고, 따라서 그의 행위에 대한 심판은 개인행위가 아니라 국가행위에 대한 심판의 성격을 갖게 된다.[72] 한나 아렌트는 자신의 경악을 다음과 같이 표현한다.

"사람이 이 정도로 현실로부터 멀어지고, 이 정도로 사고를 결여할 수 있다니! 그리고 그러한 사실이 인간에 내재할 수 있는 모든 파괴적 본능을 합친 것보다 더 큰 악을 만들어낼 수 있다니!"[73]

사고의 결여는 파괴적 충동보다 더 나쁜 것일 수 있다는 것이다. 그렇다. 사고의 결여는 중립적인 것이 아니다. 사고의 결여는 타자에 대한 폭력이다. 사고의 결여는 타자의 입장에서 사고할 수 있는 능력의 결여이고, 따라서 언제나 자기자신의 폭력적 부과로 귀결된다. 이때 '자기자신'이란 그가 동물적으로 반복하고 있을 뿐인 풍속적 담화의 내재화에 불과한 것이지만 말이다.

70) Hannah Arendt, *Eichmann à Jérusalem*, 460쪽.
71) 같은 책, 155쪽.
72) 같은 책, 42쪽.
73) 같은 책, 461쪽.

파시즘은 '비판정신의 부재'에 의해 특징지어진다.[74] "개인은 아무것도 아니고 민족이 전부"라고 가르쳐지고 맹신과 복종이 요구된다.[75] 훗날 사고될 가치가 있는 것이 무엇인지를 '사고'하기도 했던 하이데거는 그러나 1932년에는 다음과 같이 말한다. "'교설'이나 '이념'을 여러분의 존재의 규칙으로 삼지 마십시오. 오직 총통만이 오늘날과 미래의 독일 현실이자 그것의 규칙입니다."[76] 그리하여 파시즘은 '상처받은 바보들의 합창'이 된다.

반(反)지성주의가 의미하는 것은 사고가 직접적인 생활감정을 벗어나지 못한다는 것이다. 보편주의적 사고에의 능력을 잃어버리고, 사고는 직접적 생활감정을 표현해주는 것에 불과한 것이 된다는 것이다. 따라서 직접적인 생활감정은 성찰적 이성의 매개 없이 직접적으로 표출되게 된다. 반지성주의적 존재가 스스로의 지적 주체성에 의해 특징지어지는 자립적 개인성을 결여한다는 것은 말할 것도 없다. 모든 인간의 동등성을 설정할 수 있도록 해주는 보편주의적 사고능력이 부재한 상황에서 그는 유기체적 공동체의 권위주의적 관계에 아무런 저항 없이 통합된다. 사실상 그는 오직 집단에의 통합을 통해서만 자신의 분노를 터뜨릴 수밖에 없는 존재이기도 하다. 왜냐하면 그는 너무나 나약해서 개인적으로는 가해지는 상처에 저항도 못하고 절망할 수밖에 없는 존재이기 때문이다. 따라서 그는 권위주의적 공동체에 기꺼이 소속되고자 한다. 그동안 가해졌던 상처에 복수하기 위해서. 분노를 터뜨리기 위해서. 그래서 아도르노는

---

74) Maria-Antonietta Macciocchi, 앞의 글, 27쪽.
75) 앙리 미셸, 앞의 책, 20쪽, 132쪽.
76) 하이데거가 1933년 11월 3일 행한 「독일 학생에게 고함」이란 제목의 연설. 박찬국, 앞의 책, 101쪽에서 재인용.

파시즘을 "분노를 집합적으로 승인받는 것"이라고 한다.

공동체를 통해서만 분노를 터뜨릴 수 있는 상처받은 나약한 존재들의 공격욕은, 아도르노와 호르크하이머에 따를 때, 공동체 밖의 존재들에 대한 '잘못된 투사(投射)'의 방법을 통해 실행된다. 아도르노와 호르크하이머에 의하면 '잘못된 투사'란 주변세계를 자기와 유사하게 만들려는 것이다.77) 즉 파시스트들은 자신들의 공격욕을 '민족의 적'에게 투사하여 그들도 또한 그러한 공격욕을 지닌 존재로 간주한다는 것이다. 아도르노와 호르크하이머는 다음과 같이 말한다.

> 실제로 실천된 악은 투사된 내용의 사악성을 오히려 능가한다. 파시즘이 상상한 유대인의 범죄, 즉 유아 살해나 사디즘적인 방탕, 민중 독살, 국제적인 음모 등은 실제와는 거리가 먼, 반유대주의의 소망상 자체이다.78)

파시스트들은 자신들이 무의식 속에서 행하고 싶어하는 것을 유대인들에게 투사한다. 그리고 유대인들이 그러한 행동을 행한다는 명목으로 스스로 그러한 똑같은 행동을 유대인들에 대해 행한다는 것이다. 아도르노와 호르크하이머는 그러한 태도를 정신분석학적으로 설명하여, "초자아의 압박 밑에서 자아는, '이드'로부터 나오며 너무나 강해서 이드 자신에게조차 위험스러운 공격욕을 '사악한 의도'라고 규정한 다음 외부 세계에 투사"한다고 한다.79) 이 맥락에서 '초자아'란 히틀러가 내면화된 것이 아니라 부르주아적 도덕질서이

---

77) M. 호르크하이머/T. W. 아도르노, 앞의 글, 253쪽.
78) 같은 글, 252쪽.
79) 같은 글, 260쪽.

다.

아도르노와 호르크하이머가 말하고 있는, '이드', 즉 '그것(das Es)'으로부터 비롯된 공격욕은 사실상 부르주아적 질서가 부과한 상처와 절망에 따른 것이다. 따라서 파시즘은 부르주아적 질서가 민중들에게 부과한 상처와 절망에 따른 분노를 집합적으로 승인해준 체제이기도 하다. 다시 말해, 파시즘은 전적으로 자본주의에 고유한 현상이다.

우리는 파시스트적 내면성의 형식을 다음과 같이 정리해볼 수 있다.

1) 파시스트적 내면성은 부르주아적 질서가 부과한 상처와 절망으로부터 비롯된다.

2) 부르주아적 질서로부터 상처를 받고 절망한 자들은 개별적 내면성과 지적인 주체성에 입각한 자립적 개인성이 저발전되고 또 자립적 생활조건도 충분히 갖추지 못한 자들이다. 이 사실은 그들이 주로 하층 쁘띠 부르주아와 노동자계급 또는 룸펜 프롤레타리아 출신이라는 데서 비롯된다. 또 개별적 내면성을 억압하는 가부장제 가족과 전(前)자본주의적인 공동체적 유제들이 자립적 개인성의 발달을 저해했음은 물론이다.

3) 한편으로 상처와 절망, 다른 한편으로 자립적 개인성의 저발전과 자립적 생활조건의 부재 사이의 결합은 위계적 공동체 내에서의 정서적 결합을 위해 자신의 주체성을 기꺼이 포기하는 것으로 이어진다.

4) 공동체 내의 정서적 결합은 공동체 밖의 존재들을 전제로 한다. 파시스트적 내면성의 소유자는 공동체의 권력을 공유하고 그 권력

을 공동체의 적에게 행사하는 '지배의 향유'를 누린다. 그러나 파시스트적 내면성의 소유자는 개인적으로는 자신에게 가해지는 상처에 제대로 저항도 하지 못하고 절망하는 나약한 존재이다.

5) 파시스트적 내면성의 소유자의 사고와 행위는 반(反)지성주의적 직접성에 의해 특징지어진다. 즉 파시스트적 내면성의 소유자는 직접적인 생활감정에 의해 완전히 지배받고 있다. 보편주의적 사고에 대립되는 직접적 사고는 상처 및 절망에 따른 분노와 결합하여, 공동체 외부의 존재를 분노의 제물로 삼는다. 이때 아도르노와 호르크하이머가 규정한 의미에서 '잘못된 투사'가 개입된다.

파시스트적 내면성의 형식은 조직 폭력배의 내면성의 형식과 동일하다. 조직 폭력배들 역시 절망 속에서 조직을 통해 상처를 만회하고자 하는 집단이기 때문이다. 이상의 정리를 도표화하면 다음과 같다.

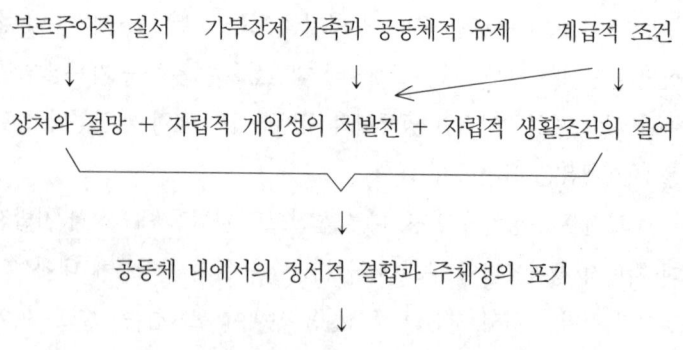

보론: 들뢰즈와 가따리의 파시즘과 반(反)파시즘

> 개념들에 부여된 중요성에 대해 빈정거리는 것은
> 개념 없는 과학은 과학일 수 없다는 사실을
> 이해하는 것보다 훨씬 쉬운 일이다.
> 조르쥬 깡길렘, 「과학사의 대상」

헤겔에 따를 때 자기의식과 자기현실의 괴리는 필연적이다. 자기의식은 무한한 반면 자기현실은 유한하기 때문이다. 무한한 자기의식은 유한한 자기현실을 벗어나기 마련이다. 라캉에 따를 때도 자기의식과 자기현실의 괴리는 필연적이다. 자기자신에 대해 갖는 나르시스적 이미지로서의 '자아'에 대해 우리가 완전히 자유로울 수 없기 때문이다. 자기의식과 자기현실 사이에는 나르시스적 자아상이 개입한다. 나르시스적 욕망은 자기보존본능이 필요로 하는 것이자 타자의 욕망을 욕망하기 위한 근거이다. 그러한 나르시스적 욕망을 갖는 우리는 결코 객관적인 자기현실에 가닿을 수 없다.

그러니 들뢰즈와 가따리가 자기현실에 대해서 올바로 알지 못하는 것은 지극히 당연하다. 그들도 또한 라캉이 말한 바, 자기현실에 대해 열정적으로 몰인식하려는 '무지에의 열정'을 지니고 있는 것이다. 또 들뢰즈와 가따리가 파시스트라 하더라도 하나도 놀라운 일이 아니다. 파시스트적 내면성은 매우 광범위하게 퍼져 있는 것이다. 예컨대 한국에서는 대다수가 그러한 내면성을 지니고 있는 것으로 여겨질 정도이다. 게다가 누구든지 파시스트적 경향성을 지니고 있을 수 있는 것이다.

물론 그들은 스스로에 대해 열렬한 반(反)파시스트로서의 자기의식을 가질 수 있다. 하지만 그것은 어디까지나 자기의식이다. 또는 반대로 그들은 스스로를 파시스트라고 생각하고 있고, 또 파시즘을 열렬히 사랑할 수도 있다. 하이데거나 칼 슈미트처럼 말이다. 하지만 하이데거나 슈미트에게서와는 달리 이제 더이상 시대가 적절치 않은 것이다. 파시즘은 인종말살을 할 정도로 너무 지나치게 빗나가서 스스로를 파시스트로 자임하다가는 더이상 어떠한 이론적 영향력도 가질 수 없기 때문이다. 그러나 하이데거처럼 죽을 때까지 끈질기게 파시스트적 신념을 간직할 수도 있는 것이다. 하지만 들뢰즈나 가따리가 하이데거나 슈미트에 견줄 만한 이론적 통찰을 지니기나 하는 것일까?

물론 들뢰즈와 가따리는 그들의 책들에서 파시즘의 위험을 강조하면서 반(反)파시즘을 내세운다. 그러나 그러한 것은 중요치 않다. 명목은 어떠해도 괜찮다는 것이다. 많은 독재자들이 민주주의를 내세우지 않는가? 중요한 것은 실천이다. 파시스트적 이론을 퍼뜨리고 파시즘을 실천하는 것. 반파시즘의 명목하에서라도 말이다. 오히려 그들에게 반파시즘이란 명목은 절실히 필요한 것일 수 있다. 바로 그러한 명목하에서만 자신들의 파시즘을 안전하게 실천할 수 있으므로 말이다. 반파시즘을 내걸고서 파시즘을 퍼뜨리기. 스피노자가 신의 이름으로 신을 부정했듯이. 기 라르드로가 "들뢰즈의 정치는

잠입공작이다"라고 했듯이 말이다.[1]

과학자로서 나는 들뢰즈나 가따리처럼 선언들과 주장들 그리고 험담들을 늘어놓지 않는다. 중요한 것은 외재적 시각을 부과하지 않는 것, 충분한 논증을 하는 것, 그리고 기존의 과학적 인식들을 이데올로기적 비난으로부터 보호하는 것이다. 인식대상의 내적 논리를 존중하고 자신의 한계와 논증절차를 개방하는 과학적 담화만이 유일하게 비폭력적이고 비(非)권력지향적이다. 바로 이 때문에 라캉적 의미의 자아는 과학에 대립한다.[2] 나르시시즘에 근거하여 형성된 자아는 자기현실에 대한 폭력을 구성하고 또 타자에 대한 권력을 추구하기 때문이다.[3] 물론 들뢰즈와 가따리의 파시즘을 드러내는 것은 그 자체로서 파시스트적 내면성에 대한 과학적 인식에 기여하는 것이지만, 다른 한편으로는 과학적 노동의 장애를 제거하는 이데올로기 비판의 성격을 갖는다. 특히 들뢰즈와 가따리는 혁명에 대해 말하고 싶어하므로, 그러한 이데올로기 비판은 혁명의 판타즘과 혁명의 실재를 포괄하는 혁명의 과학을 위한 정지(整地)의 노동이다.

들뢰즈와 가따리는 『천개의 고원』에서 다음과 같이 말한다. "우리는 결코 과학의 지위를 바라지 않는다. 우리는 이데올로기뿐 아니라 과학성도 알지 못하며 다만 배치물들을 알고 있을 뿐이다."(50쪽)[4] 이러한 말은 결코 겸손의 표시가 아니다. 왜냐하면 자신의 한계를

---

[1] Guy Lardreau, *L'exercice différé de la philosophie, à l'occasion de Deleuze*, Verdier, 1999, 44쪽.
[2] Jean-Claude Milner, *L'oeuvre claire, Lacan, la science, la philosophie*, Seuil, 1995.
[3] 이종영, 『지배와 그 양식들』의 제1장을 참조할 것.
[4] 앞으로 이 책으로부터의 인용은 『천개의 고원』, 새물결, 2001에 의거하며, 불어판 (Minuit, 1980)에 입각해 번역을 일부 수정할 경우에는 불어판의 쪽수를 병기한다.

명시하고 자신을 공개적으로 비판에 부치는 과학적 담화야말로 가장 겸손한 것이기 때문이다. 반면 자신의 주장에 대해 논증을 제시하지 않겠다는 것은 성실성의 부족이자 오만이다. 내가 주장을 하겠으니 너는 받아들이라는 것이다. 라캉에 따를 때 이러한 행위는 스스로를 상징적 아버지로 제시하려는 것이다.

들뢰즈와 가따리는 엄밀히 규정된 인식대상을 갖고 있지 않다. 그러므로 그들이 인식대상의 내적 논리를 존중하지 않는 것은 당연하다. 인식대상이 없으므로 말이다. 그들은 엄밀히 규정된 인식대상이 없으므로, 모든 것에 대해 말한다. 백 가지, 천 가지 것에 대해. 그러나 그들은 이 모든 것에 대해 동일한 방식으로 말한다. 그래서 알랭 바디우는 그들의 담화에 대해 "단조롭다"고 한다.5) 또 라르드로는 들뢰즈적 변주(變奏)의 도식성을 지적한다.6)

들뢰즈와 가따리는 특정한 인식대상의 내적 논리를 뒤쫓는 것이 아니라 지극히 추상적이고 일반적인 세계관적 범주들을 거의 모든 것에 대해 적용한다. 탈코드화, 탈영토화, 도주선, 전쟁기계, 그램분자적(몰적), 분자적 등등이 그것이다. 이 세계관적 범주들은 모든 것에 대해 다 적용된다. 그 어디에도 탈코드화가 있고 탈영토화가 있고 도주선이 있다. 바로 이러한 것이 오만이다. 사물에 대한 존중에 대립되는 의미에서의 오만. 과학에 반대하는 오만. 그들은 이 세상의

---

5) 알랭 바디우,『들뢰즈 — 존재의 함성』, 이학사, 2001, 59쪽. 바디우는 이어서 다음과 같이 말한다. "[들뢰즈가] 개념들의 협소한 배터리를 거의 무한하게 계속적으로 취할 것을 주장하는 매우 독특한 체제에 이르고 만다는 것, 그리고 이름들을 숙달된 방식으로 변화시키고는 있지만 결국 이 같은 변화 아래에서 사유되는 것은 본질적으로 동일한 것으로 남게 되는 그런 [단조로운] 변화에 이르고 만다는 것은 너무나도 당연한 일이다."

6) Guy Lardreau, 앞의 책, 15쪽.

모든 것이 자기들의 몇 가지 우주론적 범주에 종속될 것을 요청한다.

리요따르는 '큰 이야기'는 끝났다는 '큰 이야기'를 했지만, 들뢰즈와 가따리는 여태껏 말해진 그 모든 것을 뛰어넘는 진짜로 큰 이야기를 한다. 뤼시앙 골드만의 사회구조, 구조화, 재구조화, 탈구조화 같은 범주들은 탈코드화나 탈영토화처럼 아무런 의미도 가질 수 없는 공허한 범주들이지만, 최소한 '사회'라는 것에 국한된 것이었다. 반면 들뢰즈와 가따리는 천 가지 것에 대해 말하고 싶어한다. 그러나 모두 동일한 방식으로. 자신들의 몇 가지 세계관적 범주들에 모든 것을 종속시키면서. 그들은 여러 가지 변주들을 행한다. 욕망하는 기계/사회체(Socius), 분자적인 것/그램분자적인 것, 정신분열증/편집증, 미시-다양체/거대-다양체, 무리/대중, 작은 분열기계/관료주의 기계, 양의 항문/신의 얼굴, 마법사/사제, 니구알/토날, 바둑/장기, 매끈한 공간/홈패인 공간, 고른 판/조직과 형성의 판, 속도/운동, 무기/도구, 전쟁기계/국가장치…… 등등이 그것이다. 그들은 이것들이 이분법이 아니라고 주장하고 간간이 뉘앙스를 주지만, 이러한 이분법은 『천개의 고원』 전체를 관통한다. 그것들은 단지 변주들일 뿐이다. 그들은 "분자적인 것과 그램분자적인 것 사이에는 여러 매개상태들이 존재할 수 있다"고 한다(『천개의 고원』 117쪽). 당연하다. 여러 매개상태들은 존재할 수 '있는' 것이 아니라 '존재한다'. 하지만 중요한 것은 공허한 빈말을 남발하는 것이 아니라 그런 매개층위들을 세밀하게 분석하는 것이다. 그러나 들뢰즈와 가따리는 그러한 노동을 하지 않는다.

나는 『앙띠 오이디푸스』와 『천개의 고원』이라는 두 가지 텍스트에 입각해서 들뢰즈와 가따리의 파시즘을 드러내고자 한다. 이 두 텍스트는 들뢰즈와 가따리의 만남을 통해 생산된 고유한 텍스트이고, 독자적인 정치적 효과를 갖는 대중적 텍스트이다. 이 텍스트들은 하나의 고유한 세계관적 우주를 구성한다. 따라서 세계관적인 이 두 텍스트에서 주장된 것이 그들의 다른 텍스트들에 의해 부정될 수는 없다. 중요한 것은 이 두 텍스트의 내적 논리로부터 그들의 파시즘을 충분히 논증하는 것이다.[7]

들뢰즈와 가따리의 파시즘을 규정하기 위한 선택지는 다음과 같다.

1) 그들은 파시스트적 경향을 갖는다.
2) 그들은 이론적으로 파시스트이다.
3) 그들은 실천적으로 파시스트이다.
4) 그들은 이론적으로나 실천적으로나 파시스트이다.

이 중에서 내가 선택하는 것은 네번째의 것이다. 이를 드러내보도록 하자.

들뢰즈와 가따리의 이론적 파시즘은 그들의 프로이트 비판과 밀접히 결합되어 있다. 따라서 그들의 이론적 파시즘을 해명하기 위해서는 그들의 프로이트 비판을 먼저 알아보아야 한다. 도대체 프로이트에 대한 어떠한 비판이 이론적 파시즘으로 귀결될 수 있을까? 간혹 융이 파시스트적 '경향'을 갖는다고 말해지기도 하지만, 들뢰즈

---

[7] 알랭 바디우의 동료인 조르쥬 뻬롤(Georges Peyrol)은 「감자의 파시즘」(Groupe Yenan-Philosophie, *La situation actuelle sur le front de la philosophie*, François Maspero, 1977, 42~52쪽)이란 글에서 들뢰즈와 가따리를 파시스트로 규정하지만 이론적 논증을 결여한 정치적 공격의 성격을 지닌다. '비판자'의 심리적 상태를 드러낼 뿐인 이러한 성격의 섣부른 규정은 도움을 주기는커녕 오히려 장애를 이룬다.

와 가따리의 프로이트 비판이 융의 이론과 친화성을 갖는 것은 전혀 아니다. 게다가 들뢰즈와 가따리는 파시스트적 '경향'을 갖는 것이 아니라 이론적, 실천적으로 파시스트이다. 들뢰즈와 가따리가 친화성을 갖는 입장은 오히려 라이히와 마르쿠제의 입장이다. 그렇지만 라이히와 마르쿠제는 명백한 반(反)파시스트이다. 자기의식에서뿐만 아니라 자기현실에서도 그러하며, 실천에 있어서뿐만 아니라 이론적으로도 그러하다. 그러므로, 앞으로 살펴보겠지만, 들뢰즈와 가따리의 입장과 라이히와 마르쿠제의 입장 사이에는 표면적 친화성에도 불구하고 근본적 차이가 있다. 이 점에 유의해야 한다.

들뢰즈와 가따리의 프로이트 비판의 핵심은 오이디푸스 콤플렉스 비판이다. 그들은 오이디푸스 삼각형을 아예 그들의 논의 속에서 추방하려 한다. 마치 오이디푸스 콤플렉스가 존재하지 않는 것처럼 말이다. 그리하여 그들은 '그것(das Es)' 또는 '욕망하는 기계'를 사회체(Socius)에 직접적으로 연결시키고자 한다. 그렇지만 그들의 오이디푸스 비판은 동요하고, 그래서 그들의 비판의 지위(실천적 비판인지 혹은 이론적 비판인지) 그리고 더 나아가 그들의 담화 전체의 지위(실천적 담화인지 혹은 이론적 담화인지)에 대해 의문을 품게 한다.

오이디푸스 콤플렉스에 대한 그들의 비판은 이론적 비판과 실천적 비판 사이에서 동요한다. 한편으로 그들은 오이디푸스 콤플렉스 자체를 허구라고 하고, 그런 것은 존재하지 않는다고 한다. 또, 다른 한편으로는 오이디푸스 콤플렉스에 맞서 싸우라고 한다. 그렇지만 존재하지 않는 허구의 것에 대해 어떻게 맞서 싸우라는 것일까? 그래서 필연적으로 애매성이 도출된다. 즉 그들은 혁명가란 "오이디푸스, 그런 것은 인정하지 말라"고 말하는 사람이라고 하는데(『앙띠 오이디푸스』, 151쪽),[8] 이때 오이디푸스가 존재하지 않기 때문에 부정한다는 것인지 아니면 오이디푸스가 존재하기는 하지만 인정하지 않겠다는 것인지 불분명하다. 보다 상세하게 그들의 말을 들어보자. 그들은 한편으로 다음과 같이 말한다.

> 인간과 자연이 외연을 같이 하는 영역에서 무의식이 자기생산을 한다는 데 대해서는 프로이트보다도 그로덱크(Groddeck)가 더 충실하였다. 프로이트는 야생적 생산과 폭발적 욕망의 이 세계 앞에서 뒤로 물러서고, 무슨 희생을 치르고서도 거기에 약간의 질서를, 고전적으로 된 그리스의 고대 극장의 질서를 세우려 했던 것 같다. 도대체 프로이트가 자기분석에서 오이디푸스를 발견하고 있다는 것은 무엇을 의미하는가? 그것은 정말 그의 자기분석에서인가, 그렇지 않고 그의 괴테적 고전의 교양에서인가?(『앙띠 오이디푸스』, 88쪽)

이 인용문에서 들뢰즈와 가따리는 오이디푸스 콤플렉스가 허구라고, 프로이트가 만들어낸 허구라고 말하고 있다. 프로이트가 '야생적 생산과 폭발적 욕망'의 세계에 '무슨 희생을 치르고서도' 질서를 부여하고자 했다는 것이다. 그렇지만 무의식이 아무런 질서도 없는 '야생적 생산과 폭발적 욕망'의 세계라면 그것이 과연 '무'의식처럼 의식되지 않을 수 있을까? 그렇다면 과연 인류 사회가 지금까지 지속하고나 있을까? 어쨌거나 그들은 오이디푸스 콤플렉스를 프로이트가 무의식에 질서를 부여하기 위해 만들어낸 허구라고 주장한다. 하지만 프로이트는 질서가 없는 곳에 질서를 세우려 했다기보다는, 단

---

8) 앞으로 『앙띠 오이디푸스』로부터의 인용은 민음사의 1994년 초판에 의거한다. 불어판(Minuit, 1972)에 입각해 번역을 수정할 경우에는 불어판의 쪽수를 병기한다.

지 무의식을 특정한 방향으로 구조화하는 질서를 발견했던 것이 아닐까? 그리고 그러한 질서로 인해 인간의 사회성이 가능해지는 것이 아닐까? 한 질서는 다른 질서로 대체될 수 있지만, 여하간 무의식을 구조화하는 일정한 질서가 있어야 사회성이 가능해진다. 억압적이건 해방적이건 말이다. 문제는 해방적 질서를 만들어내는 것이지 무의식의 '야생적 폭발'에 따라 유대인을 때려잡는 것이 아니다. 그렇지만 『천개의 고원』에서 그들의 발언은 더욱 과격해진다.

> 거세, 결여, 대체물, 이것은 무의식의 형성물들의 다양성을 전혀 이해하지 못하는 의식과잉인 백치가 말하는 이야기일 뿐이다.(『천개의 고원』 71쪽, 불어판 45쪽)

이러한 공격성을 어떻게 이해해야 할까? 그들은 지금 프로이트와 라캉에 대해 '의식과잉의 백치'라고 말한다. 그들은 비판을 하려는 것일까, 음해와 선동을 하려는 것일까? 거세, 결여, 대체물은 모두 오이디푸스 콤플렉스의 직접적 상관물이고, 무의식의 구조화를 해명하기 위한 핵심적 개념들이다. 들뢰즈와 가따리는 이 개념들을 '의식과잉의 백치'가 만들어낸 허구라고 하고 있는데, 그렇다면 그들 자신은 무의식에 대해 무엇을 새롭게 밝혀놓았을까? 우리는 이를 곧 보게 될 것이다.

그렇지만 허구는 오이디푸스 콤플렉스가 아니라 오이디푸스를 허구로 간주하는 그들의 주장임이 바로 그들 자신의 담화를 통해 드러난다. 오이디푸스 콤플렉스에 대한 그들의 비판의 동요를 통해서 말이다. 다음의 문장을 한번 읽어보자.

정신분열증화하는 것, 즉 무의식의 영역을, 또 역사적인 사회적 장(場)을 정신분열증화하는 것이 관건이 아닐까? 그리하여 목을 조르는 오이디푸스의 쇠고리를 풀어젖히고 도처에서 욕망하는 생산들의 힘을 다시 발견하여, 분석기계와 욕망과 생산의 유대를 바로 실재(le Réel)에다가 다시 결부시키는 것이 관건이 아닐까?(『앙띠 오이디푸스』 85~86쪽, 불어판 62쪽)

이 문장은 아직 충분히 명료하지 않다. 즉 들뢰즈와 가따리는 '목을 조르는 오이디푸스의 쇠고리'를 말하고 있는데, 이때 오이디푸스의 쇠고리는 실재하는 것일까, 아니면 이론 속에만 존재하는 허구일까? 그렇지만 과연 이론 속에서만 존재하는 허구인 오이디푸스가 욕망의 목을 그처럼 옥죌 수 있을까? 여하간 이 문장은 아직 애매하다. 다른 문장을 읽어보자.

하지만 정신분석가마다 오이디푸스 밑에서, 오이디푸스를 꿰뚫고, 오이디푸스의 배후에서 사실은 욕망하는 기계들과 상관하고 있음을 알고 있었을 것이 틀림없다.(『앙띠 오이디푸스』, 90쪽)

들뢰즈와 가따리는 마치 커다란 비밀이라도 밝히는 듯이 이 이야기를 한다. 즉 정신분석가들이 오이디푸스 밑에서 '그것(das Es)'이 움직이고 있다는 것을 '틀림없이' 알고 있었다는 '비밀'이 그것이다. 하지만 그것은 어떠한 비밀도 아니고 정신분석가가 매일매일 부딪히고 또 연구하는 사실이다. 즉 정신분석의 대상은 오이디푸스적 구조화와 '그것(das Es)' 사이의 대립의 동력학이다. 오이디푸스적 구조화 밑에서 '그것(das Es)'이 움직이고 있다는 것은 '틀림없이' 모든 정신분석가가 알고 있는 사실이다.

종종 들뢰즈와 가따리는 어이없는 비판들을 행한다. 프로이트의 이론을 가지고 프로이트를 비판하는 것, 라캉의 이론을 가지고 라캉을 비판하는 것, 정신분석가들이 '하고 있는 것'을 '하고 있지 않다'고 비판하는 것 등이 그것이다. 비판을 하고자 하는 의욕이 앞서서 그럴 것이다. 그러나 그처럼 의욕이 앞선 비판은 비판대상의 내재적 논리를 뒤쫓는 엄밀한 비판이 아니라, 일종의 선험적 비판, 미리 정해진 답안을 비판의 대상에 외적으로 부과하는 비판일 뿐이다. 그러한 비판이 진리가 아닌 권력을 추구하는 것임은 두말할 것도 없다.

어쨌거나 위의 문장에서 들뢰즈와 가따리는 오이디푸스의 실재를 인정하고 있다. 즉 오이디푸스는 실재하고 다만 그 배후에 욕망하는 기계들이 존재한다는 것이다. 비록 오이디푸스의 쇠고리에 의해 목이 졸린 상태에서라도 말이다. 다음의 문장은 더욱 확실하다.

> 대부분의 사람들은 [정신분열증의] 벽에 접하고서는 겁이 나서 후퇴한다. 혹은 오히려 시니피앙의 법률 아래 다시 떨어져 내려가, 거세의 각인을 받고 오이디푸스 속에서 삼각형화된다.(『앙띠 오이디푸스』, 208쪽)

여기서 들뢰즈와 가따리는 오이디푸스와 거세 콤플렉스의 실재를 확실히 인정한다. 그들은 정신분열증과 오이디푸스를 대립시키고, 오이디푸스로부터 벗어나서 정신분열증으로 들어가라고 주장한다. 이때 오이디푸스와 정신분열증은 모두 실재하는 것이다. 그렇다면 그들이 비판하는 것은 오이디푸스의 이론이 아니라 오이디푸스의 현실이다. 즉 그들의 비판은 이론적 비판이 아니라 단지 실천적 비판, 실천적 지침일 뿐이다.

그렇다면 프로이트는 오히려 긍정되어야 하는 것이 아닐까? 들뢰즈와 가따리가 정신분열증에 걸려서라도 벗어나라고 할 정도로 강력하게 실재하는 오이디푸스의 실체, 욕망하는 기계의 목을 조르는 오이디푸스의 실체를 드러낸 것이 프로이트이므로 말이다. 오이디푸스에 대한 그들의 비판이 실천적인 것이라면, 그들의 비판대상의 정체를 밝혀준 프로이트야말로 그들의 존경의 대상이 되어야 하므로 말이다. 결국 오이디푸스를 '의식과잉의 백치'의 창조물로 간주하였다가 다시 목을 죄어오는 오이디푸스의 강력한 힘을 인정하곤 하는 그들이, 이미 지적했지만, 프로이트의 이론으로 프로이트를 비판하는 것은 하나도 놀라운 일이 아니다. 다음과 같이 말이다.

> 욕망하는 기계들은 무의식의 밑바닥에서 으르렁거리고 윙윙거리고 있다. [……] 오이디푸스의 주권의 확립과 함께 이 모든 것은 행방불명이 된다. 혹은 적어도 기묘하게 타협하게 된다.(『앙띠 오이디푸스』, 87쪽)

과연 프로이트가 욕망하는 기계들의 움직임에 대해 그처럼 무지했을까? 사실 오이디푸스는 '그것(das Es)'의 움직임에 대면해 언제나 흔들리고 있다. 이것을 누구보다도 명확히 인식한 사람이 바로 프로이트이다. 바로 그러한 불안정성으로부터 신경증, 정신병, 도착(倒錯) 등이 도출되는 것이다. 프로이트는 오이디푸스와 '그것' 사이의 그러한 불안정한 대면으로부터 모든 병리적 현상들을 설명한다. 그러니 결국 들뢰즈와 가따리는 프로이트에 기대어 프로이트에 대한 허구를 창조하는 것이다. 프로이트가 한 것을 프로이트가 안 했다고 비난하는 것이다. 사실 이처럼 어처구니없는 '비판' 방법은 실제로 학계에서 종종 통용된다.

들뢰즈와 가따리의 동요는 매우 진폭이 심하다. 오이디푸스의 부재로부터 실재로까지 말이다. 하지만 그들이 자신들의 입장을 완전히 결여하고 있는 것은 아니다. 물론 그 입장을 명확히 표현하고 있지는 못하지만 말이다. 우리는 『앙띠 오이디푸스』에서 흥미로운 한 문장을 발견한다. 오이디푸스의 부재와 실재 사이에 위치한, 매우 애매한, 다음이 바로 징후적인 그 문장이다.

> 우리는 오이디푸스적 성욕, 오이디푸스적 이성애와 동성애, 오이디푸스적 거세 — [……] — 가 있다는 것을 부정하지 않는다. 우리는 이것들이 무의식의 산물이라고 하는 것을 부정한다.(116쪽)

들뢰즈와 가따리가 오이디푸스의 부재와 실재 사이에서 그처럼 동요한 이유가 이 문장을 통해 일정하게 드러난다. 그들은 오이디푸스와 무의식을 분리하고자 했던 것이다. 바로 이 이유 때문에 그들은 오이디푸스를 허구라고 하면서 부정하기도 했던 것이고, 또 다른 한편으로 무의식이 맞서 싸워야할 대상으로 오이디푸스를 설정하기도 했던 것이다.

프로이트에 따를 때, 오이디푸스는 구조화시키는 것 또는 능산적(能産的)인 것이고, 무의식은 구조화된 것 또는 소산적(所産的)인 것이다. 따라서 우리는 오히려 무의식이 오이디푸스의 산물이지 그 역은 아니라고 말할 수 있다. 그렇다고 해서 무의식이 오이디푸스가 부여하는 형식을 완전히 자기 것으로 한다고 말할 수는 없다. 무의식은 오이디푸스적 형식을 부여받으면서도 그 형식에 저항한다. 오이디푸스가 무의식을 구조화하는 것은 바로 이러한 의미에서이다. 오이디푸스에게 종속되면서 동시에 저항하는 방식으로의 구조화가 그것이다. 바로 이러한 의미에서 오이디푸스는 그 자체가 무의식의 일부를 구성하지만, 그렇다고 하여 무의식이 오이디푸스에 환원되는 것은 결코 아니다. 오이디푸스에 환원되지 않는 무의식은 오히려 오이디푸스에 의해서 부정적으로 규정된 성격을 갖는다. 오이디푸스에 의해 축출된 그 부분은 무의식의 핵심을 구성한다. 이처럼 무의식은 그 자체가 중층적이다. 그래서 프로이트의 제2차 위상학에 따를 때 자아, 초자아, '그것(das Es)' 각각은 적어도 부분적으로나마 무의식의 일부를 이루는 것이다.

반면 들뢰즈와 가따리는 오이디푸스를 무의식으로부터 분리시키면서, 무의식을 오로지 '그것(das Es)'에만 한정시키려 한다. 바로 이것이 그들의 목적이다. 무의식으로부터 오이디푸스를 쫓아내는 것, 그리고 모든 표상들을 쫓아내는 것 말이다.

그래서 그들은 전혀 은유가 아님을 강조하면서 "무의식은 물리학에 속한다"고 말한다(『앙띠 오이디푸스』, 418쪽). "문제가 되는 것은 복잡하게 결부된 힘들 간의 필연적 관계"(같은 쪽)라는 것이다. 이처럼 하여 오이디푸스를 비롯한 모든 표상은 무의식으로부터 쫓겨난다. 그들이 다음과 같이 말하고 있듯이 말이다. "무의식의 표상이란 관념은, 정신분석의 대담함이기는커녕, 처음부터 그 파탄과 단념을 드러내는 것이다"(『앙띠 오이디푸스』, 436쪽). 모든 표상을 쫓아낸 무의식은 '그것(das Es)'과 동일화된다.

들뢰즈와 가따리는 『앙띠 오이디푸스』를 시작하면서 '그것(das Es)'은 기계인데 이는 결코 은유가 아니라고 한다. "'그것'은 기계"라는 말은 "무의식은 물리학에 속한다"는 말과 같은 말이다. 즉 이 두 가지 등식은 '그것' = 무의식, 기계 = 물리학의 대상이라는 또다른 두 가지 등식을 내포한다. 기계로서의 '그것'은 물론 욕망하는 기계다. 그리하여 무의식 또한 욕망하는 기계가 된다. 이제 무의식에서 남는 것은 오직 욕망하는 기계밖에 없는 것이다. 자아, 초자아, 오이디푸스, 모든 표상들은 무의식으로부터 축출된다.

그렇지만 핵심적인 정신분석학적 사실은 표상들이 언제나 정동(情動, affect)들과 결합해 있다는 것이다. 즉 표상들은 언제나 감정적 부하(負荷)를 가지고 있다. 예컨대 히스테리 같은 경우는 표상만이 억압되고 표상과 결합되어 있던 정동은 억압되지 않아 육체적으로 발현되는 것이다. 또 강박신경증은 정동이 병인적(病因的) 표상에서 분리되어 다른 표상과 결합하는 것이다. 타자들, 사물들은 결코 감정적으로 중립적인 존재들이 아니다. 어머니의 표상, 아버지의 표상, 똥의 표상, 뱀의 표상 등을 생각해보자. 그리고 표상들과 결합해 있는 정동들에 따라 욕망하는 기계의 구성요소인 충동들 또는 리비도가 조직된다.[9]

들뢰즈와 가따리는 프로이트가 모든 것을 허구적 오이디푸스에 따라 조직화한다고 비판하면서 다음과 같이 말한다. "어린이는 그저 아빠-엄마로만 놀지는 않는다. 그는 또한 마법사, 카우보이, 순경, 도둑으로 놀며, 또 기차와 작은 자동차로도 논다"(『앙띠 오이디푸스』, 74쪽). 그렇지만 그러한 사실은 결코 오이디푸스에 모순적인 것이 아니다. 마법사 또는 카우보이라는 표상은 오이디푸스적 표상과 직접 또는 매개적으로 결합되어 있을 수 있거나, 아니면 오이디푸스를 중층결정하는 것일 수 있다. 무의식은 언어처럼 구조화되었다는 라캉의 말을 극히 단순하게 도식화해보면, 무의식은 충동 + 표상, 그리

---

[9] 프로이트와 브로이어, 『히스테리 연구』의 1장·3장·4장, Pierre Kaufmann(éd.), *L'apport freudien*, Larousse, 1998과 J. Laplanche et J. B. Pontalis, *Vocabulaire de la psychanalyse*, PUF, 1992의 「표상」 항목과 관련 항목들, 이종영, 『지배양식과 주체형식』, 백의, 1994의 141~153쪽을 참조할 것.

고 표상 + 표상으로 구성된다. 우리 내부의 충동들 또는 리비도적 에너지는 특정한 표상과 결합해서 방향성을 부여받는다. 또 충동과 결합해 그 방향성을 부여해주는 표상들에는 또다른 표상들이 은유적 또는 환유적으로 결합한다. 그러므로 욕망하는 기계의 움직임은 결코 맹목적이거나 야수적인 것이 아니다.

들뢰즈와 가따리는 『천개의 고원』에서 분자적 탈영토화의 한 형태로 동물-되기를 말한다. 동물-되기는 "쥐들의 번식"처럼 "거대한 그램분자적 역량들을 잠식"해 들어가고, '인간을 가로지르면서 인간을 변용시키는' 것이다(444, 451쪽). 그들은 이 동물-되기가 "매우 정신적"인 것이라고 하며(330쪽), 또 "동물-되기는 재규어-정신, 새-정신, 살쾡이-정신, 거취조-정신 등 '동물정신'을 포괄"한다고 한다(337쪽). 그렇지만 더이상의 설명이 제시되지는 않는다. 그들은 그 용어를 설명적으로가 아니라 단지 묘사적으로만 사용한다. 그리고 그럼에도 그들은 정신분석가들이 "동물-되기의 실재성을 보지 못했다"고 비판한다(491쪽). 그렇지만 그들이 제대로 해명하지 못하는 동물-되기의 비밀은 바로 정신분석학에서 말하는 표상과 충동의 결합에서 찾아진다. 즉 동물-되기는 동물의 특정한 표상과 충동의 결합이다. 동물-되기는 결코 야수적인 것이 아니다. 동물-되기는 충동이 동물에 대한 특정한 인간적 표상과 결합하여, 그 표상을 자기화하려는 것에 불과하다. 따라서 동물-되기는 어떤 도주선이라기보다는 동물적 표상의 인간적 착취에 불과한 것이다.

들뢰즈와 가따리는 오이디푸스를 무의식과 분리시키기 위해 멜라니 클라인을 동원하기도 한다. 다음과 같이 말하면서 말이다. "여기서 우리가 정신분석가들 중 가장 덜 오이디푸스화하고 있는 예로서 클라인을 들고 있는 것은 오이디푸스를 욕망하는 생산의 척도로 삼으려면 얼마나 무리를 해야 하는가를 보여주기 위해서이다"(『앙띠 오이디푸스』, 73쪽). 하지만 클라인이 오이디푸스를 부인하고 있다고 생각하는 것은 큰 오해이다. 그녀는 단지 전(前)오이디푸스적 이자(二者)관계를 다룰 뿐이다. 이 이자관계는 곧 오이디푸스 삼각형으로 들어가게 되는 것이다. 만약 오이디푸스적 삼각형에 들어가게 되지 않는다면 아버지-의-이름(Nom-du-Père)의 결여로 인해 정신병적 구조를 적어도 잠재적으로 갖게 된다. 게다가 멜라니 클라인이 드러낸 것은, 들뢰즈와 가따리가 생각하는 것과는 반대로, 상징적 질서에 포섭되기 이전의 상상적 질서에서도 표상들, 이마고들, 이미지들이 무의식을 구조화한다는 것이다. 즉 상상적인 이자관계도 '공장'이 아니라 '극장'이라는 것이다.

하지만 들뢰즈와 가따리는 표상들의 극장을 기계들의 공장으로 대체하려 한다. 프로이트가 오이디푸스를 통해 공장을 극장으로 대체했다고 비판하면서 말이다(『앙띠 오이디푸스』, 45쪽). 그들에 따를 때 오이디푸스는 "생산이라고 하는 유일의 진정한 관계"를 축출한다는 것이다(같은 쪽). 즉 생산이 유일하게 진정한 것이고 표상을 포함한 그 나머지의 것들은 이른바 '상부구조적'인 허구라는 것이다. 물론 들뢰즈와 가따리의 이러한 입장은 이데올로기의 물질성, 씨니피앙의 물질성 테제를 완전히 부정하는 속류 유물론적 입장이다.

이제 극장을 다시 공장으로 대체하여 욕망하는 기계에게 '생산'의 역할을 되돌려준 들뢰즈와 가따리는 결여로서의 욕망 개념을 비판하고, 욕망을 생산으로 정의한다. 하지만 욕망을 결여로 설정하는 것은 거창한 존재론적 테제가 결코 아니며, 단지 현실의 현상들을 보다 정합적으로 설명하기 위한 과학적 노동의 일환일 뿐이다. 인간의 많은 욕망들이 그 배경에 일종의 결여를 설정해야지만 보다 정합적으로 설명되기 때문이다. 그렇지만 들뢰즈와 가따리는 결여로서의 욕망 개념이 자신들의 '포지티브'한 존재론적 입장을 위협하기 때문에 두려워한다. 반면 과학적 노동의 장에서는 두려움이란 존재하지 않는다. 보다 정합적인 설명을 택하면 되기 때문이다. 결여의 개념이 욕망의 현상들을 설명하기에 부적절하다면 그 개념을 포기하면 되는 것이다. 그렇지만 결여의 개념은 아직은 욕망 현상들을 설명하는 데 유효하다. 그러나 선험적 테제들이 맞서고 있는 존재론의 영역에서는 양보와 화해의 조건이 결여되어 있다. 대립하는 테제들 모두가 인식대상을 지니지 않고 현실로부터 비약한 선험적인 것이어서, 소통의 토대가 부재하기 때문이다. 하느님이 날개가 달렸다는 A부족의 선험적 주장과 하느님이 뿔이 달렸다는 B부족의 선험적 주장 사이에는 소통이 불가능하듯이 말이다. 설명하려는 대상이 없는 선험적 테제들의 무대는 사람들을 모아주는 진리의 무대가 아니라 사람들을 분리시키고 대립시키는 이데올로기의 무대이다.

들뢰즈와 가따리가 인용하고 있는 끌레망 로세(Clément Rosset)는 결여로서의 욕망 개념에 대해 다음과 같이 냉소를 보낸다. "그러므로 세계는 모든 대상을 포함하고 있지는 않으며, 적어도 한 대상은 결여되고 있는데, 그것은 욕망의 대상이다"(『앙띠 오이디푸스』, 48쪽). 이때 로세가 말하고 있는 '욕망의 대상'은 욕망의 여러 현상적 대상들 또는 대체물들이 아니라 일종의 '근원적' 대상이다. 이처럼 '근원적' 대상을 말하는 것은 오해의 위험을 일정하게 동반하는 것이지만, 문제는 여러 현상적 대상들(또는 대상 a)을 뒤쫓는 욕망의 궤적이 보여주는 구조화된 성격이 어떤 '근원적' 대상과 그 결여를 설정할 때 보다 적합하게 설명된다는 것이다. 결국 로세는 갑자기 천박한 실증주의적 입장을 선택한다. 그렇지만 눈에 보이는 현상적 대상들을 벗어나면서도 동시에 눈에 보이는 현상적 대상들을 추구하게 하는 어떤 근원적 대상, 근원적 결여가 있을 수 있는 것이다. 현상적 대상을 벗어나 있는 것이지만 현상적 대상 그 너머에서 추구되는 그 무엇. 그것이 바로 우리를 움직이는 것이다. 내가 어떤 동경이나 무의식적 노스탈지아로 인해 한 도시를 찾았을 때, 로세는 아마도 나를 움직인 내적인 힘, 그 무엇을 찾는 결여의 힘은 보지 못하고 내 물질적 육체가 그 도시에 물리적으로 현존하게 된 것만을 볼 것이다.

들뢰즈와 가따리는 또 "결여는 사회적 생산 속에서 조정되고 조직된다"고 주장한다(『앙띠 오이디푸스』, 51쪽). 그렇지만 그것은 당연한 것이다. 욕망을 결여로 보는 시각에서도 물론 그러한 주장을 받아들인다. 들뢰즈와 가따리는 또다시 정신분석가들에게 그들이 '하고 있는 것'을 '안 하고 있다'고 비난하는 것이다. 물론 결여의 사회적 조직에 대해서는 대립되는 입장들이 있을 수 있다. 결여가 순전히 사회적으로만 조직된다는 입장과 근원적 결여가 사회적으로 재생산된다는 입장 말이다. 이 경우 우리는 설명적 적합성에 따라 어느 한 입장을 선택하면 될 것이다. 또 근원적 결여를 탄생과 더불어 발생하는 것으로 볼 수도 있고 오이디푸스 삼각형 속에서 발생하는 것으로 볼 수도 있는데, 이 후자의 입장에서 결여는 사회적으로 조직되는 것이다. 오이디푸스는 사회적인 것이기 때문이다.

어쨌건 오이디푸스와 표상들을 무의식에서 분리시킨 들뢰즈와 가따리는 이제 욕망을 생산으로 정의한다. 도대체 무엇을 생산한다는 것일까? 들뢰즈와 가따리에게 무의식은 공장 속에 자리잡은 욕망하는 기계이다. 욕망하는 기계는 공장 속에서 무엇을 생산해내는 것일까? 표상도 없이, 주체성도 없이 말이다. 표상과 주체성을 결여한 욕망하는 기계는 맹목적이다. 들뢰즈와 가따리는 생산의 생산, 소비의 생산, 등록의 생산들을 말하지만(『앙띠 오이디푸스』, 68쪽), 도대체 생산의 생산이란 무엇일까? 생산을 생산한다니? 또 소비를 생산한다니? 그렇다면 아마도 인간동물의 모든 동물적 움직임 전체가 생산일 것이다. 결국 인간동물의 모든 동물적 움직임을 생산해내는 들뢰즈·가따리적 의미의 욕망은 일종의 존재론적 힘, 동물적 힘에 불과한 것이다. 엄격한 의미의 욕망이 아니라 말이다. 그들은 다음과 같이 말한다.

> 욕망은 아무것도 결여하고 있지 않다. 욕망은 그 대상을 결여하고 있지 않다. 욕망에 결여되어 있는 것은 오히려 주체이다. 혹은 욕망은 고정된 주체를 결여하고 있다. 고정된 주체는 탄압(répression)을 통해서만 있다. 욕망과 그 대상은 하나가 된다. 즉 기계의 기계로서의 기계가 그것이다. 욕망은 기계이고, 욕망의 대상 역시 연결된 기계이다.(『앙띠 오이디푸스』 49쪽, 불어판 34쪽)

이처럼 들뢰즈·가따리적 욕망은 주체성을 결여한 맹목적 기계이다. 그 기계는 오직 다른 기계들과 관계를 맺을 뿐이다. 주체성이 없으니 결여가 없는 것도 당연한 것이 아닐까? 결여야말로 주체성의 한 특질이므로 말이다. 그렇지만 주체가 무엇인가를 욕망할 때는 그 무엇인가가 결여되어 있어서 욕망하는 것이므로, 이제는 실질적으로 욕망도 존재하지 않는다. 존재하는 것은 기계, 또는 '그것(das Es)'의 직접적인 분출일 뿐이다. 기계들은 '그것'의 움직임에 따라 다른 기계들과 결합하거나 또는 분리되거나 할 뿐이다. 그렇지만 그 기계들은 '그것' 자체이기도 하다.

도대체 '그것'으로서의 욕망하는 기계들의 맹목적 작동들 속에서 사회성은 어떻게 가능할까? 주체성을 결여하고서 과연 사회성이 가능할까? 기계들이 사회를 이룰 수 있을까? 들뢰즈와 가따리는 이런 질문에 대답하지 않는다. 그들은 사회의 가능조건에 대해서는 전혀 묻지 않은 채 사회체(Socius)를 설정한다. 그리고 오이디푸스의 매개, 주체성의 매개, 표상의 매개를 제거하고서 욕망하는 기계를 사회체에 직접 연결시킨다. 그렇지만 과연 우리가 동물적 몸만을 가지고서, '그것'만을 가지고서 사회를 이룰 수 있을까? 주체성에 의해 매개되지 않은 사회가 과연 가능할까?

들뢰즈와 가따리가 욕망하는 기계와 사회체를 직접 연결시키는 것은 그들 나름의 정신분열증 범주를 제시하기 위해서이다. 이들에게 사회체란 무엇보다 "욕망의 흐름들을 코드화하고 기입하고 등록하며, 스탬프 찍히고 집배되고 규제되지 않은 어떤 흐름도 흐르지 못하게 하는 것"이다(『앙띠 오이디푸스』 56쪽, 불어판 40쪽). 그리하여 욕망을 등록하고 규제하는 사회체의 형태에 따라 지배적인 정신질환이 상이하게 나타나게 된다. 즉, 이제 정신질환은 욕망과 사회체의 직접적인 상호작용에 의해 제시되게 된다. 왜 다른 사람이 아닌 바로 그가, 어떤 계기에 의해, 어떤 과정을 통해 정신질환에 걸리게 되었는지에 대해서는 더이상 질문되지 않는다. 정신질환은 이제 사회체로부터 직접 도출된다. 조울증과 편집증은 전제군주기계의 산물이고, 히스테리는 토지기계의 산물이며, 정신분열증은 자본주의 기계의 산물이라는 식으로 말이다(『앙띠 오이디푸스』, 57쪽). 과학적 담화가 가장 비폭력적이라는 것은 이런 사태를 염두에 두고 한 말이다. 들뢰즈와 가따리는 엄청난 허구들을 주장해놓고 어떤 엄밀한 논증도 제시하지 않는다.

어쨌거나 그들의 책들의 부제는 이제 적합성을 갖게 되었다. '자본주의와 정신분열증'. 정신분열증은 자본주의 기계로부터 도출되는, 자본주의의 고유한 현상이 된 것이다. 그렇지만 이들의 정신분열증 개념은 부단히 동요한다. 즉 이들은 정신분열증을 임상으로부터 분리하려고 하면서도, 부단히 임상으로 되돌아가 다시 임상에 준거한다. 심지어 슈레버를 편집증 환자가 아니라 정신분열증 환자로 규정하면서 말이다(『앙띠 오이디푸스』, 534쪽). 이들은 임상을 무시하기로 작정했으므로 편집증 환자를 자신들 마음대로 정신분열증 환자로 만들 수 있겠지만, 그렇다면 도대체 슈레버에 계속 준거하는 이유는 무엇인가? 임상사례로서 슈레버에 준거한다면, 슈레버에 대한 임상적 판단을 존중해야 하는 것이 아닐까?

그들은 병원이 인위적인 정신분열증 환자를 만들어낸다고 한다. 그들이 말하는 병원에는 정신분석가의 진료실도 포함되는 것일까? 이들의 말에 따르면 병원에 들어가기 전에는 정신분열증 환자는 존재하지 않는다. 과연 그럴까? 정신분열증을 전혀 갖고 있지 않던 사람이 병원에 들어간 이후 갑자기 인위적으로 정신분열증 환자가 될 수 있을까? 그렇지 않음은 물론이다. 그렇지만 이들은 임상을 존중하지 않으므로 아무 말이나 할 수 있다. 그러나 또한 그들은 자신들이 필요한 경우에는 임상에 준거한다. 필요에 따라 정신분열증적으로 움직이는 것이다. 이들의 말을 들어보자.

> 정신분열증의 특성이란 것도 없고 임상 실체도 없다. 정신분열증은 생산하고 재생산하는 욕망하는 기계들의 우주요, '인간과 자연의 본질적 현실'로서의 근원적인 보편적 생산이다.(『앙띠 오이디푸스』 20쪽)

정신분열증을 임상으로부터 분리시키려는 것은 이들의 입장이라고 하더라도, 정신분열증의 특징이 없다는 표현은 놀랍다. 도대체 특징이 없는 것이 '병(病)' 또는 '증(症)'의 이름을 가질 수 있을까? 정신분열증의 특징이 없다고 하는 것은 정신병의 한 범주로서의 정신분열증 자체를 해체하려는 것으로 받아들여질 수 있다. 이들은 정신분열증을 "생산하고 재생산하는 욕망하는 기계들의 우주"라고 하는데, 이것은 '그것(das Es)'의 움직임 자체를, 충동들이나 리비도의 움직임 자체를 정신분열증으로 보는 것이다. 그렇다면 정신분열증은 자아나 초자아의 규제를 벗어나는 '그것'의 흐름 자체를 지칭하는 것이 된다.

결국 정신분열증은 그들이 말하듯이 "근원적인 보편적 생산"이 된다. 즉 욕망하는 기계의 움직임 자체, 공장으로서의 무의식 속에서 욕망하는 기계의 활동 전체가 정신분열증이라는 것이다. 그리고 그들은 욕망하는 기계의 활동을 "인간과 자연의 본질적 현실"이라고 하는데, 그것은 곧 이들이 '인간의 본질'을 욕망하는 기계의 생산활동으로 본다는 것, 그리고 이들이 '인간의 본질'을 '여타 동물들의 본질' 및 '자연의 본질'과 전혀 구분하고 있지 않다는 것이다.[10] 그래서 그들이 설정하는 인간의 본질에는 자아와 초자아, 상징적 질서와 상상적 질서는 사라지고, '그것(das Es)'만이 남게 된다.

정신분열증을 이처럼 정의하게 되면, 들뢰즈와 가따리는 정신분석학 또는 정신의학의 장(場)으로부터 완전히 이탈하는 것이 된다. 들뢰즈·가따리적 정신분열증은 정신분석학이나 정신의학에서 말하는 정신분열증과는 어떠한 접점도 갖지 않게 되기 때문이다. 그들은

---

10) 인간은 물론 동물이고 자연에 속하는 것이지만, 인간의 자연적, 동물적 고유성을 규정하는 인간의 본질은 나름의 특수성을 갖는 것이다.

전혀 다른 층위에 속하는 것, 전혀 다른 구조를 가진 것을 정신분열증으로 정의했으므로, 이제 정신분석학 또는 정신의학의 장을 떠나 그들의 조작적 정의에 입각한 형이상학적 작업을 해나가면 되는 것이다. 그렇지만 그들은 혼란을 초래하면서 정신분석학의 정신분열증 개념을 줄곧 비판한다. 아마도 정신분석학에 대항해 헤게모니를 행사하려는 권력에의 의지 때문일 것이다. 우선 그들은 편집증과 정신분열증을 포괄하는 정신병에 대해 다음과 같이 말한다.

정신분석은 정신병이라고 하는 현상들이 얼마나 그 기준 이론의 테두리를 벗어나고 있는지 느끼면서도, 오이디푸스 삼각형의 기초 위에서 그 문제들을 제기하고는 그 해석들을 계속해서 전개하고 있다.(『앙띠 오이디푸스』, 31~32쪽)

물론 신경증은 오이디푸스에 내부적인 것이고, 편집증과 정신분열증 등의 정신병은 오이디푸스 외부적이라고 말할 수 있다. 그리고 이처럼 말한 것은 들뢰즈와 가따리가 처음이 아니다. 많은 정신분석가들이 그렇게 말하고 있다. 그렇지만 정신병이 오이디푸스와 무관한 것은 결코 아니다. 왜냐하면 오이디푸스 삼각형의 각인을 부정적으로 내포하기 때문이다. 이른바 '뒤집혀진 오이디푸스'처럼 말이다.[11]

들뢰즈와 가따리는 이 말을 해놓고서는 곧장 슈레버를 언급하지만, 슈레버가 스스로를 여성으로 간주하는 것, 여성이 된 슈레버가 신과 성교한다고 상상하는 것은 상징적 아버지의 결여와 직접적으

---

11) Jacques Lacan, *Ecrits*, Seuil, 1966, 544쪽.

로 연관된 것이다. 즉 여성화는 상징적 아버지의 역할을 하지 못하는 너무 잔혹한 아버지와의 관계로 인한 것이고 또 신과의 상상적 관계도 상징적 아버지의 결여를 메우는 것이다.12) 또 들뢰즈와 가따리는 이렇게 말한다. "정신분열자도 아버지와 어머니가 있지 않습니까? 아니다. 부모 따위는 없다"(『천개의 고원』 67쪽). 그러나 이러한 부재는 그들이 말하는 식의 포지티브한 부재가 아니라 부모의 존재와 대비되어 설정된 부재일 뿐이다. 원래 없는 것이 아니라 있어야 할 자리에 없기 때문에 문제가 된다는 것이다. 게다가 들뢰즈와 가따리는 프로이트가 모든 것을 아빠에게 되돌리려 한다고 하지만(『천개의 고원』, 75쪽), 흥미롭게도 프로이트는 슈레버의 경우를 연구하면서 그의 폭군적 아버지를 고려하지 않아 비판의 대상이 된다.13)

정신분열증 환자는 프로이트적 의미의 '자아', 즉 초자아와 '그것' 사이의 균형을 잡아주는 주체적 '자아'를 상실하고 또 현실의식을 상실한다. 따라서 정신분열증 환자에게 부모가 부재한다면, 그것은 권위주의적인 부모에 대항하기 때문이 아니라 자아와 현실 상실의 결과 누가 부모인지 모르게 되기 때문이다. 들뢰즈와 가따리는 자아와 현실의식을 상실한 정신분열증 환자와 무엇을 하려는 것일까? 그렇지만 그들은 정신분열증을 임상으로부터 분리시키고, 전혀 새로운 층위에서 정신분열증의 범주를 조작적으로 설정한다. 그러면서도 그들은 여전히 임상과 관계를 갖고 정신분열증의 임상적 개념을 비판한다.

---

12) 브루스 핑크, 『라캉과 정신의학』, 민음사, 2002, 139~195쪽을 참조할 것.
13) Elisabeth Roudinesco et Michel Plon, *Dictionnaire de la psychanalyse*, Fayard, 1997의 「슈레버」 항목에 따를 때, 이다 매컬파인(Ida Macalpine)과 리차드 헌터(Richard Hunter)는 슈레버의 『회고록』의 영어번역본 서문에서 이 사실을 비판한다.

들뢰즈와 가따리는 정신의학과 정신분석학적 연구로부터 확립된 정신분열증의 특징들을 거부한다. 그들은 크래펠린의 관념해리(觀念解離, dissociation), 블로일러의 자폐증, 빈스방거의 '세계-내-존재'(존재 속에서 자아를 상실한)의 개념을 열거한 후 그것들을 부정한다. 정신분열증 환자에 있어서의 자아상실과 현실상실을 인정하지 않겠다는 것이다. 그들의 말을 들어보자.

자아는 아빠-엄마와 마찬가지로 정신분열자가 믿지 않게 된 지 오래된 것이다. [……] 그러나 왜 그가 떠나온 곳에 다시 그를 데려가려 하는가 [……].(『앙띠 오이디푸스』 44쪽)

그들은 정신분열증 환자의 자아(프로이트적 의미) 회복에 대해 반대한다. 정신분열증 환자는 자아를 상실하고 현실로부터 물러난다. 그러나 그에게 자아를 회복시켜주고 현실을 되찾아주는 것에 들뢰즈와 가따리는 반대하는 것이다. 그래서 정신분열증 환자들을 영원히 사회 밖으로 몰아내려는 것이다. 자기자신과 사회성을 잃은 존재로 방치한 채. 그렇다면 들뢰즈와 가따리도 정신분열증에 걸리고 싶어할까? 그들에게 당신들의 자아를 잃어버리고 현실의식을 상실하라고 하면 좋아할까?

여기서 두 가지 사실을 지적해야 한다. 첫째로, 지금 들뢰즈와 가따리는 자신들이 정의한 존재론적 정신분열증에 대해 말하고 있는 것이 아니라 임상적 정신분열증에 대해 말하고 있다는 것. 둘째로, 그들은 정신분열증을 자아상실로 특징짓는 병리학 자체를 비판하는 것이 아니라, 오히려 자아를 상실해도 괜찮다고 말하고 있다는 것.

이러한 그들의 담화의 지위는 어떠한 것일까? 존재론적 정신분열증에 대한 담화와 임상적 정신분열증의 자아상실을 방치해두어야 한다는 담화 사이의 관계는 어떠한 것일까? 이 두 담화 사이의 관계는 단지 우연한 것일까? 워낙 모순적인 담화들을 전개하는 저자들의 또다른 실수에 불과한 것일까? 아니면 이 두 형태의 담화는 내적인 긴밀한 연결성을 갖는 것일까? 나는, 앞으로 논증해야 하겠지만, 이 두 담화는 긴밀한 내적 연결성을 갖는다고 생각한다. 그렇다면 자아와 현실을 상실하여 누구와도 의사소통할 수 없고 어떤 사회성도 형성할 수 없는 정신분열증 환자에게 자아를 회복시켜줄 필요가 없다고, 사회성을 회복시켜줄 필요가 없다고 말하는 것은 도대체 무슨 이유에서일까? 들뢰즈와 가따리는 사회성 자체를 부정하려는 것이 아닐까? 그리하여 충동들과 리비도를 직접적으로 분출시켜, 그들이 말하듯이 들쥐떼처럼 몰려다니면서, 유대인들을, 조선인들을 때려눕히기를 바라는 것일까? 그리고는 결국은 스스로 자멸하기를?

그들은 또 프로이트를 비판한다.

조금도 숨길 것이 없는 일이거니와 결국 프로이트는 정신분열증 환자들을 좋아하지 않는다. 그는 오이디푸스화에 대한 그들의 저항을 좋아하지 않는다. 그는 오히려 그들을 짐승들(bêtes)로 취급하려는 경향이 있다. 그는 말하기를, 그들은 낱말들을 사물들이라고 생각하며, 무감동하고, 자기도취하고 있으며, 현실로부터 단절되어 있으며, 전이(轉移)시킬 수 없으며, '별로 바람직하지 않은 사실로서' 철학자들을 닮고 있다고 한다.(『앙띠 오이디푸스』 45쪽)

과연 프로이트가 정신분열증 환자들을 '짐승'으로 취급했을까? 오히려 무의식에서 자아와 초자아를 제거하고 욕망하는 기계만 남겨놓으면서 인간을 '짐승'으로 취급하고 있는 것은 들뢰즈와 가따리 그들이 아닌가? 어쨌거나 그들은 프로이트가 정신분열증 환자를 짐승 취급한다고 하지는 않았고, 그런 '경향'이 있다고 한다. 만약 프로이트가 진짜로 그랬다면 들뢰즈와 가따리에겐 좋은 일이다. 인간 전체를 짐승 취급하는 그들에게 동지가 생겼으므로.

그들은 프로이트가 정신분열증 환자들에 대해 다음의 사실들을 지적했기 때문에 짐승 취급하려는 경향이 있다고 한다. 첫째, 낱말들을 사물들이라고 취급한다는 것. 정신분열증 환자는 언어활동의 장애를 갖는다. 그들이 은유를 생산하지 못하는 것은 낱말들을 사물들이라고 생각해서가 아닐까? 둘째, 그들은 무감동하다는 것. 이것은 정신분열증에서 나타나는 자폐증적 경향의 특성이다. 셋째, 자기도취하고 있다는 것. 사실상 정신분열증은 지나친 나르시시즘의 귀결이다. 넷째, 현실로부터 단절되었다는 것. 이것은 정신분열증에 특징적인 현실상실이다. 다섯째, 전이시킬 수 없다는 것. 바로 이 사실 때문에 정신분열증 치료는 어렵다. 여섯째, 철학자를 닮았다는 것. 이것은 대상이 없는 상태에서 영역을 넘나들면서 아무 용어나 함부로 적용시킨다는 것을 말한다. 결국 프로이트는 단지 정신분열증의 임상적 특징들을 열거한 것에 불과하다. 아마도 들뢰즈와 가따리처럼 말을 한다면, 정신분열증의 임상적 특징들을 인정하는 모든 사람들이 정신분열증 환자를 짐승처럼 취급하는 경향이 있다고 해야 할 것이다. 언제나처럼 들뢰즈와 가따리는 비약이 심하다.

또 정신분열증 환자들을 좋아하지 않는다는 것이 무엇을 뜻하는지도 생각해보아야 한다. 과연 감정적 교류가 전혀 되지 않는 존재를 일반적으로 말해지는 의미에서 '좋아할' 수 있을까? 자아와 현실을 상실하고 자폐증에 걸린 존재를? 만약 그들을 좋아한다면 그것은 좀더 다른 의미에서이다. 일상적 의미와는 다른. 즉 직업적 사명감의 발로, 동정과 연민의 대상, 호기심의 대상, 야릇한 것에 대한 엽기적 취미, 또는 인류애의 발로라는 의미에서일 것이다. 정신분열증 환자를 좁은 의미에서 '좋아할' 수 있는 사람은 거의 없다. 무감동한 인간을 좋아하기는 실제로 힘든 일이기 때문이다.[14]

 이들이 프로이트에 대해 이처럼 부조리한 비판을 행하는 것은 프로이트와의 대결을 일종의 헤게모니 투쟁으로 간주하기 때문이다. 그러나 임상적 사실에 입각한 정신분열증의 과학적 개념과 동물물리학적 존재론에 입각한 정신분열증의 형이상학적 범주 사이의 대결은 그 인식론적 지위의 차이로 인해 원천적으로 불가능한 것이다.

 그들이 상상적으로 설정한 프로이트와는 반대로, 들뢰즈와 가따리는 정신분열증 환자를 좋아한다고 천명한다. 그렇지만 이때의 '스키조프렌느(schizophrène)'는 임상적 의미의 '정신분열증 환자'가 아니

---

14) 들뢰즈와 가따리의 말들을 앵무새처럼 반복하고 있는 두 일본인 '학자'(?)의 대담을 읽는 것은 매우 처참한 일이다. 이마무라 히토시라는 사람은 다음과 같이 말한다. "들뢰즈에 의하면, 특히 프로이트의 경우, 결국 정신분열증이라는 병을 상당히 싫어해서 그것을 어떻게든 배제하고 이론을 만드는 것으로 만족했다는, 미묘한 문제가 있었습니다." 이처럼 한 단계를 거치면서 들뢰즈·가따리의 허구는 증폭되고 또 사실이 되어버린다. 도대체 특정한 병을 싫어해서 그것을 배제하고 이론을 확립했다는 발상이 어떻게 가능할까? 정신분열증이 정신분석학에서 주변적 위치를 차지하는 것은 치료의 불가능성과 적합적 인식의 저발전으로 인한 것이다. 또 아사다 아키라는 다음처럼 말한다. "오이디푸스적 가족과 그것을 소위 추상적으로 신성화한 것인 프로이트의 이론은 실제로는 이런 자본주의의 상대적 안정화와 상당히 깊이 서로 얽혀 있기 때문에 이것을 부수지 않고서는 흐름의 다양화·다형화는 불가능한 것입니다"(이상의 인용은 아사다 아키라, 『도주론』, 민음사, 1999, 44~45쪽에 의거한 것임). 정신분석학에 대한 기초적 인식을 가졌다면 이처럼 들뢰즈·가따리의 말을 앵무새처럼 반복하지는 않을 것이다. 오이디푸스 가족의 구조를 면밀히 분석한 빌헬름 라이히의 작업도 오이디푸스 가족을 신성화한 것일까?

라 그들이 형이상학적으로 설정한 '정신분열자'이다. 따라서 이들은 프로이트가 좋아하지 않는다고 그들 자신이 상상한 그러한 존재들과는 전혀 다른 실체에 대해 말하고 있는 것이다. 그들은 다음과 같이 말한다.

> 그[정신분열자]는 자본주의의 발전된 경향이요, 잉여생산물이요, 프롤레타리아요, 또 자본주의를 근절시키는 천사이다.(『앙띠 오이디푸스』 59쪽)

모든 매개적 장치들을 배제하고 사회체와 욕망하는 기계를 직접 결합시킨 들뢰즈와 가따리에 의하면, 정신분열증은 자본주의의 도출물이다. 이처럼 자본주의로부터 도출된 정신분열증은 그러나 자본주의적 사회체를 밑바닥부터 파먹으면서 그것을 붕괴시키려 한다. 그래서 정신분열증의 담지자는 '천사'라는 것이다. 하지만 그가 천사라면 아마도 맹목적 천사, 자동인형적 천사일 것이다. 욕망하는 기계의 맹목성에 종속되어 있는 천사이기 때문이다.

들뢰즈·가따리적 의미의 정신분열증은 욕망하는 기계가 사회체의 등록과 규제로부터 이탈하는 것이다. 사회체에 의한 코드화와 규제를 벗어나는 기계적 욕망의 모든 흐름이 바로 정신분열증이다. 그리하여 이때의 정신분열증은 모든 정신질환을 다 내포한다. 즉 도착증, 신경증, 정신병이 모두 정신분열증의 하위 범주들이 되는 것이다. 그들은 이처럼 넓은 의미의 정신분열증을 특별히 '과정으로서의 정신분열증'이라고 지칭한다. 사회체의 규제를 벗어나는 모든 욕망하는 기계의 흐름이 바로 '과정으로서의 정신분열증'이다.

이들은 다음과 같이 말한다. "과정으로서의 정신분열증이야말로 유일의 보편적인 것이다. 정신분열증은 벽인 동시에 벽의 돌파요, 또

동시에 이 돌파의 실패이다"(『앙띠 오이디푸스』, 210쪽). 이들은 '유일'이라는 말을 매우 좋아한다. 역시 폭력적이다. 그렇지만 '유일'이라는 단어를 잠시 제쳐둔다면 과정으로서의 정신분열증이 보편적이란 사실은 틀린 말이 아니다. 인간이 동물인 한에서 '그것(das Es)', 즉 욕망하는 기계의 흐름은 항상 존재할 수밖에 없기 때문이다. 또 그 흐름은 결코 사회체에 의해 완전히 흡수될 수 없는 것이므로 말이다.

보편적인 것으로서의 욕망하는 기계의 흐름은 사회체의 형성에 기여하기도 할 것이고, 사회체를 붕괴시키기도 할 것이며, 또 사회체를 붕괴시키려다가 실패하기도 할 것이다. 정신분열증이 '벽인 동시에 벽의 돌파이자 그 돌파의 실패'라는 말은 바로 그러한 운동들을 표현해주는 것이다. 바로 이 운동들의 형태에 따라 정신질환들이 생겨난다. 즉 욕망하는 기계의 흐름이 오이디푸스 삼각형에 포섭되면 신경증이 생겨나고, 오이디푸스화에 저항하면 정신병이 되고, 그 흐름이 공전(空轉)하면 도착증이라는 것이다(『앙띠 오이디푸스』 531~532쪽). 이제 그들은 한때 허구라고 부정했던 오이디푸스 콤플렉스의 존재를 고스란히 인정하고 있다. 그것도 철저하게 프로이트적 시각에 따라서 말이다. 그러나 그들은 이것을 인지하지 못한다. 그들은 슈펭글러와 같은 체계성도 갖추지 못한 것이다. 어쨌거나 들뢰즈와 가따리에 따를 때 신경증, 도착증, 정신병이 모두 정신분열증이다.

여기에서 제기되는 핵심적 질문은 다음과 같다. 만약 과정으로서의 정신분열증이 벽에 부딪치거나 또는 공전하지 않는다면 어떻게 될까? 들뢰즈와 가따리는 『앙띠 오이디푸스』에서 ─ 『천개의 고원』에서는 생각을 바꾸지만 ─, 그렇게 된다면 혁명이 일어날 것이라고 한다. 즉 욕망하는 기계의 흐름이 벽에 부딪치거나 공전하지 않으면 혁명이 일어나리라는 것이다. 과연 그럴 수 있을까? 맹목적인, 주체성을 상실한 욕망하는 기계의 흐름만으로 혁명이 과연 가능할까?

들뢰즈와 가따리는 분자적인 정신분열증을 그램분자적(몰적)인 편집증과 대립시킨다. 그리고 분자적인 정신분열증은 혁명적 잠재력을 갖는 것으로 간주하고, 그램분자적인 편집증은 파시즘과 연결시킨다. 이들은 다음과 같이 말한다.

> 선택은 두 극 사이에만, 즉 모든 순응주의적이고 반동적이고 파시즘화하는 투자를 활성화시키는 편집증적인 반(反)도주(contre-fuite)와, 혁명적 투자로 전환될 수 있는 정신분열증적인 도주 사이에만 있다.(『앙띠 오이디푸스』 501쪽, 불어판 408쪽)

사회체/욕망하는 기계, 그램분자/분자, 통합/도주, 편집증/정신분열증, 파시즘/혁명으로 이어지는 이러한 이원대립구조는 『천개의 고원』에서 다시 거대-다양체/미시-다양체, 대중/무리, 관료주의 기계/작은 분열 기계, 신의 얼굴/양의 항문, 사제/마법사, 토낱/니구알, 장기/바둑, 홈패인 공간/매끈한 공간, 조직과 형성의 판/고른 판, 운동/속도, 도구/무기, 국가장치/전쟁기계 등등으로 변주되는 것으로서, 매우 거칠고 도식적일 뿐만 아니라 기본적으로 잘못된 것이다.

우선, 그들이 『천개의 고원』에서도 인정하고 있듯이, 파시즘은 몰적이고 편집증적인 것이 아니다. 파시즘은 들뢰즈·가따리적 의미에서 근본적으로 정신분열증적인 것이다. 즉 파시즘은 사회체의 코드화와 규제를 거슬러 이탈하는 욕망하는 기계의 흐름이다. 오히려 파시스트적 욕망하는 기계의 이탈은 '다른' 혁명적 흐름들보다 훨씬 더 강력한 것이다. 앞에서 파시스트적 내면성을 다루면서 간략히 언급되었지만, 바로 이러한 의미에서 슬라보예 지젝은 아도르노와 마르쿠제의 이론적 노동에 입각하여 파시즘을 '억압적 탈승화'로 정의한다.

프로이트는 억압의 귀결을 승화로 파악했다. 억압에 따라 리비도가 성적 목적을 우회하여 다른 목표를 향해 '승화'된다는 것이다. 반면 파시즘에서 억압은 승화로 이어지지 않는다. 잘 알다시피 파시즘은 승화와는 아무런 관계도 없다. 파시즘에서 억압은 묘하게도 충동의 직접적 분출로, 욕망하는 기계의 직접적 분출로 이어진다. 이것이 바로 '탈승화'이다. 억압이 욕망하는 기계의 직접적 분출로 귀결되는 것. 이에 대해 아도르노는 "자아에 대한 '그것(das Es)'의 승리가 개인에 대한 사회의 승리와 조화를 이루며 공존한다"고 한다.[15]

슬라보예 지젝은 억압적 탈승화를 무의식이 프로이트적 의미의 자아에 의한 매개 없이 직접적으로 사회화되는 것, '그것(das Es)'이 자아의 매개 없이 초자아와 직접 결합하는 것이라고 한다.[16] 무의식이, '그것'이 자아의 매개를 거치지 않고 직접적으로 사회화된다는 것은 매우 흥미롭다. 왜냐하면 들뢰즈와 가따리도 프로이트적 의미의 자아를 뜻한다고 할 수 있는 주체성을 제거하고서 욕망하는 기계를 직접적으로 사회화할 것을 기획하기 때문이다. 그렇다면 들뢰즈의 기획 자체가 억압적 탈승화로서의 파시즘을 추구하는 것이 아닐까? 왜냐하면 주체성을 결여한 맹목적인 욕망하는 기계의 분출은 파시즘 이외의 다른 것으로는 귀결할 수 없는 것으로 여겨지기 때문이

---

15) T. W. Adorno, "Zum Verhältnis von Soziologie une Psychologie", *Gesellschaftstheorie und Kulturkritik*, Suhrkamp, 1975, 133쪽, Slavoj Zizek, *Ils ne savent pas ce qu'ils font*, Point hors Ligne, 1990, 22쪽에서 재인용.

16) S. Zizek, 같은 책, 22~26쪽.

다.

반면 들뢰즈와 가따리는 그들이 규정한 의미에서의 정신분열증이 혁명으로 이어질 수 있는 것으로 본다. 사회체의 규제를 이탈하는 욕망하는 기계의 흐름이 혁명의 원동력일 수 있다는 것이다. 그들의 말을 들어보도록 하자.

> 혁명가는 더러운 관을 깨부수고, 홍수를 통과시키고, 흐름을 풀어놓고, 분열을 다시 절단한다. 정신분열자는 혁명가는 아니지만, 정신분열증적 과정은 혁명의 잠재력이다.(『앙띠 오이디푸스』 501쪽)

이들은 앞에서 정신분열증적 과정을 '보편적 과정'이라고 하였고, 우리는 이러한 규정에 동의하였다. 사회체의 규제를 벗어나는 욕망하는 기계의 흐름은 모든 인간에게 내재하는 보편적인 것이기 때문이다. 욕망하는 기계의 흐름은 결코 완전히 사회체에 의해 통합될 수 없으므로 말이다. 그러나 그렇다면, 정신분열증적 과정이 보편적이라면, 그것은 모든 것이 혁명적 잠재력을 가졌다는 말과 같은 것이 아닌가? 그런 말은 너무나 당연해서 할 필요가 없는 말이 아닐까? 그러나 반드시 그렇지만은 않다. 사회체를 부숴뜨릴 수 있는 욕망하는 기계의 강력한 분출이 문제삼아진다면 말이다.

들뢰즈와 가따리가 말했듯이 정신분열증적 과정의 세 가지 귀결은 신경증, 도착증, 정신병이다. 이 세 가지가 혁명적일까? 그렇지 않음은 물론이다. 다만 신경증의 경우는 도착증이나 정신병과는 달리, 오이디푸스와의 긴장으로 인해, 일정한 혁명적 잠재력을 가질 수 있겠지만 말이다. 그렇다면 그러한 병리적 경우들 말고, 욕망하는 기계의 흐름들이 벽에 부딪히거나 공전하지 않고 유연하게 분출되는 경우에는 어떻게 될까? 그 한 경우는 억압적 탈승화로서의 파시즘이다. 그렇다면 또다른 경우는? 어쩌면 우리는 마르쿠제가 생각하는 '사회의 에로스적 재조직' 또는 라이히가 생각하는 '사회의 오르가즘적 재조직'을 들 수 있겠다. 그렇다면 우리는 정신분열증적 과정의 다섯 가지 귀결을 다음과 같이 열거할 수 있다.

1) 신경증
2) 도착증
3) 정신병
4) 파시즘
5) 사회의 에로스적 또는 오르가즘적 재조직

이 중에서 희망적인 것은 다섯번째 경우밖에 없다. 그러나 들뢰즈와 가따리가 말하는 방식을 통해서 사회의 에로스적 또는 오르가즘적 재조직이 과연 가능할까? 주체성을 결여한 맹목적인 욕망하는 기계들의 결합이 사회의 에로스적 또는 오르가즘적 재조직을 만들어낼 수 있을까? 그것이 과연 주체성 없이, 지성 없이 행해질 수 있는 것일까? 『천개의 고원』에서 들뢰즈와 가따리는 다음과 같이 말한다.

> 집단이건 개인이건 누군가의 도주선은 다른 자의 도주선을 그다지 두둔할 수 없다. 반대로 그것은 그의 도주선을 차단하고 가로막고 심지어 견고한 절편성 안으로 몰아넣 수도 있다.(『천개의 고원』 391쪽)

주체성을 결여한 맹목적 도주선들은 연대성을 필연적으로 결여할 수밖에 없다. 주체성을 결여한 맹목적인 욕망하는 기계들이 사회체를 이탈하는 도주선은 지성과 감수성을 갖추지 못한 것이기 때문이다. 그 도주선들은 단지 동물물리학적인 리비도의 흐름들에 불과하다. 어떻게 리비도들이 사회적으로 연대할 수 있을까? 그것은 불가능하다.

라이히와 마르쿠제는 명백히 꼬뮌주의적 이론가이다.[17] 그들과 들뢰즈·가따리의 차이는 근본적이다. 그들은 리비도의 해방을 주장했지만, 들뢰즈·가따리처럼 리비도의 직접적 분출을 주장하는 것은 결코 아니다. 라이히는 사회의 오르가즘적 재조직을, 마르쿠제는 사회의 에로스적 재조직을 주장하지만, 그것은 리비도의 직접적 분출을 통한 것이 아니라 주체성과 지성 그리고 감수성을 통한 것이다.

한편으로 라이히와 마르쿠제, 다른 한편으로 들뢰즈와 가따리 사이의 가장 큰 차이는 라이히와 마르쿠제가 해방이 이루어질 수 있는 조건들을 탐색하는 반면, 들뢰즈와 가따리는 그렇지 않다는 것이다. 예컨대 라이히와 마르쿠제는 오이디푸스 가족, 이데올로기, 성-정치학, 국가장치들의 조직화를 면밀히 탐색한다. 그것들을 새로운 형태로 바꾸어놓기 위해서 말이다. 즉 라이히에 따를 때는 오르가즘을 보장하는 형태로, 마르쿠제에 따를 때는 억압적 탈승화에 맞서는 '탈억압적 승화'를 보장하는 방식으로, 가족, 학교, 이데올로기, 성-정치학, 국가장치들이 변형되어야 한다. 중요한 것은 리비도의 오이디푸스적 정향화를 다른 방식으로 정향화하는 것, 오르가즘이나 사회의 에로스적 재조직을 가능하게 하는 방식으로 정향화하는 것이지, 결코 리비도를 직접적으로 분출시키는 것이 아니라는 것이다. 그

---

[17] 나는 이들과 정치적 입장을 같이하지만 이들의 이론적 입장을 공유하지는 않는다. 이들의 이론에 대한 나의 비판으로는 『지배와 그 양식들』의 156~171쪽을 참조할 것.

래서 라이히나 마르쿠제는 오르가즘이나 사회의 에로스적 재조직을 가능하게 하는 방향으로 리비도를 정향화할 수 있는 사회적 조건을 탐색하는 것이다. 반면 들뢰즈와 가따리는 오이디푸스가 존재하지 않는다고까지 하면서 욕망하는 기계의 직접적 사회화를 주장한다. 이것이 바로 꼬뮌주의적 이론가와 파시스트적 선동가 사이의 차이이다.

욕망하는 기계의 이탈로 특징지어지는 정신분열증적 과정을 통해 어떤 혁명이 가능하다면 그 혁명은 파시스트 혁명밖에 없다. 왜냐하면 역사상 파시스트 혁명을 제외한 다른 모든 혁명은 욕망하는 기계의 도주가 아니라 지성과 감수성 그리고 용기에 의해 이루어졌기 때문이다. 오직 파시스트 혁명만이 욕망하는 기계의 도주를 통해 이루어졌다.

일단 우리가 파시스트 혁명을 혁명에서 제외한다면, 혁명의 범주는 포위와 점거 그리고 인민전쟁이고, 파시즘의 범주는 분자적 도주이다. 파시즘은 욕망하는 기계의 직접적 사회화를 통해서 이루어지는 반면, 혁명은 감수성과 지성 그리고 용기를 통해서 이루어진다.

	범주	동력
혁명	포위+점거+인민전쟁	감수성+지성+용기
파시즘	분자적 도주	욕망하는 기계의 직접적 사회화

감수성은 혁명의 촉발 계기를 이룬다. 지성은 사회의 혁명적 재조직을 가능하게 해준다. 또 용기는 욕망하는 기계의 직접성을 이겨나갈 수 있는 힘을 부여해준다. 이들 중에 하나라도 결여되면 혁명은

불가능하다. 그러나 들뢰즈와 가따리가 말하는 정신분열증적 과정에는 이 세 가지가 모두 결여되어 있다. 게다가 정신분열증적 과정은 욕망하는 기계의 분출로 특징지어진다. 들뢰즈와 가따리가 정신분열증적 과정을 통해 혁명을 하고자 한다면, 그 혁명은 가짜 혁명으로서의 파시스트 혁명일 수밖에 없다. 욕망하는 기계와 사회체의 직접적 결합을 제시하고 정신분열증적 과정을 통해 혁명을 기획하는 들뢰즈와 가따리는 이론적인 면과 실천적인 면에서 공히 파시스트이다.

* * *

『천개의 고원』에서는 프로이트에 대한 비판은 더욱 퇴행하고, 파시즘에 대한 인식에서는 일정한 진보가 이루어진다. 그리고 이러한 진보에 상응하여 그들의 입장은 더욱 애매해진다.

『천개의 고원』에서 프로이트에 대한 비판은 그들이 설정한 무의식의 다양체적 성격을 확립하기 위한 것이다. 하지만 비판의 형식 자체가 비판의 의도 자체를 의심케 한다. 『앙띠 오이디푸스』에서의 프로이트 비판은 논증의 결여에 의해 특징지어졌지만, 『천개의 고원』에서는 거기에다 온갖 야유들이 덧붙여진다. 우리는 이미 프로이트와 라캉에 대해 '의식과잉의 백치'(『천개의 고원』 71쪽)라고 한 믿기 어려운 야유를 보았지만, 그것으로 그치는 것이 아니다. "프로이트가 유일하게 이해하고 있던 것은 개와 개꼬리뿐이었다"(59쪽), "프로이트만 모를 뿐이다. 삼척동자도 아는 것을 프로이트는 모르고 있다"(63쪽), "누굴 놀리는 건가?"(64쪽). 그들은 이런 식으로 말한다. 그래서 과학적 노동에 필수적인 인내를 지니지 못한 욕망하는 기계들의 복수심을 만족시킨다. 억압적 탈승화를 꿈꾸는 욕망하는 기계들은 그러한 야유에 열광한다. "논증은 무슨 개떡 같은 논증이냐! 논증이나 검증 또는 정합성은 이제 필요 없다. 이제는 리좀이다!"라는 것이다. 이처럼 들뢰즈와 가따리는 실천적으로도 파시스트이다.

들뢰즈와 가따리는 다음과 같이 말한다. "프로이트는 무의식의 관점에서 무리(=떼) 현상에 접근하려 했지만 무의식 자체가 이미 무리라는 것을 직시하지도 또 알지도 못했다"(『천개의 고원』 66쪽). 그러나 무의식은 군집적인 것 또는 무리가 아니다. 무의식은 구조화되어 있다. 첫째, 무의식으로 밀려나는 것들 사이에는 구조적 동질성이 있고, 둘째, 억압하는 힘과의 구조적 대립성이 있고, 셋째, 충동과 표상의 결합 그리고 표상들 사이의 결합이라는 구조를 갖는다.

들뢰즈와 가따리는 또 다음과 같이 말한다. "프로이트 자신도 늑대인간 속에 공존하는 리비도적 '흐름들'의 다양성을 인정했다. 그런 만큼 그가 무의식의 다양성들을 취급한 방식은 더더욱 놀랍다. 그는 항상 '하나'로 환원시켰다"(69쪽, 불어판 44쪽). 그러나 이 말은 틀리다. 프로이트는 결코 리비도적 흐름들을 '하나'로 환원시키지 않았다. 그는 리비도의 구조적 복합성과 동력학 그리고 경제학을 파악하고자 했다. 또 리비도가 리비도로서 갖는 동질성, 즉 성적 에너지로서의 성격을 파악한 것은 프로이트의 오류가 아니라 기여이다. 리비도는 프로이트의 과학적 개념이며, 그러한 개념설정의 기초로서, 리비도가 '리비도'로서 갖는 동질성이 전제된다.

반면, 리비도를 '하나'로 환원시킨 것은 오히려 들뢰즈와 가따리다. 그들은 리비도의 구조와 동력학을 제거하고 단지 경제학만을 남겨두었다. 또 그들은 리비도를 욕망하는 기계로 환원시켰다. 그래서 리비도는 모든 특질들을 사상(捨象)당하고 하나의 존재론적 힘으로 환원되었다. 도대체 들뢰즈와 가따리는 어떤 '다양성'을 말하고 있는 것일까? 질적 차이가 나는? 또는 질적으로 동일한? 내가 보기에 들뢰즈·가따리가 말하는 다양성은 질적으로 동일한 다양성이다. 왜냐하면 그 다양성은 자아도, 초자아도, 구조적 복합성도 상실한 그저 '그것(das Es)'의, 동물물리학적 에너지의 양적 다양성일 뿐이기 때문이다. 그들이 말하는 다양성은 언제나 질적으로 동일한, 운동과 정지의, 빠름과 느림의, 강렬도의 양적 다양성일 뿐이다.18) 그러니 리비도적 흐름들을 구조적 복합성을 상실한 '하나'로 환원시킨 것은 프로이트가 아니라 들뢰즈와 가따리이다.

또 그들은 다음과 같이 말한다. "정신분석학은 모든 것을, 즉 대중19)과 무리를, 그램분자적 기계와 분자적 기계를, 모든 종류의 다양성을 으깨어 납작하게 만든다"(75쪽, 불어판 48쪽). 그러나 "모든 종류의 다양성을 으깨어 납작하게" 만드는 것은 들뢰즈와 가따리가 하는 일이다. 들뢰즈와 가따리는 정신분석학의 다양한 범주들을 산산조각내서 날려버리고 그램분자적 기계와 분자적 기계로 이원화시킨 후 으깨어 납작하게 만든다. 가족의 복합적 관계는 사라지고 사회체(Socius)와 리비도만 남으며, 신경증, 정신병, 도착증은 모두 정신분열증이 된다. 또 복합적인 위상학과 동력학을 갖는 무의식은 욕망하는 기계로 환원된다. 이러한 것을 일컬어 "으깨어 납작하게 한다"고 말하는 것이다.

---

18) 이와 관련하여 알랭 바디우의 『들뢰즈 – 존재의 함성』을 참조하면 유익하다.
19) 『천개의 고원』 한글판에서 한 가지 중요한 오역은 'masse'를 '군중'으로 옮긴 것이다. 불어에서 masse는 '대중', foule는 '군중'에 상응하는데, 한글판에서 masse를 '군중'으로 옮기면서 프랑스에서의 '대중'과 '계급'의 관계에 대한 논쟁사가 전달될 수 없게 되었다.

『천개의 고원』에서의 프로이트 비판을 더이상 소개할 필요는 없겠다. 그것들은 알랭 바디우가 말했듯이 '단조로운' 것이므로 말이다. 결국 그들의 비판은 '하나'로 돌아가자는 것이다. 즉 리좀으로 그들은 "나무라면 진저리가 난다"고, "너무 오래 참았다"고 한다(35쪽). 그들에 따를 때 나무는 위계적 체계이다. 왜 그렇게 볼까? 나무는 뿌리에서는 물을 빨아들이고 잎에서는 햇빛을 빨아들이는데도? 어쨌거나 가스똥 바슐라르가 『과학적 정신의 형성』에서 말했듯이 비유는 오류에 이르는 첩경이다. 그러므로 나무에 대해 생각할 필요도 없다. 과학은 철학자들이 관념적으로 생각하듯이 위계적 체계가 아니다. 과학은 단지 대상의 구조에 따르는 논리적 체계일 뿐이다. 사유체계는 절대로 리좀적이어서는 안 된다. 아이들의 단편적 공상이라면 몰라도 그렇지만 아이들의 단편적 공상마저도 숨겨진 논리적 체계를 갖는다. 사유의 세계에서 리좀은 존재하지 않는다.

여하간 『천개의 고원』에서는 파시즘에 대한 논의에서 일정한 진전이 이루어진다. 즉 들뢰즈와 가따리는 파시즘이 그램분자적인 것, 편집증적인 것이 아님을 인정한다. 이제 파시즘은 정신분열증적인 것으로 간주되어 도주선을 탄다. 올바른 파악이다. 파시즘은 억압적 승화가 아니라 억압적 탈승화인 것이다. 욕망하는 기계가 이탈을 하는. 그들은 이렇게 말한다. "파시즘을 위험한 것으로 만드는 것은 분자적이거나 미시정치적인 역량이다. 왜냐하면 그것은 대중의 운동이기 때문이다"(409쪽). 그들은 또 민족사회주의(Nazi) 국가가 성립하기 이전부터 파시즘이 존재한다는 것을 지적하는 공헌을 한다(408쪽). 즉 파시즘은 어디에서나 존재하는 것이다. 욕망하는 기계가 억압적 탈승화의 방식으로 분출하는 모든 곳에 말이다. 그러니 가족이나 학교에서도 파시즘은 언제나 존재할 수 있다. 히틀러는 이러한 파시스트적 도주선들을 한군데로 모아 폭발적 힘을 실어주었던 것이다.

여기에서 우리에게 제시되는 질문은 다음과 같은 것이다. 파시즘과 분자적 도주선 사이의 관계는 무엇인가? 정신분열증적 과정에 따른 욕망하는 기계의 이탈을 분자적 도주선으로 간주한다면, 분자적 도주선은 신경증, 도착증, 정신병으로 이어지거나 아니면 파시즘으로 이어진다. 이제 들뢰즈와 가따리도 인정하듯이 말이다. 그렇지만 그 외의 길을 뚫는 분자적 도주선은 없는가? 정신질환으로 이어지지 않는 분자적 도주선은 모두 파시즘으로 이어지는 것일까?

들뢰즈와 가따리는 『천개의 고원』의 도처에서 분자적 도주선이 갖는 위험을 지적한다. 파시즘으로 이어지거나 죽음으로 이어질 가능성을 말이다. 또 파시즘은 그 자체가 일종의 자살적인 것으로 간주된다(437쪽). 그들의 말들을 들어보자.

> 단절의 선 또는 참된 도주선은 다른 것들보다 더 나쁜 자기만의 위험을 가지고 있는 게 아닐까?(382쪽)

> 도주선은 두 개의 분할계열을 폭발시키지만, 더 나쁜 짓을 할 수도 있다.(391쪽)

> 하지만 도주선은 왜 그렇게 특별한 절망을 품고 있는 것일까?(392쪽)

> 도주선들 자체가 죽음과 제물의 냄새처럼, 사람을 파괴해버리는 전쟁 상태처럼 이상한 절망을 발산한다.(435쪽)

> 도주선 자체가, 파괴할 수 있는 것은 모두 파괴한 후 우리 자신도 해체되

고 파괴되어버릴 위험이 있는 전쟁인 것은 왜 일까? [……] 즉, 도주선은 [……] 파괴, 순수하고 단순한 소멸, 소멸의 열정으로 바뀐다.(435~436쪽)

자신의 창조적인 잠재력을 포기함으로써 죽음의 선으로 돌변해 순수하고 단순한 파괴의 선(파시즘)으로 돌아설 위험을 항상 간직하고 있는 도주선들 그 자체(964쪽)

주체성을 결여한 맹목적인 욕망하는 기계들의 도주선이 파괴성을 갖는다는 것은 명백한 사실이다. 도주선은 이미 앞에서도 언급했지만 어떠한 연대성도, 어떠한 사회성도 갖지 못한다. 도주선은 일종의 동물물리학적 힘이다. 도대체 이러한 도주선들에 입각해서 희망을 말하는 이유는 무엇일까? 도대체 도주선에 내재한 '창조적인 잠재력'이란 무엇일까? 들뢰즈와 가따리는 그러한 창조적 잠재력을 충분히 드러내주지 못한다. 그저 몇몇 모호한 입장의 작가들(클라이스트, D. H. 로렌스, 헨리 밀러, 니체 등)의 작품을 인용하고 있을 뿐이다. 즉 들뢰즈·가따리는 라이히나 마르쿠제와는 다른 것이다. 들뢰즈와 가따리는 분자적 도주선이 '창조적 잠재력'을 실현할 수 있는 사회적 조건에 대해서는 전혀 탐색하지 않는다.

그들은 단지 선험적으로 선언한다. 분자적 도주선은 창조적 잠재력을 갖는다고 그리고 그 실현조건은 전혀 제시하지 않는다. 도대체 그들의 의도는 무엇일까? 이제 그들은 도주선이 갖는 파시스트적 위험성을 지적하면서도 여전히 "도주하라"고 말한다. 그렇지만 사회체로부터 벗어나는 욕망하는 기계의 도주선들은 감수성에 의해 순화되고 지성에 의해 조직되지 않는다면 언제나 위험천만한 것이다. 그것들은 맹목적인 동물물리학적 선이기 때문이다. 들뢰즈와 가따리는 그들이 무슨 말을 하건 간에 여전히 이론적으로나 실천적으로 파시스트이다.

그들의 입장의 모호성은 하이데거에게 파시즘을 전수했다고 할 수 있는 에른스트 윙거(Ernst Jünger)를 다음과 같이 언급할 때 가장 극명하게 드러난다.

> 윙거는 한편으로 '노동자(Ouvrier)'와 다른 한편으로 '병사(Soldat)'를 공통의 도주선 위로 끌어내어서 '반란자(Rebelle)'를 초역사적인 형상으로 그리고 있는데, 이 도주선 위에서 인간은 동시에 '나는 무기를 찾고 있다', '나는 도구를 원한다'고 말할 수 있다. 선을 그리거나 또는 같은 이야기이지만 선을 가로지르고 또는 선을 넘어서 가라. 분리선을 넘지 않고는 선을 그을 수 없기 때문이다. 의문의 여지없이 전사(戰士, l'homme de guerre)만큼 시대에 뒤떨어진 것도 없을 것이다. 전사는 이미 오래전에 전혀 다른 인물, 즉 군인(le militaire)으로 변형되어버렸기 때문이다. 게다가 노동자 역시 수많은…… 불행들을 겪어 왔다. 하지만 많은 양가성을 수반함에도 불구하고 전사는 부활한다. 폭력의 무익함을 알면서도 재창조되어야 할 전쟁기계, 능동적이고 혁명적인 반격기계에 인접해 있는 사람들이 바로 그들이다. 노동자들 역시 부활한다.(774쪽, 불어판 501~502쪽)

놀랍게도 들뢰즈와 가따리는 윙거를 찬양한다. 그리고 그들은 각주를 달아 다음과 같이 변명한다. "『반란자론Traité du rebelle, Der Waldgang』에서 윙거는 민족사회주의에 명백히 대립하면서, 『노동자 Der Arbeiter』에 실려 있는 몇몇 지침들을 발전시킨다"(774쪽 주 105, 불어판 501쪽 주 78). 이 각주는 더욱 충격적이다. 민족사회주의에 반대하면서『노동자』의 지침들을 발전시킨다니!『노동자』자체가 가장 극단적인 파시스트적 저서임에도 말이다. 그러한 일은 있을 수 없다. 하이데거가 파시즘에 가담하기 전에 또 파시즘적 확신 속에서 몇 번이나 읽었던『노동자』를 발전시키면서 민족사회주의에 반대하다니! 게다가 들뢰즈와 가따리는 윙거의 노동자(der Arbeiter) 개념을 추인이라도 하듯이 불어로 노동자를 대문자(Ouvrier)로 쓰고 있지 않은가!

박찬국은 윙거의『노동자』를 설명하면서 다음과 같이 쓴다. "윙거[윙거]의 반동적 근대주의가 주창하는 사회형태는 모든 사람들이 전체의 요구에 자신을 헌신하는 전체주의적 사회다. 윙거는 철저하게 군대식으로 조직된 전투적인 전체주의 사회야말로 근대 자본주의의 모든 병폐를 극복할 새로운 사회체제라고 보았다."[20] 또 삐에르 부르디외는 윙거가 "진정하게 독일적인 자유의 관념을 계몽의 원칙에서가 아니라 독일적 책임감 속에서, 독일적 질서 속에서 찾았다"고 하면서 그의『반란자론』이『노동자』의 직접적인 연장선상에 있다고 말한다.[21] 들뢰즈·가따리의 생각과는 반대로『반란자론』도 여전히 파시스트적 저서라는 것이다.

반면 들뢰즈와 가따리는『반란자론』이 파시즘에 대립한다고 하면서도『노동자』의 몇몇 지침들을 발전시킨다고 한다.『노동자』야말로 파시스트적 저서들 중에서도 가장 과격한 것임에도 말이다. 게다가 앞의 인용문에서 들뢰즈와 가따리가 말하고 있는 내용은 바로『노동자』의 내용을 찬양하는 것에 다름 아닌 것이다. 즉 병사(Soldat)와 노동자(Ouvrier)가 결합한 독일적 민족공동체의 구상 말이다. 슈펭글러, 칼 슈미트, 하이데거를 필두로 한 쟁쟁한 파시스트 이론가들 중에서

---

20) 박찬국,『하이데거와 나치즘』, 문예출판사, 2001, 118쪽.
21) Pierre Bourdieu, *L'ontologie politique de Martin Heidegger*, Minuit, 1988, 27~30쪽.

가장 전체주의적이고, 과격하고, 잔인한 이론가가 바로 윙거이다. 박찬국은 다음과 같이 말한다. "융거[윙거]는 삶이 보다 스파르타식이나 프로이센식 또는 볼셰비키식으로 수행되면 될수록 그만큼 더 훌륭해진다고 생각했다. 소련에서는 노동자가 태업을 할 경우에 자신의 위치를 이탈하는 군인과 마찬가지로 총살을 당한다는 사실에 그는 경탄한다."[22] 바로 이러한 것이 들뢰즈와 가따리가 위의 인용문에서 찬양한 '병사'와 '노동자'가 결합된 사회의 모습이다.

들뢰즈와 가따리는 또 인종에 대해 말하기를 좋아한다. 무의식을 욕망하는 기계에 환원시키고 인간을 동물물리학적 관점에서 고찰하는 것을 즐겨하는 그들이 인종에 대해 말하는 것은 하나도 놀랍지 않다. 그들에게서 인종은 하나의 철학적 범주가 된다. 인종을 한 범주로 하는 철학이란 물론 파시스트 철학이다. 이들은 말한다. "유목적 사유는 보편적인 사유 주체를 요청하는 대신 이와 반대로 독자적인 인종을 요청한다"(727쪽).

중요한 것은 이들이 인간의 동일성과 사유의 보편성을 부정하려 한다는 것이다. 인간의 동일성은 인간 사이의 동등성과 상호 존중의 전제이다. 반면 존중받아야 하는 차이는 인종간의 차이가 아니라 개인들 간의 차이이다. 모든 개인은 자립적 개인성을 누려야 하고 개별적 내면성에 따른 차이를 존중받아야 한다. 그러한 자립적 개인성은 민족적 특수성이나 문화적 특수성을 벗어나는 것이다. 인간은 그의 내면이지 피부 색깔이 아니다. 그래서 모든 해방적 사고는 모든 인간의 근본적 동일성에서 비롯되는 동등성, 그리고 자립적 개인성에 입각한 개인적 차이를 존중한다. 반면 인종적 특수성을 존중하는

---

[22] 박찬국, 같은 책, 134쪽.

사고는 인간을 표면적인 물리적 특질로 환원시키는 파시스트적 사고이다.

들뢰즈와 가따리는 "인종은 열등 인종, 소수 인종으로만 존재할 수 있다"(728쪽)고 말하면서 자신들의 입장을 해방적인 것인 양 제시한다. 하지만 과연 이들이 이른바 '소수 인종' 또는 '열등 인종'을 존중하거나 하는 것일까? 이들은 다음과 같이 말한다. "인종주의의 관점에서 외부는 없다. 바깥의 사람은 없다. 오로지 우리처럼 되어야 할 사람들만 있을 뿐이고, 그들의 죄는 우리와 같지 않다는 것이다"(340쪽). 이들은 인종주의를 비판하면서 이 말을 하고 있지만, 사실상 이들 자신도 그러하다. 왜냐하면 이들에게 백인 남성이 아닌 자는 모두 똑같기 때문이다.

다시 강조하지만, 모든 해방적 사고는 인간의 동일성과 개인적 차이의 존중에 토대한다. 반면 들뢰즈와 가따리에게 자립적 개인성에 입각한 개인적 차이는 오직 백인 남성들 사이에서만 존재한다. '여성-아이-유색인-동물'은 이들에게 모두 똑같은 존재들이기 때문이다. 들뢰즈와 가따리에게 인간의 표준적 규정은 '남성-어른-백인-인간'이다(550쪽). 개인적 자립성과 차이는 이러한 표준적 규정의 인간들 사이에서만 존재한다. 반면 여성, 아이, 유색인, 동물은 단지 '표준적 규정'에 의해서만 부정적으로 규정될 뿐, 개인적 차이를 갖지 못한다. 즉 여성은 오로지 남성과의 대립을 통해서만 존재하고, 유색인은 백인과의 대립을 통해서만 존재한다. 들뢰즈와 가따리는 "남성-여성, 어른-아이, 백인-유색인, 이성적-동물적"이란 변별적 대립구도를 제시하는데(553쪽), 이중 왼쪽 항의 요소들은 개인적 차이들을 가지면서 자립적으로 존재하지만, 오른쪽 항의 것들은 단지 왼쪽 항과의 대비 관계하에서만 존재할 뿐 개인적 차이와 다양성을 갖지 않는다. 그러나 여성은 여성이기 이전에 개별적 내면성을 갖는 자립적 인격체이다. 여성은 자신의 해부학적 특수성에 환원되는 존재가 아니다. 유색인도 마찬가지이다. 유색인도 개별적 내면성을 갖는 자립적 인격체인 것이지, 단지 피부 색깔이나 형질적 특성으로 환원되는 존재가 아닌 것이다.

결국 들뢰즈와 가타리는 여성이나 유색인을 자기 마음대로 취급한다. 예컨대 그들은 "여성들은 비밀이 없다. 이들 자신이 하나의 비밀이 되기 때문이다"라고 말한다(548쪽). 그렇지만 여성들은 '비밀이 없는 괴물'이 아니다. 여성들은 여성이기에 앞서 그들과 똑같은 인간인 것이다. 그들은 자신들의 판타즘을 여성에게 투사한다. 그리고 있는 그대로의 여성을 보지 않고 자신들이 투사한 판타즘만을 본다. '비밀이 없는 괴물'이라는 판타즘 말이다.

이들은 또 '동물-되기'와 '여성-되기'를 동일한 것으로 간주한다. 앞에서 제시한 변별적 대립구도에서 보았듯이 이들에게 여성은 동물과 마찬가지의 존재인 것이다. 그러나 과연 여성이란 누구나 마음대로 될 수 있는 존재일까? 또 누구든지 마음대로 동물이 될 수 있을까? 그들은 여성과 동물을 열등한 존재로 설정하고, '우리 우월한 남성'이 선심이라도 쓰듯이 언제든지 여성이 될 수 있다고 생각하는 모양이다. 언제든지 될 수 있는 열등한 존재로서의 여성. 그렇지만 일본인 남녀 작가가 각자 한 권씩을 쓴『냉정과 열정 사이』두 권을 서로 비교하면서 읽어보라. 도대체 왜 여성 작가가 쓴 것이 훨씬 더 호소력이 있는지, 과연 남성이 여성처럼 되는 것이 쉬운지, 알기 위해서 말이다.

들뢰즈와 가따리는 또 다음과 같이 말한다. "남자건 아니면 여자건 우리는 모두 '여성'이 되어야 한다. 백인이건, 황인종이건 아니면 흑인이건 인종을 불문하고 우리는 모두 비(非)백인이 되어야 한다"(899쪽). 이들은 도대체 여성과 '비(非)백인'은 초인(Übermensch)이라도 되는 줄 아는가? 모든 문제를 해결해줄? '비(非)백인'이란 표현 속에 모든 비밀이 담겨 있다. 한 자립적 개인, 개별적 내면성을 가진 개인이 아니라, 백인에 의해 부정적으로 규정된 자, 이것이 바로 '비(非)백인'이다.

그렇지만 그러한 식으로는 아무것도 해결되지 않는다. 여성 내의 대립, 비(非)백인 내의 대립이 벌어질 것이므로. 중요한 것은 그러한 특수적, 집단적, 범주적 차이들을 떠나 자립적 개인성을 회복하는 것이다. 모두가 동일한 인간이면서 그러나 그 개별적 내면성을 존중받아야 하는 것이다. 비(非)백인도 백인의 '위치'에 서면 백인처럼 될 것이므로 중요한 것은 그러한 '위치'를 없애고, 인간들 사이의 동등성과 개별적 차이를 확립하는 것이다. 들뢰즈와 가따리가 비록 '소수 인종', '열등 인종'을 말한다고 하더라도, 보편주의와 인간들 사이의 동일성을 부정하고 '인종'을 말하는 한에서 그들은 여전히 파시스트 철학자로 머문다.

들뢰즈와 가따리는 현재의 상황이 절망적이라고 한다. 그러면서 그들은 오늘날의 평화가 "파시즘적 죽음보다 훨씬 더 무시무시"하다고 한다(809쪽). 또 그들은 "파시스트들은 그저 유아기의 미숙한 전조(前兆)"라고 한다(893쪽). 과연 그럴까? 이미 보았듯이 파시즘은 부르주아적 질서에 대한 거부로서 성립하는 것이지만, 그 위험성을 무시할 수 있는 것이 아니다. 그러나 이제 들뢰즈와 가따리는 파시즘의 위험을 아예 이처럼 겉으로 드러내놓고 완화시키려 한다. 그래서 파시즘의 위험에도 불구하고, 그것은 별 것 아니니, 도주선을 타라고, 맹목적으로 욕망하는 기계를 분출시키라고 하려는 것일까?

하지만 들뢰즈와 가따리는 새로운 출구를 하나 찾아낸다. 즉 도주선의 한 형태로서의 전쟁기계가 그것이다. 전쟁기계는 물론 국가장치에 포섭될 경우 파시즘으로 이어지거나 그들이 말하는 '공포의 평화'로 이어질 수 있다(808쪽). 또 국가장치에 포섭되지 않는 경우에도 자살기계로 전락할 수 있다(681쪽). 그렇지만 그러한 기로들 속에서도 들뢰즈와 가따리는 전쟁기계를 통한 해방의 가능성을 본다.

그들은 이렇게 말한다. "소수자들에게서 문제는 물론 자본주의를 쓰러뜨리고, 사회주의를 재정의하고, 세계적 규모의 전쟁기계를 다른 수단을 통해 반격할 수 있는 전쟁기계를 만들어내는 데 있다"(902쪽). 국가장치에 포섭된 세계적 규모의 전쟁기계를 반격하는 소수자들의 전쟁기계는 국가장치에 포섭되지 않은 전쟁기계이다. 전쟁기계가 국가장치에 복속되는 경우 도주선은 "죽음과 파괴의 선으로 전환"되므로 말이다(975쪽).

그러나 국가장치에 포섭되지 않는 전쟁기계가 가능할까? 들뢰즈와 가따리는 그렇다고 한다. 왜냐하면 자본주의는 끊임없이 정신분열증을 산출하므로, 즉 욕망하는 기계들이 부단히 자본주의를 벗어나 흐르고 있으므로 말이다. 전쟁기계는 그러한 욕망하는 기계들의 이탈적 흐름 위에서 성립한다는 것이다. 하지만 전쟁기계가 자본주의를 붕괴시키는 것이 가능할까? 단지 욕망하는 기계의 도주의 흐름 위에 있을 뿐인 전쟁기계가 방향을 바꿔 자본주의와 대결을 벌일 수 있을까? 우선 던져야 하는 질문은 도대체 전쟁기계란 무엇인가, 라는 것이다.

들뢰즈와 가따리는 전쟁기계를 국가장치에 대립하는 것으로 설정한다. 그들은 다음과 같이 말한다.

하지만 유목민으로서 국가의 폐지라는 꿈을 꿀 수 있게 해주고 또 이를 현실화시킬 수 있도록 해주는 것은 바로 유목민으로서의 전쟁기계이다.(741쪽)

그들은 국가장치와 전쟁기계의 대립을 이처럼 설정하기 위해 삐에르 끌라스트르(Pierre Clastres)의 『국가에 대항하는 사회』에 준거한다. 끌라스트르의 『국가에 대항하는 사회』에 따를 때 원시사회의 전쟁은 "국가형성을 저지하는 가장 확실한 메커니즘"이라는 것이다(684쪽). 그리고 그들은 끌라스트르의 이러한 명제로부터 일정한 비약들을 행한다. 즉, 전쟁이 국가형성을 저지하는 가장 확실한 메커니즘이므로 전쟁기계는 국가장치에 대립한다는 식으로 말이다. 그리고 "전쟁기계는 유목민이 발명한 것"이라고 한다(799쪽).

끌라스트르에 따를 때, 국가형성을 저지하는 것은 원시사회의 전쟁이다. 원시사회의 전쟁은 유목민의 전쟁과 그 성격이 다르다. 그렇지만 들뢰즈와 가따리는 끌라스트르에 준거하면서도, 끌라스트르가 말한 것을 전혀 다른 것으로 대체한다. 원시사회의 전쟁을 유목민들의 전쟁기계로 말이다. 과연 유목민들의 전쟁기계도 원시사회의 전쟁처럼 국가를 저지하는 성격의 것일까?

원시사회의 전쟁은 전쟁기계에 의해 수행되는 것이 아니다. 원시사회는 유목민들처럼 전쟁수행을 위해 수적으로 편제되어 있지도 않다. 원시사회의 전쟁은, 그 일반적 형태에서, 친족공동체들 사이의 균형과 타협을 위한 일종의 의례적 행위의 성격을 갖는다.[23] 반면

---

23) Pierre-Philippe Rey, "Guerres et politiques lignagères", J. Bazin et E. Terray(éd.), Guerres de lignages et guerres d'Etat en Afrique, Editions des archives contemporaines,

전쟁을 위해 수적으로 편제된 유목민들의 조직은, 들뢰즈와 가따리의 논의를 받아들인다면, 확실히 전쟁기계처럼 조직된 듯이 보인다. 물론 들뢰즈와 가따리의 말을 따를 때, 유목민들에게서도 전쟁기계의 목적은 전쟁 자체라기보다는 공간의 점거, 이동, 인적 편성이겠지만(799~800쪽), 이 사실이 그들 조직의 전쟁기계적 성격을 부정하는 것은 아니다.

원시사회의 전쟁과 유목민들의 전쟁기계는 같은 기능을 하는 것이 아니다. 원시사회의 전쟁이 끌라스트르의 말처럼 국가의 형성을 저지하는 것이라고 한다면, 유목민들의 전쟁기계는 그렇지 않다. 유목민들의 전쟁기계는 결코 국가의 형성을 저지하는 것이 아니다. 단지 유목민들의 생활조건 자체가 국가를 필요로 하지 않을 뿐이다. 들뢰즈와 가따리는 전혀 다른 조건에서 비롯된 두 가지 형태의 국가 부재를 동일한 것으로 설정하고, 그 원인을 모두 전쟁에서 찾는다. 그렇지만 전쟁에 의한 매개와는 전혀 무관하게 유목적 생활 자체가 국가를 필요로 하지 않는 것이다. 따라서 유목민의 전쟁기계와 국가장치는 대립하는 것이 아니라, 단지 전혀 다른 지역에서, 전혀 다른 생활조건에서 별개로 존재할 뿐이다.

들뢰즈와 가따리는 국가장치에 대한 전쟁기계의 외부성에 대해 말한다(718쪽). 이러한 외부성은 당연한 것이다. 왜냐하면 전쟁기계는 국가와 대립하는 것이 아니라, 전혀 다른 지역에서, 전혀 다른 생활조건에서, 별도로 존재하고 있을 뿐이므로 말이다. 즉 전쟁기계는 국가장치의 바깥에 있다. 이러한 외부성은 무엇을 뜻하는 것일까? 그것은 내파(內破)에의 무능력 또는 달리 말해 혁명에의 무능력이다.

1982 참조

전쟁기계는 국가를 내파시킬 수 없다. 왜냐하면 국가의 밖에 있으므로. 국가에 대해 외재하므로. 이것은 곧 혁명에의 무능력이다. 혁명은 전쟁과는 다른 것이다. 혁명이 취할 수 있는 유일한 전쟁형태는 인민전쟁이다. 반면 국가의 외부에 있는 전쟁기계는 오직 소수자 전쟁밖에 행할 수 없다. 게다가 게릴라 전쟁이 내재적인 '민중의 바다'를 필요로 한다고 전제한다면, 전쟁기계에 의한 소수자전쟁은 게릴라 전쟁과도 구별된다.24)

국가에 외재하는 전쟁기계는 국가와 단지 물리적으로 싸울 수밖에 없다. 그렇다면 소수자들의 전쟁기계가 국가장치에 의해 박살나리라는 것은 두말할 것도 없다. 그래서 들뢰즈와 가따리도 "유목민들의 패배는 너무나 철저했기 때문에 역사는 국가의 승리의 역사가 되었"음을 인정한다(757쪽). 즉 물리적인 대결로서 혁명을 이룬다는 것은 전혀 불가능한 것이다. 물론 들뢰즈와 가따리는 유목민들의 패배의 역사적 현실을 인정하면서도 도시와 국가를 파괴하는 데 있어서 유목적 조직과 전쟁기계의 유효성을 다시금 주장하지만 말이다(757쪽).

전쟁기계에 있어서 한 가지 희망적인 것은 그것이 맹목적인 욕망하는 기계와는 달리 유목과학과 결합하고 있다는 것이다. 전쟁기계는 욕망하는 기계와는 달리 지성을 갖추고 있다. 물론 들뢰즈와 가따리가 전쟁기계의 유목적 조직에 대해 "아무리 무시무시하더라도 인간의 수적 조직은 혈통이나 국가의 조직보다 더 잔혹하다고는 말

---

24) 체 게바라는 다음과 같이 말한다. "게릴라 전쟁은 인민전쟁이다. 즉 대중투쟁이다. 민중의 지지 없이 게릴라 전쟁을 하는 것은 필연적인 파국으로 치닫는 것이다." Régis Debray, *La critique des armes 1*, Seuil, 1974, 81쪽에서 재인용.

할 수 없다"(751쪽)라고 하고 있는 데서 알 수 있듯이, 전쟁기계에게서 감수성을 기대할 수는 없겠지만 말이다.

그렇지만 전쟁기계의 유목과학은 보편적 지성을 결여한 것이다. 들뢰즈와 가따리는 전쟁기계의 유목과학을 국가의 왕립과학과 대립시키는데, 이때 유목과학은 일종의 실천학이 되어버려 도구적 지성에 종속된다. 따라서 유목과학은 레닌에게서와 같은 음모와 쿠테타는 가능하게 해도, 혁명은 사고할 수 없다. 혁명은 헤겔적 의미의 '마음의 법칙', 자신의 주관성을 직접적으로 사회화하려는 '마음의 법칙'에 대립하는 것이다. 혁명은 보편적 가치를 전제로 한다. 즉 인간의 동일성(동등 = égalité)과 개별성(자유)에 대한 인식을 전제로 한다. 반면 유목과학은 앞에서도 언급되었듯이 인종주의적인 것이다(727쪽). 즉 보편주의적 사고능력을 결여하고, 특정 집단의 목적합리성에 종속된 것이다.

사실 왕립과학과 유목과학의 대립구도 자체가 허구적이다. 다만 과학 내에서 새로운 징후들을 찾아나가는 과정들이 있을 뿐이다. 과연 갈릴레이나 뉴턴의 과학이 '왕립과학'일까? 인간을 포함하여 자연의 모든 것이 자연법칙의 지배를 받는다면 과학은 단 하나일 수밖에 없다. 과학은 단지 과학일 뿐이다. 그리고 과학은 언제나 혁명적이고 보편적이다. 믿음과 이데올로기에 대립하므로. 물론 새로운 징후를 탐색하는 과학은 그 처음의 단계에서 유목적으로 보일 수도 있겠지만 그것은 들뢰즈와 가따리가 생각하는 것과는 전혀 다른 것이다.

들뢰즈와 가따리는 전쟁기계의 본질이 "창조적인 도주선을 그리는 것"이라고 한다(810쪽). 그렇지만 그러한 창조적인 도주선은 오히려 파시즘 쪽으로 흐를 가능성이 더 많은 것처럼 여겨진다. 그들은

"게릴라전이나 소수자전쟁, 인민전쟁이나 혁명전쟁이 전쟁기계의 이러한 본질에 합치"한다고 한다(811쪽). 그렇지만 이미 지적했듯이 인민전쟁이나 게릴라전은 전쟁기계에 의해 영위될 수 없다. 또 혁명전쟁은 그것이 진정으로 혁명적이라면 인민전쟁과 같은 것일 수밖에 없는 것이므로 혁명전쟁 또한 전쟁기계에 의해 영위될 수 없다. 그리고 소수자전쟁은 국가장치를 이겨낼 수도 없는 것이지만, 전혀 혁명적이지 못한 것이기도 하다.

인민전쟁은 국가장치에 대해 외부적인 전쟁기계가 국가장치와 물리적으로 대결하는 그러한 전쟁이 아니다. 인민전쟁은 불균등하고 불균형적인 전쟁이다. 이 말은 인민전쟁은 정해진 전선을 가지지 않는다는 것, 그러므로 전혀 예측될 수 없다는 것, 그리고 군사적 전쟁에 한정되지 않는다는 것을 뜻한다. 즉 인민전쟁은 군사적 전쟁에 한정되는 것이 아니므로 정해진 전선을 가질 수 없고, 그러므로 예측 불가능한 것이다. 바로 이러한 의미에서 인민전쟁은 일종의 총체적 전쟁이기도 하다. 민중의 '마음', 이데올로기, 정치가 물리력에 대해 우위를 점하는 총체적 전쟁이 그것이다.[25]

이러한 인민전쟁은 중국과 베트남의 오랜 전통 속에 자리잡고 있는 것이지만, 세계의 다른 장소들에서도 발견되는 것이며, 맑스도 그 형태를 알고 있었다. 트린 반 타오의 말을 들어보자.

> 『뉴욕 트리뷴』을 위해 쓰여진 스페인 혁명에 대한 일련의 기사에서 맑스는 '아시아적' 형태의 사회구성체와 사회-정치구조들이 나폴레옹의 정복전

---

[25] Trinh van Thao, *Vietnam, du confucianisme au communisme*, L'Harmattan, 1990, 292~293쪽 참조.

쟁에 대항하는 스페인의 저항에서 발휘한 덕목들을 언급한다. 맑스에 따를 때 제국의 원수들의 전략적 실패는 스페인의 사회·정치적 성격에 대한 그들의 전반적인 '무지', 견실하지 못하고 불신받는 '외재적인' 전제주의 국가와 시민사회 사이의 혼동에서 기인된 것이다. 이때 시민사회란 지속적인 지역적 특수성으로 인해, 국가의 여백에 존재하는 탈중심화된 구조를 갖는 것이다. 맑스의 명제는 다음과 같다. 즉, 스페인 민중의 전투적이고 헌신적인 면모가 가능했던 것은, 또 물리적으로 훨씬 더 강력한 침략군에 맞서서 전국적으로 게릴라전을 벌일 수 있었던 것은 수도와 지방들 사이의 이러한 원리적 또는 실질적 분리 덕분이라는 것이다.26)

인민전쟁은 이와 같은 형태의 포위를 전제로 한다. 국가에 대한 포위이건 침략세력에 대한 포위이건 간에 말이다. 세 차례에 걸친 몽고의 침입을 격퇴했던 트란 쿠옥-투안(Trân Quôc-Tuân)은 그러한 의미에서 '민중은 아버지이고 군대는 아들과 같다'고 한다.27) 점거는 바로 이러한 포위의 토대 위에서만 지속되거나 효력을 가질 수 있고, 또 인민전쟁으로 발전할 수 있다. 인민전쟁은 이러한 포위를 전제로 한다는 점에서 전쟁기계와는 달리 철저하게 내재적인 것이고, 또 내파(內破)를 이미 포함하고 있는 것이다. 또 게릴라전도 그것이 성공하기 위해서는 '민중의 바다'를 전제로 한다는 점에서, 성공적 게릴라전은 형식적 외재성에도 불구하고 내용적 내재성을 가지며, 따라서 외재적 전쟁기계와는 성격을 달리한다.

우리는 『앙띠 오이디푸스』에서 들뢰즈와 가따리가 이론적으로나

---

26) 같은 책, 292쪽.
27) 같은 책 293쪽.

실천적으로 파시스트적 입장을 지니고 있음을 보았다. 『천개의 고원』에서 그들은 여전히 정신분열증적 과정으로서의 분자적 도주선에 입각한다. 그들은 분자적 도주선의 파시스트적 위험성을 지적하면서도, 그러한 위험성을 벗어나기 위한 어떠한 방법도 모색하지 않는다. 그들은 도주선이 혁명으로 이어져야 한다고 하면서도 전혀 그 조건을 탐색하지 않고, 도주선을 파시스트적 위험성 속에 방치시켜 놓는다. 에른스트 윙거를 두둔하면서. 윙거적 의미에서의 '병사'와 '노동자'의 결합을 찬양하면서. 그들이 무엇이라고 말하건 간에, 그들의 이론적 입장과 실천적 입장은 파시스트적 입장과 어떠한 차별성도 갖지 않는다. 그들은 맹목적인 욕망하는 기계들의 분출을 찬양한다. 그리고 자신들의 거창한 세계관을 통해 그 분출을 결집시키려 한다. 그리하여 프로이트적 의미의 자아가 제거된 상태에서, 초자아와 '그것(das Es)'이 결합한다. 억압적 탈승화에서처럼.

4장
꼬뮌주의적 내면성은 가능한가?

꼬뮌주의적 내면성은 가능한가?

> 그러나 프로이트의 시간 속에 있다는 것은
> 전혀 다른 악보(樂譜)인 것이고,
> 그래서 그 시간의 시계를 조립할 줄 아는 것은
> 결코 헛된 것이 아니다.
> 라캉, 『에크리』

> 부둣가 창녀들이 그를 도왔다.
> 정명기, 『니카라구아 혁명사』

1. 레닌에서 맑스로: 두 가지 사회주의와 꼬뮌주의

엠마뉘엘 떼레는 그가 정치에 입문하던 1950년대에 프랑스 공산당의 '성서'는 맑스의 『자본론』도 『브뤼메르 18일』도 아닌 엥겔스의 『반뒤링론』이었다고 한다.[1] 도대체 『반뒤링론』은 어떤 책일까? 맑스주의의 역사에서 그 책의 위치는 어떤 것일까? 게다가 엥겔스가 개인적으로 자신의 『반뒤링론』을 『자본론』보다 더 뛰어난 책으로 생각했다는 혐의까지 있다면 말이다.[2]

---

[1] 엠마뉘엘 떼레이, 「공산주의, 무덤에서 보낸 사흘」, 『성균비평』 창간호, 성균관대학교 대학원학생회, 1994, 9쪽.
[2] 테럴 카버, 『엥겔스』, 시공사, 2000 참조

1950년대에 프랑스 공산당이 『반뒤링론』을 '성서'처럼 간주했다는 사실에서도 알 수 있듯이, 맑스주의의 역사에서 『반뒤링론』은 명확한 위치를 갖는다. 맑스주의의 역사에서 『반뒤링론』은 특별한 이론적·정치적 효과를 행사했다는 것이다. 그것은 과연 무엇일까? 『반뒤링론』이 맑스주의 역사에서 갖는 명확한 위치는 맑스와 레닌을 이어주는 다리로서의 역할을 하는 것이다.

맑스와 레닌을 이어주는 다리의 역할을 한다는 것은 무엇을 뜻할까? 그것은 맑스와 레닌 사이의 관계가 다리가 없이는 이어지기 힘든 관계임을 말해준다. 맑스와 레닌 사이에는 중요한 단절이 있다. 바로 그러한 단절을 엥겔스가 이어준다는 것이다.

물론 다음과 같은 반론이 가능하다. 레닌의 『국가와 혁명』은 맑스의 『프랑스 내전』과 「고타강령비판」을 이어받고 있다고. 그러나 바로 그 지점에서도 실질적인 단절이 존재한다. 첫째로, 레닌은 맑스가 『프랑스 내전』에서 말한 것과는 달리 국가기구를 파괴하지 않았다. 둘째로, 레닌의 사회주의 국가는 맑스가 「고타강령 비판」에서 말한 이행기적 국가와는 성격이 다르다. 게다가 나중에 보겠듯이 「고타강령 비판」은 맑스에게서도 매우 예외적인 텍스트이다.

레닌은 견고한 이론적 입장을 갖는 실천가이다. 그의 정치적 실천은 자신의 이론적 입장과의 논리적 정합성을 가지면서 도출된다. 중요한 점은, 일반적으로 말해지는 것과는 달리, 그리고 『국가와 혁명』이라는 텍스트의 물질적 존재에도 불구하고, 그가 견지해온 이론적 입장으로부터는 국가기구의 파괴가 사고될 수 없다는 것이다. 따라서 레닌이 국가기구의 파괴에 대해서 말하더라도, 그것은 이론적·필연적으로 말해지는 것이 아니라 단지 선언적으로, 우연적으로, 정황적으로 말해지는 것일 뿐이다. 물론 이론적으로 필연적인 입장이 오히려 무의식 속에 머무르고, 정황적인 우연적 입장이 자신의 진정한 입장인 것처럼 의식될 수도 있다. 그렇지만 그의 정치적 실천을 의식적이건 무의식적이건 실질적으로 지배하고 있는 견고한 이론적 입장은 종국적으로는 스스로를 관철시킨다. 욕망이 스스로를 관철시키듯이. 이때 과거의 정황적인 우연적 입장이 스스로를 진정성을 결여한 허구로 드러낸다는 것은 두말할 것도 없다.

레닌이 이론적으로 국가 자체의 소멸을 사고했지만 실천적으로 그 불가능성에 봉착했다는 식의 반론도 가능하다. 하지만 그러한 반론은 레닌의 입장을 옹호하려는, 정치적으로 지극히 옹색한 변명이다. 사회주의 국가의 범주는 레닌의 이론적 입장의 핵심을 구성하는 당 개념으로부터 필연적으로 도출되는 것이기 때문이다.

레닌은 『무엇을 할 것인가?』에서 "전위투사의 역할은 전위적 이론에 의해 이끌어지는 당에 의해서만 완수될 수 있다"고 말한다.[3] 당이 혁명의 이론을 독점하고 당 외부의 대중은 당의 이론에 종속되어야 한다는 것이다. 당 그 자체가 전위투사로서 혁명을 지휘해 나가고 대중들은 그 지휘를 따라야 한다는 것이다.

그렇다면, 혁명이 하나의 긴 과정이라고 할 때, 국가권력 장악 이후에야말로 혁명이 본격적으로 실행되어야 한다고 할 때, 당은 그 과정 속에서 자신의 지도적 역할을 혁명적 대중들에게 물려주고 스스로를 해체시킬 수 있을까? 그렇지 않다는 것은 물론이다. 당은 부르주아 국가권력을 무너뜨린 이후에, 사회를 '지도'하기 위해, 사회를 자신의 의도에 따라 조직하기 위해, 스스로를 국가로 상승시킨다.

---

[3] 레닌, 『레닌 저작집』 1권, 전진, 1988, 189쪽. 불어판(Editions Sociales 문고판, 39쪽)에 입각해 번역을 약간 수정했다.

그것이 바로 레닌주의적 국가이다.

레닌은 "엄격하게 고찰된 계획에 의해 운동이 지도되어야 한다"고 말한다.[4] 즉 레닌에게서 '운동'이란 대중들이 자발적으로 일으키는 것이 아니다. 그에게 '운동'이란 '엄격하게 고찰된 계획'에 따르는 것이다. 누가 그러한 '계획'을 세우는 것일까? 또 누가 그러한 '계획'을 세울 '권리'를 갖는 것일까? '운동'이 만약 '계획'대로 진행되는 것이라면 그것은 '운동'이라기보다는 오히려 '계획'이 아닐까? 여하간 레닌주의적 운동 개념에 따를 때, '계획'을 짜는 자는 운동을 자신의 의도에 종속시킬 수 있다. 왜냐하면 운동은 '엄격히 고찰된 계획'에 의해 '지도'되어야 하기 때문이다. 따라서 이제 '운동'은 대중의 운동이 아니라 '계획자의 운동'이 된다. 대중은 단지 계획자의 '계획'을 실현시켜주는 도구에 불과한 존재가 된다.

하지만 그러한 '계획'에의 권리를 갖는 자는 아무도 없다. 다양한 규정성들이 교착되어 중층결정되는 운동 자체가 그러한 계획, '엄격하게 고찰된 계획'의 가능성 자체를 부정한다. 그처럼 '엄격히 고찰된 계획'에 따라 운동을 전개시키려는 자는 지극히 반(反)혁명적인 도구주의적 세계관의 소유자이다. 모든 것은 계획을 실현시켜주기 위한 도구에 불과하다는. 하지만 레닌주의적 당은 "맑스주의는 진리이므로 막강하다"는 레닌의 말에 따라 '막강한 진리'의 이름으로 그러한 권리를 주장한다. 스스로를 진리소유자로 내세우면서.

이처럼 '진리'를 소유하고 '계획'을 부과하는 당이 부르주아적 국가권력을 붕괴시킨 이후에도 여전히 자신의 계획을 사회에 대해 부과하려 한다는 것은 물론이다. 권력장악 이후 당의 계획은 '운동의

---

4) 같은 책, 205쪽.

계획'에서 '사회의 계획'으로 전화한다. 이제 부르주아 국가는 '사회의 계획'을 집행하기 위한 사회주의 국가로 변형되고, 당은 일종의 계획주의 국가인 사회주의 국가의 주체가 된다. 프롤레타리아를 외재적으로 지도하던 '직업적 혁명가'들이 권력장악 이후에 사회를 '절대적으로 지도'하는 '직업적 지배자들'이 된다고 기 드보르가 말했듯이 말이다.5)

『무엇을 할 것인가』에서의 레닌의 이론적 입장은 이처럼 계획주의 국가의 성립으로 직접적으로 이어진다. 계획주의 국가는 레닌적 당 개념의 필연적 귀결이었다는 것이다. 그렇다면 엥겔스는 어떠한 의미에서 맑스와 레닌을 이어주는 다리의 역할을 하는 것일까? 엥겔스가 맑스와 레닌의 사이를 이어주는 것은 바로 그의 '계획주의'를 통해서이다. 그리고『반뒤링론』이 맑스주의 역사에서 명확한 위치를 갖는 것은 '계획주의'를 맑스에 대항해서, 맑스를 거슬러서, 나름의 체계성을 갖고서 제시한 책이기 때문이다.

맑스와 레닌 사이의 단절의 핵심은 소유형태의 이행을 둘러싼 것이다. 소유형태의 이행은 단지 '하부구조적'인 것이 아니다. 소유형태의 이행은 모든 정치문제의 핵심을 구성한다. 따라서 맑스와 레닌 사이의 단절은 첨예한 정치적 단절이기도 하다. 그 단절의 이름은 다음과 같다. 꼬뮌주의와 국가사회주의 사이의 단절. 레닌의 국가사회주의는 당을 매개로 한 계획주의로 특징지어진다. 반면 언제나 '사회주의'라는 표현을 비판적 의미로만 사용했던 맑스의 '꼬뮌주의'는 자유로운 노동자들의 '연합'일 뿐이다. 그리고 표면적으로 맑스의 동료였던, 그러나 자신의 저서『반뒤링론』을『자본』에 필적하는 것

---

5) Guy Debord, *La société du spectacle*, Gallimard, 1992, 71쪽.

으로 생각했던 엥겔스는 당의 계획에 종국적으로 귀착될 뿐인 계획주의를 내세우면서, 맑스의 둘도 없는 친구라는 명목으로, 맑스와 레닌 사이에 다리를 놓는다.

『반뒤링론』의 제3부 「사회주의」에서 엥겔스는 "프롤레타리아는 정치권력을 장악하여 우선 생산수단을 국가재산(propriété d'Etat)으로 전화시킨다"고 말한다.[6] 즉 엥겔스는 '국가재산'에 대해 말하고 있다. 프롤레타리아가 생산수단을 국가재산화한다는 것이다. 반면 맑스는 전혀 '국가재산' 또는 '국유화'에 대해 말한 적이 없다. '국가재산'은 맑스의 꼬뮌주의 개념 내에서는 설정될 수 없는 것이다. 맑스가 1872년 6월 15일자 『인터내셔널 헤럴드』에 기고한 기사는 토지의 '국유화'에 대한 것이 아니라 토지의 '공유화(Nationalization)'에 대한 것임을 확실히 해야 한다. 이 점은 뒤에 가서 명확해질 것이다.

그렇지만 엥겔스가 말하는 '국가재산화'는 과도적 단계인 것처럼 여겨지기도 한다. 엥겔스는 곧이어 다음과 같이 말하기 때문이다. "그러나 그렇게 함으로써 프롤레타리아는 프롤레타리아로서의 그 자신을 지양하고 모든 계급차별과 계급대립을 지양하며, 또한 국가로서의 국가(l'Etat en tant qu'Etat)를 지양한다."[7]

엥겔스가 말하고 있는 것은 계급대립의 지양에 따라 '국가로서의 국가'도 지양된다는 것이다. 이때 '국가로서의 국가'란 도대체 무엇일까? 그것은 엥겔스가 국가의 핵심적 본질로 간주하는 기능을 소유한 국가, 다시 말해 계급국가이다. 즉 계급국가가 사라진다는 것이

---

[6] 프리드리히 엥겔스, 『반뒤링론』, 새길, 1987, 300쪽, MEW판 261쪽, 불어판(Editions Sociales, 1971) 316쪽. MEW판 쪽수는 내가 참조한 쪽수가 아니라 한글판의 여백에 병기되어 있는 것이다.

[7] 같은 책 300~301쪽, MEW판 261쪽, 불어판 316~317쪽.

다. 그러면 남는 것은 무엇일까? 계급국가 이후에는 무엇이 남을까? 엥겔스는 국가 그 자체의 지양에 대해서 말한 것이 아니라, '국가로서의 국가'에 대해서 말한다. 그렇다면 '국가로서의 국가'인 계급국가는 지양되는 반면, '국가로서의 국가'가 아닌 국가 그 자체는 살아남는다는 것일까?

엥겔스는 몇 줄 뒤에 다음과 같이 말한다. "국가가 마침내 실질적으로 사회 전체의 대표자(représentant de toute la société)가 될 때는 그 자신을 불필요하게 만든다."[8] 이 말은 국가가 아직 남아서 '사회 전체의 대표자'가 된다는 것을 함의하고 있다. 그리고 국가가 '사회 전체의 대표자'가 될 때는 스스로가 불필요해진다는 것이다. 그렇지만 이런 표현들은 대단히 애매하다. 세 가지 질문을 던져보자.

1) 과연 국가는 어떻게 '사회 전체의 대표자'가 될 수 있을까? 계급대립만 사라지면 국가는 자동적으로 '사회 전체의 대표자'가 될 수 있을까? 계급대립이 없어지더라도 국가는 존속하면서 국민 전체 또는 인민 전체를 지배할 수도 있지 않을까?

2) 국가는 '사회 전체의 대표자'가 될 때 과연 어떠한 방식으로 스스로를 불필요하게 만들까? 완전히 소멸하는 방식으로? 아니면 단지 지배기능만을 없애면서? 즉, '국가로서의 국가'는 소멸하고 국가 그 자체는 남겨놓으면서?

3) '사회 전체의 대표자'라는 말은 과연 가능할까? 과연 누군가가 '사회 전체'를 대표할 수 있을까? 만약 그런 자가 있다면, 그는 '사회 전체'를 전면에 내걸고서 자신의 이해관계를 관철하려는 자가 아닐

---

[8] 같은 책 301쪽, MEW판 262쪽, 불어판 317쪽.

까? '사회'라는 말을 마치 이해관계가 일치하는 통합된 소집단을 지칭하는 것처럼 사용해도 될까?

나는 첫번째 질문을 매우 중요한 것으로 생각한다. 계급대립은 없어지더라도 국가기구 담당자가 국민 전체 또는 인민 전체를 지배할 수 있으므로, 과연 어떻게 해야 국가가 진정으로 '사회 전체'를 대변할 수 있는지를 숙고해야 한다는 것이다. 그렇지만 엥겔스는 우리의 첫번째 질문에 대해 대답하지 않는다.

반면 엥겔스는 둘째 질문에 대해서는 대답을 제공하려고 한다. "인간에 대한 지배에 대신하여 사물에 대한 관리 및 생산과정에 대한 지도가 나타난다"라는 말로써 말이다.9) 그렇지만 과연 '사물에 대한 관리 및 생산과정에 대한 지도'는 누구에 의해 담당되는 것일까? '사물에 대한 관리 및 생산과정에 대한 지도'를 담당한 자가 자신의 의지를 타자들에게 강제적으로 부과하는 일은 과연 없을까? '관리(administration)'와 '지도(指導, direction)'라는 말 자체가 벌써 불온하지 않은가? 자유로운 노동자들의 연합에서 노동자들이 스스로 생산을 조직하면 되는 것이지, 과연 누가 누구의 '지도'를 받아야 하는 것일까? 그처럼 '관리'와 '지도'를 하는 자는 옛날의 '지배자' 또는 '감독'과는 과연 무엇이 다를까? 이에 대해 엥겔스는 대답이 없다. 단지 그는 대답을 제공하는 흉내만 냈던 것이다. 그의 대답은 진지한 대답이 아니다. 어쨌건 '관리'와 '지도'가 남는다는 것은 '국가로서의 국가'는 사라져도 '국가'는 남는다는 것인데, 그처럼 '남은' 국가는 과연 '관리'와 '지도'에도 불구하고 지배기능을 결여할 수 있

9) 같은 책 같은 쪽, MEW판 같은 쪽, 불어판 같은 쪽.

을까?

 그렇다면 셋째 질문에 대해서는 어떨까? 엥겔스의 사고 속에서 이 셋째 질문은 사고 불가능한 것이다. '꼬뮌'주의자인 맑스와는 달리 '사회'주의자인 엥겔스는 '사회'라는 말 자체에 대해 의문을 품지 않는다. 그는 누군가가 '사회'를 내세우면서 자신의 특수한 이해관계를 관철시킬 수 있다는 것을 믿지 않는다. 그에게 '사회'는 의문에 부쳐질 수 없는 것이다. 엥겔스는 다음과 같이 말한다.

> 사회가 생산수단을 장악함으로써 상품생산이 폐지되고 동시에 생산자에 대한 생산물의 지배도 없어진다. 사회적 생산 내부에 있는 무정부성은 의식적·계획적 조직(organisation planifiée consciente)으로 대체된다.10)

 자, 엥겔스는 "사회가 생산수단을 장악"한다고 한다. 이때 사회란 과연 어떠한 것일까? '사회주의 사회'에서 '사회'란 과연 무엇일까? 이때 '사회'란 혹시 사회주의 사회의 지배계급이 아닐까? 사회주의 사회의 지배계급이 '사회 전체'를 참칭하면서 '사회'를 지배하려는 것이 아닐까? 국민의 이름으로 국민을 지배하고, 인민의 이름으로 인민을 지배하듯이 말이다. '사회'란 과연 엥겔스가 설정하듯이 동질적 실체일 수 있을까? 동질적이지 않은 실체를 자꾸 동질적이라고 주장하는 것은 어떤 은폐된 의도가 있어서가 아닐까?

 답은 두번째 문장에서 명확해진다. 즉 사회적 생산을 '의식적인 계획에 따라 조직(organisation planifiée consciente)'한다는 것인데, 누가 그러한 '의식적인 계획'을 담당할까? 그리고 과연 어떠한 과정을 통

---

10) 같은 책 303쪽, MEW판 264쪽, 불어판 319쪽.

해 그러한 '의식적인 계획'을 사회에 대해서 부과할까? 나의 생각은 명확하다. 국가의 강제력이 없으면 그러한 '의식적인 계획'을 사회에 부과할 수 없다는 것이다. 또 그러한 '의식적 계획'의 담당자는 동시에 국가기구의 담당자이기도 하다는 것이다. 국가기구의 담당자는 '사회 전체'를 대변한다는 명목으로 자신들의 계획을 사회에 대해서 부과하지만, 그러한 계획 부과는 국가폭력에 근거한 것으로 계급국가의 지배행위와 동일한 것이다. 엥겔스는 이 두번째 문장에서 자신의 계획주의를 명확히 드러내는데, 그의 계획주의는 일종의 국가주의이다. 다음과 같은 문장은 보다 더 명확하다.

> 현대 산업의 생산력을 하나의 거대한 계획에 입각하여 조화롭게 협력시킬 수 있는 사회만이 산업 그 자체의 발전과 여러 생산 요소들의 유지 및 발전에 가장 알맞은 방식으로 산업을 전국에 골고루 배치할 수 있다.[11]

엥겔스가 주장하는 것은 '거대한 계획'이다. 이처럼 '거대한 계획'을 주장하면서도 '국가소멸'을 말하는 것은 일종의 기만이 아닐까? 이제 엥겔스가 왜 '국가로서의 국가'의 소멸만을 얘기했는지 그 이유가 밝혀진다. 즉 그처럼 '거대한 계획'을 집행하는 것은 국가가 없으면 불가능하기 때문에 그는 국가 자체가 아니라 단지 '계급국가'의 소멸만을 말한 것이다. 하지만 그처럼 거대한 계획을 집행하는 국가가 계급국가와는 다른 비폭력적 국가일 수 있다고 말하는 것은 확실한 기만이다. 그러한 '거대한 계획' 자체가 폭력이고 또 그러한 '거대한 계획'의 부과와 집행 자체가 폭력 없이는 불가능하기 때문

---

11) 같은 책 316쪽, MEW판 276쪽, 불어판 333쪽.

이다. 사실상 엥겔스야말로 레닌주의적 국가사회주의의 원천을 이룬다.

엥겔스가 말하는 '거대한 계획'은 사회가 필요로 하는 사용가치들의 종류와 양을 결정하는 것이다.[12] 그렇지만 누가 그것을 결정하는 것일까? 물론 국가사회주의의 집행자들이다. 그렇다면 국가사회주의의 집행자들은 누구인가? 그것은 물론 당의 지도부이다. 진리를 독점하는 당은 진리의 이름으로 자신들의 계획을 사회에 부과한다. 이때 진리는, 그것이 '진리'이기 때문에 저항할 수 없는 것이 되어, 하나의 폭력물로 전화된다. 알랭 바디우가 하나의 부분적 진리를 전능한 힘으로 간주하는 것을 '파국'이라고 규정했듯이 말이다.

엥겔스는 '거대한 계획'을 매개로 당과 국가를 결합시켜준다. 이때 계획의 집행자인 당은 스스로를 '사회 전체의 대표자'로 제시하면서 국가를 자신에게 종속시킨다. 당은 '거대한 계획'을 통해 사회를 지배하고, 국가는 당에 의한 사회 지배의 도구로 전화한다.

하지만 사회가 필요로 하는 사용가치의 종류와 양이 위로부터 계획적으로 결정될 수 없음은 물론이다. 사회가 필요로 하는 사용가치의 종류와 양은 자본주의적 시장경제가 아니라면 오로지 꼬뮌들 사이의, 또 노동자평의회들 사이의 협의를 통해 '조절'될 수 있다. 맑스가 『정치경제학 비판요강』에서 말한 "생산수단의 공동 점취와 통제에 입각해서 연합한 개인들의 자유로운 교환"이 함의하는 것이 바로 그것이다.[13]

사회민주주의를 예외로 할 때, 20세기의 대표적 사회주의에는 두

---

12) 같은 책 330쪽, MEW판 288쪽, 불어판 347쪽.
13) 칼 맑스, 『정치경제학 비판요강』, 백의, 2000, 1권 140쪽.

가지 형태가 있다. 민족사회주의와 국가사회주의가 그것이다. 한국에서 그 동안 잘못 번역되어온 것과는 달리 민족사회주의란 부르주아 민주주의의 허구성에 민족공동체를 매개로 저항하고자 했던 파시즘의 또다른 이름이다. 물론 나치즘 자체가 '민족사회주의'로 번역되는 것이지만, 모든 형태의 파시즘은 민족사회주의적 내용을 갖는다. 반면 국가사회주의는 레닌주의의 역사적 실현형태이다. 국가사회주의라는 레닌주의의 역사적 실현 형태에 엥겔스의 이론적 매개가 핵심적 역할을 했음은 물론이다. 하지만 맑스가 일관되게 '사회주의'란 용어에 대해 비판적 태도를 견지했음에 유의해야 한다. 즉 맑스는 사회를 개인에게 부과하려는 사회주의자가 아니라, 자유로운 노동자들의 연합을 주장했던 '꼬뮌주의자'라는 것이다.

엥겔스의 『반뒤링론』은 계획을 매개로 국가를 당에 종속시키면서 20세기의 두 가지 대표적 사회주의 중의 한 형태인 국가사회주의에 이론적 토대를 놓아준다. 하지만 엥겔스의 국가사회주의적 관념이 『반뒤링론』에서 최초로 표명된 것은 결코 아니다. 그는 이미 1847년의 「꼬뮌주의의 원리」라는 글에서 국가 중심의 계획주의를 주장한다. 그 구체적 내용들을 열거해보면, "국유지, 국유공장 및 국유작업장에서 노동을 조직"하는 것, "국가자본에 기초한 국립은행을 통하여, 또 모든 개인은행과 금융업의 폐지를 통하여 신용체계와 화폐거래를 국가의 수중에 집중시키는 것", "국가소유의 공장, 작업장, 철도 및 선박 수를 늘리"는 것, "국가시설에서 국가비용으로 모든 아이들을 교육하는 것", "모든 운수업을 국가의 수중에 집중시키는 것" 등이다.[14] 그리고 엥겔스는 이러한 사항들을 열거한 뒤, 다음과 같이

---

14) 프리드리히 엥겔스, 「공산주의의 원리」, 『마르크스・엥겔스 저작선』, 거름, 1988,

결론짓는다.

> 끝으로 모든 자본, 모든 생산, 모든 교역이 국가의 수중에 집중될 때 사적 소유는 저절로 없어질 것이고, 화폐는 무용지물이 될 것이며, 또한 생산이 훨씬 증대되고 사람들도 훨씬 달라져서 낡은 사회의 마지막 교류형태들도 없어질 것이다.15)

엥겔스는 이처럼 꼬뮌주의를 국가주의로 착각한다. 그는 국가기구를 누가 담당할 것인지에 대해서는 어떠한 의문도 제기하지 않은 채, 국유화가 모든 문제를 해결할 것이라는 너무도 단순한 전망을 제시한다. 그의 이러한 생각은 1847년부터 1877년의 『반뒤링론』까지 어떠한 변화도 거치지 않고 지속된다. 또 「꼬뮌주의의 원리」에서 개진된 엥겔스의 국가주의적 입장은 1848년의 「꼬뮌주의 선언」에도 고스란히 옮겨지고, 그래서 「꼬뮌주의 선언」은 엥겔스적 국가주의와 맑스적 반(反)국가주의 사이에서 동요하는 모순적 문헌이 되어버린다. 엥겔스적 '국유화' 논의에 뒤이어 곧장 "각 개인의 자유로운 발전이 만인의 자유로운 발전의 조건이 되는 연합체"가 주장되는 식으로 말이다.16)

24~25쪽.
15) 같은 글 25쪽.
16) 칼 맑스·프리드리히 엥겔스, 『저작선집』 제1권, 박종철출판사, 1991, 420~421쪽. 물론 엥겔스는 1869년의 한 기고문에서 「꼬뮌주의 선언」은 "기본적으로 맑스의 저작"이라고 말하고, 또 맑스 사후에 쓰여진 「꼬뮌주의 선언」 제2판 서문에서는 "「선언」의 핵심적 사고는 오로지 전적으로 맑스의 것"이라고 말하지만, 「선언」에 나타나는 국유화 관련 조항들이 엥겔스의 「꼬뮌주의의 원리」로부터 비롯되었음은 확실하다. 프랑스 쁠레이야드(Pléiade)판 맑스 선집(Oeuvres) 제1권에 실린, 「꼬뮌주의 선언」에 대한 막시

그렇다면, 엥겔스와 레닌의 계획주의 또는 국가사회주의에 대립하는 맑스의 꼬뮌주의란 어떠한 것일까? 맑스의 꼬뮌주의는 너무도 명확한 것이지만, 그 동안 '레닌주의적 맑스 읽기'의 체에 걸러져 줄곧 외면되어온 것이다.17) 이제 '레닌주의적 맑스 읽기'로부터 벗어나서 맑스의 꼬뮌주의의 명확성을 파악해보자.

맑스의 꼬뮌주의는 세 시기로 나뉘어서 살펴질 수 있다. 『1844년 초고』의 시기, 1845년부터 1872년까지의 시기, 그리고 「고타강령 비판」의 시기가 그것이다. 나는 이 세 시기 중 고유하게 '맑스적'인 꼬뮌주의의 시기는 1845년부터 1872년까지의 시기라고 생각한다. 첫 번째 시기의 꼬뮌주의는 오히려 포이어바흐적 꼬뮌주의라고 말해질 수 있는 것이고, 셋째 시기의 꼬뮌주의는 일정하게 엥겔스적 각인을 받은 것처럼 보이기 때문이다.

우선 『1844년 초고』에서의 꼬뮌주의를 살펴보자. 맑스는 『1844년 초고』 가운데 편집자에 의해 「소유와 꼬뮌주의」라고 제목이 붙여진 초고에서 꼬뮌주의의 네 가지 형태 또는 단계를 제시한다.

그 첫번째 형태는 "보편화된 사적 소유, 완성된 사적 소유"의 꼬뮌주의이다.18) 경쟁심과 시기심으로 인해 모든 것을 평준화하여 소

밀리앙 루벨(Maximilien Rubel)의 해제(Notice)를 참조할 것.
17) 우리는 '레닌주의적 맑스 읽기'에 대항하는 일본에서의 흐름의 일단을 『진보평론』 2001년 여름호에 실린 일본 맑스주의에 대한 글들에서 엿볼 수 있다. 나는 언어의 문제로 인해 관련되는 글들을 직접 참조할 수는 없었지만, 레닌주의에 대립하는 맑스의 꼬뮌주의는 맑스의 텍스트 자체에서 너무도 명백히 제시되어 있는 것이다. 따라서 맑스를 읽는 것 자체보다 더 중요한 관건은 '레닌주의적 맑스 읽기'로부터 벗어나는 것이다.
18) 칼 마르크스, 『경제학-철학 수고』, 이론과실천, 1987, 82~84쪽. 불어 쁠레이야드 선집판 제2권, 76~79쪽.

유하는 꼬뮌주의가 그것이다. 그리하여 그러한 꼬뮌주의에서는 심지어 여자들을 포함하여 모든 것이 소유대상화된다. 이러한 꼬뮌주의는 '남들이 더 많이 갖는 것'에 대한 질투를 그 동력으로 하는, 일종의 '소유 꼬뮌주의'이다. 레비-스트로스는 『친족의 기본구조』에서 아이들에게서 정의감(正義感)이 발생하는 과정을 타자가 더 많이 갖는 것을 허용하지 않겠다는 심리로부터 설명하는데,[19] 이러한 원초적 정의의식이 '소유 꼬뮌주의'의 토대를 이룬다. 이러한 '소유 꼬뮌주의'를 순전한 공상적 설정으로 간주할 수는 없는데, 여러 사회형태 속에서 그러한 '소유 꼬뮌주의'적 사고가 단초적으로 작용하고 있기 때문이다. 부르주아적 내면성을 그대로 갖고서 꼬뮌주의를 하고자 한다면 바로 그러한 '소유 꼬뮌주의'가 생겨나지 않을까?

그 두번째 형태는 "민주적이건 또는 독재적이건 간에 아직 정치적 성격의 것"이고 "국가의 지양을 목적으로 하지만 여전히 사적 소유 즉 소외된 노동에 의해 고통받는 미완성의 형태"이다.[20] 이 두번째 형태에서는 사적 소유가 지속되고 있고, 단지 정치적으로만 꼬뮌주의를 향해 나아가고 있을 뿐이다.

이상의 첫번째, 두번째 형태가 단지 비판의 대상으로 제시되었을 뿐임은 물론이다. 맑스가 추구하는 꼬뮌주의는 세번째 형태에서부터 제시된다. 세번째 형태의 꼬뮌주의는 사적 소유의 '포지티브'한 지양, 즉 정립적, 긍정적 지양으로서의 꼬뮌주의이다.[21] 사적 소유의 '포지티브'한 지양이란 인간이 자기 소외의 상태로부터 벗어나 의식

---

19) Cl. Lévi-Strauss, *Les structures élémentaires de la parenté*, Mouton, 1967, 99~102쪽.
20) 불어 쁠레이야드 선집판 제2권, 79쪽. 이론과실천사 한글판의 번역은 완전히 잘못되어 있다.
21) 이론과실천사 간행 한글판, 84쪽 이하, 불어 쁠레이야드판 제2권, 79쪽 이하.

적으로 자기자신으로 완전히 복귀하여 자신을 '인간적 인간'으로 자각하는 것이다. 즉 사적 소유로 인한 자기소외에 따라 인간이 자기 자신으로부터 벗어난다는 것이 일단 맑스에 의해 설정되는데, 그러한 설정은 '인간성'이라는 특정한 상태를 전제하고 있는 것이다. 하지만 이때 '인간성'은 초월적이라기보다는 자연주의적인 것이다. 그래서 '인간적 인간', 즉 '인간성'의 자연적 상태로 회귀한 인간은 '인간적 자연'이 실현된 인간이다. 따라서 "완성된 자연주의 = 인간주의", "완성된 인간주의 = 자연주의"라는 등식이 맑스에게서 성립하게 된다. 맑스는 종교, 가족, 국가, 법, 도덕, 과학, 예술 등을 소외의 표현으로 간주하는데, 사적 소유의 포지티브한 지양은 인간으로 하여금 그러한 것들로부터 벗어나 인간적 자연으로 복귀하게 해주는 것이다. 그렇지만 인간이 자신의 '자연적' 상태를 회복한다고 해서 종교, 국가, 가족 등이 사라지고 진정한 '사회적 관계'가 회복될 수 있을까?

사실 인간적 '자연'을 본질주의적, 선험적으로 전제하고 또 그것을 '회복'하겠다는 생각 자체가 매우 어처구니없을 뿐 아니라 정치적으로도 어떤 유효성도 가질 수 없는 것이다. 하지만 이 모든 생각은 비록 맑스의 손에 의해 쓰여졌다 하더라도 사실상은 포이어바흐의 것이다. 맑스는 이 세번째 형태의 꼬뮌주의를 설명하면서 '유적 삶'이라는 포이어바흐적 개념을 동원하고 있다. 이 '유적 삶'은 개체의 삶 아래에 있는 은폐된 삶으로서, 개체의 삶을 규정하는 동물적, 자연적 규정성에 따른 삶이다. 이러한 유적 삶은 사랑과 가족 그리고 영혼의 능력 등에서 관철되는 것으로서, 그러한 유적 성격에 대한 인식은 타자 속에서 나를 인식하고 우리의 동일성을 인식하는 것으로 이어져 '공동존재성'을 만들어낸다.[22] 맑스가 인간의 인간화,

자연화, 사회화를 통일적으로 파악하는 것은, 그리하여 자기소외의 극복을 통한 인간의 '자연화 = 인간화 = 사회화'를 주장하는 것은 바로 포이어바흐의 '유적 삶' 개념에 입각해서이다.

『1844년 초고』에서 제시되는 네번째 형태의 꼬뮌주의는 사적 소유의 지양에 따라 인간이 자신의 전방위적(全方位的) 본질을 회복하는 상태이다.[23] 사적 소유는 인간의 감각을 일면화시킨다. 즉 무엇인가를 소유할 때만 그것이 '내 것'이라고 생각하여 그것에 대한 다른 모든 감각들이 소외된다는 것이다. 광물 상인이 광물의 상업적 가치만을 알 뿐 광물의 아름다움과 고유성을 깨닫지 못하는 것이나 궁핍한 인간이 연극을 보더라도 아무 감흥을 느낄 수 없는 것 등이 유사한 예들이다. 이처럼 사적 소유는 인간적 눈을 비인간화하고 인간적 귀를 비인간화하는 식으로 인간적 감각을 비인간화하는 것인데, 꼬뮌주의는 사적 소유를 지양하면서 진정으로 '부유한 인간', 세계의 모든 대상들을 진정으로 향유하고 타자들과 진정으로 교류할 수 있는 인간을 형성시킨다는 것이다.

이 네번째 형태의 꼬뮌주의는 세번째 형태의 꼬뮌주의의 종국적 귀결로 설정된 것이며, 여전히 포이어바흐의 유적 존재 개념에 입각한 것이자 그 설정 자체가 포이어바흐적인 것이다. 물론 맑스가 이 네번째 형태의 꼬뮌주의를 설명하면서 '인간의 가장 큰 부는 곧 타자'라고 말하는 대목은 매우 귀중한 대목이고 또 꼬뮌주의가 성립되면 생산과 소유의 족쇄에 채워져 있던 인간의 풍부한 감각들이 해방되리라는 설정은 충분히 타당한 것이지만, 단지 사적 소유를 지양하

---

22) 한스-마르틴 자스, 『포이에르바하』, 문학과지성사, 1986 참조.
23) 이론과 실천사 한글판 88쪽 이하, 불어판 82쪽 이하.

기만 하면 어디엔가 감춰져 있던 인간적 자연이 갑자기 복귀하여 모든 것이 해결된다는 식의 논리전개는 받아들여질 수 없는 것이고 또 실천적 유효성도 가질 수 없다.

그러나 맑스는 1845년부터 포이어바흐와 완전히 단절한다. 즉 고유하게 '맑스적'인 꼬뮌주의 개념의 시기가 시작되는 것이다. 그리하여 이제 자연주의적인 '유적 존재' 또는 '공동존재성'에 입각한 꼬뮌주의가 아니라, 자립적 개인성에 입각한 노동자들의 결사 또는 연합으로서의 꼬뮌주의가 제시된다. 1857년과 1858년 사이에 쓰여진 『정치경제학 비판요강』에서는 역사과정 속에서 개인이 발생하기 이전의 인간의 삶을 오히려 '유적 삶', '가축적 존재의 삶'이라고 폄하한다. 결국 자립적 개인성의 발전이 없이는 성찰적인 '유의 의식'은 없고, 오로지 직접적·공동체적인 '유적 삶'만이 있을 뿐이라는 것이다.

우선 1845년 10월부터 쓰여지기 시작하여 1846년 중반에 그 대부분이 완성된 것으로 보이는 『독일 이데올로기』로부터 논의를 시작해 보자. 『독일 이데올로기』에서 맑스는 꼬뮌주의적 혁명의 조건으로 생산력 발전에 따른 '보편적 교류'와 '보편적 개인'의 성립을 제시한다.[24] 생산력이 발전되지 않는다면 궁핍으로 인한 투쟁이 재연될 것이며, 물질적 필요나 지역성과 같은 특정한 규정성의 제약을 받아 인간적인 교류가 제한되리라는 것이다. 그렇다면 과연 보편적 개인이란 어떠한 존재일까?

『독일 이데올로기』의 맑스에 따를 때, 부르주아 사회에서 개인적 인격은 특정한 외적 규정성의 구속 없이 자유롭게 발전하는 것이 아

---

24) 칼 맑스·프리드리히 엥겔스, 『저작 선집』 제1권, 박종철출판사, 1991, 215쪽.

니라 계급적 규정성에 의해 각인받는다. 그래서 부르주아 계급에 있어서의 개인성은 부르주아적 개인성으로, 또 노동자계급에 있어서의 개인성은 노동자적 개인성으로 등장하게 된다. 노동자계급의 개인성은 이전 시대보다 관념적으로는 더 자유로워졌지만, 물질적 예속으로 인해 현실적으로는 보다 덜 자유로워진다.[25] 보편적 개인이란 물론 계급적 규정성을 비롯한 특정한 외적 규정성들의 구속으로부터 벗어난 개인이다. 더이상 부르주아적 개인이나 노동자적 개인이 아니라 단지 개인 그 자체라는 것이다. 또 성적 규정성, 민족적 규정성, 지역적 규정성의 구속으로부터도 자유로운 개인 그 자체가 바로 그것이다.

맑스는 사적 소유자의 생산력이 대다수의 개인과 대립할 경우 "이 개인들은 모든 현실적 생활 내용을 빼앗겨버리고 추상적 개인으로 전화"되고, 그렇게 하여 오히려 모든 규정성들을 벗어난 진정한 개인들로서 서로 연결될 수 있다고 한다.[26] 이처럼 진정으로 개인화된 프롤레타리아가 보편주의적으로 연합하여 생산력을 전유하게 되면, 개인적 생활과 물질적 생활의 모순이 지양되고 그 결과 '총체적 개인'이 성립한다. 이 '총체적 개인'은 보편적 개인의 한 형태이다. 보편적 개인은 혁명 전과 혁명 후에 상이한 형태로 존재한다. 혁명의 조건으로서의 보편적 개인과 혁명의 성과로서의 보편적 개인이 그것이다. '총체적 개인'은 혁명의 성과로서의 보편적 개인, 즉 보편적 개인의 두번째 형태로서, 보편적 개인의 성격을 보다 완전히 구현한다고 할 수 있겠다.

---

25) 같은 책, 247~248쪽.
26) 같은 책 256쪽.

맑스는 '총체적 개인'의 특성으로 "개인들로서의 개인들의 교류"를 말하는데, 이것이야말로 보편적 개인의 핵심적 존재형태를 지칭하는 것이다.27) 과연 그것은 무슨 말일까? "개인들이 서로 개인들로서 교류"한다는 것은? 그것은 서로를 특수자로 대하는 것이 아니라, 그러한 특수성을 벗어난 '개인 그 자체'로 대한다는 것이다. 특수자란 특수한 규정성의 담지자이다. 따라서 누군가를 특수자로 대한다는 것은 그가 담지하고 있는 특정한 규정성을 통해서 그를 바라본다는 것이다. 반면 누군가를 '개인 그 자체'로 대한다는 것은 어떤 외적 규정성으로도 환원되지 않는 — 그러나 여러 외적 규정성들이 특수하게 결합된 효과로 도출되었을 — 자립적 개인성 또는 개별적 내면성을 통해서만 그를 대한다는 것이다.

『독일 이데올로기』의 맑스에 따를 때 꼬뮌주의란 연합된 보편적 개인들이 생산력을 전유하는 사회이다. 이러한 꼬뮌주의 사회에서 개인들은 자신들의 '연합'을 통해 생산수단을 관리하고, 서로를 계급적, 성적, 인종적 규정성들과 같은 외적 규정성들로 환원시키지 않으면서 단지 '그 개인 자체'로만, 즉 '보편적 개인'으로만 대한다. 이때 생산수단의 전유가 개인들의 상위에 위치하는 어떤 국가기구에 의해 행해진다는 것은 있을 수 없다. 맑스는 다음과 같이 명확히 말한다. "프롤레타리아들의 전유의 경우에는 한 무더기의 생산도구들이 각각의 모든 개인 아래에 포섭되고, 소유가 모든 개인들 아래에 포섭되어야 한다."28) 레닌주의자들은 물론 이러한 표현을 무시해버리겠지만, 『독일 이데올로기』를 관통하고 있는 사고는 '자유로운 개

---

27) 같은 책 258쪽.
28) 같은 책 257쪽.

인들 사이의 연합에 의한 생산력의 전유'로서의 꼬뮌주의라는 사고이다. 그러한 꼬뮌주의가 엥겔스와 레닌의 국가사회주의와 전혀 다른 것임은 명백하다. 물론 맑스는 『독일 이데올로기』에서 꼬뮌주의는 상태나 이상이 아니라 운동이라고 하고 있지만,29) 이때 '운동'은 방향성을 상실한 것이 아니라 '자유로운 노동자들의 연합'이라는 뚜렷한 목적을 향해 나가는 운동이다. 전망과 목적이 없는 운동은 운동이 아니므로 말이다.

『독일 이데올로기』의 꼬뮌주의 개념은 1857년과 1858년 사이에 쓰여진 『정치경제학 비판요강』에서도 그대로 이어진다. 『정치경제학 비판요강』에서는 사회적 결합의 세 단계가 제시되는데, 첫째 단계는 전(前)자본주의의 '인격적 예속'의 단계, 둘째 단계는 물질적 의존에 기초한 인격적 독립에 따라 '보편적 관계'가 형성되는 단계, 셋째 단계는 사회적 능력을 통해 생산력을 자신들에게 복속시킨 '보편적 개인'의 단계이다.30) 이때 두번째 단계의 '보편적 관계'란 지역적 제한이나 신분제적 구속으로부터 벗어난, 법적으로 대등한 관계를 말하는 것이다. 그러나 그러한 '보편적' 관계 속에서 개인은 여전히 '특수적' 개인, 그리고 특히 계급적 개인이다. 반면 세번째 단계의 '보편적 개인'은 계급적 규정성으로부터 탈피한 개인이다. 즉 어떤 외적 규정성을 통해 대표되는 개인이 아니라 개별적 내면성을 가진 자립적 개인이다.

맑스는 첫째 단계에서의 노동을 직접적으로 사회적인 것, 둘째 단

---

29) 같은 책 215쪽.
30) 칼 맑스, 『정치경제학 비판요강』, 백의, 2000, 제1권 138~139쪽, 불어판(Editions Sociales, 1980) 1권 93~94쪽.

계에서의 노동을 간접적으로 사회적인 것, 그리고 셋째 단계에서의 생산활동을 '노동을 내부적으로 배분하는 연합'에 의한 것으로 간주한다. 이 '연합'은 '보편적 개인들의 연합'이다. 따라서 꼬뮌주의는 '노동을 내부적으로 배분하는, 보편적 개인들의 연합'으로 규정지을 수 있게 된다. 또 맑스는 그러한 꼬뮌주의적 연합은 자의적인 것이 아니라 "물질적·정신적 조건들의 발전을 전제로 한다"고 하는데, 이때 '정신적 조건'은 무엇보다 보편적 개인성의 확립에 필요한 조건이다.[31]

맑스는 몇 쪽 뒤에서 꼬뮌주의에서는 사물들이 단지 양적인 차이만 날 뿐 질적으로는 동일하다고 한다.[32] 이 말은 꼬뮌주의에서도 노동을 합리적으로 분배하기 위해 노동시간의 규정이 필수적임을 전제로 한 것인데, 노동의 질적 차이를 전제하는 자본주의와는 달리 꼬뮌주의에서 노동의 질적 동일성이 전제되는 것은 계급적 개인성의 지양과 보편적 개인성의 확립으로 인한 것이다. 즉 모든 인간이 계급적 규정성을 비롯한 외적 규정성들로부터 벗어나 '개인 그 자체'가 됨에 따라, 보편적 개인의 노동으로서의 모든 노동은 동등한 것이 된다는 것이다. 그리고 보편적 개인들 사이의 노동의 동등성에 따라 노동의 보편주의가 꼬뮌주의의 기초로 확립된다는 것이다. 『정치경제학 비판요강』의 맑스에게서 꼬뮌주의란 개인이 특정한 규정성으로부터 벗어나서 총체성을 실현하는 장소인데,[33] 그 실현을 위한 기초를 이루는 것이 바로 외적 규정성에 따른 노동의 질적 차이

---

31) 같은 책 제1권 139~140쪽, 불어판 1권 94~95쪽.
32) 같은 책 1권 155~156쪽, 불어판 1권 110쪽.
33) 같은 책 제2권 113쪽. 불어판 1권 424~425쪽.

를 축출한 노동의 보편주의이다.

이제 『자본론』에서 꼬뮌주의에 대해 말하는 몇몇 대목을 찾아보도록 하자. 우선 맑스는 1권 1장 제4절 「상품의 물신적 성격과 그 비밀」에서 꼬뮌주의를 '자유인들의 결사체(réunion d'hommes libres)'로 정의하고 그 특징을 "사회적으로 계획된 노동시간의 배분"과 필요에 따른 생산으로 제시한다.34) 여기서 문제는 맑스가 말하는 '계획'이 과연 어떤 계획인가 하는 것이다. 그 계획이 레닌주의자 또는 엥겔스주의자가 생각하는 국가사회주의적 계획이 아니라는 것은 자명하다. 왜냐하면 맑스는 우선 '자유인들의 결사'를 전제해놓고서 얘기를 시작하기 때문이다. 즉 그는 꼬뮌주의적인 자유인들의 결사를 전제해놓고서 그 속에서 생산이 어떻게 전개될 것인가를 묻고 있기 때문이다. 따라서 '사회적으로 계획된 노동시간의 배분'이란 표현에서 '사회'는 자유인들의 결사 또는 연합에 다름 아닌 것이고, '계획'은 그러한 결사 또는 연합에 의한 것이다. 만약 이때 사회가 엥겔스가 말하는 식의 국가기구를 뜻한다면 계획은 외재적으로 부과되는 것이 되어 그 사회의 구성원들은 더이상 '자유인'이 될 수 없음은 물론이다. 하지만 레닌주의자들의 맑스 읽기는 '자유인'이란 표현을 고의적으로 외면하면서 '계획'만을 강조하는 것이다.

또 맑스는 1권 「원시적 축적」에 관한 장의 제일 마지막 절에서 꼬뮌주의적 소유형태를 사적 소유는 아니지만 "생산수단의 공유를 기초로 하는 개인적 소유"라고 규정한다. 맑스의 말을 온전히 인용해보면 다음과 같다. "부정의 부정[자본주의 생산의 부정]은 노동자의

---

34) 칼 마르크스, 『자본』(개역판), I-1, 이론과실천, 1997, 108쪽, 불어판(쁠레이야드판 제1권) 613쪽.

사적 소유를 재확립해주는 것이 아니라 그의 개인적 소유를 재확립해준다. 노동자의 개인적 소유는 자본주의 시대의 성과에 기초하고, 협업에 기초하며, 토지를 포함한 모든 생산수단들의 공동적 소유에 기초한다."35) 강조는 맑스에 의한 것이다. 맑스의 이 문장은 학계에서 제법 논란을 일으킨 것이지만, 이 문장이 논란이 될 수 있었다는 사실 자체가 놀라운 것이다.36) 왜냐하면 이 문장은 『독일 이데올로기』와 『정치경제학 비판요강』에서 명백히 개진된, '자유로운 개인들 사이의 연합에 의한 생산력의 전유'로서의 꼬뮌주의 개념을 그대로 이어받고 있기 때문이다. 즉 1845년 이래 맑스의 사고의 연속성 속에서 이 문장을 파악할 때 그 의미는 너무도 명확하다.

우선 '사적 소유가 아니라는 것'은 서로에 대해 배타적인 대립적 소유가 아니라는 것이다. '개인적 소유'의 뜻은 생산수단들이 공유되지만 그것은 개인 위에 군림하는 상급의 실체에 의한 것이 아니라 '개인들의 연합의 소유'로서의 '개인적 소유'라는 것이다. 즉 개인은 자신들의 연합을 매개로 생산수단들을 개인적으로 소유하고 또 그 기초 위에서 그 생산물 및 생활수단을 개인적으로 소유한다는 것이다. 물론 연합적 소유와 개인적 소유는 모순적인 것처럼 여겨지겠지만, 주체적 개인들에 의한 연합적 소유는 실질적인 개인적 소유를 보장한다는 것이다. 나중에 다시 보겠지만, '연합'은 실질적인 개인적 소유를 보장하기 위한 것이다. '자본주의 시대의 성과에 기초'한다는 것은 자본주의 시대를 통해 발전된 생산력 수준과 집합적 노동

---

35) 같은 책, I-3, 920쪽, 불어판 1240쪽.
36) 예컨대 황태연, 『환경정치학과 현대정치사상』(나남, 1992)의 117~176쪽을 참조할 것.

에 기초한다는 것이고, '협업에 기초'한다는 것은, 나중에 보겠듯이, 노동자소유 협동조합적 공장에 기초한다는 것이다. 또 토지를 공동적으로 소유한다는 것은 토지의 국유화와는 전혀 다른 것임을 명심해야 한다. 이처럼 자명한 문장이 그 동안 논란을 일으켰던 것은 레닌주의적 맑스 읽기의 영향에 따른 것이다. 레닌주의적 관점의 소유자들은 『독일 이데올로기』로부터 『자본론』을 거쳐 『프랑스 내전』으로까지 이어지는 맑스의 꼬뮌주의 개념을 왜곡시키려 노력하였고, 그 결과로 자명한 것에 혼란이 초래된다.

맑스는 『자본론』 3권 「삼위일체 정식」에 관한 장에서 자유란 "연합된 생산자들 ― 사회화된 인간 ― 이 자신과 자연 간의 물질대사의 맹목적인 힘에 의해 지배당하는 대신에, 이 물질대사를 합리적으로 규제하고 자신들의 공동의 통제하에 두는 것"이라고 하는데,[37] 이러한 표현 또한 그 동안 레닌주의적으로 읽혀왔음은 물론이다. 그러나 "연합된 생산자들에 의한 공동의 통제"는 '국가의 강제적 계획'과는 다른 것이며, 또 물질대사에 대한 '합리적 규제'는 '노동력의 강제적 관리'와 전혀 무관하다.

『자본론』의 꼬뮌주의 개념은 『독일 이데올로기』와 『정치경제학 비판요강』의 꼬뮌주의 개념과 완전히 동일한 것이다. 『자본론』의 맑스는 그러한 연속성상에서 꼬뮌주의 사회에서 가치규정이 지속될 것임을 명확히 하고 있다. 즉 맑스는 3권의 「생산과정의 분석을 위하여」라는 장에서 다음과 같이 말한다.

    자본주의적 생산양식이 지양된 후에도 사회적 생산이 유지되는 한, 가치

---

[37] 『자본』 III-3, 이론과실천, 1993, 1024쪽, 불어판(쁠레이야드 선집 제2권) 1487쪽.

규정은 노동시간의 규제와 다양한 생산집단들 사이에서의 사회적 노동의 배분, 그리고 그것에 관한 부기(簿記)가 이전보다 훨씬 더 중요하게 된다는 의미에서 더욱 유력하게 작용할 것이다.[38]

맑스가 이 문장에서 말하는 것은, 꼬뮌주의 사회에서 가치규정은 소멸되기는커녕 오히려 더욱 강화된다는 것이다. 그처럼 가치규정이 강화되는 것은 연합된 노동자들이 공유하는 생산단위들 사이의 노동의 배분과 교환을 합리적으로, '꼬뮌주의적으로' 조절하기 위한 것이다. 즉 노동자들의 연합으로 짜여진 사회에서는 노동자소유 생산단위들 사이의 관계를 조절하기 위해 가치규정이 더욱 강화된다는 것이다. 이때 생산단위들이란, 앞으로 살펴보겠지만, 노동자소유 협동조합적 공장들을 주축으로 하는 것이다.

하지만 국가사회주의자인 엥겔스는 꼬뮌주의 사회에서의 가치규정의 지속성에 반대한다. 엥겔스는 『반뒤링론』에서 말하기를 사회주의적 생산계획에 따라 "저 유명한 '가치'의 중재 없이 모든 것을 아주 간단하게 처리"해 나갈 수 있다고 한다.[39] 엥겔스가 이처럼 가치의 소멸에 대해서 말하는 것은, 그가 설정하는 생산계획이 연합된 노동자들의 생산단위들 또는 꼬뮌들의 어떠한 자율성도 인정하지 않는 '거대한 국가적 계획'이기 때문이다. 엥겔스적인 '거대한 계획'은 연합된 노동자들과는 어떤 상관도 없이 상부의 국가적 기구로부터 '결정'되어 강제적으로 '부과'되는 것이기 때문에 노동자소유 생산단위들 각각을 연결시켜주는 '가치'가 불필요한 것이다.

---

38) 같은 책, 1060~1061쪽, 불어판 1457쪽.
39) 『반뒤링론』, 330쪽, MEW판 288쪽, 불어판 347쪽.

맑스는 『자본론』 3권 「차액지대의 제1형태」 장에서 다음과 같이 말한다. "만약 자본주의적 생산형태가 폐지되고 하나의 계획에 따라 움직이는 의식적인 연합처럼 사회가 조직된다고 가정해본다면, 10쿼터는 독립된 노동의 일정한 시간 크기, 즉 240실링을 내포하는 시간의 양을 나타낼 것이다. 즉 사회는 그 토지생산물을 그 속에 포함된 현실적 노동시간보다 두 배 반이 부풀려진 가치로는 판매하지 않을 것이다. 그리하여 토지소유자계급의 토대가 붕괴된다."40) 맑스가 이 문장에서 말하고 있는 것은 첫째로 가치(노동의 척도로서의 시간)는 지속된다는 것, 둘째로 차액지대(두 배 반의 가치)는 소멸된다는 것이다. 맑스가 생각하는 꼬뮌주의는 자유로운 노동자들의 '연합'이다. 그리고 이 연합을 경제적으로 매개해주는 원리는 여전히 가치이다. 반면 차액지대를 포함한 착취가 없어진다는 것은 너무도 자명하다.

『자본론』에서의 맑스의 입장을 명확히 이해하기 위해서는 『자본론』과 같은 시기에 쓰여졌다고 할 수 있는 1864년의 「국제노동자협회 창립선언 및 잠정규약」과 1866년의 「국제노동자협회 제1차 총회 결의문」을 참조해야만 한다. 1864년의 「국제노동자협회 창립선언 및 잠정규약」에서 맑스는 로버트 오웬 식의 협동조합공장을 "위대한 사회적 실험"으로서 그 의의를 이루 다 평가할 수 없다고 하며, 그로 인해 이제 고용노동은 "연합된 노동 앞에서 사라져야 할 운명에 처해 있다"고 한다. 이때 맑스가 강조하고 있는 '연합된 노동'은 노동자소유 협동조합공장에서의 노동이다. 하지만 맑스는 덧붙이기를 "동시에 1848~1864년의 경험은 협동조합식 노동이 아무리 원칙상 우월하고 실천상 유익하다 하더라도, 그것이 몇몇 개별 노동자들의

---

40) 『자본』 III-3, 833쪽, 불어판 1327~1328쪽.

우연적인 노력이라는 좁은 범위를 벗어나지 않는 한 기하급수적으로 자라나는 독점의 성장을 결코 억제할 수 없고, 대중을 해방시킬 수 없"다고 한다. 결국 협동조합공장의 혁명적 의의와 그 고립적 한계를 동시에 지적하면서 맑스가 제시하는 길은 협동조합공장을 전국적 규모에서 실현하는 것이다.41) 그리하여 「국제노동자협회 창립선언 및 잠정규약」의 맑스에게서 '자유로운 개인들의 연합에 의한 생산력의 전유'로서의 꼬뮌주의는 노동자소유 협동조합공장의 전국적 실현이란 내용을 갖게 된다. 연합한 노동자들이 협동조합공장을 경영하고 또 협동조합공장들 사이의 연합이 꼬뮌주의를 이룬다는 것이다. 그리고 가치규정이 지속되는 것은 바로 협동조합적 공장들 사이에서 노동의 배분과 교환을 조정하기 위한 것이다.

1866년의 「국제노동자협회 제1차 총회의 결의문」에서 제시되는 것도 결국 같은 내용이다. 즉 맑스는 "인터내셔날의 작업은 노동자계급의 자생적 운동을 일반화하고 연합시키는 것"임을 명확히 한 뒤, "협동조합운동은 현존 사회에 대한 변혁적 힘"이라는 것, "사회적 생산을 협동조합적 노동의 광범위하고 조화로운 체제로 전환"시켜야 하고 그러기 위해서 국가권력을 장악해야 한다는 것, 또 "소비의 협동조합보다 생산의 협동조합이 더 중요"하다는 것 등을 말한다.42) 이때 국가권력을 장악하는 것은 결코 엥겔스가 바라듯이 계획주의적 국가를 수립하기 위한 것이 아니라, 협동조합공장들의 전국적 연합을 실현하기 위한 것이다. 그러한 연합이 국가 그 자체를 대

---

41) 칼 마르크스, 「국제노동자협회 창립선언 및 잠정규약」, 『마르크스·엥겔스 저작선』, 거름, 1988, 147쪽.
42) K. Marx, "Résolutions du premier congrès de l'A.I.T.", 쁠레이야드판 선집 제1권 1469쪽.

신하게 됨은 물론이다. 중세 유럽의 자치도시에서 동업조합들의 연합이 도시를 통치했듯이 말이다. 즉 맑스가 말하듯이 '노동자계급의 자생적 운동의 연합' 자체가 바로 꼬뮌주의를 이루게 되는 것이다. '자유로운 노동자들의 연합에 의한 생산력 전유'가 바로 그것이다.

『자본론』에 간간이 등장하는 꼬뮌주의 개념은 『독일 이데올로기』 및 『정치경제학 비판요강』의 꼬뮌주의 개념과 기본적으로 동일한 것이며, 1864년의 「국제노동자협회 창립선언 및 잠정규약」과 1866년의 「국제노동자협회 제1차 총회 결의문」을 통해 보다 구체화된 것이다. 결국 맑스의 꼬뮌주의 개념은 1845년부터 1872년까지 일관된 내용을 견지하는데, 하지만 시간의 흐름 속에서 서서히 보다 더 구체적인 내용을 얻어간다. 특히 1871년의 『프랑스 내전』에서 그러하다.

『프랑스 내전』에서 맑스는 국가를 "시민사회에 기생하는 이상생성물"이라고 단호히 정의한다.[43] 그리고 파리꼬뮌은 "이러저러한 형태의 국가권력형태에 대한 혁명이 아니라, 국가 그 자체에 대한 혁명"이라고 한 뒤 "꼬뮌은 국가의 결정적 부정"이라고 한다.[44] 즉 국가는 사회에 외재하는 폭력물인 반면, 꼬뮌은 사회 그 자체로부터 비롯된 것, 사회에 내재적인 것이라는 것이다. 국가는 사회의 특정 지배계급이 사회의 다른 부분을 지배하기 위한 기구인 반면, 꼬뮌은 사회의 각 부분의 결합형태일 뿐이라는 것이다.

그리하여 맑스는 꼬뮌을 "사회가 국가권력을 다시 흡수하는 것", "억압의 조직된 힘 대신에 자기자신들의 힘을 형성하는 인민대중 자신이 국가권력을 다시 흡수하는 것"이라고 한다.[45] 꼬뮌은 사회가

---

43) 칼 맑스·프리드리히 엥겔스, 『저작 선집』 제4권, 박종철출판사, 1995, 14쪽.
44) 같은 책 16쪽.

외재적 폭력체로서의 국가 그 자체를 붕괴시키는 것이다. 그렇지만 국가 그 자체에 대립하는 '사회'는 특정한 사회일 수밖에 없다. 그 사회는 자신의 이해관계를 국가기구의 폭력을 통해 관철시키던 지배계급에 대립하는 '노동자들의 사회'이다. 왜냐하면 오직 노동자들 사이에만 상호인정이 가능하기 때문이다. 즉 타자의 노동 속에서 자신의 노동과 동일한 것을 확인하고 그에 따른 상호인정 속에서 엄밀한 '사회성'이 성립한다는 것이다. 바로 그렇기 때문에 맑스는, 꼬뮌은 오직 노동자계급에 의해서만 가능하다고 말한다.[46] "시민사회에 기생하는 이상생성물"로서의 국가에 대립하는 투쟁은 오직 비(非)기생자에 의해서만 가능하기 때문이다.

"시민사회에 기생하는 이상생성물"에 대한 노동자들의 투쟁이 노동해방을 가져오리라는 것은 당연하다. 꼬뮌은 국가의 기생적 부문을 해체하면서 "노동해방을 시작한다"고 맑스는 말한다. 그러한 노동해방의 내용은 "자유롭고 연합된 노동"의 확립이다. 바로 이것이야말로 1845년 이래 맑스의 가장 일관된 생각이다. 즉 맑스가 추구하는 꼬뮌주의가 바로 그것이다. 맑스는 "자유롭고 연합된 노동"을 확립하기 위한 두 경로를, 첫째, "노동의 사회적 생산형태들을 현재의 그 계급적 성격의 노예제의 그물로부터 구원"하는 것, 둘째, "전국적 및 국제적 범위에서 조화로운 일치를 이루는" 것이라고 제시한다.[47] 첫째 경로는 노동자소유 협동조합적 공장의 설립, 둘째 경로는 노동자소유 협동조합적 공장들의 전국적, 국제적 연합을 말하는 것

---

45) 같은 책 18쪽.
46) 같은 책 17쪽.
47) 같은 책 23쪽.

이다. 즉 맑스는 1864년, 1866년에서와 마찬가지로 꼬뮌주의를 '노동자소유 공장들의 연합'으로 제시한다.

맑스는 『프랑스 내전』의 뒷부분에서 이러한 생각을 보다 명확히 표명한다. 다음과 같이 말이다.[48]

1) "토지와 자본이라는 생산수단을 자유로운 연합된 노동의 단순한 도구로 전화시킴으로써 개인적 소유를 사실로" 만든다.
2) 협동조합적 생산에 의해 자본주의 체제를 대신한다.
3) "협동조합들이 모두 공동계획에 의거하여 국민적 생산을 조절한다."

개인적 소유를 사실화한다는 것은 『독일 이데올로기』, 『정치경제학 비판요강』, 『자본론』을 통해 일관되게 이어져온 생각이다. 『꼬뮌주의 선언』에서도 엥겔스의 영향을 찾아볼 수 없는 곳에서는 "자본이 사회의 모든 성원들에 속하는 공동의 소유로 변한다고 해도 개인적 소유가 사회적 소유로 변하는 것은 아니다. 단지 소유의 사회적 성격만이 변할 뿐이다. 소유는 그 계급적 성격을 상실한다"고 주장되어 있다.[49] 맑스가 주장하는 '개인적 소유'는 공적인 생산수단의 사적 소유 또는 계급적 소유와는 대립하는 것이다. 맑스의 '개인적 소유'는 그야말로 '실질적인' 개인적 소유이다. 즉 꼬뮌주의 사회의 자유로운 노동자는 노동자소유 협동조합적 공장에 대한 연합적 소유의 '실질적 주체'라는 것이다. 레닌주의적 사회구성체에서 노동자

---

48) 같은 책 68쪽.
49) 칼 맑스·프리드리히 엥겔스, 『저작 선집』 제1권, 414쪽.

정부임을 참칭하는 국가기구 담당자들이 노동자의 이름 아래 생산수단을 독점하는 것과는 전혀 다른 것이다. 노동자소유 협동조합을 연합적 소유의 매개를 통해 실질적이게 개인적으로 소유하는 것이 맑스가 말한 개인적 소유의 의미이다.

또 "협동조합들이 국민적 생산"을 조절하는 '공동계획'은 결코 레닌주의적 국가에 의해 부과되는 외적인 강제적 계획으로 간주되어서는 안 된다. 이때 '공동계획'은 협동조합적 생산단위들이 서로의 공생적 재생산을 위해 생산을 조절하는 것이다. 자유로운 노동자들의 '연합'에 의한 공동계획이 그것이다. 또 그러한 공동계획이 꼬뮌주의의 지역적 단위로서의 꼬뮌들에 의해 중층결정적으로 조절된다는 것은 물론이다. 맑스는 꼬뮌주의의 지역적 단위로서의 꼬뮌들에 대해, 파리꼬뮌의 경험에 입각하여, 다음과 같이 말한다.[50]

1) 낡은 중앙집권적 정부는 지방에서도 생산자들의 자치 정부로 교체되어야 한다. 꼬뮌이 가장 소규모의 촌락에서도 정치형태가 되어야 한다.

2) 모든 지역의 농촌공동체는 지역 중심의 대의원 의회를 통해 자신들의 공동 업무를 관장한다.

3) 국민 위에 군림하는 국가권력을 절멸시키고 꼬뮌 헌법을 실시해야 한다.

4) 선거권은 고용주가 직원을 채용하는 형식을 가져야 한다.

맑스는 꼬뮌을 "사회해방의 정치적 형태"라고 한다. 사회가 국가

---

50) 칼 맑스·프리드리히 엥겔스, 『저작 선집』 제4권, 65~66쪽.

의 폭력적 지배로부터 벗어나 스스로를 정치조직화하는 것이다. 사회의 이러한 자생적 정치조직화를 통해 외적 지배기능들이 소멸된다는 것은 물론이다. 이러한 과정은 사회에 대한 외재적 층위들로 존재했던 군대, 경찰, 재판기구와 같은 폭력장치들이 다시 사회에 내재화되면서 자치적으로 재조직되는 과정을 내포한다.[51]

결국 『프랑스 내전』에서 꼬뮌주의는 한편으로 노동자소유 협동조합공장들의 연합, 다른 한편으로 자치적 꼬뮌들의 연합으로 이중적으로 표상된다. 즉 꼬뮌주의는 이러한 두 형태의 연합의 접합구조로 표상되는 것이다. 그러한 접합 속에서 노동자들은 한편으로는 실질적인 개인적 소유를 누리며 다른 한편으로는 스스로를 직접적으로 정치화한다. 물론 노동자평의회나 평의회 의회와 같은 대의적 기구들의 매개가 필요하겠지만 말이다. 이른바 '공동의 계획'이 노동자평의회의 연합과 꼬뮌들의 연합을 통해 중층적으로 짜여진다는 것은 두말할 것도 없다.

맑스는 1872년에 「토지의 공유화」라는 논문을 발표한다. 한글판 맑스·엥겔스 『저작 선집』에는 제목이 「토지의 국유화」라고 되어 있는데, 이는 엥겔스·레닌주의적 관점에 따른 오역이다. 여하간 이 논문의 내용은 몹시 애매하다. 맑스는 이 논문에서 미래의 토지소유형태가 농촌 연합들의 소유가 되거나 민족 전체의 소유가 될 것이라는 세자르 드 빠쁘의 주장을 인용한다. 그리고 맑스는 세자르 드 빠쁘가 내세운 두 가지 대안 중 단연코 후자를 선택한다. 즉 맑스는 다음과 같이 말한다.

---

[51] 같은 책 20쪽과 64쪽 참조

미래는 다음과 같은 결정을 내릴 것이다. 토지는 공적 소유(propriété nationale)여야 한다고 말이다. 토지를 연합한 농촌노동자들의 손에 넘기는 것은 생산자들 가운데 하나의 배타적 계급에게 사회 전체를 인도하는 것이 될 것이다.52)

이 문장은 마치 맑스가 '토지국유화'를 주장한 것처럼 해석되기 쉽다. 특히 레닌주의자들에게는 틀림없이 그렇게 보일 것이다. 하지만 맑스가 말하고 있는 것은 어디까지나 영어로 '내셔널리제이션(Nationalisation)'이다. '내셔널리제이션'은 사실상 국유화보다는 오히려 공공화로 번역될 수 있는 것이다. 게다가 『독일 이데올로기』로부터 『프랑스 내전』으로까지 이어진 맑스의 꼬뮌주의 개념에 비추어볼 때 '내셔널리제이션'은 틀림없이 '공공화'로 번역되어져야 한다.

문제가 되는 것은 오히려 맑스가 농촌 연합에 의한 토지소유를 부정하고 있다는 것이다. 이 사실은 무엇을 뜻하는가? 맑스는 이제 연합된 노동자에 의한 생산수단 소유를 부정하고 있는 것일까? 레닌주의자들은 그처럼 해석하려 할 것이다. 그러나 그렇지가 않다. 맑스가 농촌 연합에 의한 토지소유를 부정하는 것은, 만약 농촌 연합이 토지를 소유할 경우 농업노동자들은 보편적 개인으로서의 자유로운 노동자가 아니라 토지소유라는 특수적 규정성을 지닌 지주계급으로 등장할 것이기 때문이다. 바로 그 때문에 맑스는 '배타적 계급'에 대해 말하고 있는 것이다. 이 점을 파악하는 것이 매우 중요하다. 그리고 맑스는 곧이어 덧붙이기를 '토지공유화'와 더불어 "사회는 자유

---

52) 칼 맑스·프리드리히 엥겔스, 『저작 선집』 제4권, 155쪽, 불어판(쁠레이야드판 선집 제1권) 1479쪽.

로운 '생산자들'의 연합으로 전화할 것"이라고 하고 있다.53) 즉 맑스는 오히려 토지공유화를 '자유로운 생산자들의 연합'의 조건으로 간주하는 것이다. 토지는 특정 계급에 의해 소유될 수 없는 만인의 것이라는 것이다.

맑스가 구상한 토지의 공유화가 스탈린주의적 집단농장에서처럼 농민의 농노화를 가져올 것이라고 생각해서는 안 된다. 맑스는 『프랑스 내전』에서 "현대 농학의 이익들을 진정으로 독립적인 생산자로서의 그들[농민들]의 지위를 절멸함 없이 그들을 위해 결합할 수 있다"고 말한다.54) 토지공유화의 기초 위에서 여타의 생산수단들은 연합된 자유로운 농민들의 소유가 된다는 것이다. 그리고 보편적 개인들로서의 자유로운 농민들은 자신들의 연합을 통해 생산수단을 소유함으로써, 결국은 생산수단을 '개인적으로 소유'하는 것이다.

이상에서 보았듯이 맑스의 꼬뮌주의 개념은 1845년부터 1872년까지 일관된 내용을 유지한다. 그 주된 내용은 다음과 같다.

1) 자유로운 노동자들의 연합
2) 노동자소유 협동조합적 공장들의 전국적, 국제적 연합
3) 지역단위로서의 꼬뮌들의 연합
4) 사적 소유의 폐지와 개인적 소유의 발전
5) 토지의 공유화
6) 노동배분과 교환의 원리로서의 가치규정의 지속

---

53) 같은 책 156쪽, 불어판 1479쪽.
54) 『저작 선집』 제4권, 27쪽.

우리는 이상의 내용을, 꼬뮌주의의 생산형태는 노동자소유 협동조합적 공장들의 연합, 정치형태는 지역적 꼬뮌들의 연합, 소유형태는 토지공유화와 개인적 소유의 발전, 매개형태는 가치규정이라는 식으로도 정리할 수도 있겠지만, 그러한 정리는 정확하지 못하다. 왜냐하면 꼬뮌주의하에서 생산단위는 직접적으로 정치단위로 기능하면서, 경제와 정치의 구분들을 소멸시킬 것이기 때문이다.

1872년부터 맑스는 지적 활동능력을 많이 상실한다. 물론 이러한 지적 활동능력의 상실이 지성 자체의 쇠락으로 이어졌다는 징후는 거의 드러나지 않지만 말이다. 1875년의 「고타강령 비판」은 1872년 이후 출간된 맑스의 가장 중요한 텍스트라고 할 수 있다. 이 텍스트에서의 맑스의 입장을 특징짓는 것은 1845년부터 1872년까지 견지된 그의 꼬뮌주의 개념에 일정한 단절이 이루어진다는 것이다. 즉 「고타강령 비판」에서 맑스는 꼬뮌주의 사회에서 가치규정의 소멸과 개인적 소유의 부재를 주장한다.

부언하자면, 그는 협동조합적 사회에서는 "생산물에 사용된 노동이 이 생산물의 가치로, 즉 그 생산물이 보유하는 어떤 물적 특성으로 나타나지 않는"다고 하고,[55] 또 "개별적 소비수단들을 제외하고는 그 어떤 것도 개인들의 소유(propriété des individus)가 될 수 없다"고 한다.[56] 그의 인생 최후의 텍스트에서의 이러한 변화를 어떻게 설명할 수 있을까? 우선 우리는 당시 맑스보다 지적으로 훨씬 활발하게 활동하던 엥겔스의 영향을 생각해볼 수 있다. 또 그 사이 아나키스트들과의 대결을 통해 맑스가 일정하게 국가주의로 경도되었다

---

55) 『저작 선집』 제4권, 375쪽, 불어판(쁠레이야드판 선집 제1권) 1418쪽.
56) 같은 책 376쪽, 불어판 1419쪽.

는 것도 생각해볼 수 있다.

「고타강령 비판」의 고유성은 맑스가 꼬뮌주의의 두 단계를 설정한다는 데 있다. 즉 맑스는 자본주의로부터 갓 벗어난 꼬뮌주의의 첫번째 단계와 그 이후 발전된 꼬뮌주의의 '더 높은 단계'를 설정한다. 꼬뮌주의의 첫번째 단계를 특징짓는 것은 프롤레타리아 독재를 위한 도구로서 국가가 지속된다는 것이다. 그리고 가치규정의 소멸과 개인적 소유의 부재는 명백히 국가적 소유 그리고 국가적 계획을 전제로 하는 것이다.

『국가와 혁명』 제5장에서 레닌은 「고타강령 비판」에서 설정된 '첫번째 단계의 꼬뮌주의'를 '사회주의'로 규정한다. 이러한 규정은 놀라운 것이다. 왜냐하면 레닌은 아예 새로운 이름을 부여하면서 '첫번째 단계의 꼬뮌주의'를 '꼬뮌주의'와 다른 체제로 설정해버리기 때문이다. 즉 '사회주의'라는 새로운 이름을 부여받게 되면서 이제 이른바 '이행기 체제'의 비(非)꼬뮌주의적 성격들이 정당화될 수 있게 된 것이다. 우리는 꼬뮌주의에 가닿은 것이 아니라 아직 '사회주의' 단계에 있다는 식으로 말이다. 하지만 과연 '사회주의'가 갑자기 꼬뮌주의로 돌변할 수 있을까?

맑스가 생각한 '첫번째 단계의 꼬뮌주의'는 레닌의 '사회주의'와는 다른 것이다. 맑스는 『프랑스 내전』에서 꼬뮌을 국가 그 자체에 대립하는 것, 사회가 국가를 삼켜버리는 것으로 간주했다. 이러한 맑스의 입장은 「고타강령 비판」에서도 명백히 지속된다. 즉 맑스가 「고타강령 비판」에서 "자유의 요체는 국가를 사회보다 상위의 기관에서 사회보다 완전히 하위의 기관으로 전환시키는 데" 있다고 했듯이,[57] '첫번째 단계의 꼬뮌주의'는 사회에 의한 국가의 흡수의 한 형식인 것이다. 반면 레닌주의적 '사회주의'는 당의 매개를 통해 국가가 사회를 지배하는 것이다. 여기에서 맑스에 대한 레닌의 일탈이 확실히 드러난다. 맑스는 결코 '첫번째 단계의 꼬뮌주의'를 당에 의해 장악된 국가가 사회를 지배하는 것으로 사고하지 않았기 때문이다.

하지만 「고타강령 비판」에서 맑스가 일정하게 국가사회주의 쪽으로 경도되었음은 확실하다. 가치규정의 소멸과 개인적 소유의 부재라는 주장이 바로 그 징후이다. 이 사실은 맑스가 1845년부터 1872년까지 줄곧 견지해온 꼬뮌주의 개념에서 일탈하여 너무 손쉬운 해결책을 선택했음을 말해준다. 손쉬운 해결책을 선택했다는 것은, 제기해야 할 질문들을 제기하지 않았다는 것, 너무 서둘러 결론을 내렸다는 것이다. 즉, 국가가 과연 '사회 전체'를 대표할 수 있는지, 또 과연 누군가가 '사회 전체'를 대표할 수 있는지, 국가기구를 담당하는 것이 권력행사로부터 분리될 수 있는지, 누가 누구에게 '계획'을 부과하는지 등의 질문들이 바로 그 제기되지 않은 질문들이다.

「고타강령 비판」은 그 국가주의적 경향으로 인해 레닌주의자들의 구미에 맞는 것이었고, 그래서 마치 맑스의 꼬뮌주의 개념을 대표하는 텍스트인 것처럼 여겨져왔다. 1950년대 프랑스 공산당에서 엥겔스의 『반뒤링론』이 일종의 성서로 여겨진 것처럼 말이다. 사실 「고타강령 비판」은 꼬뮌주의와 관련된 대목에 있어서 오히려 지극히 엥겔스적인 텍스트이다.[58] 반면 1845년 이전의 맑스의 꼬뮌주의는 포

---

57) 『저작 선집』 제4권, 384쪽, 불어판 1428쪽.
58) 엥겔스는 베벨에게 보내는 1875년 3월 18일과 28일자 편지에서 나름대로 「고타강령」을 비판하면서 "국가에 대해서는 단 한 마디도 입 밖에 내서는 안 되며, 특히 더이상 본래의 의미에서의 국가가 결코 아닌 꼬뮌 이래로는 그렇"다고 말하지만(『저작 선집』 제4권, 457쪽), 중요한 것은 그의 '말'이 아니라 그의 이론이 갖는 실천적, 정치적

이어바흐의 형이상학적 시각에서 '총체적 인간의 회복'을 주장하는 것으로서, 정치적 유효성을 결여한 것이다. 하지만 맑스는 1845년의 『독일 이데올로기』로부터 1872년에 이르기까지 그의 거의 전 평생에 걸친 이론적 주저들 속에서 일관되게 고유한 꼬뮌주의 개념을 견지해왔다.

그러나 이제 우리는 맑스 사후의 정치적 경험을 통해 꼬뮌주의는 단순한 '하부구조적인' 이행을 통해서는 이루어질 수 없는 것임을 명확히 알게 되었다. 꼬뮌주의는 '내면적 꼬뮌주의' 또는 '꼬뮌주의적 내면성'을 필요로 한다. '가부장'들은 꼬뮌주의가 아니라 가부장주의에만 기여할 수 있을 뿐이며, 권력을 사랑하는 자들은 레닌주의적 독재에만 기여할 뿐이다. 또 '마음의 법칙'은 오직 파시즘으로만 귀결될 따름이다. 이제 꼬뮌주의적 내면성의 가능성을 탐색해보자.

효과이다. 이미 앞에서 보았듯이 『반뒤링론』 그리고 「꼬뮌주의의 원리」에서의 엥겔스의 계획주의는 명백히 국가사회주의적 효과를 갖는 것이다.

2. 두 가지 혁명과 내면적 끄뒨주의

'혁명의 판타즘'이라고 칭해질 수 있는 것이 존재한다. 혁명이 이루어지면 모든 것이 다 해결되리라고 생각하는 판타즘, 혁명과 더불어 젖과 꿀이 넘치고 모든 고통이 사라진 새로운 세상이 도래하리라는 판타즘이 그것이다. 그러한 판타즘 속에서 혁명은 유토피아의 실현과 동일시되거나, 또는 적어도 유토피아를 지향하는 것으로 간주된다. 그러나 혁명은 결코 유토피아를 실현할 수 없다. 혁명은 결국은 단지 생산이나 정치와 같은 몇 가지 외적 규정성들에만 관계하는 것이기 때문이다. 물론 그러한 외적 규정성들의 재조직화를 통해 자본주의 사회를 특징짓던 '욕망의 지연'은 사라지고 새로운 형태의 향유들 — 정체성과 차별성의 향유들이 아닌 — 이 등장하겠지만, 그것들은 아직 우리가 명확히 예측할 수 없는 혁명의 '효과들'일 뿐이다.

예측할 수 없는 것들에 대해서는 말을 아끼기로 한다면, 우리는 일단 다음과 같이 말할 수밖에 없다. 즉, 혁명의 복합적 효과들이 아닌 혁명 그 자체는 인간 사회의 매우 제한된 문제만을 해결할 수 있다고. 게다가 우리가 혁명의 여러 효과들을 고려한다고 할지라도, 혁명으로써는 결코 해결될 수 없는 수많은 문제들이 있다는 것은 명백하다. 하지만 인간 사회의 매우 제한된 문제만을 해결할 수 있을 뿐인 몇 가지 외적 규정성들의 재조직화를 위해서는 내면성의 새로운 짜임새가 그 전제로서 요청된다. 외적 규정성들의 재조직화를 욕망하고 추동할 수 있는 내면적인 동력이 존재해야 하기 때문이다. 물론 내면성의 새로운 짜임새는 그러한 규정성들의 재조직화의 결과이기도 하다.

하지만, 만약 인간 자체가 변해야 한다면 꼬뮌주의는 불가능하다. 인간 자체가 갑자기 '인간이 아닌 다른 것'으로 변할 수는 없기 때문이다. 따라서 꼬뮌주의는 인간이 인간 종(種)의 모든 동물성을 다 갖고서도 실현할 수 있는 것이어야만 한다. 즉 인간이 자신의 동물성의 귀결로서 실현할 수 있는 것이 꼬뮌주의이다. 예컨대 인간 종에 부여된 모든 동물적 감정형태들은 변할 수 없는 것이다. 반면 그러한 동물적 감정들의 짜임새 또는 배치는 달라질 수 있다. 그리하여 인간의 동물성이 동물적 자기반성 과정 속에서 생산해내는 하나의 경계선적 효과, 먼 미래에서 돌이켜 볼 땐 그저 자연적인 것으로 보일 최전선적(最前線的) 효과가 꼬뮌주의인 것이다. 우리는 이러한 꼬뮌주의를 부르주아 민주주의에서 '정의의 역사적 형태'를 통해 지속되었던 동물적 지배로부터 벗어났다는 의미에서 다소 부적절한 인간중심주의적인 일상적 표현을 사용해서 '최소한으로 인간적인 사회'라고 칭할 수도 있겠다.

루이 알뛰세르는 「전이와 역전이에 대하여」라는 논문에서 다음과 같은 두 가지 명제를 내세운다.

1) 역사는 계급투쟁에 따라 작동한다.
2) 개인은 감정전이에 따라 작동한다.[59]

그리고 그는 곧이어 제3의 명제를 덧붙여 이 두 가지 명제는 보편적이고 따라서 예외를 갖지 않는다고 한다. 하지만 꼬뮌주의 혁명은 첫번째 명제의 '보편성'에 대항하는 것이다. 물론 꼬뮌주의 혁명 이

---

59) Louis Althusser, *Ecrits sur la psychanalyse*, Le Livre de Poche, 1996, 178쪽.

후에도 역사는 지속되겠지만, 꼬뮌주의 혁명이 종식시키려는 것은 하나의 '역사성'으로서의 계급투쟁이다. 즉 계급투쟁은 역사에 있어서 보편적인 것이 아니라, 하나의 역사성 내부에 위치한 '일반성'이라는 것이다. 물론 계급투쟁이 종식된다고 해서 유토피아가 실현되는 것은 결코 아니다.

반면 개인이 감정전이(Übertragung, transfert)에 따라 작동하는 것이 보편적임은 확실하다. 인간이 감정을 갖는 동물인 한에서 이는 어쩔 수 없는 것이다. 감정전이는 인간적 동물성에 기초한 보편성이다. 감정전이가 의미하는 것은 특정한 대상을 향해졌던 감정이 다른 대상을 향해 '이전(Übertragung, transfert)'된다는 것이다. 따라서 감정전이 현상이 내포하고 있는 사실은 특정한 표상체계 또는 대상체계에 상응하는 감정적 짜임새가 존재하고 그 감정적 짜임새가 반복된다는 것이다. 즉 한 대상에서 다른 대상으로의 감정의 이전 현상은 특정한 감정적 짜임새의 반복 현상이라는 것이다.

감정은 보편적인 것이고 감정전이도 보편적인 것이다. 또 감정은 언제나 특정한 짜임새를 가지고 있다. 하지만 감정적 짜임새는 역사 속에서 변화하는 것이다. 내면성의 한 형식은 표상들과 그것에 상응하는 정동(情動, affect)들의 체계로 이루어져 있으므로, 감정적 짜임새는 내면성의 짜임새의 하부구조로 간주될 수도 있다. 그러나 감정적인 짜임새 자체가 그것이 대응하는 표상들의 짜임새를 전제하고 있기 때문에, 감정적 짜임새는 내면적 짜임새 그 자체이기도 하다. 꼬뮌주의 혁명은 새로운 감정적 짜임새를 요청한다. 새로운 감정적 짜임새가 외적 규정성들의 재조직화의 내면적 동력으로 작용해야 하기 때문이다. 그렇다면 우리는 알뛰세르의 명제들을 다음과 같이 수정할 수 있다.

1) 계급투쟁은 보편적이 아니라 역사적이다.
2) 감정전이는 보편적이다.
3) 그러나 감정적 짜임새는 역사적으로 변화한다.
4) 계급투쟁의 종식을 위해서는 특정한 감정적 짜임새가 요청된다.

우리는 꼬뮌주의 혁명을 위해 요청되는 감정적 짜임새를 내면적 꼬뮌주의라고 칭할 수 있겠다. 이 내면적 꼬뮌주의는 꼬뮌주의 혁명의 전제이자 결과이다.

알랭 바디우는 1977년에 쓰여진 「흐름과 당 – 앙띠 오이디푸스의 여백들 속에서」란 글에서 혁명을 하나의 사건이자 급격한 단절로 정의한다.[60] 그렇지만 이러한 규정은 '혁명의 실재'와는 동떨어진 것이다. 물론 혁명은 단절을 추구하는 것이지만, 그 단절은 총체적일 수도 없고 급격할 수도 없다. 또 혁명은 사건을 내포하기도 하겠지만 오히려 '과정'으로서의 성격을 갖는다. 우리는 바디우가 '혁명의 판타즘'에 빠져 있다고 말할 수 있다. '혁명의 실재'는 '혁명의 판타즘'에서 상상하는 것과는 다르다. '혁명의 실재'는 '단절'이 아니라 오히려 '연속성'에 의해 특징지어진다. 모든 것이 이어지고 있다는 것. 혁명에도 불구하고 계속 먹고살기 위해 힘들여 일해야 하고 사랑의 고통을 받아야 하고 타자들과 말다툼을 벌여나가야 한다는 것이다. 예컨대 혁명 직후 니카라구아의 다음과 같은 상황을 통해 미루어볼 수 있듯이 말이다.

---

60) Groupe Yenan-philosophie, *La situation actuelle sur le front de la philosophie*, François Maspero, 1977, 27쪽.

혁명 직후 니카라구아가 직면한 문제는, 첫째 파괴되어진 행정조직의 재건과 내전에 따른 각종 파괴시설의 복구, 둘째 식량부족과 격증된 산업문제의 해소, 셋째 혁명 전 소모사 정권에 의하여 발생된 외채문제의 해결, 넷째 새로운 경제제도의 건설 등으로 집약되어진다.[61]

이러한 상황은 단지 경제적인 것에 한정된 것이 아니다. 혁명이 일어나면 세상이 변할 줄 알았는데, 거의 모든 것이 과거와 마찬가지로 지속된다. '혁명의 실재'는 '혁명의 판타즘'의 실추를 뜻한다. 그렇다면 혁명은 '혁명의 판타즘'의 실추와 더불어 이제 시작해야 하는 것이다. 과거의 연속성 속에서, 그리고 또 미래로도 이어질 일정한 연속성 속에서, '최소한으로 인간적인' 제도인, 노동자소유 공장들의 연합을 만들어내는 것이 그것이다. 하지만 '혁명의 실재'와 마찬가지로 '꼬뮌주의의 현실'도 결코 '혁명의 판타즘'을 충족시킬 수는 없을 것이다.

나는 혁명을 두 가지로 구분한다. 혁명 I과 혁명 II. 혁명 I은 부르주아 권력의 붕괴를 지칭한다. 혁명 II는, 반드시 이 경우에 한정되는 것은 아니지만, '혁명의 판타즘'의 실추에 따라 '혁명의 실재' 속에서 새롭게 시작하는 혁명이다. 혁명 I이 '사건으로서의 혁명'의 성격을 갖는다면, 혁명 II는 '과정으로서의 혁명'이다. 물론 혁명 I도 일정하게 과정적 성격을 갖겠지만, 그것은 권력장악의 과정에만 국한되는 것이다. 반면 혁명 I의 사회적 토대를 이룬다고도 할 수 있을 사회적 변화과정은 혁명 I이 아니라 오히려 혁명 II의 과정으로 간주되어야 한다. 따라서 혁명 II가 혁명 I에 앞설 수도 있다.

---

61) 정명기, 『니카라구아 혁명사』, 한마당, 1986, 187쪽.

혁명 II는 여러 가지 장소에서 전개되어야 하는 것이지만, 그 가장 기본적인 과정은 자유로운 노동자들의 연합이 하나의 정치적 단위로 형성되는 과정, 줄여서 말한다면 노동과 정치의 결합과정이다. 생산관계의 변화와 정치의 변화를 구체적 장소에서 통일적으로 실현하는 것이 그것이다. 예컨대 이스라엘의 키부츠나 미국의 아미쉬 공동체도 혁명 II의 한 형태이다. 또 파업과 공장점거에서도 혁명 II가 한시적으로 등장하기도 한다. 심지어 자본주의 공장에서 노동자평의회의 성립도 혁명 II의 한 국면일 수 있다.

프란츠 파농은 『혁명의 사회학 – 알제리 혁명 5년』에서 혁명 I을 위한 투쟁 속에서 사람들이 변모하는 과정을 부각시킨다.[62] 혁명 I 속에서 새로운 주체형식이 부과된다는 것, 새로운 사회제도를 담지할 수 있을 주체들이 탄생한다는 것이다. 그렇지만 '알제리 혁명의 실재'는 그렇지 않다. 혁명투사들은 '혁명의 실재' 속에서 권력을 향유하는 특권계급으로 다시 등장한다. 알제리 '혁명'은 혁명이 아니라 식민지배자의 자리를 민족부르주아지가 대체할 뿐인 민족해방투쟁 — 그 하부구조적 과정은 권력투쟁 — 으로 전락한 것이다. 혁명 I이 새로운 주체를 탄생시킨다는 것도 또한 '혁명의 판타즘'의 일종이다.

마오쩌뚱은 문화혁명 기간에 "계급투쟁을 잊지 말라"고 한다. 즉 그는 권력장악 이후의 '혁명의 실재'를 부르주아지와 프롤레타리아 사이의 투쟁으로 파악한다. 그리고 그는 그러한 투쟁을 종식시키기 위해 문화대혁명을 출발시킨다. 그렇지만 문화대혁명은 어떠한 형태의 '혁명'이었을까? 문화대혁명은 일종의 혁명 II였을까? 또는 인간

---

[62] Frantz Fanon, *Sociologie d'une révolution*, petite collection maspero, 1968, 16~47쪽.

의 내면을 변화시키려는 '정신적' 혁명이었거나 아니면 알뛰세르가 말하듯이 이데올로기적 혁명이었을까?[63] 내가 보기에 문화대혁명은 그것들 가운데 어떤 것도 아니었다. 그것은 라캉이 말한 바의 일종의 '쌍블랑', 즉 '혁명의 흉내'의 한 귀결형태였다. '쌍블랑'이란 진정한 것을 대체하는 허구의 것이다. 잃어버린 대상을 대체하는 '대상 a'처럼.

'혁명의 쌍블랑' 또는 '혁명의 흉내'라고 할 수 있는 것이 존재한다. 혁명의 조건이 전혀 안 되어 있는 상황에서, 관념과잉적으로 혁명의 외장(外裝)을 취하는 것이 그것이다. 예컨대 아직 풍속에 의해 지배받고 있는 농촌공동체들로 구성된 사회에서 외부로부터 수입된 맑스주의 이론에 입각해 혁명을 하려는 것, 콜버그의 도덕발전 단계에 따를 때 '보편주의적 단계'에서 가능할 수 있는 혁명을 아직 '관습적 단계'에 있는 사회에서 실현하려는 것, 개인숭배에의 심리적 경향성이 편재해 있는 사회에서 자유로운 노동자들의 연합을 실현하려는 것이 '혁명의 흉내'이다. 즉 관념과잉적인 정치인들 또는 지식인들이, 혁명의 조건이 안 되어 있지만 혁명이 필요한 상황을 성급히 착취하여 혁명의 이름으로 권력을 장악하고 또 혁명의 흉내를 내는 것이 그것이다. '혁명의 흉내'는 단지 '흉내'일 뿐 혁명은 아니다. 동학혁명과 같은 자생적 혁명은 '혁명의 흉내'일 수 없지만, 레닌주의 혁명이나 마오주의 혁명은 그런 '혁명의 흉내'일 뿐이다. 레닌주의 혁명이나 마오주의 혁명이 스스로를 부르주아 혁명이나 민

---

[63] 루이 알뛰세르는 문화대혁명을 정치혁명과 경제혁명의 뒤를 잇는 이데올로기적 혁명으로 간주한다. 익명, "Sur la révolution culturelle", *Cahiers marxistes-léninistes*, n° 14, 1966년 11/12월 참조.

족주의 혁명이 아니라 꼬뮌주의 혁명으로 내세우는 한에서 말이다.

문화대혁명은 '혁명의 흉내'로서의 마오주의 혁명의 한 귀결형태이다. 문화대혁명 자체는 명칭과는 달리 결코 '혁명'이 아니었다. 문화대혁명은 폭력독점체로서의 국가폭력의 지원을 받은 것이었기 때문이다. 1966년 6월 베이징에서 처음으로 홍위병이 출현했을 때 중국공산당은 연이어 통지를 발표해 경찰과 군대가 홍위병을 진압하는 것을 엄금한다.64) 또 1967년 1월 23일에는 마오쩌뚱의 지시로 「인민해방군이 혁명좌파 군중을 단호하게 지지하는 것에 관한 결정」을 발표하여 "부르주아를 향한 프롤레타리아의 이 위대한 권력탈취투쟁에서 인민해방군은 반드시 단호하게 프롤레타리아 혁명파의 편에 서서 프롤레타리아 혁명 좌파를 단호하게 지지·원조한다"고 한다.65) 프랑스의 한 트로츠키주의 서클이 명확히 지적하듯이 홍위병의 활동은 인민해방군에 의해 지지되고 또 통제된 것이었다. 또 홍위병들이 군대에 대항하거나 1968년 이후 불필요해졌을 때 그들을 제거한 것도 인민해방군이다.66)

이처럼 국가폭력에 의해 지지된 운동을 혁명이라고 칭할 수 있을까? 그럴 수 없다. 문화대혁명은 '관제혁명'의 예외적 한 형태에 불과하다. 그 형태가 예외적인 것은 그것이 국가기구의 일부에 대항하는 '관제 혁명'이었기 때문이다. 결국 문화대혁명은 '혁명의 흉내'를 수행한 혁명가의 '쌍블랑들' ─ 혁명을 흉내낸 자들 ─ 사이의 권력투쟁에 동원된 무기에 불과하다. 우리는 문화대혁명의 구조를 다음

---

64) 진춘밍·시쉬옌, 『문화대혁명사』, 나무와숲, 2000, 150쪽.
65) 같은 책, 174쪽.
66) Cercle Léon Trotsky, *La Chine: de Mao à la démaoïsation*, supplément au n° 868 de Lutte Ouvrière, 1984년 11월 23일, 52~53쪽.

과 같이 도해할 수 있다. 이 도식에서 실선으로 그어진 것이 문화대혁명의 표면적 구조이다. 즉 '안다고 가정된 주체' 또는 '진리의 담지자'인 마오쩌둥이 대중을 동원하여 자신에 대립하는 일파를 제거한 것이다. 반면 점선은 문화대혁명의 하부구조를 드러낸다. 즉 국가폭력의 담지자가 자신에게 대립하는 정적들을 제거한 것이다.

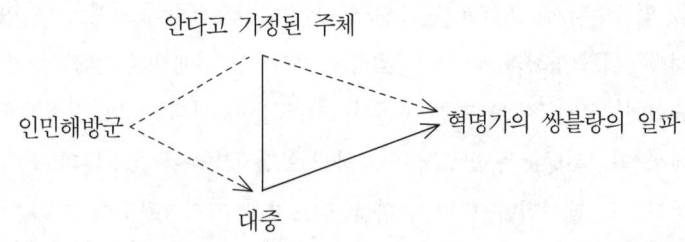

물론 '안다고 가정된 주체' 또는 '진리의 담지자'로서의 마오쩌둥 자신도 '혁명가의 쌍블랑'일 뿐이다. 그에게는 혁명 자체보다는 혁명을 통한 정체성과 존재의 향유가 더욱 중요했기 때문이다. 그는 당내의 토론을 계급투쟁으로 간주하는데, 이는 자신의 입장을 공유하지 않는 자들을 '부르주아'로, 계급의 적으로 몰아부치기 위한 것이다. 펑더화이(彭德懷)를 제거한 것처럼 말이다.67) 또 그가 "우리의 사업이 잘 진행될 때는 마오 주석의 사상이 충분히 순조롭게 관철될 때이며, 마오 주석의 사상이 방해를 받지 않을 때이다. 마오 주석의 의견이 존중받지 못하거나 혹은 큰 방해를 받을 때 바로 문제상황이 발생하는 것이다"라고 말한 린뱌오(林彪)를 총애하여 자신의 후계자

---

67) 진춘밍·시쉬엔, 앞의 책, 34쪽.

로 삼은 사실은 그의 정체성의 향유의 실상을 드러내준다. 게다가 도대체 '후계자'가 존재하는 사회가 꼬뮌주의 사회와 일말의 관계라도 가질 수 있는 것일까? 마오는 1970년에 에드가 스노우를 만나 "약간의 개인숭배가 필요했다"고 말한다.[68] 하지만 마오가 향유한 '타자의 사랑'은 '약간의' 개인숭배가 아니라 광적인 개인숭배였다. 그러한 개인숭배의 존재가 말해주는 것은 중국혁명이 콜버그가 말한 '관습적 단계'의 사회에서 행해진 '혁명의 흉내'에 불과했다는 것이다.

물론 마오가 1965년에 "중국에는 '노동자의 피를 빨아먹는' '관료주의자 계급'이 존재하고 당내에는 '자본주의의 길을 가는 실권파'가 존재한다"고 말한 것은 완전히 틀린 것이 아니다.[69] 혁명의 이름으로 노동자를 착취하는 '혁명 기생자들'이 존재했기 때문이다. 그러나 마오 또한 마찬가지이다. '우파 분자'에 대립하는 '좌파적' 총노선이 "의욕을 북돋우고, 보다 높은 목표에 도달하기 위해 힘쓰고, 더 많이 더 빨리 더 좋게 절약하면서 사회주의를 건설하자"라는 식의 도구주의적 성격의 것이었다는 사실을 통해서도 이는 명확히 드러난다.[70]

'혁명의 흉내'를 혁명과 구분해주는 지표는 다음의 세 가지이다.

1) 혁명 II에의 무능력.
2) 혁명의 진정한 동력이 노동자들의 연합에 있는 것이 아니라 국

---

68) 같은 책, 293쪽.
69) 같은 책, 44쪽.
70) 같은 책, 34쪽 각주 3.

가의 지배기능에 있다는 것.
3) 내면적 꼬뮌주의의 부재.

'혁명의 흉내'에서 혁명의 조건이 결여되어 있다는 것은 혁명 II의 조건이 결여되었다는 것과 같은 말이다. 농민들의 의지에 반하여 위로부터 강제적으로 부과된 중국의 인민공사나 소련의 집단농장이 혁명 II의 한 형태일 수 없음은 물론이다. 또한 중국의 인민공사나 소련의 집단농장으로부터 우리는, 혁명의 진정한 동력이 노동자들의 연합에 있는 것이 아니라 국가의 지배기능에 있을 때 존재하는 것은 혁명이 아니라 단지 혁명의 흉내일 뿐임을 확인할 수 있다.

국가의 지배기능을 장악하고 있는 혁명가의 '쌍블랑들'은 사실상 반(反)혁명가들이다. 이미 제2장에서 보았듯이 그들만큼 혁명을 두려워하는 자들은 없다. 진정한 혁명은 그들의 혁명이 '혁명의 흉내'에 불과하다는 것을 드러내줄 것이기 때문이다. 그래서 그들은 '혁명의 흉내'를 내면서 혁명의 이름으로 혁명을 억압한다. '혁명의 흉내' 속에서는 국가의 지배기능의 담당자들이 노동자계급에 대항해서 반(反)혁명적 계급투쟁을 전개하는 것이다. 마오는 타자들을 과녁으로 하여 혁명 이후에도 계급투쟁이 지속된다고 했지만, 이 말은 또한 그 자신의 진실을 드러내는 것이기도 하다. 문화대혁명은 모두가 반(反)혁명적이었던 국가의 지배기능 담당자들 사이의 권력정치의 한 귀결이었을 뿐이다.

하지만 '혁명의 흉내'가 가져온 이데올로기적 효과들은 무시할 수 있는 것이 아니다. '혁명의 흉내'를 수행하는 사회주의 국가들은 어쨌든 공식적 담화들 속에서 '노동자 국가' — 피착취자로서의 노동자의 본질은 국가 자체에 대립하므로 이러한 표현은 형용 모순이다

―― 를 천명하고 노동자를 상징적 질서의 중심에 놓음으로써 우회적으로 보편적 개인의 형성에 기여한다. 또 사회주의 국가에서 보편적 개인의 일정한 형성은 맑스가 『독일 이데올로기』에서 말한 개인의 '추상화'와도 연관된다. 생산수단이 극소수의 손에 집중될 때, 대다수 노동자들은 추상화되어 보편적 개인으로 탄생한다는 것이다.

이처럼 '혁명의 흉내'는 노동자들의 보편적 개인화를 일정하게 도출시키고, 그 효과는 '혁명의 흉내'에 대한 노동자들의 저항이 노동자평의회 연합의 형태를 지향하는 것으로 나타난다. 예들을 들어보자. 1956년의 폴란드 봉기에서는 개별 공장의 노동자평의회들이 하나의 평의회 체계로 묶여져야 하고 평의회 의회가 중앙의 독재를 대체해야 한다는 주장이 제기된다.[71] 같은 해 헝가리 봉기에서도 평의회들의 연합이 자율적 정부를 형성해야 한다는 것, 노동자평의회의 대표들이 혁명적 국가위원회를 구성해야 한다는 것 등이 주장된다.[72] 또 1981년 폴란드에서는 일종의 노동자평의회 연합으로까지 발전한 연대노조가 국가권력을 실제로 대체할 수 있었던 상황이 벌여졌다.[73]

자본주의 사회구성체에서 노동자들의 저항은 결코 평의회 연합으로까지 이르지 못한다. 한편으로 생산수단으로부터의 분리가 보다 철저하고 다른 한편으로 시민사회적 층위에 위치한 노동조합의 매개로 인한 것이다.[74] 반면 '혁명의 흉내'에 따라 성립된 레닌주의 국

---

[71] 크리스 하먼, 『동유럽에서의 계급투쟁, 1945~1983』, 갈무리, 1994, 159~169쪽.
[72] 같은 책, 189~243쪽.
[73] 형성사 편집부 편, 『폴란드』, 형성사, 1981과 이종영, 『주체성의 이행』, 백의, 1997, 70~77쪽.
[74] 이종영, 『지배와 그 양식들』, 제5장을 참조할 것.

가들에서는 '혁명의 흉내'가 갖는 효과로 말미암아 보편적 개인화가 일정하게 실현되고 또 그에 따라 노동자평의회 연합에의 요구가 제기될 수 있었다. 물론 이때 '혁명의 흉내'와 그 '혁명적' 효과가 연속성을 갖는 것으로 간주해서는 곤란하다. '혁명의 흉내'가 갖는 '혁명적' 효과는 단지 그 '혁명의 흉내'에 저항하는 형태로서만 제시된다. 결국 자본주의 사회구성체에서건 레닌주의적 사회구성체에서건 꼬뮌주의의 실현은 늦건 빠르건, 평화적이건 폭력적이건, 부르주아적 권력 또는 당적 권력의 붕괴로서의 혁명 I을 필요로 한다. 레닌주의적 사회구성체들에서 '혁명의 흉내'의 '혁명적' 효과가 작용했더라도, 그것이 엄밀한 혁명 II로 발전하기 위해서는 혁명 I이 필요하다는 것이다. 그러나 혁명의 준비는 레닌주의적 사회구성체에서 '혁명의 흉내'의 효과로 인해 훨씬 더 잘 되어 있었다는 것이다. 이제 레닌주의적 사회구성체도 사라졌고 혁명의 준비도 사라졌지만, 우리가 '역사'라고 할 때는 레닌주의적 사회구성체 자체가 아니라 그 속에서 형성되었던 '혁명의 준비'를 말해야 한다.[75]

하지만 '혁명의 흉내'로부터 혁명을 구분시켜주는 지표 가운데 하나가 혁명의 진정한 동력이 노동자들의 연합에 있다는 것이라면, 꼬뮌주의 혁명은 혁명 I에 대한 혁명 II의 일정한 선행성을 전제한다. 혁명 I에 선행하는 혁명 II를 통해서 노동자들의 연합이 미리 형성되어야 하기 때문이다. 이때 혁명의 동력으로서 노동자들의 연합은 그 자체가 물질적 힘이기도 한 하나의 태도, 개인을 특정한 외적 규정

---

[75] 즉 역사의 진실은 실증주의적 역사에서 기술되는 '일어난 것'이 아니라 오히려 '일어날 수 있었던 것', '일어날 수 있었지만 저지된 것' 속에 존재한다는 것이다. 이와 관련하여 실뱅 라자뤼스, 『이름의 인류학 — 우리는 정치를 다르게 사유할 수 있는가』, 새물결, 2002를 참조할 것.

성으로 환원시키지 않고 개인 그 자체로 대하는 태도를 비록 모순적 형태로서나마 연합된 노동자들 속에서 생산한다. 이 태도의 생산이 드러내주는 것은 내면적 꼬뮌주의의 형성과정이며, 계급적 개인에서 보편적 개인으로의 이행의 과정이다. 즉 혁명 II 속에서 형성되는 노동자들의 연합은 보편적 개인성의 발생의 물질적 토대를 이룬다.

노동자적 연대성의 실현 장치인 꼬뮌주의적 정치의 단위를 공장 또는 노동의 장소에서부터 만들어나가는 혁명 II는 혁명 I로부터 독립적으로 존재한다. 물론 혁명 I이 혁명 II의 지렛대 역할을 할 것이고, 또 혁명 II의 축적이 혁명 I을 요청하기도 할 것이지만 말이다. 사실상 혁명 I은 혁명 II가 없다면 아무런 의미도 가질 수 없다. 반면 혁명 II는 그 자체로서 의미를 갖는다. 예컨대 혁명 II의 한 형태로서 이스라엘의 키부츠나 여러 꼬뮌적 형태들은 그 자체로서 의미를 갖고, 비록 아직 모순적 형태들이라 하여도 보편적 개인성들을 그 효과로서 생산해낸다. 또한 노동에 기초한 정치적 연대성이 존재하는 곳에서는 이미 어느 곳에서나 보편적 개인성이 존재할 수 있다.

혁명 I에 선행하는 혁명 II의 과정 속에서 탄생하는 보편적 개인들은 부르주아적 사회 속에서의 꼬뮌주의적 섬들이다. 바로 그러한 섬들에 근거하여 '혁명의 흉내'가 아닌 혁명 II가 지속되고, 또 혁명 I의 계기가 이루어진다. 노동자들의 연합에 기초한 정치적 연대성의 제도화로서의 꼬뮌주의는 자신에게 고유한 상징적 질서를 갖는다. 혁명 II는 그 효과에 있어서 꼬뮌주의적 상징적 질서의 형성과정이다. 그리고 혁명 II의 특정한 단계에서 꼬뮌주의적 상징적 질서의 헤게모니가 획득될 것이다. 꼬뮌주의적 상징적 질서는 부르주아적 상징적 질서에 대한 논리적 우세에 의해 특징지어진다. 꼬뮌주의적 상징적 질서는 특정 집단의 이해를 보장하기 위한 상징적 폭력을 내포한 것이 아니라 모든 개인의 공생의 조건에 대한 성찰적 탐색에 입각한 것으로, 부르주아적 상징적 질서처럼 은폐와 정당화를 필요로 하지 않기 때문이다. 보편적 개인을 지탱해주는 상징적 질서로서의 꼬뮌주의적 상징적 질서는 은폐와 정당화가 부재한다는 점에서 가장 단순하고 명쾌한 형태의 것이다.

계급적 규정성을 통해 구조화된 감정적 짜임새는 노동자들의 연합에 기초한 정치적 연대성이라는 꼬뮌주의의 현실 속에서 치유받고 변모되는 것이지만, 꼬뮌주의적 상징적 질서에 준거할 때에만 완전히 소멸될 수 있다. 상징적 질서는 그 자체의 자명시되는 힘, 준거적 힘을 갖기 때문이다. 사고의 준거가 되는 것, 사고의 틀을 이루어주는 것이 바로 상징적 질서이다. 따라서 상징적 질서에 의한 규정은 사실을 추인할 뿐만 아니라 사실을 만들어내는 힘도 갖는다.

혁명 II의 일정한 축적이 혁명 I을 요청하고, 또 혁명 I 이후에도 혁명 II가 계속되어야 한다는 사실은, 혁명 이후에도 계급투쟁이 지속된다는 마오쩌둥의 말이 '혁명의 흉내'에만 해당하는 것이 아님을 말해준다. 즉 혁명의 진정한 동력이 노동자들의 연합에 있는 꼬뮌주의 혁명도 계급투쟁의 장애를 받으면서, 그러나 계급투쟁을 축출해 나가면서 스스로를 관철시켜 나간다는 것이다. 하지만 '혁명의 흉내'에서도 혁명가의 '쌍블랑들' 사이의 권력정치가 '계급투쟁'이라는 명목으로 행해졌다는 사실이 반드시 기억되어야 한다. 그에 따라 명목으로서의 계급투쟁과 실재로서의 계급투쟁이 구분될 수 없게 되기 때문이다.

그러므로 우리는 문제를 다른 방식으로 제기해야 한다. 2장에서 보았듯이 볼셰비키적 내면성의 소유자들에게서처럼 계급투쟁이 낙인찍기로 전락하는 것을 피해나가기 위해서 말이다. 사실상 '누가 어떤 계급에 속하는가'라는 질문 자체가 이미 낙인찍기적 성격을 내포한다. 게다가 이미 보았듯이 그 질문은 결코 명쾌하게 대답될 수 없는 성격의 것이다. '혁명의 흉내'를 통해 성립된 레닌주의적 사회에서 행해졌던 것은 계급투쟁이 아니라 혁명가를 흉내냈던 부르주아 지식인들 사이의 권력정치였다. 따라서 우선적으로 문제삼아야 하는 것은 계급투쟁이 아니라 권력정치이다.

꼬뮌주의 혁명이 추구하는 '제도적' 변화의 핵심은 노동자소유 공장들의 연합이 직접적으로 정치화하는 것에 놓인다. 이때 직접적 정치화를 실현하는 장치는 노동자평의회들, 꼬뮌들 그리고 평의회 의회이다. 중요한 것은 '계급투쟁'이란 명목으로 타자들을 낙인찍어 제거하는 것이 아니라, 이러한 각각의 장치들에서 '권력정치'를 제거하는 것이다. '계급투쟁'이란 명목으로 타자들을 낙인찍으려는 권력정치야말로 은폐된 계급투쟁의 표현이기 때문이다.

제1장에서 보았듯이 권력정치는 권력탈취와 권력행사로 이루어진다. 권력탈취는 국가기구에 의해 소유되는 폭력을 탈취하는 것이고 권력행사는 궁극적으로 폭력행사이다. 마찬가지로 폭력행사일 뿐인 낙인찍기는 권력정치에의 이념정치의 도구적 종속으로 특징지어지는 권력정치와 이념정치의 분열적 결합형태의 표현일 뿐이다. 따라서 노동자평의회들, 꼬뮌들, 평의회 의회에서 권력행사를 제거하기 위해서는 폭력의 독점 자체를 소멸시키고 전혀 새로운 방식으로 — 예컨대 과도적으로 시민군의 연합과 같은 — 폭력의 사회적 분배를 실현해야 한다.

하지만 권력정치의 뿌리는 계급적 규정성보다 오히려 가족 속에서 찾아진다. 따라서 가족은 혁명 II의 핵심적 장소 중의 하나이다. 사실상 가족은 '사적' 공간이 아니다. 가족을 '사적' 공간으로 편제

했던 것은 부르주아적 성적 지배양식이다.76) 부르주아적 성적 지배 양식은 가족 내에서의 권력행사를 정당화하기 위해 가족을 '사적'인 공간으로 제도화했다. 꼬뮌주의적 혁명은 가족의 특정 측면들을 다시 공공화해야 하는데, 이는 가족 내에서의 권력행사를 제거하기 위한 것이다. 따라서 꼬뮌주의 혁명 속에서 가족의 '사적' 성격에 대한 일정한 부정은 결코 개인의 자립적 내면성을 침해하려는 것이 아니라 오히려 보호하는 것이다.

남자는 부르주아이고 여자는 프롤레타리아의 역할을 행한다고 한 엥겔스의 주장은 외적인 비유에 그치는 것이 아니다.77) 프롤레타리아의 노동력이 자본가계급에 속하듯이, 가부장제 가족에서 여성의 육체는 남성에게 속하기 때문이다. 가부장제 가족 내에서 여성은 문자 그대로 사물화적 지배의 대상이 된다. 우리는 그러한 사물화적 지배관계 속에서 남성에게 부과되는 주체형식을 남근적 주체형식이라고 할 수 있다. 그러나 남근적 주체형식은 단지 남성에게만 부과되는 것으로 그치는 것이 아니라 여성의 주체성도 부정적 방식으로 각인하여 언제나 그것과 상관성을 가질 수밖에 없도록 한다.

남근을 일단 성적 권력과 그 획득 수단으로서의 사회적 권력의 상징으로 규정을 해두자.78) 남근적 개인은 타자들에게, 특히 여성들에게 스스로를 '남근'으로 제시하려 하고, 그러지 못할 경우 박탈의식에 시달린다. 남근적 개인이 스스로를 남근으로 제시하려는 것은 자신의 욕망의 원인인 '대상 a'를 획득하려는 것이고 또 '대상 a'를 담

---

76) 이종영, 『성적 지배와 그 양식들』의 제4장을 참조할 것.
77) F. Engels, *L'origine de la famille, de la propriété privée et de l'Etat*, Editions Sociales, 1973, 82쪽.
78) 이종영, 『주체성의 이행』 제2장을 참조할 것.

지한 여성들을 비롯한 타자들의 사랑을 받으려는 것이다. 물론 남근적 개인이 여성들에게 스스로를 남근으로 제시하기 위해서는 동성의 타자들과의 경쟁 속에서 사회적 권력을 일정하게 획득함으로써 자신의 남근성을 입증해야 한다. 따라서 남근적 개인과 동성의 타자들과의 관계도 이미 일정하게 사물화적 지배의 성격을 갖는 것이지만, 특히 남근적 개인과 '대상 a'적 여성과의 관계는 남근에 대한 '대상 a'의 종속성을 요청하는 사물화적 지배의 관계이다. 이때 남근적 개인은 사랑의 이름으로 여성에게 자유의 철회를 요청하고 '대상 a'로 환원되는 사물적 지위를 부과한다. 그러나 남근적 개인은 스스로를 '대상 a'에 대해 '남근'으로 제시하지 못하는 경우, 오히려 자신을 '부정적 남근'으로 간주한다. 즉 남근적 개인은 포지티브하건 네가티브하건 스스로를 남근과의 관계하에서만 사고한다. 이 사실은 남근적 개인이 세계를 권력행사의 관점에서만 파악한다는 것을 말해준다.

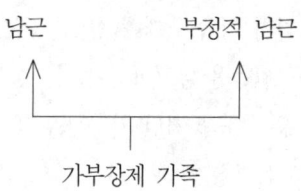

가부장제 가족의 남근적 규정성은 개인이 계급적 규정성을 받아 계급적 개인으로 탄생하기 이전에 이미 개인을 남근적 개인으로 탄생시킨다. 이때 남근적 개인은 남근의 소유자와 남근의 비소유자라는 두 형태로 나뉜다. 계급적 개인이 부르주아적 개인과 노동자적 개인으로 나누어지듯이. 하지만 계급적 개인은 이미 존재하는 남근적 개인의 토대 위에서 형성될 수 있다. 남근적 개인에게 내면화되어 있는 사물화적 지배와 권력행사의 기초 위에서 계급적 지배가 실현되고 계급적 개인이 탄생한다는 것이다.

그러므로 자유로운 노동자들의 연합을 통한 정치적 단위의 형성만으로는 계급적 개인에서 보편적 개인으로의 이행이 충분히 이루어질 수 없다. 계급적 규정성을 외적 규정성으로 갖는 계급적 개인의 주체적 조건은 남근적 개인성에서 비롯되기 때문이다. 혁명 II의 가장 중요한 두 과정은 공장을 장소로 하여 노동과 정치의 결합을 확립하는 과정과 가족에서 '사적' 권력행사를 제거하여 남근적 개인성을 철폐하는 과정이다. 공장에서의 혁명 II만으로는 꼬뮌주의적 상징적 질서가 결코 견실하게 성립할 수 없다는 것은 두말할 것도 없다. 가족에서의 권력행사로 인해 꼬뮌주의적 상징적 질서가 현실 검증에 의해 부정될 뿐만 아니라, 공장에서의 혁명 II 자체에도 구멍을 낼 것이기 때문이다.

물론 남근적 개인성의 해체를 유토피아적으로 파악해서는 안 된다. 꼬뮌주의적 제도화가 가족에 대해 할 수 있는 것은 가족의 특정한 사사화(私事化)된 공간들을 공공화하여 가부장적 권력행사의 근거를 소멸시키는 것일 뿐이다. 하지만 가족관계 또는 혈연적인 정서적 유대관계에서의 애증의 복합적 양상은 그대로 남는다. 가족은 이제 다양한 형태를 자유롭게 취할 수 있겠고 또 일정하게 해체될 수도 있겠지만, 가족적인 정서적 결합관계는 여전히 유지될 것이고, 또 그로부터 파생되는 증오, 경쟁, 시기심, 질투 등을 억압하면서 사랑을 강제로 부과할 수는 결코 없는 것이다. 궁극적으로 꼬뮌주의는 단지 하나의 사회적 '제도'에 불과한 것이다.

물론 하나의 '제도'로서의 꼬뮌주의를 추동하는 동력은 내면적 꼬뮌주의이다. 혁명 II를 촉발하는 것이자 혁명 II를 통해 확산되는 내면적 꼬뮌주의는 꼬뮌주의의 윤리적 토대를 이룬다. 꼬뮌주의를 정치학과 윤리학의 결합으로 간주할 수 있다면, 그 윤리학적 축은 내면적 꼬뮌주의에 놓여 있다.

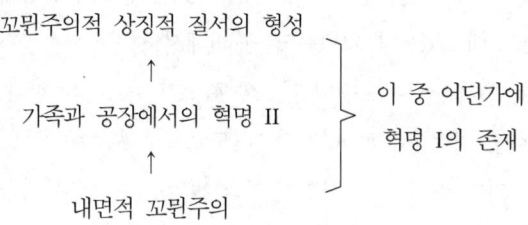

 이미 보았듯이 맑스는 보편적 개인성을 개인을 특정한 외적 규정성에 환원하지 않고 개인 그 자체로 대하는 태도를 통해 규정한다. 우리는 이러한 태도를 내면적 꼬뮌주의의 현상형태 또는 내면적 꼬뮌주의에 고유한 판단양식으로 간주할 수 있다. 즉 개인을 외적인 일반성에 귀속시키지 않고 그 내적인 무한성을 통해 바라보는 판단양식이 바로 그것이다. 개인을 외적 규정성에 따라 분류하고 판단하지 않는 그러한 판단양식은 개인들 사이의 동등성을 확립해주는 것이면서 동시에 개인적 차이에 대한 존중을 확립하는 것이다. 우리는 이처럼 개인을 개인 그 자체로 대하는 태도 또는 판단양식을 내면적 꼬뮌주의의 현상형태로서 '태도로서의 꼬뮌주의'라 칭할 수 있다.
 이러한 '태도로서의 꼬뮌주의'는 칸트가 『도덕철학서론』에서 '실천법칙'으로 제시한 태도, 즉 타자를 결코 수단으로서가 아니라 목적으로 대하는 태도와 밀접히 연관된다. 칸트는 다음과 같이 말한다. "너는 너 자신의 인격에서건 또는 다른 모든 사람의 인격에서건 인

간성을 언제나 동시에 목적으로 대하고, 결코 한갓 수단으로 사용하지 않도록 행위하라."79) '태도로서의 꼬뮌주의'가 하나의 판단양식을 드러낸다면, 칸트의 '실천법칙'은 하나의 행위양식을 드러낸다. 즉 타자의 존엄성을 확보해주는 행위양식이 그것이다. 그리고 칸트가 설정한 타자의 존엄성은 개인의 내적 무한성을 일정하게 전제하는 것으로 '태도로서의 꼬뮌주의'에 의해서도 지지되는 것이다. 그러한 점에서 가라타니 고진이 칸트와 맑스가 서로 교차한다고 한 것은 흥미로운 지적이다.80) 하지만 '태도로서의 꼬뮌주의' 또는 내면적 꼬뮌주의가 칸트의 '실천법칙'처럼 정언명법적인 무거움을 갖는 것일까? 꼬뮌주의의 윤리적 기초로서 내면적 꼬뮌주의는 선험적인 것으로 설정된 도덕적 당위를 개인들에게 강제로 부과하는 것일까?

다음과 같은 질문을 던져보면서 문제의 실마리를 풀어보자. 타자를 목적 자체로 대하라는 '실천법칙'은 과연 칸트가 말하듯이 '선천적'인 것일까? 칸트는 '실천법칙'이 그 근거를 어떠한 경험적 사실에도 둘 수 없고 오로지 이성에만 두어야 한다고 한다. 그리고 '실천법칙'은 오직 인간에 내재하는 이성 자체에 의해서만 규정되므로 선천적일 수밖에 없다는 것이다.81) 사실상 칸트는 모든 도덕법칙의 근거를 '선험적인 것' 또는 '초월적인 것'에서부터 찾으려 한다. 그러나 과연 그럴까? 오히려 타자를 목적 자체로 대하는 윤리적 태도는 일상생활에서의 타자 접촉으로부터, 일상적 타자의식으로부터 비롯되

---

79) I. 칸트, 「도덕철학서론」, 최재희 번역 박영사 1975년판 『실천이성비판』에 수록, 222쪽. 김상봉, 『호모 에티쿠스』, 한길사, 1999, 298쪽의 번역을 따랐음.
80) 가라타니 고진, 「트랜스크리틱이란 무엇인가」, 김우창 외, 『경계를 넘어 글쓰기』, 민음사, 2001년, 578쪽.
81) I. 칸트, 같은 글, 221쪽.

는 것이 아닐까?

사실상, 타자를 목적 자체로 대하라는 칸트의 언표가 대부분의 사람들에게 아무 저항 없이 받아들여질 수 있는 것은, 그러한 태도가 일상생활 속에서 실제로 실행되고 있기 때문이다. 실제로 일상 속에서 내가 누군가에 의해 수단으로 이용될 때 분노가 촉발된다. 내가 타자에 의해 수단화될 수 없는 존재라는 의식이 나르시시즘에 기초한 나의 자아의식 속에 존재하기 때문이다. 또 내가 누군가를 수단으로 사용할 때 나는 일정한 죄의식을 갖는데, 왜냐하면 타자를 다른 목적을 위한 수단으로 사용하는 것이 이미 일상적 윤리의식 속에서 일종의 '거짓' 또는 '사기'로 여겨지고 있기 때문이다. 민중의 일상적 의식 속에서 말이다.

일상적인 타자의식 속에서 타자란 존중받아야 할 존재이다. 그러한 타자의식, 타자는 목적으로 대우되어야 한다는 타자의식은 칸트가 정언명법적 실천법칙을 제시하기 훨씬 이전부터 민중들의 일상적 삶 속에서 이미 존재했다. 즉 일상적 삶 속에서 타자는 존중받아야 할 존재로 '현상'한다. 그 이유는 무엇일까? 아마도 자기도 존중받기 위해서? 즉 스피노자가 『윤리학』에서 얘기했듯이 타자를 존중함으로써 자기자신도 타자로부터 존중받기 위함일까? 아니면 타자의 분노를 사는 것이 두려워서일까?

그러나 타자에 대한 존중은 그처럼 성찰적인 것이 아니다. 그것은 내가 존중받기 위해 타자를 존중한다는 식으로 한 차례 반성된 것 또는 계산된 것이 아니라, 훨씬 더 직접적인 것이다. 나에게 '현시'되는 타자의 존재 자체가 이미 존중을 요청하기 때문이다. 이는 아마도 싸르트르가 말했듯이 타자가 결코 나에게 종속될 수 없는 하나의 '자유'로서 현상하기 때문일 것이다.

레비나스에게서 타자란 내가 생각한 바를 언제나 벗어나는 존재이다. 타자는 나의 사고에 환원될 수 있는 존재가 아닌 것이다. 타자는 언제나 넘쳐남이자 무한성이다. 레비나스는 "포함할 수 있는 것 이상의 것을 포함하는 것"으로 주체성을 규정하는데,82) 그러한 주체성의 소유자로서 타자는 언제나 '그 이상의 것'을 가지고서 나를 벗어난다. 여기서 중요한 것은, 타자의 그러한 넘쳐남 또는 무한성이 매우 직접적인 성격의 것이라는 사실이다. 레비나스가 "타인의 얼굴은 그가 나에게 남겨놓은 조형적 이미지를 언제나 붕괴시키고 또 넘쳐나는 것"이라고 말하듯이,83) 타자의 얼굴 자체가 나의 상상을 언제나 넘쳐나는 것이고, 또 레비나스가 "담화는 결코 미리 만들어놓은 논리의 전개가 아니다"라고 하듯이,84) 일상 속에서의 타자의 평범한 담화조차도 언제나 나의 예견을 벗어나는 것이다.

얼핏 보기에 레비나스와 반대의 입장을 취하고 있는 듯한 싸르트르도 실제로는 타자에 대해 같은 것을 말하고 있다. 왜냐하면 싸르트르에게 타자란 부단히 나의 제어를 벗어나는 '자유'이기 때문이다. "뜻대로 될 수 없음", 이것이 바로 타자이다.85) 나는 결코 타자의 '자유'를 가둘 수 없다. 그럴 수 있다면 그것은 '자유'가 아닐 것이므로 말이다. 싸르트르는 다음과 같이 말한다. "'사람들'은 끊임없이 나를 쳐다본다. '사람들'은 결코 객체로서 파악되지 않는다. '사람들'은 객체가 되면, 즉각 분해된다."86) 이 사실이 중요하다. 타자는 결

---

82) E. Lévinas, *Totalité et infini*, Le livre de poche, 1994, 12쪽.
83) 같은 책, 43쪽.
84) 같은 책, 70쪽.
85) 싸르트르,『존재와 무』제1권, 삼성출판사, 1982, 467쪽.
86) 같은 책, 475쪽.

코 객체가 아니라는 것, 하나의 '집괴(集塊)'와도 같은 즉자존재가 아니라는 것. "그는 그가 아니 있는 것으로 있고, 그가 있는 것으로 아니 있기 때문이다."87)

내가 도저히 포착할 수 없는, 끊임없이 나를 벗어나는 타자는 그 자신의 '자유'의 존엄성으로 인해 오히려 나의 '자유'를 깨닫게 해준다. 내가 나의 '자유'를 깨닫는 것은 순전히 타자로부터이다. 싸르트르가 "타자는 나와 나 자신 사이의 불가결한 중개자"라 하고, 내가 나 자신에 대해 판단을 내릴 수 있는 것은 타자의 매개를 통해서라고 하고 있듯이 말이다.88) 나는 타자를 통해 나를 깨닫게 된다. 타자의 '자유'를 통해 나의 '자유'를 깨닫고, 타자의 '자유'의 존엄성을 통해 나의 존엄성을 깨닫는다.

그러한 타자의 존재 자체, 즉 '무한'이자 '자유'로서의 타자의 존재 자체는, 그 존재가 나에게 드러나는 직접성을 통해, 나의 존중을 요청한다. 그러한 직접성을 통해 나에게 무엇이 전달되는 것일까? 전율을 가져오는 것이든 또는 경외심을 불러오는 것이든 타자의 존재 자체의 직접성은, 그 '자유'의 힘을 통하여 나를 압도하고, 나로 하여금 그 자신을 목적으로 대할 것을 요청한다. 그리고 우리가 타자를 목적으로 대하는 것은 일상생활 속에서 언제나 실천되고 있는 것이다. 우리는 타자를 목적으로 대하지 않는 경우 언제나 일정한 심리적 불편함, 죄의식 또는 자기자신을 속이고 있다는 감정을 느낀다. 반면 내가 나 자신의 자유를 깨닫고 또 나 자신을 하나의 목적으로 대해줄 것을 요청하는 것은, 언제나 타자의 자유를 체험하고 또

---

87) 같은 책, 491~492쪽.
88) 같은 책, 395쪽.

타자를 목적으로 대함으로써이다. 따라서 스피노자가 말한 것은 그 순서가 반대로 된 것이다. 나는 타자를 먼저 목적으로 존중하고, 그 다음에 나 자신에 대한 존중을 요청하는 것이다. 직접적으로 현시되는 타자의 존재의 힘을 통해서 말이다.

따라서 타자를 목적으로 대하라는 '실천법칙'은 선천적으로 우리에게 주어졌다기보다는 오히려 일상생활에서의 타자의 존재 자체를 통해 우리에게 제시되는 것이다. 칸트는, '목적의 왕국'에서 인간성은 다른 가격과 등가적으로 교환될 수 있는 시장가격을 가지는 것이 아니라 그 도덕성으로 인해 '존엄'을 갖는다고 한다.[89] 그렇지만 그러한 존엄은 '목적의 왕국'의 도래 이전에 이미 민중적 일상 속에서 충분히 인식되고 있던 것이다.

물론 타자성은 그처럼 일양적(一樣的)으로만 파악될 수 있는 것이 아니다. 타자는 친구이자 또 적이기도 하고, 경외의 대상이자 증오의 대상이다. 나 자신의 존재는 언제나 타자들로부터 위협받는 것이고, 나는 살아남기 위해 타자를 수단화하기도 한다. 하지만 자기생존을 위한 타자의 수단화가 하나의 악(惡)이라는 것은 애초에는 명확히 인식되고, 그에 따라 죄의식이 발생한다. 바로 그러한 죄의식을 벗어나기 위해 고안되는 것이 '차별화 이데올로기'이다. 그들은 우리와 다르다는 것, 우리는 서로를 목적으로 대해야 하지만 그들은 우리와 다르므로 수단화해도 된다는 것이 바로 차별화 이데올로기의 내용이다. 우리와 다른, 자연적으로 '열등한 인간들'에 대해서는 목적으로 대하지 않아도 된다는 것이 바로 그것이다. 그리하여 그러한 차별화 이데올로기를 매개로 해서 타자의 수단화가 일정하게 '정상화'

---

89) I. 칸트, 앞의 글, 228쪽.

된다. 그러나 그러한 '정상화'에도 불구하고, "타자는 목적"이라는 의식이 강고하게 지속된다. 우리가 일상생활 속에서 유심히 관찰해 보면 금방 알 수 있듯이 말이다.

태도로서의 꼬뮌주의는 정치와 윤리가 하나로 결합한 꼬뮌주의의 제도를 지탱해주는 것이다. 그러나 태도로서의 꼬뮌주의는 어떤 선험적이고 초월적인 원리로부터 도출되는 것이 아니라 계급지배의 차별화 이데올로기에도 불구하고 지속되고 있는 일상적 생활의식에 토대한 것일 뿐이다. 중요한 것은 꼬뮌주의를 칸트에게서처럼 어떤 거창한 선험적 원리에 근거짓지 않는 것이다. 선험적 원리는 그 '선험성'으로 인해 억압적일 수 있기 때문이다.

칸트의 실천법칙은 하나의 물리적 힘을 붕괴시키기 위해 고안된 또다른 물리적 힘인 것처럼 보인다. 칸트의 실천법칙은 레닌주의에서 설정된 초월적인 도덕적 존재로서의 프롤레타리아와 유사하다. 즉 그것은 초월적인 '프롤레타리아적 강철'처럼 차별화 이데올로기와 대립한다. 하나의 물리적 힘에 대항하는 더욱더 힘센 물리적 힘처럼. 아마도 그리하여 개인은 두 개의 커다란 외적 힘 사이에서 더욱더 자신을 상실하게 될 것이다.

태도로서의 꼬뮌주의는 차별화 이데올로기를 또다른 힘을 통해 억압함으로써가 아니라 차별화 이데올로기의 내면적 결정체(結晶體)인 정체성이 해체되면서 형성되는 것이다. 그 과정은 외재적 도덕법칙의 자기화에 따른 것이 아니다. 그 과정은 존재를 망각시키고 정체성을 강화시키는 다양한 힘들이 노동자들의 연합의 정치화를 비롯한 여러 형태의 혁명 II를 통해 붕괴됨에 따른 것이다.

라캉의 제자인 무스타파 싸푸앙은 피분석자의 무의식을 분석하고자 하는 분석가의 욕망에 대해 다음과 같이 말한다.

교육적 분석은 출발점에서 피분석자(l'analysant)였던 자가 분석가가 되는 하나의 이행을 내포한다. 그러한 이행은 하나의 욕망이 새롭게 탄생한다는 것에 의해 특징지어진다. 자기자신의 무의식에 대해 행해졌던 경험을 이제 타자의 무의식에서 다시 시작하려는 욕망이 바로 그것이다.[90]

교육적 분석을 거쳐 이루어지는 분석가의 탄생은 새로운 욕망의 탄생이다. 이때 새로운 욕망이란 물론 분석가의 욕망이다. 자신의 무의식에 대해 경험했던 것을 타자의 무의식 속에서 다시 경험하려는 것이 바로 분석가의 욕망의 내용이다. 한때 피분석자로서의 자신이 분석가의 도움을 통해 드러내진 자신의 무의식을 만나면서 느꼈던 것을 이제 스스로가 분석가가 되어 피분석자의 무의식을 드러내면서 느끼려는 것이다. 이러한 욕망은 무엇을 말해주는가? 자신의 무의식을 만나는 것과 타자의 무의식을 만나는 것은 어떠한 공통점을 갖는 것일까? 자신의 무의식을 만났던 체험은 타자의 무의식을 만나면서 반복될 수 있는 것일까?

분석가의 욕망은 '에로스적'인 것이다. 프로이트적 의미에서 '에로스적'인 것의 한 가지 뜻은 '만나고 싶어한다는 것', '결합하고 싶어한다는 것'이다. 타자와 진정으로 만나고 싶어한다는 것, 공감하고, 공유하고, 소통하고 싶어한다는 것이다. 분석가는 무엇을 만나고 싶어하는 것일까? 물론 무의식이다. 타자의 무의식과의 교류는 다른 형태의 일상적 소통들과는 다르다. 무의식의 교류를 통해 타자의 존재의 비밀이 드러나기 때문이다. 무스타파 싸푸앙은 또 다음과 같이

---

[90] Moustapha Safouan, *Jacques Lacan et la question de la formation des analystes*, Seuil, 1983, 63쪽.

말한다.

> 피분석자에게 더할 나위 없는 값어치를 갖는 것은 분석가에게서도 정확하게 마찬가지의 값어치를 갖는다. 이는, 자기자신의 무의식에 대한 해석(traduction)이 언제나 타자의 무의식에 대한 해석과 더불어 다시 행해질 수 있기 때문이다. 바로 그렇기 때문에 정신분석을 행하고자 하는 욕망이 교육분석시에 생겨날 수 있는 것이다.[91]

자기의 무의식에 대한 해석이 타자의 무의식에 대한 해석을 통해 다시 행해질 수 있다는 사실이 함의하는 것은 타자의 무의식으로부터 자신의 무의식을 알 수 있다는 것이다. 왜냐하면 모든 무의식은 동일하게 작동하기 때문이다. 동물 종(種)의 하나로서의 인간동물의 심리적 작동방식은 동일하다. 무의식의 내용은 다르다 할지라도 그 작동방식은 동일하다는 것이다. 나의 무의식이 도착적 내용을 가지고 타자의 무의식이 신경증적 내용을 지니더라도, 이 두 무의식은 그 작동방식에 있어서 동일한 인간적 동물성을 드러내준다. 따라서 만약 나와 타자가 서로의 무의식을 교류할 수 있다면, 서로에게서 동일한 방식으로 작동하는 동일한 동물적 존재를 알아볼 수 있는 것이다. 동일한 욕망으로 인해 흥분하고 고통받으면서 특수한 상황을 만나 특수한 방식으로 대처해나가는, 그러나 그 특수한 방식은 인간적 동물성에 의해 규정된 그러한 필연적 방식일 수밖에 없는, 그러한 존재를 말이다.

타자에게 무한한 가치를 갖는 것은 나에게도 무한한 가치를 갖는

---

91) 같은 책, 68~69쪽.

다. 누구에게나 무한한 가치를 갖는 존재의 비밀은 서로에게 동일한 것이기 때문이다. 타자에게 무한한 가치를 갖는 존재의 비밀은 바로 나의 존재의 비밀이기도 한 것이다. 세계 속에서 동일한 것을 욕망하며 동일하게 고통받는 존재의 비밀 말이다. 물론 내가 타자의 무의식과 만남으로써 타자의 존재의 비밀과 나의 존재의 비밀을 단번에 알아낼 수 있는 것은 아니다. 그러나 분석과정 속에서 드러나는 타자의 무의식은 그의 존재의 핵심의 일단을 건드리고 열어줌으로써 또한 나 자신의 존재의 핵심의 일단을 건드리고 열어주는 것이다.

피분석자는 교육분석을 받으면서 자신의 존재의 진리의 일단을 일종의 충격으로 체험한다. 분석가의 도움을 통해 드러내지는 피분석자의 무의식은 여태까지 '존재의 망각'에 의해 숨겨져왔던 피분석자의 존재의 진리의 일단을 열어주는 것이다. 그리고 피분석자는 교육분석을 거친 후 분석가가 되어 타자의 무의식을 다시 체험하기를 욕망한다. 즉 새로운 피분석자의 존재의 진리를 엿보기를 열망한다는 것인데, 피분석자자에게 하나의 충격으로서 드러날 그러한 존재의 진리의 일단은 그러나 분석가에게도 마찬가지로 존재의 진리의 일단을 구성하는 것이기 때문이다. 그리하여 분석가는 분석 속에서 부단히 진리체험을 반복하는 것이다. 우선 자신의 무의식을 통해서, 그리고 나중에는 타자들의 무의식을 통해서.

진리체험을 통한 교류는 정신분석에만 한정된 것이 아니다. 우리는 진리체험의 교류를 미적 교류에서도 발견한다. 마츠오 바쇼오의 하이쿠 한 편을 읽어보자.

    방랑에 병들어
    꿈은 마른 들판을

헤매고 돈다.92)

칸트가 『판단력 비판』에서 말한 숭고미란 이성으로는 사고될 수 있지만 자신의 감각으로는 감당할 수 없는 크기의 것이 가져다주는 경악 또는 경이와 관계된다. 그러나 위의 바쇼오의 시에서는 결코 어떤 숭고한 것이라고는 찾아볼 수 없다. 형상화되어 있는 것은 그저 삶의 외로움과 초라함 그러나 그 속에서 존재하는 동경(憧憬)과 같은 것일 뿐이다.

그러나 시적 상호주체성은 어떤 초월성 또는 숭고함을 통해 형성되는 것이 아니다. 시적 상호주체성은 관념과잉적인 숭고한 시들을 통한 자기소외의 전염과는 다른 것이다. 시적 상호주체성은 단지 개별적 삶에 있어서의 진리체험, 즉 개별적 수준에서 행해지는 진리체험에 입각할 뿐이다.93) 이때 진리체험이란 하이데거가 말한 바 일상적인 평균적 삶에서 '존재망각'에 의해 잊혀진 개별적 삶의 욕망과 고통, 외로움과 그리움일 뿐이다. 그러한 진리체험은 '존재망각'에 의해 잊혀진 '서로간의 소통될 수 없는 것'에 관계하는 것이지만, 진리체험의 교류로서의 미적 교류는, '존재망각'에 대립하여, '소통될 수 없는 것'이야말로 가장 근본적으로 인간들을 소통시키는 것임을 드러낸다. 소통될 수 없는 무의식을 통해서 우리가 진정으로 소통할 수 있고, 서로가 하나임을 느낄 수 있듯이 말이다.

---

92) 『마츠오 바쇼오의 하이쿠』, 민음사, 1998, 128쪽.
93) 헤겔은 그의 『미학』에서 시에 대해 다음과 같이 말한다. "시적인 이해나 형상에는 모든 부분, 모든 계기 자체가 흥미 있는 생생한 것이 되어야 하므로 즐거이 개별적인 것에 머물러 이를 애정을 가지고 그려내며 그 자체를 하나의 총체성으로 다룬다." 『헤겔 미학 III』, 나남출판, 1996, 448쪽.

이러한 점에서 미적 교류를 통해 형성되는 상호주체성은 칸트가 말한 공통감과 일정하게 대립한다. 칸트의 공통감은 서로간의 소통될 수 있는 주관적 보편타당성에 입각한 것이지만, 미적 교류를 통한 상호주체성은 '존재의 망각'으로 인해 소통될 수 없는 것을 그러나 서로 소통하면서 형성되는 것이기 때문이다. 바로 그러한 의미에서 미적 상호주체성은 진리체험을 통해 서로의 동일성을 확인하는 것이다. 그러니 무의식에 대립하는 상징적 질서나 미적 진리체험에 대립하는 '존재망각'은 서로를 피상적으로 결합시키면서 존재의 깊이에 있어서는 분리시키는 것이다. 반면 무의식적 또는 시적 진리체험은 인간의 근본적 동일성을 다시 회복시켜주면서 사람들을 만나게 하는 것이다.

내면적 꼬뮌주의 또는 꼬뮌주의적 내면성이 가능하다는 것은 물론이다. 그것은, 지금 여기의, 보이거나 또는 보이지 않는, 앞서 말한 두 장소와 앞서 말하지 않은 또다른 장소들에서의 혁명 II의 과정 속에서 이미 존재하고 있다. 우리가 그 형식을 체계적으로 제시하기에는 아직 때 이르다고 할 수 있겠지만 말이다. 꼬뮌주의적 내면성은 '존재의 망각'을 거슬러 오르는 것이다. 그래서 보잘것없는 삶의 외로움과 동경을 되찾고 서로를 위로해주려는 것이다. 타자를 죽이고 자기가 살아남는 '자기파괴'를 요청하는 생산양식, 정체성, 권력향유 등과 같이 존재를 망각시키는 온갖 힘들을 벗어나는 것이 꼬뮌주의적 내면성이고, 그러한 힘들이 불가능하도록, 그러한 힘들이 작용할 수 없도록 제도화하는 것이 꼬뮌주의이다.

우리는 타자에게 다가가고 싶지만 그럴 수 없는 애틋함, 한때 접점을 지녔던 타자와 더이상 교류지점을 지니지 못하는 서글픔, 귀중했던 존재들이 사라져가는 '덧없음'을 느끼면서 세상을 살아가지만,

무의식과 진리체험 속에서 우리는 '언제나-이미-하나'를 이루고 있다. 상징적 질서와 존재의 망각이 그것들을 억압하면서 우리를 갈라놓고 있지만 말이다. 꼬뮌주의는, 존재의 망각에 맞서서, 진리체험 속에서의 소통을 그 예술적 예외성으로부터 해방시키기 위한 제도적 첫걸음에 불과하다.

후기

나는 8년 전인 1994년에 『지배양식과 주체형식』이란 제목의 책을 냈었다. 그 제목에서 '주체형식'이란 표현은 알뛰세르의 '포름-쉬제(forme-sujet)' 개념을 염두에 둔 것이었고 따라서 그 개념의 번역어라고 할 수 있는 것이지만, 지배양식의 담지자로서의 '지배의 주체'의 내적 구조를 해명하고 싶다는 나 자신의 이론적 의욕을 내포하는 것이었다. 물론 그때 나는 주체형식 그 자체에 대한 연구를 수행할 수는 없었고 단지 그것에 가닿기 위한 통로들을 탐색하는 것에 그쳐야 했다. 지금의 이 책은 그때의 의욕이 보다 명확한 인식대상의 설정과 그 내적 구조에 대한 이론적 노동을 통해 일정한 결실을 맺은 것이다. 다른 한편으로 『지배양식과 주체형식』에서 시론적으로 제시되었던 지배양식에 대한 부분이 작년에 출간된 『지배와 그 양식들』과 『성적 지배와 그 양식들』의 두 권의 책으로 발전되었다고 한다면,

지금의 이 책은 이 두 권과 더불어 결국은 하나의 책을 이룬다고 말할 수 있겠다. 따라서 독자들은 이 책을 『지배와 그 양식들』의 셋째 권으로 간주하여도 무방할 것이다.

책을 시장에 내보낸다는 것은 책의 사용권을 독자의 처분에 맡긴다는 것이다. 그럼에도 나는 독자들이 이 책을 그 논리전개를 따라 처음부터 끝까지 순서대로 읽어주길 희망한다. 이 책에서 다루고 있는 내면성의 형식들은 서로의 관계 속에서 규정되는 것들이고, 따라서 부분적으로 발췌해서 읽을 경우 필연적으로 개념적·정치적 오해들이 생겨날 것이기 때문이다.

나는 우리 시대의 가장 중요한 실천적 테마 가운데 하나가 레닌주의적 혁명들의 실패를 철저하게, 엄밀하게 해명하고 이행의 조건들을 탈(脫)레닌주의적 방식으로 탐색하는 것이라고 생각한다. 이행의 조건들은 혁명사회사들 속에서 이행을 가로막았던 장애들과 우리의 일상 속에서의 반(反)이행적 힘들에 대한 정밀한 분석을 통해서만 파악될 수 있다. 그러나 무엇보다도 중요한 것은 헤겔이 말한 바 '마음의 법칙'을 벗어나야 한다는 것, 즉 자신의 주체적 조건에 대한 객관적 대상화가 되어야 한다는 것이다. 이 책은 특히 우리의 내면을 구성하는 반(反)이행적 힘들을 엄밀하게 해명하려는 목적하에 쓰여졌다. 나는 이 책이 우리의 내면성을 지배하는 논리들에 대한 정확한 이해에 기여할 수 있기를 희망한다.

이 책의 제4장 1절은 2001년도 1학기에 성공회대 NGO대학원에서 행한 '맑스와 맑스주의'라는 제목의 강의에 힘입어 발전되었다. 나는 특히 이 강의를 통해 그 동안 불어로 읽었던 맑스의 저술들을 다시 한글로 읽을 수 있는 귀중한 기회를 가졌다. 강의를 마련해주신 김진업 선생님께 감사드리고, 경청해주었던 학생들께 우정어린

인사를 전한다.

제3장 보론은 2002년 2월 21일에 한국학대학원 사회학과 학생들의 모임에서 발표되었던 것이고, 그 요약이 「파시스트 들뢰즈와 가따리가 반(反)파시즘을 말하다」라는 제목으로 『문학과 사회』 2002년 여름호에 실렸다.

이 책의 제일 마지막 부분을 이루는 제4장 2절은 연구의 결말이라기보다는 오히려 새로운 연구를 위한 문제제기의 성격을 갖는다. 나는 그 내용이 어쩌면 「악으로서의 권력」과 「정신분석, 미적 교류, 꼬뮌주의 – 상호주체성의 세 가지 형태」라는 제목을 가질 수도 있을 두 권의 책으로 발전될 수 있기를 희망하고 있다.

새물결 출판사의 조형준 씨와 홍미옥 사장님께 마음으로부터 특별한 고마움의 인사를 전한다.

2002년 5월 19일
명일동에서 이종영